Bassam Tibi

Der wahre Imam

SERIE PIPER

Zu diesem Buch

Ein neues Gespenst geht um in Europa: die Angst vor dem immer radikaler und blutiger werdenden fundamentalistischen Islam. Niemand aber versteht ihn, der nicht seine Geschichte kennt. Bassam Tibi, international renommierter Politologe und Islam-Forscher, präsentiert hier eine Geschichte des Islam von Mohammed bis in die Gegenwart – und es geht in diesem Buch nicht um eine Geschichte der Theologie, sondern um eine Ideengeschichte der islamischen Zivilisation insgesamt: Wie wirkt die Religion auf die Politik und die Gesellschaft? Tibi erklärt die Wandlung des Kalifats zum Königtum und beschreibt die Brüche zwischen islamischem Reformismus, Djihad, Antikolonialismus und säkularem Nationalismus, die den Islam bis heute bestimmen.

Bassam Tibi, 1944 in Damaskus geboren, Politologe und Islam-Spezialist, ist seit 1973 Professor für Internationale Beziehungen an der Universität Göttingen, von 1988 bis 1993 außerdem an der Harvard University, 1994 in Berkeley, 1995 in Ankara. Daneben weitere Verpflichtungen durch Gastprofessuren in Europa, USA und Asien.

Bassam Tibi

Der wahre Imam

Der Islam von Mohammed bis zur Gegenwart

Piper München Zürich

Von Bassam Tibi liegen in der Serie Piper außerdem vor:
Der neue alte Rechtsradikalismus (Mitautor, 1857)
Im Schatten Allahs (2285)

Erweiterte Taschenbuchausgabe
Oktober 1998

Umschlag: Büro Hamburg
Simone Leitenberger, Susanne Schmitt, Annette Hartwig
Umschlagabbildung: Archiv für Kunst und Geschichte, Berlin
Satz: Franzis-Druck GmbH
Druck und Bindung: Clausen & Bosse, Leck
Printed in Germany ISBN 3-492-22713-9

Inhalt

ZWEITER TEIL

Das islamische Mittelalter: Der Imam zwischen islamischer Offenbarung/al-Wahi und hellenisierter Vernunftsphilosophie/al-'Aql

DRITTER TEIL

VIERTER TEIL

Vorwort

Dieses Buch ist für europäische Leser geschrieben worden, um sie in das Denken der Muslime und in ihre Weltsicht einzuführen. Der geeignetste Gegenstand für eine solche Einführung scheint mir die Welt der politischen Ideen zu sein. Der Islam ist zwar ein Glaube an einen einzigen Gott (Monotheismus/*Tauhid*), also in erster Linie eine Religion. Dennoch bieten seine Lehren seit der Religionsstiftung Anhaltspunkte auch für eine politische Orientierung. Der islamische Prophet war nicht nur ein Religionsstifter, sondern auch der Begründer einer politischen Ordnung; er war – wie der französische Islamwissenschaftler Maxime Rodinson es einmal ausgedrückt hat – eine Kombination von Jesus und Karl dem Großen, also war er auch ein Staatsmann und Feldherr. Entsprechend war die Verbreitung des Islam zugleich damit verbunden, Kriege als *Djihad* zu führen und Reiche zu gründen. Ich werde die Grundzüge dieses politischen Denkens aufzeigen und wage hierbei den Versuch, einen Bogen vom siebenten bis zum späten zwanzigsten Jahrhundert zu spannen, den ich mit der Formel »Die Suche nach dem wahren Imam« auf den Begriff bringe. Der islamische Prophet Mohammed gründete und führte erfolgreich die islamische Gemeinde. Nur die Person, die die Rechtsleitung der islamischen Gemeinde in der Tradition des Propheten gewährleisten kann, darf ein »wahrer Imam« sein; die islamische Geschichte war stets und ist immer noch vom Streit der Muslime über diese Frage charakterisiert.

Ich arbeite an diesem Thema seit 1985. Damals überzeugte mich mein akademischer Lehrer Iring Fetscher, an dem von ihm in Zusammenarbeit mit H. Münkler herausgegebenen »*Pipers Handbuch der politischen Ideen*« (1986–93) mitzuwirken, für das ich zwei umfassende

Studien über politisches Denken im mittelalterlichen Islam sowie über den Islam im Zeitalter der Kolonialisierung und Entkolonialisierung verfaßte, deren Inhalt in das als Original geschriebene Manuskript dieses Buches eingegangen ist. Der politische Philosoph Fetscher hat indes eine viel ältere Rolle in meinem Leben als Muslim gespielt. Als ich am 26. Oktober 1962, achtzehn Jahre alt, aus Damaskus nach Frankfurt kam und zunächst bei Professor Fetscher als Student der Politikwissenschaft auf der Schulbank saß, führte mich dieser – neben meinen anderen akademischen Lehrern Adorno, Horkheimer und Habermas – in die Welt des europäischen Denkens und ihrer politischen Philosophie ein.

In den konservativen Lehrbüchern der sechziger Jahre über politische Ideen (die Handbücher von Möbus/v. d. Gablenz und von Hans Maier) fand ich als junger Student zu meiner großen Enttäuschung weder ein Wort zum Islam noch zu anderen nicht-westlichen Zivilisationen. Auch Adorno, Horkheimer, Habermas und Mitscherlich interessierten sich seinerzeit nicht für den Islam. Nach meiner Promotion wechselte ich als sechsundzwanzigjähriger Assistent von der politischen Ideengeschichte zur internationalen Politik. In den siebziger Jahren löste ich mich von dem, was ich als verderblichen Salon-Marxismus der Frankfurter Schule und seine antiautoritären Auswüchse bezeichnen möchte, bewahrte aber in meinem Denken die Rationalität der kulturellen Moderne, die ich mir in Frankfurt angeeignet hatte und der ich im Gegensatz zu vielen heutigen Linken treu geblieben bin. Ich entdeckte den Islam wieder, in dem ich als Kind und junger Schüler sozialisiert worden war (in Damaskus lernte ich als Kind lesen und schreiben anhand der Koran-Lektüre); diese Rückkehr zum Islam war auch ein Ausdruck der Vergegenwärtigung meiner Jugend in Damaskus. Noch entschied ich mich nicht, deutscher Bürger zu werden, und veröffentlichte primär auf Arabisch, bis meine Generation der arabischen Säkularisten in den frühen siebziger Jahren nach der Niederlage im Sechs-Tage-Krieg 1967 abgelöst wurde. Ihr fühlte ich mich zugehörig, und sie mußte nun das Ruder an die Träger des politischen Islam übergeben. In den siebziger Jahren wollte ich den politischen Islam besser verstehen, um zu begreifen, warum die politisch-religiösen Optionen seiner Vertreter mehr Resonanz fanden als die rationale Denkweise meiner Generation. Doch bewegte sich diese Beschäftigung mit dem Islam, aus der – nach meiner Promotion und Habilitation – mein erstes Islam-Buch »*Die Krise des modernen Islam*« (1981, dritte Auflage 1991; engl. 1988, indonesisch 1994) hervorging, noch im Rahmen der Religionssoziologie und der internationalen Politik; sie war vorwiegend auf den Islam des 19. und 20. Jahrhunderts konzentriert.

Mit der Einladung, an seinem »*Handbuch der politischen Ideen*« mitzuwirken, hat Professor Fetscher mich nicht nur in mein altes Fach der politischen Philosophie zurückgeholt, sondern mich auch herausgefordert, mehr über den frühen und mittelalterlichen Islam zu arbeiten. Bei diesem Lernprozeß war die Leitung des befreundeten Kollegen Muhsin Mahdi, der den Lehrstuhl für islamische Philosophie in Harvard hat, von unschätzbarer Bedeutung. Meine Zusammenarbeit mit Mahdi während meiner Harvard-Jahre 1982 und 1988–1993 sowie die hierbei erfolgte Lektüre seiner wertvollen Arbeiten über al-Farabi und Ibn Khaldun führten zu vielen Einsichten, die ihren Niederschlag in den Teilen über den mittelalterlichen islamischen Rationalismus und über die unterbrochene Aufklärung im Islam finden. So ist dieses Buch in den vergangenen zehn Jahren entstanden, wenn auch unterbrochen durch andere Projekte. In diesem Buch gliedere ich die islamische Geschichte in vier Epochen: den Früh-Islam, das Mittelalter, den Übergang zur Moderne und die Gegenwart. Am besten können die Wandlungen des Islam als eine Zivilisation an den Übergängen von einer Epoche zur jeweils nächsten rekonstruiert werden. An ihnen können die Höhen und Tiefen dieser Zivilisation veranschaulicht werden.

Zu meiner Studentenzeit gehörte der Islam in die Domäne des Orchideenfaches der philologisch ausgerichteten Orientalistik. In Frankfurt studierte ich zwar Sozialwissenschaft und Philosophie, begegnete aber am Seminar für Orientalistik Professor R. Sellheim und Dozent van Ess (der heute als Tübinger Ordinarius eine international anerkannte Autorität ist und mich beim Schreiben dieser Zeilen in Jakarta begleitet) und lernte beide Gelehrte schätzen. Bis heute sind diese beiden nahezu die einzigen deutschen Vertreter ihres Faches, die mir Respekt abnötigen. In diesem Zusammenhang möchte ich noch einmal darauf hinweisen, daß dieses Buch für ein breites Publikum, also nicht für den kleinen Kreis der Islamkundler und Orientalisten, dem ich nicht angehöre, geschrieben ist. Diese Bemerkungen zur Vorgeschichte des Buches sind von entscheidender Bedeutung. Zunächst möchte ich im folgenden den Aufbau des Buches skizzieren.

Die islamische Zivilisation ist einzigartig darin, daß sie das Werk eines einzelnen Menschen, des von uns Muslimen verehrten Propheten Mohammed, ist. Seit seinem Tod im Jahre 632 und bis in unsere Gegenwart ist der Angelpunkt des politischen Denkens im Islam die Frage, wer als sein Nachfolger Imam der Muslime sein darf. Bereits im siebenten Jahrhundert spaltete sich der Islam in Sunna und Schi'a. Die Sunna als Mehrheitsrichtung des Islam, der ich angehöre, deutet den Imam nicht nur religiös, d. h. als Anführer der Muslime beim Gebet. Ein Imam ist auch ein politischer Herrscher. Die Schi'iten haben ihren Imam als Messias in die »*Ghaiba*«, d. h. in die »Verborgenheit« verlegt und somit eine andere Tradition begründet. Erst Khomeini hat die Untergrund-Schi'a politisiert und – vergleichbar dem sunnitischen Islam – zur Herrschaft geführt. Dieses Buch konzentriert sich auf die Politik im sunnitischen Mehrheits-Islam (90 % der 1,3 Milliarden Muslime).

Bereits im frühen Mittelalter wurde der Islam hellenisiert. Die Übernahme des politischen Denkens des altgriechischen Erbes in den Islam bildete den Ausgangspunkt für die Entfaltung einer Tradition des islamischen Rationalismus, die ich im zweiten Teil dieses Buches vorstelle. Dort zeige ich auch, daß die islamische Orthodoxie letztendlich über die hellenisierten Philosophen des Islam siegte, ihre Denkweise verbannte und somit die seinerzeit begonnene islamische Aufklärung abbrach. Diese Entwicklung war folgenreich für den Fortgang der islamischen Zivilisation. Vor ihrem Niedergang haben auch die islamischen Rationalisten die Frage »Wer ist der wahre Imam?« gestellt, jedoch – im Sinne der politischen Philosophie Platos und Aristoteles' –

rational beantwortet. Am Vorabend der Renaissance übernahmen dann die Europäer den islamischen Rationalismus, der in seiner eigenen Zivilisation verworfen wurde und dann unterging.

Der Übergang in die Neuzeit war für die Muslime von der Eroberung durch die technologisch überlegenen westlichen Armeen begleitet. Das ist der Gegenstand des dritten Teils. Napoleon führte aber nicht nur eine moderne Armee in den Orient; er brachte auch die Ideen der Französischen Revolution mit, auf die er sich in seinem ersten Flugblatt an die Muslime bezog. Die Muslime mit ihrer so völlig anderen religiös-politischen Tradition konnten nicht verstehen, wovon er redete, so sehr sich Napoleon auch formal auf Allah als gemeinsamen Gott der Christen und Muslime berief. Auf diese europäische Herausforderung folgte ein islamischer Reformismus, der zwar den Weg für eine oberflächliche Säkularisierung öffnete, aber leider scheitern mußte. Der Imam bleibt hierbei die verbindliche Orientierung für die Muslime, wenngleich er sich den Mantel des Nationalhelden überstreift, d. h. als *al-Batal*/Held erscheint. Gamal Abdel Nasser (Herrscher in Ägypten von 1952 bis 1970) war der Prototyp eines *al-Batal,* praktisch eine arabo-islamische Variante von Bismarck. Seine Niederlage im Sechs-Tage-Krieg war das Ende des *al-Batal*-Mythos und markierte den Beginn einer neuerlichen Sehnsucht nach dem wahren Imam. Diese Entwicklung bildet den Übergang vom dritten zum vierten Teil dieses Buches, in dem ich den islamischen Fundamentalismus als die politische Hauptströmung des Islam unserer Gegenwart vorstelle und erläutere.

Obwohl »*Der wahre Imam*« ein Buch über den Islam und über die Welt seiner politischen Ideen ist, handelt es sich hier nicht um ein islamwissenschaftliches Buch. Islamkunde ist für mich eine Domäne der Orientalistik – als eine im Ursprung koloniale Wissenschaft –, die in der Tradition der antiislamischen Katechismen des christlichen Mittelalters steht, wie der amerikanische Palästinenser Edward Said in seinem Buch *Orientalism*/Orientalismus (London 1978) gezeigt hat. Es wird behauptet, daß das koloniale Gepräge zwar französischen und britischen, nicht aber deutschen Orientalisten und Islamkundlern zu eigen ist. Was aber bleibt zu sagen, wenn ich in den *Islam-Studien* des angesehensten deutschen Islamwissenschaftlers, Carl-Heinrich Beckers, lese:

> »Die Zukunft des Islams kann nur in einer Anpassung an das europäische Geistesleben (?!/B. T.) bestehen; sonst sind seine Tage gezählt« (in Band I seiner *Islam-Studien*, 1924).

Heute ist es leicht zu sagen, daß die Tage des Islam nicht gezählt sind. Das wissen auch die jüngeren deutschen Islamkundler. Von der deutschen Art und Weise, den Antisemitismus der Vergangenheit heute durch Philosemitismus zu bereinigen, unterscheidet sich das deutsche Islam-Bild nicht im geringsten. Man tauscht heute die frühere Verachtung des Islam gegen eine Islam-Begeisterung ein – von der Islamophobie zur Islamophilie. Mancher junge deutsche Islamkundler deutet wohlwollend sogar noch den islamischen Fundamentalismus als die »islamische Moderne« (sic!).

Natürlich gibt es Orientalisten, die zu rationaler Bewältigung der Vergangenheit fähig sind. Zu ihnen gehört der zum Journalismus übergewechselte Islamkundler Michael Lüders, der schreibt:

> »Der Orientalist klassischer Prägung versteht sich in erster Linie als Philologe, er übersetzt den Orient in Grammatik und Lexikographie ... Die meisten ... sind deutlich konservativ, das heißt philologisch ausgerichtet ... Orientalisten sind Eigenbrötler und logieren gerne im Elfenbeinturm« (DIE ZEIT vom 6. Januar 1995).

Für diese Spezies ist dieses politische Buch nicht geschrieben. Sosehr ich Lüders Kritik teile – und entsprechenden Anfeindungen von seiten der christlichen Orientalisten ausgesetzt bin –, so sicher bin ich andererseits, daß sie mit ihren orientalischen Sprachkenntnissen eine wichtige Aufgabe erfüllen können, eine Aufgabe, die jene geschwätzigen Soziologen, die über Regionen sprechen, die sie nie wirklich kennengelernt haben, nicht leisten können: Brücken zwischen zwei verfeindeten Zivilisationen zu schlagen. Ich führe keinen *Djihad* gegen die Orientalistik, wie etwa der im Jahre 1937 bei deutschen Orientalisten in Hamburg promovierte einstige Scheich von al-Azhar, Mohammed al-Bahi, der alle Orientalisten als »Kreuzzügler« und »Handlanger des Kolonialismus« verteufelt (vgl. seine schwarze Liste der Orientalisten in seinem Buch *al-Fikr al-Islami*, viele Auflagen, S. 528–553). Aber die Orientalisten müßten ihren Kreuzzug einstellen und ebenfalls am Dialog zwischen den Zivilisationen mitwirken.

Ich schreibe diese Zeilen in der indonesischen Hauptstadt Jakarta, wo ich mit dem größten Orientalisten unserer Gegenwart, Josef van Ess, im Rahmen des Symposiums »Islam and the West in the Era of Globalization« einen islamisch-westlichen Dialog rational führe. Obwohl ein Orientalist, ist van Ess Philosoph und nicht nur Philologe. Unter der Patronage des Goethe-Instituts und des Verbandes der muslimischen Intellektuellen Indonesiens (ICMI) demonstrieren van Ess und ich, daß ein islamischer Sozialwissenschaftler und ein deutscher christlicher Orientalist in gemeinsamer Arbeit an einem Brückenschlag zwischen der islamischen und der westlichen Zivilisation zusammenwirken können. In Jakarta steht die größte Moschee in Südostasien, die Istiqlal-Moschee, direkt gegenüber einer großen christlichen Kathedrale. Das macht dieses Land zu einem symbolischen Vorbild im Zivilisationskonflikt (vgl. unten S. 382 f.).

Die vorliegende Veröffentlichung ist mein zweites, in bester Zusammenarbeit mit dem Lektorat des Piper Verlags (Ulrich Wank) entstandenes Buch. Ihm und seiner Mitarbeiterin, Frau Dr. Annette Seyboldt, die beim Lektorieren des Manuskripts viele wichtige Anregungen zur Überarbeitung gab, bin ich sehr dankbar. Meine Mitarbeiterin Frau Anke Ringe hat in sehr lobenswerter Sorgfalt die in vielen Stationen dieser Welt zwischen den USA, Europa, dem Orient und Südostasien entstandenen Teile dieses Buches in den Computer eingegeben. Gerade Frau Ringe kann auch am besten die oft gestellte Frage beantworten, wie ich trotz meiner endlosen Reisetätigkeit rund um die Welt so produktiv sein kann: Sie weiß, daß ich noch nach jeder Rückkehr eine Tasche voll mit Manuskripten als Mitbringsel zurückgebracht habe. Meine sehr geschätzte wissenschaftliche Mitarbeiterin Daniela Heuer, M. A., hat die Schlußfassung sowie die Anmerkungen stilistisch und auf Konsistenz gründlichst überprüft.

Ich hoffe, daß meine westlichen Leser durch die Lektüre dieses Buches lernen, Verständnis für den Islam – jedoch ohne Selbstverleugnung – zu entwickeln und ihn vom Fundamentalismus zu unterscheiden.

Jakarta, Ende März 1995/Göttingen, Juni 1996 *Bassam Tibi*

Zur Taschenbuchausgabe

Unter meinen zahlreichen Büchern ist die vorliegende Arbeit mein Hauptwerk; nach zwei Hardcover-Auflagen 1996 und 1997 wird sie nun als Taschenbuchausgabe vorgelegt. Diese Aufnahme sowie die am Ende des Buches wiedergegebene Auswahl an Pressestimmen beweisen den ermutigenden Erfolg. Dennoch ist diese Arbeit – wie andere meiner Bücher auch – von der im Vorwort kritisierten deutschen Islamwissenschaft verschwiegen worden. Meine vielen deutschen Leser spornen mich an, weiterzumachen und hierbei über die Diskriminierung hinwegzuschauen, die mir, vergleichbar wie einst Heinrich Heine, der von den Zeitgenossen des 19. Jahrhunderts aufgrund seines Jüdisch-Seins nicht zur deutschen Literatur gezählt wurde, widerfährt. Zu dieser Diskriminierung gehört, daß ich aus der deutschen Islamwissenschaft ausgegrenzt werde. Dies erfolgt nicht nur wegen meines Ansatzes der sozialwissenschaftlichen Islamologie, sondern auch – davon bin ich überzeugt – aufgrund meiner Herkunft. Ich danke meinen aufgeschlossenen deutschen Lesern, die besser als andere ihre deutsche Vergangenheit bewältigen und offen für einen fremden Autor sind.

Bilkent University Ankara, Anfang Mai 1998 *Bassam Tibi*

Einleitung

Wer führt die islamische Umma?
Die Autorität und Legitimität des Imam im islamischen politischen Denken

»Die Frage, wer der *wahre Imam*/Führer der muslimischen Gemeinschaft (*Umma*) sei, ... war das Unterscheidungsmerkmal ... Ihre grundsätzliche Antwort war: der Frömmste aus der Gemeinde ... Der Ernst, mit dem (die Muslime) diese Frage zum Mittelpunkt ihres Glaubens machten und immer aufs Neue gewissenhaft prüften, erklärt den Fanatismus, ... ist aber auch der Schlüssel zum Verständnis der Tatsache, daß die Muslime zu einer politischen Macht von einiger Dauer nie gekommen sind ... Die Spaltung der islamischen Gemeinde in grundsätzlich verschiedene Richtungen geht also in die frühe Kalifenzeit zurück und ist aus den politischen Kämpfen dieser Periode zu verstehen. Nichts ist so kennzeichnend für den politischen Charakter des Islam als die Tatsache, daß sich die Geister scheiden nach der Antwort auf die Frage nach dem *wahren Imam*, dem rechtmäßigen Leiter der Gemeinde.«

Der deutsche Orientalist Richard Hartmann
in seinem klassischen Werk:
Die Religion des Islam.
Eine Einführung (1944, Neudruck 1992).

»Man schuldet dem Imam nur Gehorsam (*Ta'a*), wenn er gerecht (*'adil*) ist ... Ein Politiker, der sich den Namen Imam zulegt, um die Mitglieder der Gemeinschaft zu mißhandeln und sie ihrer Rechte zu berauben, steht bestimmt nicht in

Übereinstimmung mit dem Ideal des *Imam 'adil* ... Nur wenigen Imamen ist es gelungen, die Gemeinschaft zum Glück zu führen ... Die Geschichte des Imam im Islam ist eine traurige Geschichte politischer Morde. Die Mehrheit der Ermordeten wurde ... mit Säbeln zerhackt.«

Fatema Mernissi,
Die Angst vor der Moderne,
Hamburg 1992.

Die Religion ist stets die Richtschnur der Politik

Imam bedeutet auf Arabisch, der Sprache des Islam, Anführer. Im Rahmen der Entsprechung des Politischen und des Religiösen im Islam kommt diesem zentralen Begriff eine doppelte Bedeutung zu: Ein *Imam* ist zugleich religiöser und politischer Führer, er führt die Gläubigen beim kollektiven Freitagsgebet an und ist zugleich das Staatsoberhaupt (also klassisch-arabisch *Ra'is*) der islamischen *Umma*/Gemeinschaft. Mit dem bisher Gesagten habe ich bereits das zentrale religiös-politische Begriffspaar im Islam angegeben: *Umma* und *Imam*. Die *Umma* ist die religiös-politische Gemeinschaft aller Muslime auf dem gesamten Globus – in Abgrenzung zu der Welt der Ungläubigen. Diese *Umma* bedarf einer Führung, einer Person, die sie nach dem göttlichen Gesetz religiös leitet und politisch lenkt. Der Begründer der islamischen *Umma*, der Prophet Mohammed, war kein Imam, sondern der Gesandte Allahs und der Verkünder seines Gesetzes. Seit dem Tod des Propheten streiten nun die Muslime darüber, wer in seiner Tradition der wahre Imam sei. In diesem Buch werde ich zeigen, daß diese Frage den Schlüssel zum Verständnis des Islam bietet, sowohl in der Vergangenheit wie in der Gegenwart.

Seit der Stadtordnung von Medina (ca. 623) ist der Islam eine politische Religion gewesen. In Arabien veränderte er die Politik grundlegend, denn bis auf die städtische Kultur Südarabiens (Jemen) hatten die Araber vor dem Islam keine Staatstradition gekannt. Im vorislamischen Arabien kämpften Stämme gegeneinander, sei es verbal, mittels der Lob- und Schmähballaden ihrer Dichter, sei es mit dem Schwert. In der Frühgeschichte der neuen Religion bedeutete die islamische Ordnung auch, Krieg gegen die Stämme zu führen. Und diese Ordnung hat der Islam tatsächlich mit allen Mitteln durchgefochten. Die islamische Offenbarung war also nicht nur eine Religionsstiftung, sondern auch die Geburt einer neuen transtribalen, d. h. über die Stämme hinaus staatlich organisierten neuen Zivilisation.[1]

Neben der radikalen politischen Veränderung durch die islamische Staatstradition in Arabien und in den durch die islamischen Eroberungen erschlossenen Regionen konnten sich keine eigenständigen, spezifisch politischen Denkmuster entwickeln. Der Grund hierfür ist, daß der Islam die Politik religiös bestimmt. Die neue Botschaft verstand sich eben nicht nur als Religion, d. h. als religiöser Glaube; vielmehr ging die islamische Religionsstiftung einher mit der Grundlegung einer neuen politisch-religiösen Ordnung.

Bis auf die Ausnahmen, die im zweiten Teil dieses Buches vorgestellt werden, war politisches Denken im klassischen und mittelalterlichen Islam gleichermaßen ein integraler Bestandteil der Religion – sei es als Sakral-Jurisprudenz/*Fiqh* oder als Theologie/*Kalam*. Es ging stets darum, eine Antwort auf die Frage zu finden, wer die Autorität hat, die islamische *Umma* als Imam zu führen. Die Ausnahmen, die darüber hinausgehen, beschränken sich auf jene Muslime, die die altgriechische Philosophie des Plato und des Aristoteles aufnahmen und in die islamische Zivilisation einführten (vgl. Kap. 4). Von diesen Ausnahmen abgesehen, dachten Muslime über Staat, Regierung und Herrschaft, d. h. über die Bestimmung der politischen Macht und ihrer Einschränkungen, stets im Rahmen der islamischen Doktrin und ihrer Lehre von den *Fara'id*/Pflichten.

Ein verstorbener muslimischer Oxford-Gelehrter, der prominente Iraner Hamid Enayat, machte darauf aufmerksam, daß Muslime erst in der Konfrontation mit der Moderne begonnen haben, über Politik als eine von der Religion getrennte Domäne nachzudenken:

> »Erst unter dem Trauma der europäischen wirtschaftlichen, politischen und kulturellen Übergriffe seit dem 19. Jahrhundert haben Muslime begonnen, selbständige Arbeiten, spezifisch über Politik, zu verfassen.«[2]

Seit dem Tod des islamischen Propheten Mohammed, der die Muslime von Beginn der Offenbarung im Jahre 610 und bis zu seinem Tod im Jahre 632 religiös und seit dem Jahre 622 zugleich politisch geführt hatte, kam es unter den Muslimen immer wieder zu Konflikten über die Frage, wer befugt sei, die islamische Gemeinde nach Mohammed zu führen, d.h. wer der richtige Imam der Muslime sei.[3] An dieser Frage – ich habe es schon erwähnt – erkennen wir die Verquickung des Religiösen mit dem Politischen. In der gesamten Geschichte des Islam drehen sich alle politischen und religiösen Kämpfe um die Frage der religiös-politischen Autorität und ihrer Legitimität: Welcher Muslim ist geeignet, Imam der gesamten *Umma* zu sein? Das Wiedererstarken des Islam in unserer Gegenwart belebt diese jahrhundertelange islamische, von dem Trauma der Verwestlichung nur unterbrochene Tradition. Die vom Westen beeinflußte, sehr oberflächliche Säkularisierung (vgl. Anm. 29) hat die islamische Tradition nur punktuell durchbrochen. Die Welt des Islam durchlebt infolgedessen in unserer Zeit Prozesse der radikalen Entsäkularisierung.

Um diese Zusammenhänge zu verstehen, müssen wir weit in die islamische Geschichte zurückblicken und nach den spezifisch islamisch-kulturellen Grundlagen politischer Autorität und Legitimität fragen. In dieser Einleitung möchte ich dieses Grundlagenwissen für das Verständnis von Autorität und Legitimität im Islam vermitteln. Das erforderliche geschichtliche Fundament hierzu liefert Kapitel 1. Wir können hier zunächst von der Beobachtung ausgehen, daß in unserer Gegenwart die meisten politischen Herrscher in islamischen Ländern versuchen, ihre politische Autorität – auch wenn sie faktisch säkular ist – islamisch, also auch religiös zu legitimieren, um von ihrer Bevölkerung akzeptiert zu werden. Die Politisierung des Islam ist somit kein Monopol der Fundamentalisten. Auch die herrschenden Sultane, ob sie sich nun Präsidenten oder Könige nennen, beanspruchen für sich den Islam.

Legt man die traditionellen islamischen Begriffe des Politischen bei der Beurteilung der Herrschaft zugrunde, dann gelangt man zu dem Ergebnis, daß es im sunnitischen Teil der Welt des Islam gegenwärtig nur zwei Regime gibt, in denen der Monarch faktisch einen religiösislamischen Titel für seine politische Autorität beansprucht: Marokko und Saudi-Arabien.[4] (König Hussein von Jordanien hat zwar eine Genealogie, die bis auf den Propheten Mohammed zurückgeht, legitimiert seine Herrschaft aber nicht islamisch.) Der Titel des marokkanischen Königs lautet *Amir al-Mu'minin*/Oberhaupt der Gläubigen, wohingegen der saudische Monarch den Titel eines *Khadim al-Haramayn al-Scharifayn*/Hüter der heiligen Schreine (von Mekka und Medina) trägt. Im Falle Saudi-Arabiens gilt der Koran als Verfassung des Landes, anders als in Marokko, das eine geschriebene Verfassung besitzt. Im August 1992 zeigte der marokkanische König seine Bereitschaft, die Verfassung in Richtung auf die Erweiterung der Kompetenzen seines Premierministers zu ergänzen, welcher konstitutionell der königlichen Autorität vollkommen untergeordnet ist. Als die Verfassungsänderung am 4. September 1992 dem marokkanischen Volk in einem Referendum vorgelegt wurde, reagierte der König auf die Forderungen der Opposition nach einer Rechtsbindung seiner Macht mit der Betonung der uneingeschränkten Autorität eines islamischen Herrschers. In einem in *Le Monde* anläßlich der Verfassungsreform vom 4. September 1992 veröffentlichten Interview unterstrich König Hassan II.:

> »Der Islam verbietet mir, eine konstitutionelle Monarchie nach westeuropäischem Muster einzuführen. Ich kann einige Kompetenzen anderen übertragen, aber ich habe nicht das Recht, aus eigenem Antrieb meine Vorrechte aufzugeben. Ein islamischer Monarch kann seine Macht nicht delegieren.«

Mit dieser Äußerung beruft sich der marokkanische König zwar auf eine von ihm selbst konstruierte politische Auffassung, die dennoch nicht aus der Luft gegriffen ist. Sie reiht sich ein in die islamische Tradition der Bestimmung von Autorität und Legitimität, derzufolge Allah dem Herrscher in seiner Eigenschaft als Imam nicht erlaubt, auf seine Autorität zu verzichten. In Kapitel 1 werde ich zeigen, daß der dritte Kalif im Islam, Uthman, dem Tod entgangen wäre, wenn er der Forderung der Meuterer im Jahre 656 nachgekommen wäre, das Kalifat niederzulegen. Es war jedoch sein aufrichtiger Glaube, daß er als Imam von Allah hierzu nicht befugt sei. Bei dem marokkanischen König bin ich mir nicht so sicher, wie aufrichtig sein Glaube an den göttlichen Auftrag ist. Sicher ist aber, daß in der politischen Geschichte des Islam die Grenzen zwischen »*invented tradition*« und Überlieferung fließend sind.

Dieser überlieferte Standpunkt konfrontiert uns mit der Frage, ob dieser Anspruch wirklich eine authentisch islamische Sichtweise darstellt. Die Azhar-Universität zu Kairo ist die geistliche Autorität im sunnitischen Islam. Der al-Azhar-Gelehrte 'Ali 'Abdelraziq vertrat in seinem 1925 auf Arabisch erschienenen Buch »*al-Islam wa usul al-hukm*/Der Islam und die Grundlagen der Herrschaft« die Ansicht, daß der Islam keine spezifische Regierungsform enthalte.[5] Darüber hinaus argumentierte Scheich 'Abdelraziq, daß der Islam im Verlauf seiner Geschichte immer wieder als Legitimation für ungerechte Herrschaftszwecke herhalten mußte. Daraus zog er die Schlußfolgerung, daß man den Islam entpolitisieren müsse, um ihn vor Mißbrauch zu schützen. 'Abdelraziq wurde daraufhin von allen religiösen Lehr- und Richterämtern entbunden. Ein islamischer Reformer unserer Gegenwart, der Richter Mohammed Said al-Aschmawi, knüpft an diese reformerische Islam-Deutung an und weist in seinem Buch über das Kalifat detailliert nach, wie die Imame im Namen dieser islamischen Herrschaftsauffassung ihren Machtmißbrauch legitimierten.[6] Die Folge dieses Plädoyers für die Trennung von Religion und Politik ist, daß al-Aschmawi in seiner Wohnung in Kairo nur unter ständigem Personenschutz vor einer Ermordung sicher ist, denn seitdem steht sein Name auf der Mordliste islamischer Fundamentalisten. Die Trennung von Religion und Politik ist kein populärer Gedanke im islamischen Orient, der sich gegenwärtig mitten in einem Entsäkularisierungsprozeß befindet. In einem anderen Zusammenhang habe ich gezeigt, wie islamische Migranten ihre religiösen Ideologien im Namen der Multikulturalität vertreten und auch in Europa für ihre Ansichten Geltung beanspruchen.[7] Damit aber beginnt die Entsäkularisierung durch die Hintertür der multikulturellen Ideologie auch in Europa Fuß zu fassen.

Keine Trennung zwischen religiöser und politischer Autorität des Imam

Die andauernde islamische Suche nach dem »wahren Imam« im politisch-religiösen Kontext führt uns zu den folgenden Fragen: Wie können wir Autorität und Legitimität als die zentralsten Kategorien politischen Denkens im Islam in ihrer historischen Kontinuität auf eine angemessene Weise betrachten? War der zitierte islamische Azhar-Schriftgelehrte 'Abdelraziq wirklich ein Häretiker? Oder beruht die religiöse Rechtfertigung der orientalischen Despotie tatsächlich auf einem Mißbrauch des Islam? Ist die Entsprechung des Religiösen und des Politischen (*Din wa Daula*) ein Wesensmerkmal des Islam? Muß der Imam auch der politische Herrscher sein?

Im Gegensatz zum Christentum zeichnet sich der Islam durch eine ganzheitliche Weltsicht aus, in welcher Politik, Recht und alle anderen Lebensbereiche zu einer untrennbaren organischen Einheit der Allmacht Allahs verschmolzen sind.[8] Das Leitprinzip dieser Totalität ist die *Tauhid* (die Einheit Gottes), die dem Islam seine unverwechselbare Prägung gibt, denn *Tauhid* bedeutet, daß die Welt, und folglich auch das gesamte Leben der Muslime, in einer ganzheitlichen Weise durch die Einheit Gottes, der obersten Autorität, gelenkt wird. Daraus folgt, daß es für Muslime im Prinzip keine Trennung zwischen politischer und religiöser Autorität geben kann. Entsprechend muß politische Autorität auf einer religiösen Basis fußen, d. h. der Kern ihrer Legitimität muß sich auf das *Tauhid*-Prinzip beziehen. Kein islamischer politischer Herrscher kann deshalb die Autorität eines Souveräns beanspruchen, denn Gott ist der einzige Souverän. Ein islamischer politischer Herrscher muß seine Autorität als Imam mit der Unterwerfung unter das Gebot legitimieren, lediglich den göttlichen Willen auszuführen, der in der islamischen Offenbarung und in der von dieser abgeleiteten *Schari'a*/islamisches Recht fixiert ist. Eben dies ist die Bestimmung, auf die sich der marokkanische König in seiner zitierten Äußerung beruft. Es sei hier en passant angemerkt, daß *Sunna* und *Schi'a* unterschiedliche Auffassungen hierüber tradieren.

Wie verhält sich nun die islamische Bestimmung von Politik zur Realität? Nach der islamischen Doktrin ist der islamische politische Herrscher in seiner Eigenschaft als Imam zugleich Vollstrecker des göttlichen Willens, also kein politischer Souverän, der selbständig handelt. Zwischen Doktrin und Wirklichkeit hat es jedoch in der islamischen Geschichte stets eine große Kluft gegeben, wie ich im 3. Kapitel näher erläutern werde. Angesichts der Tatsache, daß es im Islam keine rein spirituelle päpstliche Autorität gibt, die – wie in Europa bis zum Dreißigjährigen Krieg – den »göttlichen Gehorsam« der Herrscher überwacht, waren die islamischen Imame faktisch eben doch Souveräne. Außer Allah steht niemand über dem Imam. Dem Anspruch, ausschließlich Vollstrecker göttlichen Rechts zu sein, entsprach die Realität keineswegs. Vielmehr wurde die eigene Willkür als göttliches Gesetz präsentiert. Denn der Imam unterlag keiner Pflicht zur Rechtfertigung gegenüber irgendeiner Instanz.

Der mittelalterliche islamische Theologe Ibn Taimiyya prägte den Begriff »*Ta'til*/Suspendierung« für den Fall, daß Menschen aus eigenem Willen die Welt regieren und damit Gottes Souveränität für sich beanspruchen. Der einflußreiche geistige Vater des islamischen Fundamentalismus, Sayyid Qutb (gehenkt 1966), belebte diesen mittelalterlichen Lehrsatz in seinem maßgeblichen Pamphlet »*Ma'alim fi al-tariq*« wieder, in dem er eine demokratische Legitimität und die Idee der Volkssouveränität als neuzeitliche Rückkehr zum vorislamischen Zeitalter der *Djahiliyya*/Ignoranz, d. h. des Unglaubens, inkriminierte. Die geistige Kontinuität zwischen dem Denken des mittelalterlichen Ibn Taimiyya (vgl. Kap. 5) und dem organisatorischen Begründer des politischen Islam im 20. Jahrhundert, dem Imam Hasan al-Banna, wird in Pamphleten der zeitgenössischen Fundamentalisten immer wieder hervorgehoben.[9]

Entgegen der Tatsache, daß das dargestellte, auf den Imam bezogene Basiskonzept von Autorität und Legitimität praktisch von den meisten Muslimen auf der Ebene des Glaubens geteilt wird, finden wir in der realen islamischen Geschichte eine Vielzahl von konkurrierenden Autoritäts- und Legitimationsmustern, die hier nicht näher erläutert werden können und die trotz eines Konsenses über die religiöse Doktrin mit sektiererischen Entwicklungen in Zusammenhang stehen. Daher ist Richard Hartmann in seinem – als Motto zu dieser Einleitung zitierten – Urteil zuzustimmen: Der Konflikt über die Frage, wer der wahre *Imam* sei, »erklärt den Fanatismus, ... ist aber auch der Schlüssel zum Verständnis der Tatsache, daß sie (die Muslime, B.T.) zu einer politischen Macht von einiger Dauer nie gekommen sind« (s. S. 21). Fatema Mernissi erinnert daran, daß die meisten Imame, als Folge dieser konkurrierenden Ansprüche, ermordet worden sind (s. S. 22).

Die Vielzahl politischer, islamisch legitimierter Herrscher, die alle Imame sein wollen, zeigt, wie weit der Islam von einer verbindlichen, unumstrittenen Legitimation von Herrschaft entfernt ist. In der klassischen Geschichtsperiode des Islam haben sowohl die Herrscher als auch ihre Widersacher – Sunniten und Schi'iten gleichermaßen – ihre je eigene Interpretation zur Frage der Autorität des Imam entwickelt; ihr spezifisches Verständnis vom Islam wurde mit einem Rückgriff auf das islamische Basiskonzept[10] legitimiert. Da jedwede Tradition eines konsensuell akzeptierten Pluralismus fehlt, wuchs der Streit über die Autorität und Legitimität des Imam zu religiösen Fehden und politischen Rivalitäten.[11] Daraus resultierten die innerislamischen Kriege. Die *Große Fitna*[12] (Krieg innerhalb der islamischen *Umma*) im Früh-Islam, die mit der Ermordung des dritten rechtgeleiteten Kalifen Uthman (656) begann und wiederum mit einem Mord, dem an Ali (erster Imam der Schi'iten, vierter und letzter rechtgeleiteter Kalif der Sunniten), im Jahre 661 beendet wurde, ist der Beginn und die Verkörperung der Symbolik des gewaltsamen innerislamischen Kampfes um die Macht zur Bestimmung des Imam. Er dauert bis heute an. Auch in unserer Gegenwart wird der Machtkampf niemals politisch, sondern stets religiös begründet. Nur eine Rekonstruktion des politischen Denkens im Islam auf islamischer Grundlage, so wie sie in diesem Buch versucht wird, kann helfen, diese religiös-politischen Kämpfe in Geschichte und Gegenwart richtig einzuordnen und angemessen zu verstehen.

Islamische politische Denker und ihre Herrscher verweisen bei jeder Debatte auf die Koran-Vorschrift: »Gläubige, gehorcht Gott und dem Propheten und denjenigen unter Euch, die die Autorität haben« (al-Nisa', Sure 4/Vers 59). Es bleibt der jeweiligen Interpretation dieses Verses überlassen, ob Autorität hier mit Macht des Herrschers gleichzusetzen ist. Jedenfalls geraten islamische Gläubige immer dann, wenn zwei islamische Herrscher gegeneinander kämpfen und unter Berufung auf den genannten Koran-Vers die Autorität des Imam für sich beanspruchen, in Verwirrung. Welchem Imam sollen sie gehorchen? Und wenn sie, wie Fundamentalisten in der Gegenwart, rebellieren, wie rechtfertigen sie ihre Revolte gegen den Imam-Herrscher?

Die Frage nach dem Imam in der neueren Geschichte: Die Auflösung der islamischen Ordnung

Die gestellten Fragen beziehen sich auf den frühen und mittelalterlichen Islam, werden aber auch in unserer Gegenwart immer dringlicher. Die in der neueren Geschichte anhaltende Legitimationskrise geht strukturgeschichtlich auf die Auflösung der letzten islamischen Ordnung, des osmanischen Sultanats, und die darauf im Jahre 1924 erfolgte Abschaffung des Kalifats[13] zurück. Jene traditionelle islamische Ordnung schien im Zuge der Übernahme des europäischen Konzepts der Volkssouveränität durch die Muslime obsolet geworden zu sein.[14] Doch das Konzept der islamischen *Umma* ist im arabischen Kernland des Islam nur oberflächlich säkularisiert worden. Aus der islamischen wurde die arabische *Umma*, die für sich den modernen Begriff der »Nation« beanspruchte. Diese neue arabische *Umma* ist nicht mehr religiös bestimmt, insofern sie sich an der Idee der Volkssouveränität orientiert. Die neue Nation vereint gleichermaßen Muslime und Christen als Bürger. Doch der Begriff »Bürger« ist europäischen Ursprungs und dem Islam fremd, denn der Imam ist ein *Ra'i* (Hirte) und leitet die Muslime als *Ra'iyya* (Schafherde). Der aus Europa eingeführte Nationalstaat und mit ihm die Idee des *Citoyen* konnte in der Welt des Islam letztlich keine Wurzeln schlagen. Das Wesen des Imam als *Ra'i* und seines Volkes als *Ra'iyya* bleiben auch mit neuem Etikett unverändert.

Der durch die Krise des Nationalstaats (vgl. hierzu Kap. 9) bedingte Aufstieg des islamischen Fundamentalismus bedeutet für die säkularistisch uminterpretierte *Umma* eine große Herausforderung. Ihre Voraussetzung, das Prinzip der demokratischen Legitimität auf säkularer Grundlage, wird von Fundamentalisten unter Anführung religiöser populärer Slogans bestritten. Die Ablehnung des säkularen Nationalstaats im zeitgenössischen Islam steht im Mittelpunkt der fundamentalistischen Ideologie, die als Alternative die politische Idee der »*Hakimiyyat Allah*/Gottesherrschaft« im Rahmen einer neuen Bestimmung von Autorität und Legitimität präsentiert.[15] Der mittelalterliche Ibn Taimiyya (vgl. Kap. 5) und seine Bestimmung des Imam als *Ra'i*/Hirte gehören in modernisierter Form zur fundamentalistischen Ideologie.

In seiner Beschäftigung mit der Problematik der Legitimation von Macht im späten 20. Jahrhundert hat David Beetham dem Islam besondere Aufmerksamkeit gewidmet. Er unterstreicht, daß die Politisierung des Islam die universelle Geltung westlicher Konzepte in Frage stellt, denen die Annahme zugrunde liegt, daß politische Legitimität nur auf einer säkularen Basis gesichert werden kann.[16] Denn hinter der islamisch-fundamentalistischen Herausforderung – die Ausdruck des Zusammenpralls der Zivilisationen ist – steht die Idee eines islamischen Staates als spezifisch islamisches Muster von Autorität und Legitimität.[17] Nun sind islamische Fundamentalisten keine Traditionalisten; sie sind selbst gleichermaßen ein Produkt der Moderne wie auch eine Reaktion auf die in ihren Ländern erfolgte Modernisierung.[18] Aus diesem Grunde muß die Frage erlaubt sein, ob ihr Ziel, die Errichtung eines islamischen Staates, in der Tradition der Bestimmung des Imam als Träger von Autorität und Legitimität steht. Wie ich in Kapitel 1 zeigen werde, kennt die islamische Ordnung nämlich nur das Kalifat, der Begriff »Islamischer Staat/*Daula Islamiyya*« ist neu.

Ausgangspunkt ist stets das bereits erläuterte *Tauhid*-Prinzip und damit der Glaube, daß Gott als einziger Souverän über die gesamte Welt regiert. Hierauf fußt die religiöse Vorschrift, daß die Führung in allen Lebensbereichen mit den islamischen Lehren im Einklang stehen müsse, die von der im Koran festgelegten islamischen Offenbarung hergeleitet sind. Mit anderen Worten, politische Legitimität im Islam muß fortwährend durch die religiöse, göttlich inspirierte Legitimation untermauert werden. Im klassischen Islam basierte die Autorität des Kalifen als Imam der islamischen *Umma* auf der ihm unterstellten Gabe, die göttlich legitimierte Ordnung fortzuführen. Konkret bezieht sich dies auf die Eignung des Kalifen, als Bewahrer des Erbes Mohammeds und als sein Nachfolger (= Kalif) zu herrschen. Im mittelalterlichen Islam – als die post-koranische *Schari'a* begründet wurde – bestand die Legitimität im Schalten und Walten nach dem aus dem Koran gedeuteten göttlichen Gesetz (*Schari'a*). Obwohl der Kalif als Imam auch das unangefochtene politische Oberhaupt der islamischen Gemeinschaft/*Umma* war, hatte er nach der religiösen Doktrin nicht das Recht, eigene Gesetze zu erlassen. Seine Autorität war darauf beschränkt, das von Gott geoffenbarte *Schari'a*-Recht zu verwalten und durchzusetzen. In diesem Sinne stimme ich Fatema Mernissi zu, daß der islamische Imam »in der Theorie der islamischen Politik bestimmt kein starker Mann« ist. Der Hinweis von Mernissi, daß der Imam »verwundbarer und anfechtbarer Leiter« sei, sowie ihre Hervorhebung der »idealen Beziehungen zwischen Leiter und Geleiteten« beziehen sich jedoch auf die Doktrin, nicht auf die Realität.[19] Der Autoritarismus, von dem sie mit Recht spricht, ist aber nicht nur ein Merkmal zeitgenössischer islamischer Politiker. Schon die klassischen Imame waren nicht die »idealen Leiter« der *Umma*. Der orientalische Despot ist eine realgeschichtliche Figur in der islamischen Geschichte und kein »Medien-Imam des westlichen Fernsehens«, wie sie polemisch unterstellt. In Kapitel 1 werde ich über die blutrünstigen Taten der zweiten *Fitna* exemplarisch informieren, als der islamische Imam der Umaiyyaden die Armeen seines Feldherrn al-Hadjadj Blut vergießen und sogar die Mekka-Schreine vernichten ließ. Die Abbasiden waren nicht viel besser; der Begründer ihrer Dynastie hieß bezeichnenderweise *al-Saffah*/ der Blutvergießer. Die Tatsache, daß viele Imame ermordet worden sind, ist Ausdruck des damals herrschenden Klimas von Gewalt und spricht sie nicht von ihren despotischen Taten frei.

In der Praxis wichen alle islamischen Herrscher von der religiösen

Vorschrift ab, nur als Vollstrecker der *Schari'a* zu handeln. Zu ihrer Legitimation führten sie den autonomen Bereich der *Siyasa*/Staatsführung ein, welcher dem Kalifen faktisch unbeschränkte Souveränität einräumte. Wie der beste Kenner dieses Themas, Joseph Schacht, in seiner klassischen Einführung in das islamische Recht zeigt,

> »ist diese *Siyasa* der Ausdruck der vollen rechtlichen Gewalt, welche der Souverän ... exekutieren kann, wann immer es ihm beliebt, ... eine doppelte Ausübung von Gerechtigkeit, die eine religiös und auf der Basis der *Schari'a* vom Kadi vollzogen, die andere säkular und ausgeübt von den politischen Autoritäten«.[20]

Dieses System von Autorität wurde von den Kalifen seit der Umaiyyaden-Periode (661 bis 750) praktiziert. Die islamischen Herrscher unserer Gegenwart sind zwar keine Kalifen, stehen aber in dieser Tradition des Imam als Führer der Gemeinschaft. Es ist also sachlich begründet, von einer Kontinuität des Machtanspruchs in der islamischen Geschichte zu sprechen. Den Bruch, den Fatema Mernissi unterstellt, sehe ich nicht.

Auch nach der Auflösung der islamischen Ordnung (1924) bemühten sich islamische Herrscher, ihrer politischen Autorität eine im Einklang mit dem Islam stehende religiöse Legitimation zu verleihen, um sich ihre Untertanen zu verpflichten; sie berufen sich hierbei bis heute auf die beschriebene islamische Tradition, welche in der politischen Geschichte des sunnitischen Islam verankert ist. Ungeachtet der Aktivierung islamischer Traditionen zur Legitimierung politischer Herrschaft können wir feststellen, daß klassischen wie gegenwärtigen islamischen Gesellschaften das Merkmal eines niedrigen Institutionalisierungsgrades (Personifizierung der Herrschaft) ihrer politischen Systeme gemeinsam ist. Die Geschichte der islamischen Zivilisation kennt zwar edle Grundsätze und Ideale, der realgeschichtliche Islam verfügte aber nicht über die politischen Institutionen, die zu deren Durchsetzung erforderlich wären.

Das Fehlen von Institutionen führt zur Personifizierung von politischer Macht durch den Imam. Die politische Macht ist also im klassischen wie im modernen Islam in hohem Grade auf die Person des Herrschers bezogen; sie wird willkürlich mit Rückgriff auf die Religion legitimiert. Hierfür sorgen die dem islamischen Herrscher unterworfenen *Ulema* (Schriftgelehrte) und *Faqihs* (Sakral-Juristen), die den Herrscher als Imam darstellen. Der Iraner Tamadonfar weist auf diese die gesamte islamische Geschichte kennzeichnende Tatsache hin und schließt aus ihr auf »die zentrale Rolle, die Führer in der islamischen Politik spielen«. Ähnlich urteilt der Tunesier Mohammed al-Djuweili, der vom »politischen Führer in der islamischen Vorstellung« spricht.[21] Das klassische islamische Werk »*al-Ahkam al-Sultaniyya*/Die sultanischen Regeln der Autorität« von al-Mawardi, das ich in diesem Buch vorstellen werde (vgl. Kap. 5), verdeutlicht die Aktualität der mittelalterlichen Thematik der personalen Herrschaft für die islamische Gegenwart.

Der Imam zwischen Sunna und Schi'a

Die bedeutendste der sektiererisch-religiösen Spaltungen innerhalb der islamischen *Umma* hinsichtlich Autorität und Legitimität ist die zwischen der Doktrin des Kalifats im sunnitischen Islam und der des Imamats im Schi'a-Islam. Während für sunnitische Muslime der Kalif zugleich Imam im doppelten Sinne eines die gemeinsamen Gebete leitenden (d. h. religiösen) und eines politischen Führers ist, beansprucht der Imam im schi'itischen Imamat keine weltliche politische Führung. Die Zahl der Imame in der *Schi'a* ist begrenzt; ein Imam ist dort ein Heiliger. Im Gegensatz zu den Sunniten, für die die Prophetie mit dem Tode des Propheten Mohammed für immer endet, glauben schi'itische Muslime an die Fortführung der göttlichen Verkündung durch die Imame. Wie gesagt, diese wirken nicht als weltliche Führer, sondern als religiöse Anleiter »für die Erhaltung und Auslegung des göttlichen Gesetzes«[22], wie der islamische *Schi'a*-Experte Momen schreibt. Daher basiert die Legitimität des schi'itischen Imam nicht nur auf der Interpretation des Sakralrechts, wie Momen weiter ausführt:

»Das Wissen des Imam ist gleichbedeutend mit dem des Propheten ... Als ein Resultat seines Wissens ist der Imam voll in der Lage, alle das religiöse Recht betreffenden Angelegenheiten zu beurteilen« (ebd., S. 156).

Einige schi'itische Gelehrte, wie z. B. Tabataba'i, interpretieren die Autorität des Imam zugleich als eine politische, insoweit er

»eine Person (ist), welche die Führungsrolle in einer spezifischen sozialen Bewegung oder einer politischen Ideologie innerhalb einer Gemeinschaft einnimmt«.[23]

Vor Khomeini war diese Ansicht unter Schi'iten jedoch weder gebräuchlich noch allgemein anerkannt. Durch seine revisionistische Interpretation der schi'itischen Lehre von *wilayat-i-faqih*, d. h. von den Rechtsgelehrten als Stellvertreter des Imam, baute Khomeini politische Brücken zwischen Sunniten und Schi'iten, wie der einst in Oxford lehrende, verstorbene persische Gelehrte Hamid Enayat betont hat. Khomeinis Interpretation läßt eine schi'itische Herrschaft zu. Nach der Ansicht von Enayat beseitigt Khomeini durch seine politischen Ideen

»einige der wichtigsten Unterschiede zwischen Sunniten und Schi'iten ... Sein Aufruf an die Schi'iten, zu rebellieren und einen islamischen Staat zu errichten, dokumentiert seine Ablehnung der traditionellen schi'itischen Praktiken ... Jene waren bisher Hauptthemen sunnitischer Polemiken gegen den Schi'a-Islam«.[24]

Es überrascht daher nicht, wenn wir in zeitgenössischen Traktaten sunnitischer Fundamentalisten einen positiven Rückgriff auf Khomeinis Auffassung von Autorität und Legitimität, verbunden mit einem Aufruf zu Harmonie und Versöhnung zwischen Sunniten und Schi'iten, vorfinden. Die iranische Revolution, obwohl schi'itisch, hatte ihre Wirkung auch auf die Sunniten.[25] Exemplarisch hierfür ist der sunnitische Fundamentalist Salim al-'Awwa mit seinem in 7. Auflage auf Arabisch erschienenen Buch »*Über das politische System des islamischen Staates*« zu nennen. Khomeini wird in die Geschichte als derjenige eingehen, der die Tradition politischen Denkens im Islam neu belebt hat, nach welcher der Islam nicht nur eine Religion, sondern auch eine Legitimation der Macht darstellt. Seit Khomeini ist die Frage nach dem »wahren Imam« als Träger weltlicher und geistlicher Macht nicht mehr nur ein sunnitisches, sondern auch ein schi'itisches Anliegen.

Der Islam – eine religiöse Ethik oder eine politische Ideologie des Imam?

Der sunnitische Islam hat im Laufe seiner Geschichte drei große Imperien hervorgebracht. Das letzte islamisch legitimierte Imperium, das Osmanen-Reich, wurde 1924 aufgelöst (vgl. Anm. 13). Bis in die frühen 70er Jahre schien infolgedessen die Idee des modernen Nationalstaats und seiner säkularistischen Legitimität an die Stelle des Ideals einer islamischen Ordnung und ihres Imam getreten zu sein.

Vor der Auflösung des osmanischen Kalifats war der im 19. Jahrhundert lebende Abdulrahman al-Kawakibi der bedeutendste arabo-islamische Autor, der die Kalifat-Frage neu aufgenommen hat. Er versuchte, das islamische Kalifat mit einer arabischen Legitimation gegen die sunnitisch-muslimischen Türken wiederzubeleben.[26] Denn nach der islamischen Doktrin muß der Kalif aller Muslime ein Araber aus dem Stamm des Propheten, d.h. aus Quraisch, sein (vgl. Kap. 1). Die osmanischen Kalifen waren aber Türken, keine Araber; zur Legitimation beriefen sie sich auf die Übergabe des Kalifats durch den letzten überlebenden Abbasiden al-Mutawakkil an den türkischen Sultan Selim, als dieser im Jahre 1517 Ägypten eroberte.

Im 20. Jahrhundert schien die politische Ideologie des Imam und seines Kalifats der Vergangenheit anzugehören. Der arabische Muslim Rashid Rida hatte 1922/23 die letzte wichtige islamische Publikation vorgelegt, welche die Idee des Kalifats positiv aufnimmt. Danach wurde es still um das Kalifat, obwohl es eine reaktionäre, wenn auch unbedeutende Kalifat-Bewegung gab. Bedeutet nun die islamische Erneuerung unserer Gegenwart als Repolitisierung des Islam die Neubelebung des Kalifats? Für Algerien hat Sabine Kebir nach ihren »algerischen Erfahrungen« die Formel »zwischen Militärregierung und

Kalifat«[27] geprägt. Wie verträgt sich das mit der Tatsache, daß der schi'itische Iran zu den Säulen des islamischen Erwachens gerechnet wird? Schi'iten sind bekanntlich gegen die Kalifats-Idee als islamische Legitimation. Khomeini hat eine bereits erwähnte Annäherung zwischen Sunna und Schi'a bewerkstelligt; diese hebt jedoch nicht die doktrinäre Feindschaft zwischen dem sunnitischen Kalifat und dem schi'itischen Imamat auf. Der schi'itische Imam wirkt im Verborgenen, während der sunnitische Kalif ein politischer Herrscher ist; daraus ergeben sich die Spannungen zwischen *Sunna* und *Schi'a.*

Der neuerliche Ruf nach einer islamischen Ordnung führt uns zurück zu den grundsätzlichen, schon zitierten Überlegungen des al-Azhar-Scheichs Ali 'Abdelraziq, daß das Kalifat nur zur Legitimation politischer Herrschaft gedient habe und deshalb einen Mißbrauch des Islam als Religion für politische Zwecke darstelle. 'Abdelraziqs Argument, das ihm – wie ausgeführt – den Ausschluß von al-Azhar einbrachte, war, daß der Islam eine religiöse Ethik darstelle, nicht aber eine Legitimationsbasis für politische Herrschaft, d.h. keine dem Imam dienstbare politische Ideologie sein könne. Trotz seiner Amtsenthebung stand 'Abdelraziqs Auffassung für den Geist der damaligen Zeit: Die Einführung der Institution des säkularen Nationalstaats in das »Haus des Islam« parallel zur Verdrängung des politischen Islam war damals das zeitgemäße Anliegen und die politische Realität. Der Islam schien sich mit der Moderne zu versöhnen. Religion wurde in die Domäne des Glaubens und der religiösen Ethik abgedrängt. Die Legitimität des modernen Staates ist Sache der Politik, die nicht von einem Imam, sondern von gewählten Politikern zu verantworten ist. Indem islamische Fundamentalisten unserer Zeit die Legitimität wieder religiös bestimmen, versuchen sie, mit ihrer Formel *Din wa Daula* (Religion und Staat) das Rad der Geschichte zurückzudrehen. Also zurück zum Imam? Waren die Imame überhaupt jemals verschwunden? Oder versteckten sie sich unter einem neuen Gewand?

Der Islam kennt kein Königtum, obwohl das Kalifat einer dynastischen Monarchie sehr ähnlich ist. Bereits der große islamische Philosoph des 14. Jahrhunderts, Ibn Khaldun (vgl. Kap. 6), hat erkannt, daß das Kalifat in ein Königtum (*Mulk*) einmündet. In der politischen Kultur des Islam finden wir keinen Widerspruch zwischen einem Kalifat und einer religiös legitimierten Monarchie. Der in Washington lehrende Nahostexperte Michael Hudson schreibt korrekt:

> »Die ideale arabische Monarchie, vollkommen legitimiert, vollständig in Übereinstimmung mit den Werten der traditionellen politischen Kultur, würde eine islamische Theokratie sein, geleitet von dem fähigsten Führer eines Stammes, der seine Herkunft bis auf den Propheten zurückführen kann. Der Herrscher würde durch die inhaltliche Ethik des Islam und durch die patriarchalen, konsultativen Prozeduren des tribalen Entscheidungsprozesses gebunden sein. Die Autorität des Herrschers würde nicht nur auf der Ausübung seiner Macht beruhen, sondern auch auf dem Respekt, den seine Untertanen für einen Führer auf dem rechten Weg (der Sunna) empfinden ... Einzig aufgrund dieses legitimitätsstiftenden Verhaltens würde er die Ehrerbietung seines Volkes erringen und sich damit Autorität erwerben.«[28]

Nach der Auflösung des osmanischen Kalifats als dritte imperiale Ordnung des Islam fand ein Säkularisierungsprozeß[29] im islamischen Teil der Welt statt, ohne – wie erwähnt – Wurzeln schlagen zu können. Diese Säkularisierung durch Verwestlichung beschränkte sich fast ausschließlich auf den ideellen Bereich, z. B. den Bildungssektor; sie war somit eher normativer Provenienz, im Unterschied zu einer strukturellen Säkularisierung, die sich in der gesellschaftlichen Wirklichkeit vollzieht. Die Säkularisierung mußte daran scheitern, daß sie in der Realität keine strukturelle Entsprechung hatte; sie fand nur in den Köpfen verwestlichter Muslime statt. Das institutionelle Muster des säkularen Nationalstaats existierte zwar nominell, aber es fand keine Säkularisierung der Kultur und der Gesellschaftsstrukturen statt. Die Tradition des Imam ist niemals beseitigt worden.

In der Welt des Islam geht es nicht nur um religiöse Doktrinen und politische Ideen. Politische Ereignisse und sozialer Wandel spielen eine bestimmende Rolle. Der Wendepunkt, der die Rückkehr des politischen Islam und seiner Ansichten über Autorität und Legitimität auf den Trümmern des säkularen Experiments einleitete, war daher kein Wandel in der Welt der Ideen; er erfolgte auf die arabische Niederlage im Sechs-Tage-Krieg gegen Israel von 1967. Seit der durch jene umfassende Niederlage ausgelösten Legitimationskrise breitete sich vom arabischen Kern der Welt des Islam – als dem Zentrum der islamischen Zivilisation – der politische Islam aus. Dies geschah lange bevor die islamische Revolution im Iran die Aufmerksamkeit des Westens auf diesen Prozeß lenkte.

Eines der Hauptmerkmale der Repolitisierung des Islam ist die Wiederkehr der klassischen Debatte über die religiöse Bestimmung von Autorität und Legitimität als Grundlage der Herrschaft des Imam im Islam mit dem Ziel, die Krise des säkularen Staates in der Welt des Islam durch die ideologische Konstruktion eines islamischen Gegenmodells zu überwinden. Dazu werden klassische islamische Ideen in den Mittelpunkt gerückt, welche jedoch neu bestimmt werden. Propagiert wird die Etablierung einer religiösen Ordnung, die im Gegensatz zur säkularen Ordnung steht. Das Ergebnis ist das neue Konzept vom »islamischen Staat« bzw. des *Nizam Islami*/islamischen Systems, das an die Stelle der alten Idee vom islamischen Kalifat rückt, denn zeitgenössische Fundamentalisten sprechen *nicht* vom Kalifat. Die Suche nach dem »wahren Imam« beginnt von neuem.

Zwar ist das Wiedererstarken des politischen Islam im 20. Jahrhundert neu, aber die Debatten über das Thema »Islam/Politik« in der Welt des Islam sind es durchaus nicht; sie sind niemals zur Ruhe gekommen, auch nicht in der Periode der Dominanz säkularistischer Ideologien. Ich möchte an die Diskussion um das bahnbrechende, bereits erwähnte Buch von Ali 'Abdelraziq (von 1925) erinnern, in welchem er den Islam von der Politik und damit von der Kontroverse um die religiöse Legitimierung politischer Autorität trennte; seine Bemühungen liefen darauf hinaus, den Islam auf eine religiöse Ethik zu beschränken. In den 50er und 60er Jahren erschienen zwar einige maßgebliche, gegen die Position Ali 'Abdelraziqs gerichtete islamische Veröffentlichungen. Bedeutende islamische Denker haben wichtige Bücher vorgelegt, wie M. D. al-Rayyes (1955, vgl. Anm. 32), M. Y. Musa (1962, vgl. Anm. 34) und A. Mutawalli (1964, vgl. Anm. 33). In bezug auf Verbreitung und Popularität konnten jene Bücher jedoch zu keiner Zeit mit den damals vorherrschenden säkularistischen Positionen konkurrieren, so wie sie in dem Buch des einstigen ägyptischen Säkularisten Khalid Mohammed Khalid, *»Min huna nabda'/Von hier an beginnen wir neu«*, zum Ausdruck kamen.

Khalids ebenfalls gegen eine politische Deutung des Islam gerichtetes Buch erschien zunächst 1950 in Kairo und wurde bis 1963 zehnmal aufgelegt; die Intellektuellen kannten es weit über die Grenzen Ägyptens hinaus. Die zehnte Auflage wurde seinerzeit zusammen mit einem irakischen Verlag herausgebracht. Khalids vehemente Zurückweisung des politischen Gefüges, für das er den neu-arabischen Begriff »*Kahana Islamiyya*/islamische Theokratie« prägte, gipfelt in seiner Ablehnung jeder Inanspruchnahme des Islam für die Legitimierung politischer Autorität eines Imam:

> »Wir sollten uns dessen bewußt sein, daß die Religion so beschaffen sein muß, wie Gott sie gewollt hat: eine Prophezeiung, kein Königreich, eine geistige Führung, keine Regierungsform, eine Lehre, keine politische Herrschaft. Das Beste, was wir tun können, um die Religion unverfälscht und rein zu erhalten, ist, sie von der Politik zu trennen und sie über diese zu stellen. Die Trennung zwischen Religion und Staat trägt dazu bei, die Religion von den Unzulänglichkeiten und der Willkür des Staates fernzuhalten.«[30]

Seit den frühen 70er Jahren begegnen wir solch aufklärerischen Ansichten nicht mehr. Selbst der angeführte Khalid M. Khalid befand sich nach der Rücknahme seiner früheren säkularistischen Position nun unter denjenigen, die die Idee eines »islamischen Staates« vertreten.[31] Er starb 1996 in Kairo als Fundamentalist. Ein Wandel in den Köpfen ist offenbar sehr viel leichter zu bewerkstelligen als ein Wandel in den Gesellschaftsstrukturen. Säkularisierung als Trennung von Religion und Politik im Islam war nur eine (schöne) Idee.

Das nachdrücklich formulierte Plädoyer islamischer Fundamentalisten für eine islamische Lösung hat die Schriften aufgeklärter Muslime verdrängt. Die »islamische Ideologie« des Imam, die tiefe Wurzeln hat, siegte über die »importierte Ideologie« (so der fundamentalistische Jargon) des säkularen Nationalstaats. Dennoch ist die gegenwärtige Welt des Islam in nominelle Nationalstaaten unterteilt, d. h. in Staaten, die formell Souveränität besitzen, aber der Nationalstaatlichkeit entbehren. Die globale Realität spricht gegen die »islamische Ideologie«, und vice versa.

Vom klassischen Islam zur Gegenwart: Fundamentalistische Ansichten

In der gesamten islamischen Welt hat der Islam nie aufgehört, Quelle von Autorität und Legitimität zu sein. Bereits im Jahre 1953 versicherte uns ein Vorläufer des Fundamentalismus unserer Gegenwart, Mohammed Dia' al-Rayyes, daß der Islam über das Grundmuster einer legalen Herrschaft verfüge, da die politische Autorität des Imam im Islam an die *Schari'a* als rechtlichen Rahmen gebunden sei. Diejenigen, welche nicht mit ihm übereinstimmten, insbesondere jene, die er als »westliche Orientalisten« bezeichnet – und damit als vorurteilsbelastet kennzeichnen will –, werden beschuldigt, islamische Regierungen als despotisch zu diffamieren:

> »Die Behauptung der Orientalisten, daß die islamische Regierung despotisch sei, ist falsch ... Die Ursache ihres Fehlers ist, daß sie das in der Geschichte real existierende Kalifat betrachten ... Daher verwechseln sie den Islam als ein Rechtsideal mit dem, was in der muslimischen Welt wirklich geschah.«[32]

Wie man sieht, wird der Islam von al-Rayyes als ein reines Ideal aufgefaßt, das es vom Schmutz der Geschichte fernzuhalten gilt. Seine Verwirklichung bleibt ein frommer Wunsch. Hier fällt es mir schwer, zwischen dieser Position des Islamisten al-Rayyes und der nur im Kopf, d. h. ohne Bezug zur Realität säkular orientierten Feministin Fatema Mernissi (vgl. Anm. 19 oben) einen Unterschied zu erkennen; für al-Rayyes sind die orientalischen Despoten eine Phantasie »westlicher Orientalisten«, für Mernissi nur vom Westen fabrizierte imaginäre »Medien-Imame«. Die Erklärung: Beide – wie die meisten islamischen Denker – gehen von der Idee, dem Ideal, nicht von der Realität aus. Dies ist auch der Fall in dem sehr autoritativen Buch von Abdulhamid Mutawalli. Er behauptet:

»... insoweit es die Regierungskunst betrifft, enthält der Islam allgemeine Prinzipien, die für alle Zeiten und für jeden Ort gültig sind«.[33]

Er führt weiter aus, daß diese Prinzipien die praktische Umsetzung der »islamischen Verfassungsnormen« gewährleisten: Gerechtigkeit, Freiheit, Partizipation (*Schura*) und Gleichheit. Daß *Schura* und Demokratie zwei verschiedene Münzen sind, werde ich dem Leser in Kapitel 10 im abschließenden Teil dieses Buches näher erläutern.

Der Verfasser einer anderen maßgebenden Quelle des frühen Islamismus aus dem Jahre 1962 informiert uns, daß das Verhältnis zwischen Herrscher und Beherrschten im Islam auf einem *Bay'a* genannten »*contrat social*« basiere. Dieser Autor, Mohammed Yusuf Musa, liest somit die Rousseausche Idee des »*contrat social*« in den Islam hinein. *Bay'a* im Islam bedeutet »Treueschwur« der Ergebenen gegenüber dem Imam. Sie ist eine zweifelhafte Quelle für die Legitimität des Imam und keinesfalls ein auf der unverbrüchlichen, institutionell kontrollierten Bindung des Herrschers an das islamische Recht basierender Gesellschaftsvertrag.

Jenseits des Ideals des *Imam 'Adil*/gerechter Imam gab es in der realen Geschichte des Islam nicht einen einzigen islamischen Herrscher, der sich gegenüber einem unabhängigen Gremium rechtlich verantworten mußte. Die Institution der »*Ahl al-Hall wa al-'Aqd*/Leute des Lösens und des Bindens«, die es im islamischen Mittelalter als Gremium der islamischen Schriftgelehrten gab, basierte auf einer Fiktion. Die darin vertretenen *Schari'a*-Gelehrten waren alle dem Imam untergeordnet und von ihm abhängig. Das sind historische Tatsachen, die uns in erster Linie und viel mehr interessieren als Ideale. Politische Ideen, welche außerhalb der Geschichte liegen, können ohne eine praktische Umsetzung keine Bedeutung gewinnen. Der angeführte Islamist Mohammed Yusuf Musa insistiert auf seiner Interpretation, daß ein islamischer Herrscher als Imam deshalb demokratisch sei, weil er sich durch die Annahme der *Bay'a* verpflichte, »seine Herrschaft und die Ausführung seiner Politik im Einklang mit dem im Koran und der Sunna des Propheten fixierten islamischen Recht zu gestalten«. Nach einer Definition von islamischer Herrschaft gefragt, antwortet derselbe Mohammed Yusuf Musa:

> »Der Islam ist nicht theokratisch, weil er dem Herrscher einen göttlichen Charakter verweigert ..., noch ist er eine Monarchie, da der Islam die dynastische Erbfolge nicht erlaubt ... Er ist auch nicht despotisch, weil ein islamischer Herrscher dem Gesetz unterworfen ist und daher den Bürgern alle Freiheiten gewährleistet ... Er kann jedoch nicht als Demokratie im klassischen griechischen oder im modernen westlichen Sinne bezeichnet werden, da im Islam der Volkswille nur zählt, wenn er sich in Übereinstimmung mit der *Schari'a* befindet. Die *Schari'a* besitzt die höchste Souveränität im Islam.«[34]

Historisch ist es eine Tatsache, daß »Staatsbürgerschaft/Citizenship/Citoyennité« ein modernes westliches Konzept darstellt, welches im klassischen und mittelalterlichen Islam, den ich im ersten und zweiten Teil dieses Buches vorstellen werde, nicht existiert hat. Wir sind mit der Frage konfrontiert: Was ist das legitime islamische System, was an der in ihm verkörperten Autorität des Imam ist spezifisch islamisch? Darauf erhalten wir von Musa folgende doktrinäre Antwort:

> »Dieses System unterscheidet sich von allen anderen in der klassischen, mittelalterlichen und modernen Geschichte wie auch von den in der Gegenwart der Menschheit bekannten ... Indem wir den einzigartigen Charakter dieses Systems anerkennen, sollten wir darauf hinweisen, daß es ein unvergleichliches System ist. *Es ist das islamische System, und das ist ausreichend (fa huwa al-nizam al-Islami wa kafa)*« (Musa, ebd., S. 146 f.).

Die Wahrheit ist, daß alle Attribute, die von Musa zurückgewiesen werden mit der Bemerkung, sie seien untauglich zur Kennzeichnung der politischen Herrschaft im Islam, in Wirklichkeit in der islamischen Geschichte real vorhanden waren. Die angeführten drei autoritativen Autoren, welche als Vorläufer der fundamentalistischen Positionen über den politischen Islam ihre Werke in den 50er (1955) und 60er (1962, 1964) Jahren veröffentlichten, werden in zeitgenössischen Pamphleten islamischer Fundamentalisten, die die Frage des wahren Imam erneut stellen, ausgiebig abgeschrieben, diskutiert und in einer radikalen Form bejaht.

Im Verlauf der 70er, 80er und frühen 90er Jahre sind zahlreiche neue, weniger intelligente Traktate islamischer Fundamentalisten erschienen, deren Schwerpunkt auf Fragen der klassischen Problematik der Autorität und Legitimität des Imam liegt; sie gehen jedoch über die angeführten Argumente der zitierten Autoren nicht hinaus. Diese Neubelebung des religiös begründeten politischen Denkens in der islamischen Zivilisation hängt regional mit der Legitimationskrise der bestehenden politischen Regime in der Region des Nahen Ostens und global mit einem allgemeinen Trend zur Entwestlichung der Welt zusammen. Da die Legitimation eines Herrschers nur dann Substanz besitzt, wenn sie von den Beherrschten akzeptiert wird, können wir ermessen, welche Auswirkungen das Fehlen einer legitimitätsstiftenden autoritativen Quelle für die meisten zeitgenössischen Regime in der Welt des Islam hat.

Die anvisierte Rückkehr zum politischen Islam in Gestalt eines »islamischen Staates« soll die Lösung sein für eine Gegenwart, die als moralischer Verfall empfunden wird. Doch auch wenn die Befürworter des »islamischen Staates« die Legitimation ihres Modells aus der Vergangenheit beziehen, ist das von ihnen präsentierte Grundmuster von Autorität und Legitimität von der Moderne beeinflußt – die islamische Fundamentalisten gleichwohl rhetorisch ablehnen. Ich habe beispielhaft gezeigt, wie die *Bay'a* (Treueschwur) gegenüber dem Imam als Ausdruck eines Sozialvertrags/*Contrat Social* neu gedeutet wird.

Unter den anspruchsvollsten zeitgenössischen islamischen Autoren, die über Autorität und Legitimität schreiben, finden wir manche, die die Betonung auf die neu gedeutete legalistische und partizipatorische Bedeutung islamischer politischer Normen legen; sie offerieren uns ein islamisches Modell von Autorität und Legitimität, das durch Neuinterpretationen scheinbar mit der Moderne vereinbar ist. Aber auch diese von der Moderne beeinflußten islamischen Denker können nicht erklären, warum der Islam in seiner Geschichte diese von ihnen dargelegten spezifisch demokratischen, legalistischen und partizipatorischen islamischen Werte niemals realisiert hat.

Mit anderen Worten: Viele Muslime haben Probleme damit, einzuräumen, daß politische Demokratie ein modernes, nicht in irgendeiner Religion begründetes Phänomen ist. Von der frühesten Geschichte des Islam an bis in unsere Zeit hinein hat politische Autorität im islamischen Orient stets auf personaler Herrschaft eines Imam als *Za'im*/Führer beruht – so unterschiedlich die Namen dieses *Za'im* in der »islamischen Imagination/*Mikhyal al-Islami*« (Mohammed al-Djuweili, vgl. Anm. 21) in Vergangenheit und Gegenwart auch sein mögen. Der islamische Kalif personifizierte die Macht und war niemals ein Amtsträger, der seinem Volk oder einer wie immer gearteten Institution gegenüber verantwortlich war, obwohl er im Ideal an die *Scharia* gebunden war.

Klassische und moderne orientalische Herrscher berufen sich auf den Islam zur Legitimation ihres Anspruchs, als Imam zu gelten. Der historische Kontext von Autorität und Legitimität hat sich durch die europäische Expansion und die durch sie erzwungene Integration der Welt des Islam in die technisch-wissenschaftliche globale Zivilisation radikal verändert, ohne jedoch auf die personalen Herrschaftsstrukturen im Islam einwirken zu können.

Die Gleichzeitigkeit von Ungleichzeitigem, d. h. das unvereinbare Nebeneinander von modernem Staatswesen und tradierten Formen von Autorität und Legitimität, prägt die Welt des Islam in unserer Gegenwart und erklärt ihre tiefen Widersprüche. Das »Problem der kulturellen Bewältigung sozialen Wandels« (vgl. Anm. 4) ist auch ein Problem für die Muslime unserer Gegenwart bei der Bewältigung der Krise des säkularen Nationalstaats. Das Insistieren auf einer Allah-zentrierten Weltsicht[35] verführt zu dem Glauben, daß die Formel von der Gottesherrschaft/*Hakimiyyat Allah* alle Probleme von Autorität und Legitimität in der Welt des Islam wie eine magische Formel lösen könnte.

Wir leben im Zeitalter des Endes der politischen Utopien im Westen. Im Gegensatz zu den früheren Utopien der Europäer[36] bezieht sich die sich parallel zur Entwestlichung der Welt entfaltende islamische Utopie nicht auf eine bessere Zukunft, sondern auf das Modell der Vergangenheit, d.h. auf den klassischen, vom Propheten Mohammed gegründeten Stadtstaat Medina. Die Zukunft soll sich stets an jenem richtungsweisenden Modell aus dem 7. Jahrhundert schriftgläubig orientieren. Deshalb ist politisches Denken im Islam unserer Gegenwart stets auf jene zurückliegende Periode, auf die Vergangenheit, fixiert und somit angemessen als eine rückwärts gerichtete Utopie zu deuten. Aus diesem Grunde beginnt dieses Buch in seinem ersten Teil mit der Frühgeschichte des Islam (Kap. 1) und seiner Religionsstiftung sowie dem *Djihad* als Instrument seiner Verbreitung (Kap. 2), um dann im dritten Kapitel den islamischen Begriff des Politischen herauszuarbeiten.

Die »*Große Fitna*« (vgl. Kap.1), die mit der Ermordung des dritten rechtgeleiteten Kalifen Uthman ausgelöst wurde, endete nur formell mit der Ermordung eines weiteren Imam, dem vierten rechtgeleiteten Kalifen Ali. Der Kenner des Islam weiß jedoch, daß das Erbe jener *Fitna* das politische Leben in der islamischen Zivilisation bis in unsere Gegenwart hinein bestimmt. Die Umaiyyaden rissen nach Alis Tod die Macht an sich und verwandelten das Kalifat faktisch in ein dynastisches Königtum mit der Hauptstadt Damaskus. Ihr Imperium stand im Schatten der Spaltung der islamischen *Umma* seit der großen *Fitna*. Der Imam war in ihrer Epoche mit dem Kalifen-König identisch. Auch die beiden folgenden islamischen Großkalifate von Bagdad (der Abbasiden) sowie das osmanische Türkenreich behielten die Bezeichnung »Kalifat« zur Aufrechterhaltung der Legitimität ihrer Sultane als Imame bei, obgleich sie die Tradition einer dynastischen Monarchie im Sinne Ibn Khalduns (vgl. Kap. 6) in der islamischen Zivilisation fortsetzten.[37]

In der Periode des Hoch-Islam, während der Abbasiden-Dynastie, trug die islamische Rezeption des altgriechischen Erbes zur Entstehung des islamischen Rationalismus und seiner entsprechenden politischen

Philosophie bei. Im zweiten Teil dieses Buches werde ich zeigen, wie die islamischen Imame sich vor die Alternative gestellt sahen, *bi al-aql*/mit der Vernunft oder *bi al-wahi*/kraft der Offenbarung zu regieren. Auf unsere Gegenwart übertragen, läßt sich dieser mittelalterliche Streit im islamischen politischen Denken als folgende Alternative darstellen: ein rational begründeter demokratischer Staat (Herrschaft des Volkes) oder eine *Hakimiyyat Allah* (Gottesherrschaft). Dem problematischen Übergang des Islam zur Moderne ist der dritte Teil dieses Buches gewidmet. Seine Geschichte beginnt nicht erst mit der Konfrontation der islamischen Zivilisation mit der europäischen Moderne; sie ist viel älter und geht auf die Hellenisierung des Islam im Mittelalter zurück, reicht aber als ein historisches Erbe bis in unsere Gegenwart hinein. Nach dem Scheitern einer islamischen Bewältigung der Moderne (3. Teil) folgt die erneute Politisierung des Islam in unserer Gegenwart, die in den Kapiteln des vierten Teils näher beleuchtet wird. Der Blick in die Geschichte des Islam wird zeigen, daß die islamische Zivilisation auf ihrem Höhepunkt, als islamische Rationalisten wirkten (Kap. 4), bessere Antworten auf die Frage nach dem »wahren Imam« sowie die nach seiner Autorität und Legitimität[38] geben konnte, als es ihr heute, am Ende des 20. Jahrhunderts, gelingt.

Erster Teil

DER FRÜH-ISLAM

Der Prophet führt die junge islamische Umma
gegen die Stämme Arabiens.
Mohammed und seine Nachfolger: Das Kalifat,
Islamisierung durch Djihad und Fitna als Spaltung
der islamischen Umma

»Allah hat von den Gläubigen ihre eigne Person und ihr Vermögen dafür erkauft, daß ihnen das Paradies gehört, insofern sie auf dem Weg Gottes (*Sabil Allah*) kämpfen und so töten und getötet werden...«[1]

Koran, Sure 9/al-Tauba, Vers 111

Einführung

Es gibt keine Religion in der Geschichte[2], die eine ähnlich entscheidende Rolle bei der Geburt einer neuen Zivilisation spielte, wie dies im Islam der Fall war. Auch gibt es keine Religion, die wie der Islam über die Jahrhunderte gleichzeitig einen überhistorischen universellen Anspruch geltend macht und dennoch an konkrete historische Voraussetzungen gebunden ist. Aus diesem Grund kann die islamische Zivilisation nur in einer Vergegenwärtigung der historischen Realitäten, jedoch kombiniert mit der eine Überzeitlichkeit beanspruchenden islamischen Weltanschauung, angemessen begriffen werden. Die islamische Zivilisation beginnt mit der Gründung des welthistorischen Werkes des Propheten Mohammed, mit der islamischen *Umma*. Die *Umma* ist jene Gemeinschaft, die beansprucht, alle Muslime weltweit zu vereinigen. Dieses Werk wurde in den Jahren 622 bis 632 vom Propheten Mohammed durch die Umsetzung der Offenbarung in eine politische Realität in Medina begonnen; er hat die *Umma* geführt und geleitet. An diesem Werk des islamischen Propheten orientiert sich die *Umma* in den darauffolgenden Jahrhunderten bis in unsere Gegenwart. Die Führung des Gesandten Allahs ist das Ideal für alle Muslime.

Das politische Denken im Islam kreist um zwei Schwerpunkte:
– erstens um die Frage, wie Mohammed die islamische *Umma* geführt hat. Seine Politik in Medina (622 bis 632) gilt als das überzeitliche Modell für die nachfolgenden Jahrhunderte islamischer Geschichte;
– zweitens befassen sich die Muslime mit der Frage, wer dazu geeignet sei, als Nachfolger des Propheten die islamische *Umma* als Imam anzuführen. Das ist der Hintergrund der Suche nach dem »wahren Imam«.

Diese Suche beginnt im Früh-Islam mit dem Tod des Propheten im Jahre 632, wird im Mittelalter fortgesetzt und reicht bis in unsere Gegenwart. Nach der Einbeziehung der islamischen *Umma* in die von der europäischen Modernität, sprich von Wissenschaft und Technologie, geprägte Welt wurde diese Tradition zunächst unterbrochen; viele Beobachter meinten voreilig, die Muslime wendeten sich der säkularen Demokratie und anderen modernen Regierungssystemen zu. Doch scheint dieses Verwestlichungsintervall relativ kurzlebig gewesen zu sein. Im Übergang zum 21. Jahrhundert wird die Frage nach dem »wahren Imam«, dem Nachfolger des Propheten, in traditioneller Sprache aufs neue gestellt. Die Suche nach dem »wahren Imam« wird wieder zum Rahmen politischen Denkens und Handelns der Muslime. Sie bleibt angesichts der Globalisierung und der universellen Ansprüche der islamischen Offenbarung nicht auf die Welt des Islam beschränkt.

Diejenigen Islamisten, die der politischen Verfolgung durch ihre Sultane nach Europa und Amerika entfliehen, gründen im verhaßten Westen ihre islamischen Zentren. Islamische Fundamentalisten in England haben z. B. deutlich gemacht, daß das von ihnen angestrebte politische Modell auch für die Einwanderungsländer gilt. Auf der gesamt-islamischen, zehntausend islamische Migranten umfassenden Versammlung am 7. August 1994 im Wembley-Stadion in London hat ein islamischer Laien-Imam, der islamische Fundamentalist Omar Bakri Mohammed, die »globale Vereinigung der islamischen Umma« im Rahmen der *Khilafa*/Kalifat als Zielsetzung auch der in England lebenden Muslime, die die Muslim Unity Organization vereinigt, angegeben.[3] Ebenso nehmen sich die algerischen Fundamentalisten in Frankreich das Recht, Europa im Rahmen ihres *Djihad* für die Rückkehr zur islamischen Ordnung zu logistischen Zwecken in Anspruch zu nehmen. Frankreich trennt von Algerien nur das Mittelmeer, das für die Fundamentalisten ein islamisches Gewässer ist. Europäern, die gegenüber diesen absolutistischen Ansprüchen Toleranz praktizieren, fehlt jedes Verständnis fundamentalistischer Motive und Forderungen[4], die wiederum nur aus der Kenntnis der Geschichte des Islam zu begreifen sind.

Man kann den Islam ohne die Vergegenwärtigung seines frühen Modells für die Realität nicht angemessen verstehen. Die islamische Variante der Entwestlichung der Welt als Abkehr von den Normen und Werten der Moderne kommt in der erneuten Orientierung an der vom Propheten geführten islamischen *Umma* zum Ausdruck, die an die Frage geknüpft ist, welcher Imam diese *Umma* nach dem Tod des Propheten führen soll.

Um Mißverständnissen gleich von Beginn an vorzubeugen, möchte ich diese aktuellen Bezüge in das rechte Licht rücken. Als historisch geschulter Sozialwissenschaftler weiß ich, daß der zeitgenössische Fundamentalismus seinen eigenen Ursachenkatalog hat, der sich nicht aus der islamischen Frühgeschichte des 7. Jahrhunderts ableiten läßt. Der Prophet Mohammed hat eine Weltzivilisation begründet, die wilden Stämme Arabiens zivilisiert und ein modellhaftes Gemeinwesen als *Umma* geschaffen. Diese *Umma* war im Grunde nach innen die Vereinigung der miteinander rivalisierenden arabischen Stämme. Der heutige Fundamentalismus (vgl. Anm. 4) ist dagegen Ausdruck einer weltweiten Protestbewegung. Weshalb dann aber diese aktuellen Bezüge auf die Gegenwart bei der Behandlung des Früh-Islam? Der Sinn dieser Bezüge hängt damit zusammen, daß moderne Fundamentalisten auf Symbole des Früh-Islam zurückgreifen, auch wenn sie sie mit einem neuen, unserer Zeit entsprungenen Sinn füllen. Aus diesem Grund kann man die krisenbeladene islamische Gegenwart nicht verstehen, ohne Kenntnis vom Früh-Islam und der islamischen Geschichte zu haben.

Eine andere Bedeutung des Früh-Islam besteht darin, daß er zur Quelle der Neuorientierung für die islamische Zivilisation in unserem Zeitalter der Entwestlichung der Welt wird. Nach dem Scheitern der meisten Versuche, das westliche Modell der Modernisierung auf den Rest der Welt zu übertragen, suchen die Angehörigen nicht-westlicher Zivilisationen nach Alternativen. Die Muslime sind nur ein Beispiel hierfür. Die Wiederentdeckung der Tradition und das hieraus erwachsende, gegen den Westen gerichtete Bewußtsein fördern die Beschäftigung mit den eigenen zivilisatorischen Wurzeln. Für Muslime sind diese Wurzeln im Früh-Islam zu suchen. Auch hier muß ein potentielles Mißverständnis beseitigt werden: Nicht jeder Muslim, der sich auf den Früh-Islam als ein Modell beruft, ist ein Fundamentalist (vgl. dazu Kap. 11). Eine solche Sichtweise wäre nicht nur eine Diskriminierung der Muslime, sondern auch eine in der Sache sträfliche Verkürzung.

Die Angehörigen der westlichen Zivilisation scheinen blind gegenüber dem Niedergang ihrer eigenen Zivilisation zu sein. Vorsichtig formuliert: Der globale Einfluß des Westens nimmt ab, und ich überlasse es meinen Lesern, dieses Phänomen zu gewichten. Mir geht es hier darum zu zeigen, daß zur Entwestlichung die Neubelebung der Traditionen politischen Denkens in den nicht-westlichen Zivilisationen gehört. Sie nehmen die Universalität westlicher Modelle und Organisationsformen nicht mehr länger hin. Der Islam steht in diesem zeitgeschichtlichen Prozeß an vorderster Front. Obwohl der erste Teil dieses Buches im 7. Jahrhundert beginnt, dient er nicht dem mußevollen akademischen Studium vergangener Zeiten, sondern ist gegenwartsbezogen. Aus dieser Perspektive beleuchte ich den Früh-Islam als Beginn der Suche nach dem »wahren Imam«.

Muslimische liberale Intellektuelle des frühen 20. Jahrhunderts konnten noch gefahrlos argumentieren, daß nur säkulare Perspektiven den islamischen Orient aus seiner seit dem Niedergang der islamischen Zivilisation eingetretenen Rückständigkeit befreien können.[5] Gegen Ende desselben Jahrhunderts riskiert ein Muslim, der eine solche Position vertritt, sein Leben. Die Ermordung des ägyptischen Säkularisten Faradj Fuda[6] im Juni 1992 sowie die Morde an algerischen Intellektuellen[7] belegen dies. Natürlich haben die Mörder mit dem Früh-Islam nichts zu tun, obwohl sie sich auf ihn berufen.

In diesem ersten Teil meines Buches nähere ich mich meiner Problematik auf drei Stufen an: Einmal vermittle ich einen Grundriß der Frühgeschichte des Islam. Darin zeige ich, daß aus einer unterschiedlichen Beantwortung der nach dem Tode des Propheten gestellten Frage nach dem wahren Imam die sogenannte *al-Fitna al-Kubra*, der erste innerislamische Krieg, hervorging. Bei dieser Beantwortung gehen Machtfragen und nicht allein auf die Macht bezogene Gesichtspunkte, die für Europäer schwer verständlich sind (z. B. das Primat des Stammes von Quraisch), ineinander über. Die Spuren dieser *Fitna* als Beginn der Spaltung in der islamischen *Umma* lassen sich bis in unsere Gegenwart verfolgen. Im zweiten Kapitel konzentriere ich mich auf die klassische politische Basisdoktrin des *Djihad*, weil dieser zu den Aufgaben des Imam bei der Verbreitung des Islam gehört. Im dritten Kapitel will ich dann den Begriff des Politischen im Islam und den Übergang von den Formierungsjahren der neuen Zivilisation zum mittelalterlichen Hoch-Islam rekonstruieren.

Kapitel 1
Die Geschichte: Von den ungläubigen arabischen Stämmen zur islamischen Ordnung. Der Prophet und seine Kalifen/Nachfolger als Imame

Eine Zivilisation wird geboren

Für historisch Interessierte ist es immer wieder erstaunlich, wie im Falle des Islam ein einzelner Mensch, der Prophet Mohammed, eine neue Zivilisation gründen und ihr für ihre gesamte Entwicklung seinen Stempel aufdrücken konnte.[1] Im Gegensatz etwa zur westlichen Zivilisation und zu einigen anderen, deren Ursprünge sehr komplex zu sein scheinen, ist es sehr einfach, einen Überblick über die Hauptperioden der islamischen Zivilisation zu geben und ihre Grundbegriffe zu erläutern. Das für alle Zukunft vorbildliche Modell ist die vom Propheten errichtete Ordnung. Der Herrscher genießt Legitimität nur in seiner Eigenschaft als Nachfolger des Propheten als Kalif, wodurch er als Imam, als religiöser und politischer Führer der *Umma* anerkannt wird.

Ausgangspunkt ist der Beginn der islamischen Offenbarung im Jahre 610 n. Chr. in der Stadt Mekka, in der der arabische Stamm von Quraisch seßhaft war.[2] Im damaligen Arabien (identisch mit der heutigen Arabischen Halbinsel) lebten zahlreiche Beduinenstämme, die sich keiner staatlichen Ordnung und keiner gemeinsamen Führung fügten. Der in Südarabien gelegene Jemen war der einzige Fleck in jener Weltregion, wo sich eine Zivilisation entwickelte, insofern es dort bereits in der vorislamischen Zeit zur Staatsbildung kam.

Die *Quraischis*, d. h. die Angehörigen des Stammes des Propheten, glaubten an Vielgötterei (Polytheismus); ihre Götter waren gegenständliche, faßbare Figuren, aus Stein oder Datteln geformt. Ihnen verkündete der Prophet die neue göttliche Botschaft, den Islam (= Hingabe), und lehrte, daß es nur einen Gott/Allah gebe. Allah ist das arabische Wort für Gott, das auch arabische Christen verwenden, wenn sie vom Schöpfer der Welt sprechen. Die vorislamischen heidnischen Araber wurden von den Christen und Juden jener Zeit verachtet, weil sie ihre Gebete an Götzen, an Götterfiguren, richteten. Nun lehrte sie Mohammed, daß Allah die unfaßbare Allmacht des Universums, also nicht gegenständlich sei; es gebe keinen Gott außer Allah (*la ilaha illa Allah*). Der Prophet wurde daraufhin von seinem eigenen Stamm *Quraisch* in Mekka angefeindet und verfolgt.

Während der *vor*islamischen *Hadj* (Pilgerzeit) nach Mekka knüpfte Mohammed Kontakt zu den beiden Stämmen der nördlich von Mekka gelegenen Stadt Yathrib (Medina), den al-Khazradj und den Aws. Bereits 621 übernahmen zwölf Angehörige beider Stämme die neue, von Mohammed verkündete Religion. Im Jahre 622 kamen 73 Männer und Frauen von Yathrib nach Mekka, um Mohammed Gefolgschaft zu geloben. Daraufhin floh er mit ihnen nach Medina, um dort die neue Ordnung des Islam zu begründen, die nicht nur religiös, sondern auch und vor allem politisch war. Die Gründung der seitdem und bis heute vorbildlichen Ordnung von Medina war mit vielen militärischen Eroberungen und der damit zusammenhängenden gewaltsamen Befriedung der benachbarten arabischen und jüdischen Stämme verbunden. Die Ordnung von Medina bestand in der Anerkennung des Propheten als Schiedsrichter bei der Schlichtung von Konflikten. Der Islam-Experte Watt führt die »Vereinigung der arabischen Stämme« als größte Leistung des Propheten in Medina[3] an. Der Höhepunkt der vom Stadtstaat Medina getragenen Eroberungsgeschichte ist die gewaltlose Einnahme von Mekka im Jahre 630. Zwei Jahre später starb der Prophet. Weder in seiner *Hadith*-Überlieferung noch in der ihm übermittelten koranischen Offenbarung gab es einen Hinweis darauf, wer ihm folgen sollte. Seit dem Tod des Propheten ist die Frage, wer der wahre Imam sei, Ursache zahlreicher, mit militärischer Gewalt ausgetragener Konflikte unter den Muslimen.

Mohammed hat gelehrt, daß für Allah alle Menschen gleich geschaffen seien und daß sie, wenn sie zum Islam übertreten, alle Mitglieder derselben Gemeinschaft, der *Umma*, sein würden. Der Islam richtet sich damit seit seinen Anfängen gegen die Stammeszugehörigkeit und predigt eine universell für die gesamte Menschheit gültige Botschaft des Glaubens. Damit handelt es sich bei der neuen Religion nicht alleine um einen religiösen Glauben, sondern primär um den Versuch, eine neue, wenngleich religiös bestimmte, Zivilisation zu gründen. Das Basiskonzept dieser Zivilisation beruht auf der Vorstellung, daß die Menschen, die ihr beitreten – schließlich die gesamte Menschheit –, in einer egalitären *Umma* vereinigt werden sollen. Der Prophet hat zu seinen Lebzeiten als Gesandter Allahs diese *Umma* gegen den Rest der Welt mit der Vision angeführt, daß die gesamte Menschheit unter dem Banner des Islam in Frieden leben werde, nachdem der Islam die Welt durch den *Djihad* (vgl. Kap. 2) islamisiert haben wird. Die islamische *Umma* muß stets nach innen und außen als ein *Dar al-Islam*/Haus des Islam einig sein. Die Imame, die in der Tradition des Propheten stehen, haben nach seinem Vorbild zu herrschen. Das zentrale Kriterium ist hierbei die *Sunna*, d. h. die mündliche und schriftliche Überlieferung des Propheten. Das ist der Maßstab für die Bestimmung des wahren Imam als Führer der *Umma* in der Nachfolge des Propheten.

Nach der ursprünglichen Doktrin bilden alle Gläubigen eine islamische *Umma*. Der Prophet führt diese *Umma* religiös, politisch und militärisch als geeinte Kraft im Namen Allahs. Die Nachfolger/Kalifen werden Imame, wenn sie die *Umma* nach dem Vorbild des Gesandten Allahs führen. Diese Doktrin ging aus dem Konsens unter den Muslimen nach Mohammeds Tod im Jahre 632 hervor.

Doch traten schon bei der ersten Entscheidung über die Nachfolge 632 n. Chr. zwei muslimische Gruppen mit rivalisierenden Ansprüchen auf: Die aus den beiden Stämmen *Khazradj* und *Aws* kommenden ursprünglichen Bewohner von Medina hießen *Ansar* (Helfer), weil sie Mohammed vor der Verfolgung durch seinen eigenen Stamm *Quraisch* geschützt und ihm zur Auswanderung (*Hidjra*) im Jahre 622 nach

Medina verholfen hatten. Jene Mekkaner, die mit dem Propheten geflohen waren, waren ebenfalls – wie er – Quraischis und hießen *Muhadjirun* (Migranten, Auswanderer). Die Medinenser (*Ansar*) beanspruchten bei der Aufstellung des Imam Priorität und verlangten, daß einer von ihnen, Sa'd Ibn 'Ibadah, Nachfolger des Propheten werden sollte. Dagegen bestanden die Quraischis (*Muhadjirun*/Migranten) darauf, daß der Imam aus dem Stamme des Propheten selbst kommen müsse. Ein Widerspruch? Wie kann eine transtribale Religion, also eine gegen die Stämme gerichtete Zivilisation, es zulassen, daß die Führung das Monopol eines Stammes, d. h. *Quraisch*, blieb? Macht es hierbei einen Unterschied, wenn das Monopol bei dem Stamm des Propheten selbst liegt? Die islamische Lehre gibt keine Antworten auf diese Fragen. In der islamischen Diskussion wird diese Frage durch alle Geschichtsepochen hindurch tabuisiert.

Der frühislamische Konflikt zwischen den medinensischen *Ansar* und den mekkanischen *Muhadjirin* um die Bestimmung des »wahren Imam« wird durch das Charisma zweier enger Freunde des Propheten friedlich bewältigt. Umar Ibn al-Khattab setzt sich für den prominentesten unter den *Sahaba* (Kreis der prophetischen Mitkämpfer) des Propheten, den Vater der Lieblingsfrau des Gesandten Gottes, Aischa, also für Abu Bakr Ibn al-Saddiq ein. Er leistet ihm öffentlich die *Bay'a*/Treueeid als Kalifen-Nachfolger des Propheten. Die Mekkaner und Medinenser folgen diesem Akt der Ergebenheit, indem sie ebenfalls die *Bay'a* leisten.

Es gibt allerdings einen Grund, weshalb sich die Medinenser seinerzeit widerstandslos fügten und Abu Bakr als Nachfolger (Kalif) des Propheten und damit als Imam anerkannten: Die Ansar fügten sich deshalb so rasch den Quraischis, weil der Ansar-Kandidat für die Prophetennachfolge, Ibn 'Ibadah, von seinen Angehörigen aus dem *Khazradj*-Stamm durchgesetzt wurde. Der *Aws*-Stamm wollte lieber einen Quraischi als einen Rivalen aus *Khazradj* als Imam der *Umma* sehen. Stammeszugehörigkeiten und die damit verbundenen Rivalitäten bestimmten die Politik der *Umma* und ihrer Imame damals – und bestimmen sie bis zum heutigen Tage.[4]

Abu Bakr herrschte zunächst als Imam der Muslime, wenn auch die Stämme sich anfangs gegen ihn erhoben. Er hat sie in dem noch zu erörternden *Riddah*-Krieg befriedet. Seine Herrschaft dauerte nur wenige Jahre (632 bis 634). Nach seinem Tod folgte ihm Umar nach. Wie bereits erklärt, bedeutet »Kalif« Nachfolger, und zwar Nachfolger des Propheten; Umar folgte jedoch nicht Mohammed, sondern Abu Bakr. Deshalb bevorzugte er den Titel *Amir al-Mu'minin* (Oberhaupt der Gläubigen). Offenbar war er so redlich, daß er sich nicht *Khalifat Rasul Allah* (Nachfolger des Gesandten Gottes) nennen wollte.

War der Prophet Mohammed der Verkünder der neuen Religion, mit deren Stiftung eine neue Zivilisation geboren wurde, so gilt der zweite islamische Kalif Umar als der eigentliche Gründer des islamischen, auf kriegerischen Eroberungen (*Futuhat*) basierenden Imperiums. Im Früh-Islam wird der Begriff des *Djihad* (Anstrengung, auch kriegerischer Natur, zur Verbreitung des Islam) mit dem Begriff der *Hidjra* (Auswanderung, Migration) – weit über die enge Bedeutung von der *Hidjra* des Propheten von Mekka nach Medina im Jahre 622 – verbunden. Muslime haben die Pflicht zur *Hidjra*, d. h. in die gesamte Welt zu wandern. Im Früh-Islam bedeutete das, die Welt militärisch zu erobern, um die *Da'wa* (Aufruf, Mission) des Islam durch den Aufbau von Garnisonstädten voranzutreiben, in denen dann die Migranten angesiedelt wurden.[5] Auf diese Weise sollte der Islam auf das gesamte Universum übertragen werden. Umar war bei der Erfüllung dieser Aufgabe der Erweiterung der »*Umma al-Musalaha*«, d. h. der »bewaffneten Umma« (H. Djaït), der wichtigste Kalif im Früh-Islam.

Der soeben zitierte muslimische Historiker und Philosoph Hicham Djaït, der von der »*Umma* in Waffen« spricht, führt aus, daß die klassische militärische Invasion zur Verbreitung des Islam durch *Djihad* mit Migration der Muslime in andere Länder verbunden war. Er betont die Wirkung der Migration als Mittel zur Verbreitung des Islam:

> »Die Migration wird im Früh-Islam zur Voraussetzung für die Erlangung von Tributen. Die *Hidjra* ist ein zentraler Begriff im Islam, weil die islamische Zivilisation ihr ihre Verbreitung verdankt. Es ist wahr, daß *Hidjra* im engen Sinne die Übersiedlung des Propheten und seiner Anhänger unter den

> Quraischis nach Medina bedeutet, ... aber später wird die *Hidjra* als Migration zum Ausdruck des Glaubens und der Bereitschaft zum *Djihad* ... Der wahre Islam ist eng verbunden mit der Migration.«[6]

Diese Ausführung ist für das Verständnis der Problematik des Islam in Europa in unserem Zeitalter der Migration, so wie sie in der Einführung zu diesem ersten Teil angesprochen worden ist, sehr wichtig. Die Frage, ob die Muslime europäische Bürger werden, d. h. ob sie sich als Individuen integrieren oder ob ihre Migration als ein Mittel der Verbreitung des Islam in Europa wirkt, habe ich in einem früheren Buch (vgl. Anm. 10) erörtert. An dieser Frage scheiden sich die Geister. Die islamische Liga hat anläßlich ihrer Tagung in Kairo im Juli 1993 ein Arbeitspapier verabschiedet, wonach die Migration nach Europa und der Aufbau islamischer Zentren als Mittel der Islamisierung Europas gesehen werden.[7] In diesem Sinne wird in der Migration auch eine Form von *Djihad* gesehen. Diese Deutung entspricht islamischer Tradition, die bis auf den Früh-Islam zurückgeht. Auf die Fragestellung dieses Buches bezogen, ist es verständlich, daß nicht-integrierte muslimische Migranten in Europa sich nur einem muslimischen Imam fügen wollen; ein Muslim kann einen nicht-islamischen Herrscher nicht akzeptieren. In diesem Zusammenhang steht die Gründung des islamischen Gegen-Parlaments in London im Januar 1992. Sein selbsternannter Vorsitzender, Kalim Siddiqui, begründet dies damit, daß muslimische Migranten ihre eigenen Institutionen haben müssen. Der Sachverhalt, daß ein Muslim nur unter der Führung eines islamischen Imam leben kann, geht also auf den Früh-Islam zurück.

Der Streit innerhalb von Quraisch und der Riddah-Krieg

Zwar gibt es nur einen Quraisch-Stamm, mit dem die islamische Führung identifiziert wird; dieser war aber in viele miteinander rivalisierende Sippen unterteilt. Jede von ihnen wollte den Imam aus ihren eigenen Reihen stellen. Die beiden ersten Kalifen, Abu Bakr und Umar, kamen aus Randsippen dieses Stammes, ein Umstand, mit dem der Widerspruch, der Islam predige zwar die Aufhebung der Stämme in einer einheitlichen *Umma*, verlange aber, daß der Kalif ein Quraischi sein müsse, von unkritischen Autoren heruntergespielt wurde. Im Stamm der Quraisch gab es zwei führende Sippen mit unterschiedlichen Genealogien: die Banu-Haschim-Sippe, aus der der Prophet kam, und die Banu-Umaiyya-Sippe, die besonders mächtig war. Die Angehörigen der letzteren Sippe kamen zum größten Teil verspätet zum Islam, erst nach der Eroberung von Mekka durch den Propheten im Jahre 630. Mit der Ermordung des Kalifen Umar beim Gebet im Jahre 644 durch den Dolch eines Sklaven begann die Geschichte der Morde an islamischen Imamen. Dieser erste Mord hatte deshalb noch keine Folgen, weil der Mörder kein Muslim war. Aber die Mörder des dritten Kalifen Uthman und des vierten Kalifen Ali waren Muslime. Diese Tatsache hinterließ Spuren in der islamischen Geschichte, die wir bis heute verfolgen können. Der Koran sagt deutlich: »Kein Gläubiger darf einen anderen Gläubigen töten« (Koran, 4/92). Das Abweichen von dieser koranischen Vorschrift bestimmt seitdem jedoch die Geschichte des Islam.

Der Vetter des Propheten, Ali, der aus *Al-al-Bait* (Familie des Propheten) kam, mit einer Tochter des Propheten, Fatima, verheiratet und somit dem Prophetenzweig der Banu-Haschim-Sippe engstens zugehörig war, meldete nach der Ermordung Umars erneut seinen Anspruch auf die Nachfolge als Imam an; nach dem Tod des Propheten war Ali ohne Erfolg der erste quraischitische Aspirant auf das Kalifat. Diesmal traten die Banu-Umaiyya mit ihrem Kandidaten Uthman Ibn 'Affan an und setzten ihn erfolgreich durch. Zu diesem Zeitpunkt markierte der inner-quraischitische, auf einzelne Sippen bezogene Kampf um die Nachfolge des Propheten die innere Zerrissenheit der islamischen *Umma*. Der große amerikanische Islam-Historiker Hodgson, der gewiß kein Schi'it ist, vertritt in seinem Werk die schi'itische Geschichtsversion, nach der die formal im Jahre 661 errichtete Dynastie der Umaiyyaden faktisch bereits mit dem dritten rechtgeleiteten Kalifen Uthman im Jahre 644 eingeleitet wurde.[8]

Zwar wurde die Umaiyyaden-Dynastie durch den Abbas-Zweig der Banu-Haschim-Sippe von Quraisch im Jahre 750 in blutigen Kämpfen gestürzt und die Familie der Umaiyyaden fast vollständig ausgerottet; aber das Haus des Propheten kam auch dann nicht zum Zuge. Von diesem zunächst innerhalb von Quraisch ausgebrochenen Streit um den richtigen Imam rührt die tiefe Kluft zwischen Sunniten und den das Haus des Propheten ehrenden Schi'iten, d. h. sprachlich den »Partisanen« Alis, her; und aus diesem Streit erwächst das islamische Schisma zwischen *Sunna* und *Schi'a*, das erst im Verlaufe seiner Entwicklung einen ethnischen Charakter (Rivalität zwischen Arabern und Persern) annimmt. Der Begriff des Imam gewinnt bei den Schi'iten eine andere Bedeutung, weil ein schi'itischer Imam ein Heiliger ist. Der vierte Kalif Ali gilt als erster Imam der *Schi'a*.

Als ein sunnitischer Muslim habe ich in meiner islamischen Erziehung gelernt, die islamische Geschichte nach dem folgenden schlichten Periodisierungsschema zu studieren: Erst war der Prophet mit seiner göttlichen Botschaft. Dann folgten die *Raschidun*-Kalifen, d. h. die rechtgeleiteten, nicht-dynastischen, also orthodoxen Imame. Diese sind Abu Bakr, Umar, Uthman und Ali. Nach der Ermordung Alis durch einen Extremisten der *Khawaridj*-Sekte begann das islamische Schisma, und die Führung ging 661 nach Damaskus über, an die Umaiyyaden-Dynastie. Diese dauerte bis 750 an. In dieser Periode wird der Islam weltweit durch die Fortsetzung der *Futuhat*, d. h. militärische Eroberungen für die islamische *Da'wa*, weiter verbreitet. Daraufhin folgte die Abbasiden-Dynastie von 750 bis zum Fall von Bagdad durch die Mongoleninvasion im Jahre 1258, womit das goldene Zeitalter der islamischen Zivilisation sein Ende fand. Als Erklärung für den Niedergang der islamischen Zivilisation habe ich in Damaskus in der Schule gelernt, daß das Eindringen von Nicht-Arabern (Persern und Türken) in den Hof des Kalifen die Ursache für den Untergang der Abbasiden-Dynastie gewesen sei. Aus diesem Grunde – so lernte ich weiter – gehöre die Türkenherrschaft im »Dritten Reich des Islam«, d. h. das Osmanische Reich, nicht zur islamischen Zivilisation.

Jedoch: So einfach ist die islamische Geschichte nicht verlaufen; sie ist weit komplexer, als diese zugleich schematische und arabo-zentrische Periodisierung vermuten läßt.

Die politischen Begriffe, die das islamische politische Denken prägen, sind alle aus der Kriegsgeschichte des Früh-Islam hervorgegangen. Die Geburt des islamischen Gemeinwesens in Medina und seine Erweiterung auf das gesamte Arabien (Arabische Halbinsel) war mit dem *Djihad* gegen die Mekkaner, gegen die jüdischen Stämme in der Umgebung von Medina und gegen all jene arabischen Stämme, die sich dem Aufruf zum Islam nicht beugen wollten, verbunden. Innerhalb der islamischen *Umma* erlaubt der Islam laut Koran (Sure 4, Vers 92) keine Gewaltanwendung. Die Nachgiebigkeit der Medinenser (die *Ansar*) gegenüber dem Machtwillen der Quraischis, die die Geburt des Islam politisch erst ermöglicht hatte, trug dazu bei, daß dieses islamische Verbot eines Kampfes innerhalb der *Umma* respektiert wurde; so ist es nach dem Tod des Propheten nicht zu einem bewaffneten Kampf unter den Muslimen über die Bestimmung des wahren Imam zur Führung des Gemeinwesens gekommen. Quraisch behielt die Oberhand bei der Bestimmung des islamischen Imam und monopolisierte somit die Führung.

Der Tod des Propheten war aber für viele Stämme, die der Prophet religiös mit dem neuen Glauben und militärisch mit seiner Armee befriedet hatte, der Grund, sich vom Islam zu lösen. Hierfür wurde der Begriff *Riddah* (Abkehr vom Islam) geprägt. Der erste Kalif, Abu Bakr, führte gegen diese Stämme die berühmten islamischen *Riddah*-Kriege[9], um sie mit Gewalt zum Islam zurückzubringen. *Riddah* bedeutet Abfall vom Islam bzw. Kündigung der Unterwerfung unter die *Umma*. Aus diesem Begriff haben islamische Sakral-Juristen des Mittelalters (*Faqih*) das Recht abgeleitet, gegen jeden *Murtad* (jemand, der sich der *Riddah*/Apostasie schuldig macht) ein Todesurteil auszusprechen. Die *Riddah* der Stämme von 632–634 erlangt somit auf die Dauer die Bedeutung von Apostasie, und dieser Begriff dürfte auch dem deutschen Leser im Kontext der Todesurteile gegen die vermeintlichen Apostaten (*Murtad*) Salman Rushdie und Taslima Nasrin vertraut geworden sein.[10]

Das Kalifat von Abu Bakr, des ersten Imam der islamischen *Umma* nach dem Propheten, trug zur Konsolidierung der islamischen Gemeinde nach innen durch die erfolgreiche Führung der *Riddah*-Kriege (632–634) bei. Die meuternden Stämme konnten mit Gewalt zum Islam zurückgeführt werden. In diesem Zusammenhang ist erwähnenswert, daß ein Muslim im Gegensatz zu einem Christen den Glauben an den Islam und die Zugehörigkeit zur islamischen Umma *nicht* aufkündigen darf. Tut er/sie dies dennoch, dann begeht er/sie *Riddah*, worauf die Todesstrafe steht.[11] In der islamischen Doktrin wird zwischen Gottes- und Menschenrechten unterschieden. Glauben ist im Islam ein Gottesrecht, kein Menschenrecht.[12]

Auf Abu Bakr folgte Umar als zweiter Kalif und Imam der Muslime. Unter seiner Herrschaft konzentrierten die Muslime ihre Kriege zur Erweiterung des islamischen Territoriums auf die nicht-islamische Außenwelt, gegen die sie *Djihad* (vgl. Kap. 2) führten. Während Umars Kalifat lebte die islamische *Umma* im Innern in Frieden und Sicherheit. Die Gewalt, der *Djihad* der islamischen *Futuhat*, wurde nach außen gegen die »Ungläubigen« kanalisiert.

Die Geschichte des islamischen Staates von den wenigen Jahren des Kalifen Abu Bakr bis zur Konsolidierung des islamischen Gemeinwesens unter dem *Amir al-Mu'minin* (Oberhaupt der Gläubigen) Umar war auch die Geschichte der Bildung einer regulären islamischen Armee, die die damaligen beiden Großimperien, das persische Sassaniden-Reich und Byzanz, herausforderte. Islamische Eroberungen wurden nördlich sowie nordöstlich und nordwestlich von Arabien ausgetragen (vgl. Anm. 5).

Die Gewalt kehrt sich nach innen: Zur Großen Fitna – der innerislamische Krieg um den richtigen Imam

Parallel zum Aufstieg des dritten Kalifen Uthman wurden die Halbinsel-Araber, besonders die des Quraisch-Stammes, mit Reichtümern, die aus der Beute der militärischen Eroberungen des *Djihad* stammten, überhäuft. Die ersten Symptome der Korruption im Islam traten auf, als Uthman seine Banu-Umaiyya-Sippe des Stammes Quraisch nepotistisch bevorzugte. Die eroberten Gebiete wurden von seinen Sippenmitgliedern als Statthalter regiert. Diese rissen die eroberten Reichtümer im Namen des Islam an sich; die Folge dieser Bereicherungen war eine Revolte, aus der der erste innerislamische Krieg hervorging. Ein Krieg nach außen gegen Nicht-Muslime ist für Muslime kein *Harb* (Krieg), sondern ein *Djihad* für den Islam, d. h. eine religiöse Pflicht. Ein innerislamischer Krieg gilt für Muslime dagegen als eine *Fitna*; er ist eine Sünde, weil der Koran, wie zitiert, den Gläubigen verbietet, einander zu töten.

Für das Verständnis der *Fitna* ist es wichtig zu wissen, daß Muslime die Welt in ein islamisches Territorium des Friedens (*Dar al-Islam* gleich *Dar al-Salam*/Haus des Islam als Haus des Friedens) und in ein nicht-islamisches Territorium des Krieges (*Dar al-Harb*) trennen. Ich werde im folgenden Kapitel diese dichotomische Teilung der Welt näher erläutern. Der Koran verbietet jede Gewaltanwendung im Haus des Islam (Koran, 4/92). Aber die Politik des dritten *Raschidun*-Kalifen Uthman führte eben zu dieser innerislamischen, von der Doktrin verbotenen Gewalt. Zu dieser großen *Fitna* im Islam kam es, als die islamischen Krieger von den Eroberungen mit leeren Händen nach Medina zurückkehrten. Die eroberte Beute war ungerecht und selbstherrlich zugunsten der Banu-Umaiyya-Quraischis, d. h. unter den Vettern Uthmans, aufgeteilt worden. Der Aufstand gegen Uthman wurde im irakischen Kufa 656 eingeleitet und weitete sich dann auf Medina aus. Die große *Fitna* begann.[13] Dem Kalifen Uthman wurde daraufhin von den Aufständischen die Legitimität des richtigen Imam abgesprochen.

Nach der Darstellung des arabischen Historikers al-Tabari wurde das Haus des rechtgeleiteten dritten Kalifen Uthman aus der Umaiyyaden-Sippe im Jahre 656 in Medina vierzig Tage lang belagert. Der Kalif lehnte es ab hinauszutreten, woraufhin die muslimischen Belagerer schließlich seine Haustür anzündeten und gewaltsam eindrangen. Drei oder vier von ihnen schlugen mit dem Säbel auf ihn ein, bis er – den Koran laut rezitierend – starb.

In jenem Jahr 656 begann mit der Ermordung Uthmans als Imam der Muslime die große *Fitna* (bis 661). Islamische Historiker nennen diese

Periode »die Große *Fitna/al-Fitna al-Kubra*«, um sie von der zweiten *Fitna* im Islam in den Jahren 683–690 zu unterscheiden. Ich werde den Begriff der *Fitna* noch erklären (vgl. S. 75). Zuvor möchte ich jedoch die Umstände der Ermordung Uthmans näher erläutern, weil die historische Tragweite dieses Ereignisses – wie ich zeigen werde – bis in unsere Gegenwart reicht. Es war der erste und höchst symbolische Mord beim innerislamischen Streit um den wahren Imam. Die Konfliktparteien (die Mörder und die Partei von Uthman) haben ein historisches Erbe hinterlassen, das auch den modernen Islam im Zeitalter des Fundamentalismus belastet. Die islamische *Fitna* des 7. Jahrhunderts ist kein abgeschlossenes historisches Ereignis, so weit es auch zurückliegt. Seit der »Großen *Fitna*« geschieht es immer wieder – und das ist die historische Last im Islam –, daß ein Imam nicht abgesetzt, sondern ermordet wird.

Unter dem Propheten und den ersten zwei rechtgeleiteten (orthodoxen) Kalifen wurde der Grundsatz, daß Muslime nicht gegeneinander kämpfen, noch befolgt. Kein Muslim tötete einen anderen Muslim. Die *Riddah*-Kriege des ersten Kalifen haben viele Menschen das Leben gekostet und widersprechen dennoch diesem Grundsatz nicht, weil die bekämpften Stammesangehörigen durch ihre Abkehr vom Islam Glaubensabtrünnige waren, also nicht mehr als gläubige Muslime galten. Ich stimme hier mit dem tunesischen Historiker Hicham Djaït überein, der schreibt:

> »Es ist wahr, daß der Früh-Islam durch seine kollektiven kriegerischen Aktionen viel Blut vergossen hatte ... Aber auf der individuellen Ebene schützte der Islam das Leben ... Der Islam war besonders streng beim Schutz des Lebens des individuellen Muslims.«[14]

Dieser Schutz des muslimischen Lebens resultiert aus der bereits zitierten koranischen Vorschrift, daß kein Muslim einen anderen Muslim töten darf. Der Muslim, der einen anderen Muslim tötet, gehört »ewig in die Hölle« (Koran, Sure 4/Vers 93); Mord an einem einzelnen Menschen war vor der *Fitna* unislamisch. Man darf im Islam zwar *kollektive Gewalt* gegen die Ungläubigen als *Qital*/Kampf zur Verbreitung der neuen Religion (vgl. Kap. 2), nicht aber Gewalt gegen einzelne Individuen – auch wenn sie »Ungläubige« sind – anwenden, geschweige denn morden. Daher ist der islamische Terrorismus des 20. Jahrhunderts ganz unislamisch; Terrorismus ist *kein Djihad.* Das ist die Antwort in meinem Essay in der *Frankfurter Allgemeinen Zeitung* mit der als Frage gewählten Überschrift »Ist der islamische Terrorismus ein Djihad?« (*FAZ* vom 6. März 1995, S. 8–9).

Die strenge islamische Vorschrift gegen individuellen Mord erklärt, warum die Angreifer von Uthman vierzig Tage lang sein Haus belagerten, obwohl sie jede Minute hätten eintreten und ihn ermorden können; sie wollten ihn nicht ermorden, sondern forderten lediglich, daß er abtritt, oder, wie der klassische islamische Historiker al-Tabari berichtet, »das Kalifat an uns zurückgibt«; die Rebellen haben Uthman abgesprochen, der »wahre Imam« zu sein, nicht jedoch seine Zugehörigkeit zum Islam angezweifelt. Der Mord an Uthman war im Islam der erste Verstoß gegen den Koran, Vers 4/92–93. Der Mörder Umars dagegen ist, wie oben erwähnt, kein Muslim gewesen.

Ein Widerstandsrecht, das die Aufständischen legitimieren könnte, gibt es im Islam nicht. Die Linie der Argumentation verläuft anders: Weil Uthman für sie nicht mehr den wahren Imam personifizierte, war die Rebellion gegen ihn keine Verweigerung der Untergebenheit. Nach ihrem eigenen Glauben betrieben jene Krieger also keine Rebellion gegenüber dem Kalifen (islamischer Ausdruck für Verweigerung des Gehorsams: *Schaq asa al-ta'a*[15]). Nach ihrem islamischen Selbstverständnis waren sie nicht die Armee des Kalifen, sondern die *Umma*- oder die *Djihad*-Armee, also Soldaten Gottes; denn ihre Loyalität gegenüber dem Imam gilt Allah, nicht der Person des Herrschers. Diese Position vertreten in unserer Gegenwart fundamentalistische Mörder in Algerien und Ägypten, die sich Allahs Kämpfer nennen. Die *Djihad*-Mörder[16] des ägyptischen Präsidenten Sadat gelten ihnen als jüngeres Vorbild für die Entmachtung eines Herrschers, dem die Legitimität des Imam abgesprochen wurde. Die Entmachtung erfolgt durch Mord.

Die Gegenposition hierzu ist die des Kalifen Uthman, die heutige islamische Herrscher in historischer Kontinuität vertreten. Zur Illustration möchte ich noch einmal den König von Marokko zitieren: »Als islamischer Herrscher habe ich keine Befugnis von Gott, verfassungsmäßige Kompetenzen auf andere zu übertragen.« Das war auch die Position Uthmans im Jahre 656. Man sieht, daß die islamische Gegenwart ohne Kenntnis der islamischen Geschichte nicht angemessen verstanden und beurteilt werden kann.

Vierzig Tage lang hatte Uthman es abgelehnt, das Kalifat zurückzugeben, immer mit dem Argument, er sei von Gott hierzu nicht befugt. Das Kalifat ist kein Amt, sondern der göttliche Auftrag zur Führung der *Umma*, den man nicht abgeben kann. Die Umaiyyaden, zu deren Sippe Uthman gehörte, vertraten diese Auffassung. Sie setzten nach der Ermordung des vierten Kalifen Ali im Rahmen der Errichtung ihrer Dynastie in Damaskus (seit dem Jahre 661) diese islamische Lehre konsequent in die politische Praxis um, und in ihrer Tradition stehen auch die heutigen Herrscher. Unter den sunnitischen Muslimen galt der Herrscher seitdem als Kalif Allahs (Nachfolger Gottes). Es ist diese Lehre vom »Schatten Allahs auf Erden/*Zhul Allah 'ala al-ard*«, die das politische Denken im islamischen Mittelalter bestimmt hatte und heute neu belebt wird[17].

Als die Belagerer des Hauses von Uthman sich nach vierzig Tagen zum ersten innerislamischen Mord an einem Individuum in der islamischen Geschichte entschlossen hatten, drangen sie in sein Haus ein. Uthman verbot seinen Angehörigen, ihn zu verteidigen. Der Mord war gleichermaßen höchst symbolträchtig und rituell: Der Kalif Uthman saß und rezitierte laut den Koran, bat Allah, ihn zu sich zu nehmen, um in der Nähe des Propheten im Paradies zu leben. Den Mördern gehöre die Hölle. Die Letzteren dachten genau umgekehrt: Sie beförderten Uthman in die Hölle, weil er nicht nach Allahs Gesetz geherrscht habe und deshalb nicht der wahre Imam sei. Beide Positionen haben jeweils ihre islamische Logik.

Der Mord an Uthman 656 n. Chr. war nicht nur die erste innerislamische Gewalttat, sondern, wie erwähnt, auch der Beginn der großen *Fitna*, des ersten Krieges unter Muslimen in der islamischen Geschichte. Symbolisch steht Uthman für die islamische Herrschaft des wahren Imam und seine Mörder für das Bestreiten der Legitimität des herrschenden Imam. Der zitierte tunesische Historiker Hicham Djaït hebt hervor:

> »Auf diese Weise vollzog sich eine im höchsten Maße gefährliche Tat im Früh-Islam, deren Folgen nicht nur erheblich, sondern auch nicht mehr übersehbar für die nachfolgende islamische Geschichte waren. Mit jener Tat war der erste Akt der Spaltung der islamischen *Umma* vollzogen, eine Spaltung, die nicht mehr behoben werden kann ... Uthman war ein rituelles Opfer einer mit aller menschlichen Gewalt beladenen Tat ... Diese leitete den Bürgerkrieg ein, ... mit dem der Kampf zwischen Religion und politischer Herrschaft im Islam in aller Welt zum Ausdruck kommt.«[18]

In Kontinuität zu jener »Großen *Fitna*« steht der innerislamische politische Kampf in unserer Gegenwart zwischen den fundamentalistischen Allah-Kämpfern und den islamisch legitimierten Herrschern. Die Suche nach dem »wahren Imam«, die diesem Buch den Titel gibt, prägt auch die von Gewalt bestimmte innerislamische, jedoch weltweite, Auseinandersetzung unserer Zeit. Der ägyptische Sicherheitsbeamte General Hassan Sadiq nennt sein Buch über die Untergrund-Fundamentalisten in seinem Lande »Die Wurzeln der *Fitna* in den islamischen Sekten«. Der Untertitel des zitierten Buches lautet: »Von der Zeit des Propheten bis zur Ermordung Sadats«.[19] Die von jenem General gezogene historische Linie ist deshalb nicht willkürlich, weil sie die Logik der islamischen Geschichte getreu zum Ausdruck bringt, die für westliche Leser nicht so leicht zugänglich ist. Ich hoffe, daß dieses Buch über das islamische politische Denken ein besseres Verständnis jener für Europäer fremden Welt bewirken kann.

Die Kamel-Schlacht.
Die Fitna um den wahren Imam innerhalb der Familie des Propheten

In ihrer Selbstrechtfertigung unterscheiden sich die Mörder des Präsidenten Sadat von den Mördern des dritten Kalifen Uthman kaum, insofern jede Gruppe ihre Handlung gegen den Herrscher mit religiösen Argumenten rechtfertigt. In der islamischen Geschichte gibt es keine demokratische Ablösung von Herrschaft. Entweder nimmt Allah das Leben des Imam, oder die *Djihad*-Kämpfer tun dies in seinem Auftrag. Eine Entmachtung kann nur durch Mord erfolgen, wenn der Herrscher nicht mehr als wahrer Imam akzeptiert wird. Der Mord am illegitimen Imam ist die Logik der islamischen Opposition. Die Logik der Herrschaft aber ist dagegen, daß der Imam auf seiner Berufung durch Gott besteht, so daß er nicht von sich aus zurücktreten darf. Nach diesem Bezug auf die historische Kontinuität zwischen Früh-Islam und Gegenwart nun doch zurück zur Geschichte. Die Symbolik von Herrschaft und Opposition geht noch ein Stück weiter.

Nach der Ermordung von Uthman plädierte eine Partei dafür, daß der neue Kalif aus der Banu-Hashim-Sippe kommen und damit dem Propheten durch Blutsverwandtschaft verbunden sein müsse. Wer konnte diese Voraussetzungen besser erfüllen als Ali! Er kam aus der engeren Familie des Propheten (*Ibn 'Am*/Vetter) und war dazu noch mit dessen Tochter Fatima verheiratet. Die Mörder von Uthman und die Notabeln von Medina riefen zur *Bay'a* (Treueeid) für Ali auf. Dem folgten jedoch keineswegs alle. Der islamische umaiyyadische Statthalter von Syrien, Mu'awiyya, lehnte es ab, die *Bay'a* für Ali zu leisten. Das hieß, daß die *Fitna* von 656 noch für Jahre fortgesetzt wurde; sie kam erst zum Ende, als Ali selbst ermordet wurde. Von den vier *Raschidun* (rechtgeleiteten) Kalifen im Früh-Islam endete somit das Leben von dreien durch Mord. *Ist das ein Vorbild?* Moderne Fundamentalisten halten jene Epoche des Früh-Islam für das »Goldene Zeitalter des Islam«! Als ein demokratisch gesinnter, der Gewaltfreiheit verpflichteter Muslim fällt es mir schwer, ihnen zu folgen.

Ali übernahm 656 das Kalifat, mitten in der *Fitna*. Zu den größten Gegnern des Vetters des Propheten gehörte neben Mu'awiyya die Lieblingsfrau des Gesandten Allahs, Aischa, die die islamische *Qasas*/ Strafe (laut Koran: »Leben um Leben, Auge um Auge...«/Koran, 5/45) für die Mörder Uthmans forderte. Ali dagegen hatte sich das Argument der Uthman-Feinde zu eigen gemacht, daß jener deshalb getötet worden war, weil er nicht nach den Lehren des Koran geherrscht und somit seine Legitimität als Imam eingebüßt habe. Daraus folgte, daß die Mörder straffrei bleiben müßten.[20] Weil Ali sich nach dieser Parteinahme für den Mord an Uthman in Medina unsicher fühlte, zog er mit seinem Kalifat nach dem irakischen Kufa um. Ebenso wie der Mord an Uthman ein Beispiel des Kampfes um die Herrschaft mit Rückgriff auf die Religion war, so war die größte Schlacht der *Fitna*, die Kamel-Schlacht, höchst symbolbeladen. Sie wurde von der Frau des Propheten, Aischa, gegen dessen Vetter Ali vom irakischen Basra aus geführt. Dieser Krieg zwischen Basra und Kufa war umso dramatischer, weil er sich, als ein blutiger Streit um den wahren Imam, nicht nur innerhalb der islamischen *Umma* abspielte, sondern auch noch innerhalb der Familie des Propheten.

Auch die Kamel-Schlacht hatte Auswirkungen weit in die islamische Geschichte hinein. An ihr läßt sich zudem der Begriff der *Fitna* erläutern. Das arabische Wort *Fitna* hat zwei Bedeutungen: einmal besitzt eine schöne Frau eine *Fitna*, d. h. Verführungskraft. Das ist einer der Gründe für die Verschleierung der Frauen. Sie ist durch ihre Weiblichkeit verführerisch (Adjektiv: *Fatina*), aber sie repräsentiert auch die Ehre des Mannes (so symbolisiert Aischa die Ehre des Propheten). Mit der Verschleierung wird zum einen die Ehre der männlichen Angehörigen der Frau (Ehemann, Vater, Bruder, Sohn) verteidigt, zum anderen werden fremde Männer vor der femininen Verführungskraft geschützt. Die von einer Frau ausgehende *Fitna* ist für manche Männer nicht nur die visuell verführerische weibliche Schönheit, sondern sie verursacht auch körperliche Unruhe und Aufruhr. Wenn in der islamischen *Umma*, die ja wie der Körper ein Haus des Friedens sein soll, Gewalt ausbricht, dann ist das vergleichbar mit dieser körperlichen Unruhe, eine *Fitna*. Das ist die zweite Bedeutung von *Fitna*. Die große *Fitna* begann mit der Ermordung Uthmans und hat einen Höhepunkt in der Kamel-Schlacht erreicht, in der die eben beschriebene Symbolik voll zur Geltung kam.

Die Lieblingsfrau des Propheten, Aischa[21] (der Prophet verlobte sich mit ihr, als sie sechs Jahre alt war, und heiratete sie, als sie das Alter von neun Jahren erreicht hatte), war die Tochter Abu Bakrs, des Getreuen des Propheten. Nach dem Tode Mohammeds war Abu Bakr der erste Imam der *Umma*. Auch die Tochter des zweiten Kalifen Umar gehörte zu dem Kreis der Frauen Mohammeds. Aischa war von jeher ein Feind des Vetters des Propheten, Ali. Der Hintergrund dieser Feindschaft ist folgende Geschichte, die auch in den Koran einging:

Bei einem Kriegszug des Propheten gehörte die gerade 13 Jahre alt gewordene Aischa zum Gefolge; sie saß rittlings auf ihrem auf dem Kamel-Höcker befestigten verschlossenen Tragsessel, der bei jeder Rast heruntergeholt und vor dem Aufbruch wieder auf dem Höcker befestigt wurde. Erst als der Prophet mit seiner Armee nach Medina zurückkam, wurde bemerkt, daß der Tragsessel auf dem Kamel leer war. Aischa tauchte erst am nächsten Tag mit dem hübschen Jungen Safwan auf und behauptete, sie hätte ihren Kamel-Tragsessel verlassen, um ein Bedürfnis zu verrichten; nach ihrer Rückkehr habe sie die Karawane nicht mehr gefunden. In der Wüste sei sie dem Jungen begegnet, der sie nach Medina zurückgebracht habe. In Medina verbreiteten sich daraufhin üble Gerüchte, und es wird berichtet, daß der Prophet sehr verstört gewesen sei. Ali gehörte zu jenen Muslimen, die Aischas Version keinen Glauben schenkten. Der große Islamwissenschaftler Maxime Rodinson beschreibt anhand von Quellen die Reaktion von Ali:

> »Ali, der Schwiegersohn, war herzlos. ›An Frauen herrscht kein Mangel‹, rief er (dem Propheten zu). ›Du brauchst Dir nur eine andere zu nehmen.‹ War er von seiner Frau Fatima aufgehetzt, die ihre junge Stiefmutter nicht leiden mochte?«[22]

Rodinson meint, daß bereits mit diesem Ereignis die Parteienbildung im Islam begonnen habe, die den Hintergrund der Kamel-Schlacht bildet; es zeichne sich

> »die politische Rivalität zwischen Ali und der Sippe Abu Bakrs und Umars ab ... auf jeden Fall konnte Aischa diesen Ausspruch nicht verzeihen, der ihn (Ali, B. T.) über zwanzig Jahre später in den Tod durch den Säbel eines Mörders führen sollte« (ebd.).

Der Skandal, hervorgerufen durch das Verschwinden Aischas in der Wüste und ihre Rückkehr mit dem hübschen Jungen Safwan, erschütterte Medina, wurde aber durch eine göttliche Offenbarung beendet. Diese hat für die folgende Entwicklung des islamischen Strafrechts große Bedeutung erlangt. In der Sure »*Das Licht*« im Koran steht:

> »Diejenigen, die unbedachte gläubige Ehefrauen (mit dem Vorwurf des Ehebruchs) in Verruf bringen, sind im Diesseits verflucht und werden es ebenso im Jenseits sein. Und sie haben dereinst eine gewaltige Strafe zu erwarten ...« (Koran, 24/Vers 23).[23]

Vor diesen Versen steht im Koran:

> »Diejenigen, die die Lüge (von dem angeblichen Fehltritt Aischas) vorgebracht haben, sind nur eine kleine Schar ... Warum haben denn, als ihr davon hörtet, die gläubigen Männer und Frauen nicht ihrerseits gleich eine gute Meinung (von Aischa) gehabt und gesagt, das ist eine glatte Lüge. ... Hatten sie vier Zeugen aufbringen können? Da sie nun keine Zeugen aufbringen konnten, werden sie von Allah als Lügner betrachtet« (Koran, 24/Verse 11 bis 13).

Mit dieser Offenbarung wird im Islam die Rechtsvorschrift von den vier Zeugen eingeführt, die nötig sind, um einer Frau Ehebruch/*Zina* nachweisen zu können; weil sie in jenem Fall fehlten, wurde die Ehre Aischas und damit zugleich die des Propheten wiederhergestellt. Nach dieser Klarstellung hörten die Gerüchte zwar auf, nicht aber die Feindschaft zwischen Ali und Aischa. Die Kamel-Schlacht auf dem Höhepunkt der ersten *Fitna* im Islam bringt dies zum Ausdruck. Nach der *Bay'a* für Ali in Medina im Jahre 656 verließ Aischa aus Protest Medina und ging nach Mekka, ehe sie später von Basra aus den Krieg gegen Ali vorbereitete. Nachdem Ali die *Qasas*/Strafforderung Aischas für die Mörder Uthmans zurückgewiesen hatte, sammelte sie ihre Kräfte gegen den bereits nach Kufa umgezogenen Ali. Ihre Verbündeten waren zwei Zeitgenossen des Propheten, Talha und Zubair. Zusammen werden Aischa, Talha und Zubair in der islamischen Geschichtsschreibung als *Thaluth al-Djamal* (das Kamel-Trio) bezeichnet.[24]

Die Frau des Propheten, Aischa, hatte dem Vetter des Propheten, Ali, den Krieg erklärt; von ihrem vergitterten Tragsessel auf dem Kamel aus leitete sie als Feldherrin im Islam die berühmte Kamel-Schlacht. Als islamische Feldherrin hat sie die auf ihrer Seite kämpfenden Krieger aufgerufen, die Mörder Uthmans zu verfluchen und das Blut Uthmans gemäß der koranischen Vorschrift »Leben um Leben« (Koran, 5/45) zu rächen. Ihr Kamelsessel war mit Eisen bewehrt, um sie vor Angriffen zu schützen, weil sie für ihre Gegner eine verführerische Frau (*Fitna*), zugleich aber auch als Symbol für die Ehre des Propheten unangreifbar war; während der Kamel-Schlacht war sie hinter ihrem Schleier verborgen, aber ihre von den Chronisten als kräftig beschriebene Stimme war unüberhörbar. Die islamische Feldherrin Aischa hat in der Kamel-Schlacht die feministische Behauptung, alle Frauen seien von Natur aus gegen den Krieg, Lügen gestraft. *Fitna* als innerer Krieg ist im Arabischen, der Sprache des Islam, ein Femininum.

Die kriegerische *Fitna* verlief nicht zugunsten von Aischas Armee. Um ihre Armee vor der völligen Vernichtung zu bewahren, beschwor sie, als Alis Sieg abzusehen war, von ihrem Kamel aus die vorislamische Formel *»al-baqiyya, al-baqiyya«*, was auf Arabisch soviel heißt wie »den Rest« – also: »Laßt den Rest am Leben!« Das ist identisch mit einer Kapitulation. Daraufhin brachen Aischas Gegner ihrem Kamel die Beine. Damit sollte ihr Kamel zusammen mit ihrem Tragsessel als Zeichen für das Ende der Schlacht zur Erde fallen, ohne sie jedoch zu verletzen.

Alis Ermordung und die Folgen

Alis Armee siegte zwar in der Kamel-Schlacht, aber sein Hauptgegner, der Umaiyyade Mu'awiyya (der Statthalter von Syrien), lehnte das Kalifat Alis weiterhin ab und weigerte sich, ihn als Imam der Muslime anzuerkennen. Es kam in der Folge zur Schlacht von Siffin, bei der die irakische Armee Alis gegen die syrische Armee von Mu'awiyya siegte.

Auf jene Zeit im 7. Jahrhundert geht die traditionelle, bis heute bestehende Feindschaft zwischen Syrien und Irak zurück. Die Tatsache, daß die Baath-Partei in unserer Zeit in beiden Staaten herrscht[25], schafft diese traditionelle Feindschaft nicht aus der Welt.

Um nicht als Besiegte zu enden, haben die syrischen Soldaten Mu'awiyyas als »Trick« die ihnen zur Verfügung stehenden Koran-Exemplare auf ihren Lanzen getragen und *al-Tahkim* (die rechtliche Vermittlung nach Allahs Gesetz) verlangt. Das wurde akzeptiert, der Krieg wurde abgebrochen. Die darauf folgende voreingenommene *Tahkim* verlief jedoch nicht zugunsten Alis, was er nicht im voraus hatte wissen können.

Als eine Reaktion auf die von Ali akzeptierte *Tahkim* bildete sich die Sekte der *Khawaridj* (= die *Kharidjiten*, d.h. die aus der *Umma* Ausgetretenen), die ihm Verrat vorwarfen. Die *Kharidjiten* vertraten den Glauben, daß nur Allah der *Hakim*/Schiedsrichter sein könne; indem Ali zur Annahme einer von Menschen zu tragenden *Tahkim* bereit gewesen sei, sei er ein *Kafir*/Ungläubiger geworden, womit seine Ermordung begründet wurde. Sie sprachen ihm auf dieser Basis die Legitimität als Imam ab und forderten ihn auf, seinen *Kufr*/Unglauben einzugestehen und zu bereuen; Ali lehnte dies jedoch ab, woraufhin er von einem der *Kharidjiten* ermordet wurde. Dies war der dritte Mord an einem Imam im Islam. Das Kalifat war wieder vakant, und die Suche nach dem wahren Imam begann von neuem. Mu'awiyya überschüttete einen der Söhne Alis, Hassan, der als zweiter Imam für die Schi'iten gilt, mit Reichtümern, um ihn zu bewegen, auf seinen Anspruch auf das Kalifat zu verzichten. Später ließ er ihn von einer Frau verführen (das ist ebenfalls *Fitna*), die ihm Gift in sein Getränk füllte und ihn auf diese Weise ins Jenseits beförderte. Die *Große Fitna* endete 661. Aber die Parteigänger Alis (*Schi'at Ali*) setzten ihre Opposition unter der Führung des zweiten Sohnes von Ali, Hussein, fort. Diese Spaltung der islamischen *Umma* durch die *Fitna* ist für den Rest der islamischen Geschichte nicht mehr zu kitten.

Mu'awiyya, der Gründer der Umaiyyaden-Dynastie (diese dauerte von 661 bis 750), riß nunmehr die Herrschaft an sich und erklärte sich selbst zum Imam der Muslime. Im Jahre 680 kam es zu einem Aufstand der *Schi'at Alis* unter seinem zweiten Sohn Hussein in Kufa (Irak). Die Armee des zum dynastischen Kalifen aufgestiegenen Sohnes von Mu'awiyya, des zweiten Umaiyyaden-Kalifen Yazid, erstickte den Aufstand. Yazids Feldherr präsentierte seinem Kalifen den abgeschlagenen Kopf Husseins, der zum Märtyrer der Schi'iten wurde. Während der jährlichen *Aschura*-Prozession betrauern Schi'iten seitdem die Leiden und den Tod von Hussein. Zu diesen Prozessionen gehört die blutige Selbstgeißelung, bei der die schi'itischen Gläubigen die Leiden des Imam Hussein nachzuempfinden suchen – und dabei sogar den Tod durch Verblutung nach selbst zugefügten Wunden in Kauf nehmen. Schi'iten identifizieren den Imam nicht mehr mit dem Herrscher. Der Imam als Messias ist heilig und lebt im Verborgenen, der Herrscher ist illegitim und kein Imam (vgl. Kap. 3, S. 114 f.). Aus dieser unterschiedlichen Bestimmung des Imam entsteht ein Graben zwischen Sunna und Schi'a, der während der darauffolgenden Jahrhunderte anhält.

Unter dem dritten Umaiyyaden-Kalifen Marwan kommt es zur zweiten, weitaus gewaltförmigeren *Fitna* im Islam. Bei diesem Bürgerkrieg blieben noch nicht einmal islamische Heiligtümer in Mekka außer Gefahr. Der Sohn des einstigen Aischa-Verbündeten Zubair, Ibn Zubair (Ibn = Sohn), rief sich damals im arabischen Hidjaz zum Gegenkalifen aus. Der bestialische Umaiyyaden-Feldherr al-Hadjadj zog mit seinen Truppen von Damaskus nach Arabien, um die Aufständischen mit allen Mitteln zu vernichten. Er bewarf die islamischen Heiligtümer von Mekka mit Steinen und Flammenwerfern und zerstörte dabei die heilige Ka'ba mit dem Schwarzen Stein; sie mußte danach neu gebaut werden. Nicht einmal die barbarischen Kreuzzügler hätten es in Jerusalem gewagt, derartige Greueltaten an den islamischen Schreinen zu begehen.

Der zweite innerislamische Krieg, die zweite *Fitna*, umfaßte den Kampf zwischen dem sunnitischen Umaiyyaden-Syrien gegen den ebenfalls sunnitischen Gegenkalifen in Hidjaz, Ibn Zubair, und den Kampf gegen einen weiteren Sohn Alis, Ibn al-Hanafiyya, der von der

Schi'at Ali zum Kalifen in Irak ausgerufen wurde. Es war also einerseits ein Kampf zwischen Sunniten und Sunniten und andererseits zwischen Schi'iten und Sunniten. Beide Herausforderer des Kalifen von Damaskus, die Imame werden wollten, fanden den Tod, ihre Anhänger wurden massakriert. Imam blieb der, der bereits vor der *Fitna* über die politische und militärische Macht verfügte. Die Auseinandersetzungen während der zweiten *Fitna* im Früh-Islam endeten mit viel Gewalt und bestialischer Zerstörung. Die *Schi'at Ali* wendete sich vom Kalifat ab und ging in den Untergrund. Die seitdem dominierende schi'itische Lehre vom Imamat wird von der islamisch-sunnitischen Bestimmung des Imam als Herrscher abgekoppelt. Für die Schi'iten ist der Imam ein messianischer Heiliger. Die ersten drei heiligen Imame der Schi'iten sind Ali sowie seine Söhne Hassan und Hussein.

Die politischen Begriffe, die aus den Jahren der islamischen Religionsstiftung unter dem Propheten (610–632), des Früh-Kalifats 632 bis 656 sowie aus beiden *Fitnas* des Früh-Islam (die erste 656–661; die zweite 680–692) hervorgingen, prägten das politische Denken der neuen Zivilisation des Islam.

Im Jahre 750 stürzten die Abbasiden (eine Banu-Haschim-Sippe aus Quraisch) die Umaiyyaden und metzelten ihre Prinzen bis auf einen nieder. Dieser flüchtete nach dem arabischen Spanien, um dort 756 in Córdoba die Umaiyyaden-Herrschaft zunächst als Emirat fortzusetzen (Spanien war von den Arabern 711 erobert worden).

Die Ermordung des dritten Kalifen Uthman war, wie mehrfach angeführt, die erste innerislamische Gewalttat, der in den darauf folgenden Jahrzehnten zahlreiche innerislamische Kriege folgten. Die brutale Gewalt der Umaiyyaden, die nach 661 das Kalifat unter Beibehaltung des Namens in ein dynastisches Königtum verwandelt hatten, blieb nicht ungesühnt. Die Abbasiden, die – wie die Umaiyyaden – gleichermaßen Muslime und Quraischis, also Stammesbrüder waren, jedoch aus der Banu-Haschim-Sippe stammten, vernichteten physisch die gesamte Dynastie in unbeschreiblichen Blutbädern. Der Gründer der Abbasiden-Dynastie hieß Abdullah Ibn al-Abbas. Er bekam nach seinen Greueltaten den Beinamen *al-Saffah*, d. h. der Blutvergießer.

Blut ist in der islamischen Geschichte reichlich geflossen, jedoch nicht auf dem Weg Allahs/*fi sabil Allah*, sondern im Kampf von Muslimen gegen Muslime bei ihrer Suche nach dem wahren Imam.

Im Gegensatz zu den Umaiyyaden und deren Dynastiegründer Mu'awiyya beschränkt sich der Ruhm der Abbasiden nicht auf die Gewalttaten ihres Begründers *al-Saffah*, des »Blutvergießers«. Das Abbasiden-Reich wird zum wahrhaft goldenen Zeitalter des Islam. Die islamische Zivilisation, der der Prophet Mohammed mit der Verkündung der islamischen Offenbarung und dem Kampf gegen die heidnischen Stämme zur Geburt verhalf, fand ihre volle Entfaltung erst im Zeitalter der Abbasiden. Die militärischen Eroberungen des Islam kamen in jener Zeit fast zum Abschluß. Der Historiker Blankinship nennt den Niedergang der Umaiyyaden das »Ende des Dijhad-Staates«[26]. Von da an verbreitete sich der Islam insbesondere durch Handel und kulturellen Austausch.

Der Höhepunkt der Abbasiden-Zeit war die Übernahme des altgriechischen Erbes und dessen Islamisierung. Aristoteles wurde der erste Lehrer der Muslime (*al-Mu'allim al-Auwal*). Der islamische Rationalismus basiert auf der Rezeption der griechischen Wissenschaft und Philosophie. Erstmals nahmen Muslime neue, von der Religion unabhängige politische Themen auf.

Politisches Denken im Hoch-Islam bekam eine neue Dimension bei der Frage: »Wer ist der wahre Imam?« Doch diese Thematik wird uns erst im zweiten Teil dieses Buches beschäftigen. Noch sind wir beim Früh-Islam. Ich möchte im folgenden Kapitel zunächst die zentrale religiöse Doktrin des *Djihad* vorstellen, die der politischen Geschichte des Früh-Islam – wie ich sie im Vorangegangenen dargestellt habe – ihre Gestalt gegeben hat. Ohne *Djihad* wäre die religiöse Botschaft des Islam allein auf Arabien beschränkt geblieben und nicht in weite Teile des Globus getragen worden.

Kapitel 2
Die religiöse Doktrin: Der Imam führt den Djihad als Instrument der islamischen Mission/Da'wa in einer zweigeteilten Welt

Die Aktualität des Djihad

Im sunnitischen Islam gehört es zu den Pflichten des Imam, zum *Djihad* aufzurufen und ihn zu führen. So vielgestaltig die Bedeutung dieses Begriffs ist, so vielgestaltig ist der Auftrag, der daraus abgeleitet ist. Als aktuelle Illustration möchte ich eine Bemerkung des Führers der PLO, Arafat, vor seinem Einzug in Gaza und Jericho im Sommer 1994 im südafrikanischen Johannesburg anführen, wo er über den zukünftigen Staat Palästina sprach. Arafat erwähnte in seiner Rede die Pflicht zum *Djihad* für Jerusalem. Die internationale Staatengemeinschaft reagierte darauf verstimmt; man argwöhnte, daß Arafat, der sich zuvor als Imam der Palästinenser mit Israel versöhnt und Frieden geschlossen hatte, nun rückfällig geworden sei. Wenn Friede, warum dann *Djihad*?

In seinen anschließenden Erläuterungen machte der PLO-Imam deutlich, daß er *Djihad* nicht im Sinne von »Krieg«, sondern in der klassischen islamischen Bedeutung von »Anstrengung« meinte; daraufhin beruhigten sich die Gemüter, und Israel war mit dieser Klarstellung zufrieden.

Viele Imame der muslimischen Gemeinde in Westeuropa rufen zum *Djihad* auf. Aus den Reden einiger Imame bei der Mammutveranstaltung der britischen Muslime im Londoner Wembley-Stadion am 7. August 1994 war nicht immer eindeutig zu erkennen, ob mit *Djihad* nun

Anstrengung oder Bombenexplosion gemeint war. Einige Wochen zuvor war vor der israelischen Botschaft in London eine Bombe explodiert, die viele Todesopfer gefordert hatte. Eine islamische Gruppe, die sich dieses Aktes bezichtigte, nannte den Anschlag *Djihad*. Was bedeutet nun *Djihad* genau, und worauf bezieht sich ganz konkret die klassische religiöse Pflicht des Imam, die islamische *Umma* hierbei zu führen? Ist der Imam ein Feldherr oder einfach ein Politiker?

Die mit der im Westen verbreiteten Ideologie der »*Political Correctness*« verbundene Selbstzensur (hier konkret: keine Verbindung von Islam und Gewalt) beim Reden über andere Kulturen kehrt die alten Vorurteile um, ohne darüber aufzuklären. Oft wird in den populären, in der Regel mit massiven europäischen Vorurteilen beladenen Darstellungen über die islamische Zivilisation der Islam mit dem »grünen Schwert« verbunden. Der Begriff des *Djihad* wird dabei mit beliebigen Inhalten gefüllt, vom »heiligen Krieg« bis zum »Terrorismus«. In diesem Kapitel will ich den islamischen *Djihad* als Pflicht des Imam historisch verständlich machen.

Es handelt sich geschichtlich um folgenden Hintergrund: Das vorislamische Arabien war durch gewalttätige Auseinandersetzungen der Stämme geprägt; jede neue Mission, die eine neue Ordnung predigte, konnte sich in jener Umwelt ohne ein Staatsgefüge nur mittels Gewalt durchsetzen. Hinzu kam, daß die neue Mission des Islam universelle Ansprüche hatte und somit auf den Widerstand der damals bestehenden benachbarten imperialen Ordnungen, nämlich des persischen Sassaniden-Reichs und von Byzanz, stoßen mußte. Unter diesen Bedingungen schreibt der Islam seinen Gläubigen vor, zur Verbreitung des neuen Glaubens *Djihad* zu betreiben. *Djihad* bedeutet nicht »heiliger Krieg«, schließt aber kriegerische Handlungen beim *Da'wa*/Aufruf zum Islam ein. Die Geschichte des Früh-Islam war somit gleichermaßen eine Religionsstiftung und eine Kriegsgeschichte.

Wie schon angeführt wurde, bedeutet *Djihad* sprachlich schlicht Anstrengung. Für den Krieg verwendet der Koran den Begriff *Qital*. Die arabische Sprache als die Sprache des Koran[1] kennt den Begriff Krieg/*Harb* im Sinne von Aggression. Nach ihrem Selbstverständnis betreiben die Muslime keine Aggression, also keinen *Harb*, wenn sie gewaltförmige Aktionen zur weltweiten Verbreitung des Islam im Rahmen der *Da'wa*/Mission durchführen. Aus diesem Grunde differenziert die islamische politisch-religiöse Doktrin: Die Feinde des Islam betreiben *Harb*/Krieg, während bei den Muslimen nur von *Djihad* gesprochen wird. Der Koran verwendet für den militärischen Teil des *Djihad* den Begriff Kampf/*Qital*. In der islamischen Weltanschauung ist es daher kein Widerspruch, daß der Koran den Muslimen einerseits Aggression verbietet (»Und greift nicht an, Allah liebt die Aggressoren nicht«, Koran, Sure 2/Vers 190), ihnen aber andererseits vorschreibt: »Und der Kampf/*al-Qital* ist für Euch eine Vorschrift« (Sure 2/ Vers 216).

Dem Islam ist das Leben (auch das der Nicht-Muslime) heilig. Er verbietet deshalb den individuellen Mord und läßt solche Handlungen nicht als *Djihad* zu. Dennoch hat es seit dem Früh-Islam zahlreiche Morde in der islamischen Geschichte – vor allem an islamischen Oberhäuptern – gegeben, die religiös gerechtfertigt wurden. Der Mord am Imam war immer eine religiös motivierte politische Handlung. Es ist bedauerlich und falsch, der Rhetorik der Fundamentalisten unserer Gegenwart zu folgen und ihre Morde (sei es in Ägypten, sei es auf brutale Weise in Algerien, wo nach dem Muster der Hammelschlachtung den Opfern die Kehle als Symbol für die Reinheit durchschnitten wird[2]) in einen Zusammenhang mit dem *Djihad* zu bringen. Islamische Fundamentalisten bestätigen durch diese politischen Morde die europäischen Vorurteile über den Islam als Religion der Gewalt. Wer aber die islamische Doktrin kennt, der weiß, daß sich Terrorismus niemals als *Djihad* rechtfertigen läßt (vgl. oben S. 70 f.).

Die erneute Aktualität des *Djihad*-Konzepts[3] ist verbunden mit dem Aufstieg des politischen Islam. Die meisten der dem Fundamentalismus verschriebenen islamischen Gruppierungen haben politische Programme, die auf einer Neubelebung islamischer Normen und Werte basieren; sie beziehen sich häufig selektiv auf das Konzept des *Djihad*, um ihre politischen Gewaltaktionen[4] als wahre islamische Mission zu legitimieren. Beispiele hierfür bieten, bereits vor dem Golfkrieg, der

Libanonkrieg sowie der jahrelange Bürgerkrieg im Sudan gegen die »Ungläubigen im Süden«.[5]

Es fällt auf, daß die zwei Konzepte von *Djihad*/Anstrengung und *Qital*/Kampf nicht nur in den westlichen Medien, sondern auch von den islamischen Militanten selbst nicht auseinandergehalten werden. Der Grund dafür ist einfach: Den meisten islamischen Fundamentalisten fehlt die intime Kenntnis der islamischen Quellen; sie sind zum großen Teil Laien, die den Islam nur als politisierte Ideologie kennen.

Für eine Analyse der islamischen Doktrin von Krieg und Frieden müssen wir auf die Schriften des Islam zurückgreifen und sie in den jeweiligen historischen Kontext einordnen. In den folgenden Ausführungen möchte ich über die tagespolitische Verwendung des *Djihad*-Begriffs hinausgehen, um die islamische Tradition von Krieg und Frieden historisch zu vergegenwärtigen. Hierbei ist es erforderlich, die entsprechende Koran-Doktrin angemessen, jedoch im historischen Kontext zu deuten. Die Bezugnahme auf den arabischen Koran und auf die Positionen in den autoritativen Quellen der arabo-islamischen Schriftgelehrten ist hier kein Ausdruck einer arabo-zentrischen Islam-Deutung. Beide heute in der Welt des Islam verbreiteten Deutungen des *Djihad* – einerseits als friedliche Anstrengung, andererseits als Gewaltausübung – stammen aus dem arabischen Islam. Es gehört zu den islamischen Realitäten, daß die Azhar-Universität in Kairo in unserer Gegenwart als zentrale Autorität im sunnitischen Islam gilt. *Djihad* wird von al-Azhar im Sinne von friedlicher Anstrengung der Muslime gedeutet.[6] Die entgegengesetzte Deutung findet sich bei dem Begründer der Muslimbruderschaft, Hasan al-Banna; in seiner Tradition stehen islamische Fundamentalisten im arabischen Nahen Osten, die ihre Gewaltaktionen mit dem Rückgriff auf seine *Djihad*-Bestimmung rechtfertigen (vgl. Anm. 22 unten). Die arabische Debatte über den *Djihad* wird in den Rest der Welt des Islam exportiert.

Die hier zu diskutierende Doktrin über Krieg und Frieden ist bestimmt durch den historischen Hintergrund der islamischen Religionsstiftung in Arabien, die zugleich eine neue Ordnung hervorgebracht hat. Diese Staatsgründung erfolgte in einer beduinischen Umwelt, in der die Stämme jeder Unterordnung unter eine zentrale Instanz feindlich gesinnt waren. Dementsprechend bedeutete *Djihad* im Früh-Islam den Kampf für die neue Ordnung gegen die Anarchie der Stämme. Dieser konkrete historische Hintergrund wird oft nicht angemessen gewürdigt, so daß der *Djihad* verabsolutiert wird. Muslime, die an die allumfassende Gültigkeit der islamischen Basisschriften (Koran und *Hadith*/Überlieferung des Propheten) glauben, halten diese für unabhängig von Zeit und Raum – ebenso natürlich die *Djihad*-Stellen im Koran. Islamische Schriftgläubigkeit verurteilt deshalb jeden Versuch, Religion und Zivilisation aus einem historischen Blickwinkel zu betrachten. Danach ist es nicht zulässig, die kämpferischen Koran-Stellen historisch zu relativieren.

Die Zweiteilung der Welt (vgl. unten S. 90 f.) in *Dar al-Islam*/Haus des Islam und *Dar al-Harb*/Haus des Krieges ist ein Bestandteil der *Djihad*-Doktrin des Früh-Islam. Obwohl an sie immer noch als überzeitliche Doktrin geglaubt wird, hat sie in unserer Zeit keine Entsprechung in der Realität. Im folgenden möchte ich aus dieser historisierenden Perspektive das frühislamische, von Muslimen verabsolutierte Modell des Stadtstaates von Medina sowie die Offenbarungen des Koran als Bezugsrahmen für das islamische Denken über Krieg und Frieden diskutieren. Jener 14 Jahrhunderte zurückliegende historische Kontext gilt bis in unsere Zeit hinein als Ausgangspunkt aller islamischen Debatten über Krieg und Frieden.[7] Es gibt jedoch keine allgemein akzeptierte Interpretation der anstehenden Fragen, da es keinen für alle Muslime autoritativen Imam gibt, der sich hierüber äußern könnte. Historisch gesehen korrespondiert diese islamische Zweiteilung der Welt mit dem klassischen islamischen, vormodernen System der sich herausbildenden islamischen Zivilisation und ihrem Staatsgebilde.[8]

Die koranische Djihad-Doktrin
und die islamische Zweiteilung der Welt

Die erste und zweite *Fitna* im Früh-Islam (vgl. Kap. 1) sowie die Bildung von Territorialstaaten als Folge des Zerfalls des Kalifats zeigen, daß in der klassischen islamischen Geschichte jene Zweiteilung der Welt von Anfang an eine Fiktion war, die den historischen Realitäten nicht entsprach. Denn das Haus des Islam selbst war bereits im Früh-Islam in verfeindete Stämme und Sippen gespalten. Im Mittelalter, lange vor den Kreuzzügen und auch vor dem Eindringen des modernen Nationalstaats, war das Haus des Islam zergliedert in eine »Vielzahl von separaten, oft miteinander kriegführenden territorialen Staaten«, wie Bernard Lewis, der diese historische Entwicklung beschreibt, feststellt. Er führt weiter aus, daß

> »in internationalen ... Angelegenheiten sich eine wachsende Kluft zwischen der Rechtsdoktrin und den politischen Fakten aufgetan hat, die die islamischen Machthaber ignoriert und die Schriftgelehrten nach bestem Können unterschlagen hatten«.[9]

Die islamische *Umma* hatte im Mittelalter bereits zahlreiche, miteinander konkurrierende Imame, von denen keiner die Autorität besaß, der Imam aller Muslime zu sein.

Trotz dieser Tatsachen wird die Doktrin des *Djihad* und ihre Zweiteilung der Welt aufrechterhalten. Bis in unsere Gegenwart hinein prägt sie das Verständnis der Muslime von Krieg und Frieden. Der marokkanische Gelehrte Abdullatif Husni[10] beschreibt die islamische Sichtweise des modernen internationalen Staatensystems, nach der die Welt weiterhin dichotomisch aufgeteilt sei in *Dar al-Islam* und *Dar al-Harb*. Die Bezugnahme auf das Ausland im Rahmen von *Harb*/Krieg, obwohl kein Kriegszustand herrscht, läßt sich auf die Fiktion eines nur zeitlich begrenzten Waffenstillstands zwischen den Muslimen und ihren Feinden zurückführen. Die Zweiteilung der Welt bleibt also in der islamischen Weltsicht aufrechterhalten, der Friede ist nur ein temporärer Zustand. Der Ursprung dieser Vorstellung ist im Koran-Text zu finden.

Eine historisierende Lesart des Koran-Textes, so wie Christen ihre Bibel textkritisch lesen, wird von den meisten Muslimen, wie schon erwähnt, als häretisch zurückgewiesen. Der Muslim, der hierfür eintritt, setzt sein Leben aufs Spiel.

Der aufmerksame Leser des Koran entdeckt jedoch schnell, wie sehr der Koran-Text einer Chronik der Ereignisse in Arabien während der islamischen Religionsstiftung gleicht. Daraus folgt, daß der Koran grundsätzlich kein konsistentes, d. h. eindeutiges und in sich geschlossenes Konzept zur Bestimmung von Frieden und Krieg enthält, das Allgemeingültigkeit beanspruchen könnte. Denn jeder Koran-Vers ist in der Regel mit sehr spezifischen historischen Ereignissen jener Jahre der islamischen Religionsstiftung verbunden[11]; es gibt Verse, die zum Frieden auffordern, wie auch solche, die nach Krieg rufen. Natürlich ist dies kein Widerspruch, sondern Ausdruck unterschiedlicher historischer Situationen, auf die sich die betreffenden offenbarten Koran-Verse beziehen. Der Koran ist somit in gewisser Hinsicht auch ein authentisches arabisches Geschichtsbuch der Jahre 610 bis 632 n. Chr., der Jahre der islamischen Religionsstiftung. Der Prophet Mohammed war als der Gesandte Allahs die unbestrittene Autorität für die seinerzeit noch überschaubare und einheitliche islamische *Umma*. Der Streit über den »wahren Imam« der Muslime beginnt erst nach dem Tod des Propheten.

Vor der Gründung des ersten islamischen Stadtstaates in Medina, in dem in Mekka offenbarten Teil des Koran (610–622), wird man vergeblich nach Vorschriften über Krieg und Frieden suchen. Die meisten der in Mekka offenbarten Verse haben einen ausschließlich religiösen, d. h. spirituellen Inhalt. Nach der *Hidjra*, d. h. Auswanderung des islamischen Propheten und seiner Anhänger von Mekka nach Medina im Jahre 622 n. Chr., hat Mohammed dort das erste politische Gemeinwesen im Islam gegründet; es basiert auf der *Umma* als einheitlicher Gemeinschaft aller Muslime. Die Beziehungen dieser neuen Ordnung zu den umliegenden, ihr feindlichen Stammesregionen mußten zwangsläufig in den Begriffen von Krieg und Frieden definiert werden. Zunächst handelt es sich um den Krieg einer quasi-staatlichen Instanz

(Medina) gegen die in kein Staatsgebilde eingebundenen Beduinenstämme und ihre anarchische Gewalt. Das war und ist das Modell der islamischen Staatsbildung gegen die Stämme.[12] Alle zwischen 622 und 632 n. Chr. (Tod des Propheten) offenbarten Verse waren Ausdruck des Prozesses der Etablierung Medinas als Zentrum der islamischen Ordnung in einem heftigen Kampf, d. h. *Djihad*, gegen die umgebenden Feinde, eben die Stämme. Kernpunkt des neuen Rufes ist der Glaube, daß der Islam eine Offenbarung für die gesamte Menschheit sei:

> »Und wir haben dich gesandt, damit du den Menschen allesamt ein Verkünder froher Botschaft und ein Warner seiest« (Saba', 34/28).

Dieser universelle Anspruch des Islam verpflichtet die Muslime dazu, ihre islamische Offenbarung in der ganzen Welt zu verbreiten. Die *Da'wa*, also die islamische Mission, kann, wie schon ausgeführt, friedlich erfolgen, sofern sich die Nicht-Muslime dem Ruf zum Islam ohne Kampf beugen. Wenn sie dies nicht tun, dann sind die Muslime verpflichtet, gegen die »Ungläubigen« Gewalt anzuwenden. Dennoch betrachten sie dies – wie ausgeführt – nicht als Krieg/*Harb*. Im allgemeinen Verständnis des Islam ist Frieden daher gleichzusetzen mit der Unterwerfung unter den Islam, entweder durch Konversion zu der neuen Religion oder durch Akzeptanz des Status von religiösen Minderheiten (dies gilt nur für Juden und Christen als *Dhimmi*[13]) unter dem Banner des Islam und durch Zahlung der auferlegten *Djizya*/Kopfsteuer. Der vom Islam angestrebte Weltfrieden gilt als höchste Stufe, die die weltweite Verbreitung des Islam voraussetzt. Das bedeutet, daß ein Ende des Krieges erst dann möglich sein wird, wenn die gesamte Menschheit zum Islam konvertiert ist oder sich ihm als geschützte Minderheit unterworfen hat. Der islamische Weltfriede ähnelt in seiner Eschatologie der marxistischen Lehre vom Frieden in der klassenlosen Gesellschaft.

Die religiöse Doktrin verbindet »Islam« mit »Frieden/*Salam*« und setzt somit die Abschaffung von Krieg (*Harb*) mit der Dominanz des Islam gleich. Weltfriede ist identisch mit der eigenen globalen Vorherrschaft. Die historische Situation, die diesem Muster zugrunde liegt, ist: Unterwerfung der Stämme unter die neue islamische Staatsordnung und Expansion durch den *Djihad.* Im Kontext der islamischen Religionsstiftung war diese Lehre gleichermaßen verständlich und berechtigt. Muslime haben sie aber zur Rechtfertigung ihrer *Futuhat*/Eroberungen erweitert und zu einer religiösen, kosmologischen Weltanschauung weiterentwickelt.

So sehr ich bisher die historisierende Vorgehensweise in meiner Betrachtung hervorgehoben habe, so sehr muß ich den Glauben an die Universalität des Islam, d. h. an die Gültigkeit seiner Mission für die gesamte Menschheit, von dieser Relativierung ausnehmen. Denn dieser Glaube ist nicht auf spezifische historische Bedingungen beschränkt. Ebenso ist die Bedeutung von *Salam*/Frieden und *Harb*/Krieg unabhängig von besonderen historischen Gegebenheiten, auf die sich einzelne Koran-Verse üblicherweise beziehen. Im allgemeinen ist der Islam – wie bereits erwähnt – die Religion des Friedens in dem Sinne, daß er als »die natürliche Religion« (*Din al-Fitra*) die gesamte Menschheit als eine Gemeinschaft unter seinem Banner vereint. Voraussetzung für diesen Frieden ist es, den wahren Grund für die bestehende Teilung der Welt in *Dar al-Harb* und *Dar al-Islam* durch die weltweite Verbreitung des Islam zu beseitigen. Der Koran sagt: »Sie rufen ... ›Gepriesen seist Du, unser Gott‹, und werden mit ›Frieden/Salam‹ begrüßt« (Jonas, 10/10). In derselben Sure lesen wir: »Gott ruft zur Wohnstätte des Friedens. Er führt, wen er will, auf einen geraden Weg« (Jonas, 10/25).

Nach dem Koran und den autoritativen Kommentaren islamischer Juristen bestimmt der *Djihad* die Beziehungen zwischen *Dar al-Islam*/Haus des Islam und der Welt der Ungläubigen. Während Muslime unter der Führung ihres Imam *Djihad* zur Verbreitung des Islam betreiben, wird *Harb*/Krieg von seiten der Ungläubigen betrieben. Die Schuld an der Fortdauer des Krieges trifft immer »die anderen«, weil sie diesen Zustand durch Übertritt zum Islam jederzeit beenden könnten, sich aber statt dessen gegen die *Da'wa* wenden bzw. Muslime zur Gewaltanwendung zwingen.

Friede mit Nicht-Muslimen ist nur dann erlaubt, wenn die Muslime militärisch schwach sind. Es handelt sich dann um *Hudna* (befristeter Friede), den der Koran erlaubt. Die islamischen Sakral-Juristen (*Faqih*) sind sich nicht einig über die zeitliche Begrenzung des befristeten Friedens. Einig sind sie sich jedoch darin, daß es einen *Dauerfrieden* zwischen der Welt des Islam und der der Ungläubigen *nicht* geben kann. In diesem Zusammenhang fragen sich israelische Islam-Experten, ob der Friede von Camp David zwischen Israel und Ägypten von islamischer Seite als Dauerfriede anerkannt werden kann. Die Schriftgelehrten der autoritativen Azhar-Universität in Kairo weigern sich, hierauf eine definitive Antwort zu geben. Die Zulassung einer Unterbrechung des *Djihad* durch einen befristeten Frieden dann, wenn die Muslime schwach sind, führt eine neue Kategorie in das islamische Denken ein: *Dar al-'Ahd*/Haus des Vertrages. Mit diesem Begriff werden nichtmuslimische Gebiete bezeichnet, die unter befristeten Verträgen mit muslimischen Mächten stehen. Es ist wichtig festzuhalten: der Ausdruck *Dar al-Harb* stammt nicht aus dem Koran, sondern wurde im Zeitalter der islamischen militärischen Expansion der *Futuhat*/Öffnungen geprägt. In den bisherigen Ausführungen habe ich schon gezeigt, daß Muslime ihre Eroberungen nicht als Kriege (*Hurub*/Pl. von *Harb*), sondern als Öffnungen (*Futuhat*) bezeichnen; Kriege führen nur die Bewohner des *Dar al-Harb*, also die »Ungläubigen«, um die Muslime bei der Verbreitung ihrer Mission/*Da'wa* zu behindern. Auf dieser Grundlage berechtigt die islamische Tradition zur Kriegführung als *Djihad* unter Führung eines legitimen Imam. Entsprechend glauben die Muslime – wie ausgeführt –, ihr Expansionsstreben mittels Gewaltanwendung sei kein Ausdruck von Aggression, sondern die Erfüllung ihres im Koran offenbarten Missionsauftrages, der das Streben nach Verbreitung des Islam – als Religion für die gesamte Menschheit – dem Streben nach Frieden gleichsetzt, auch wenn hierbei Gewalt in Form eines Kampfes/*Qital* angewandt wird.

Die Auffassung, *Djihad* in der falschen Übersetzung von »Heiliger Krieg« sei ein »gerechter Krieg«, ist meiner Ansicht nach eine moderne bzw. christliche Projektion auf den Islam. Nirgends wird man die Unterscheidung zwischen »gerechtem und ungerechtem Krieg« in den islamischen Quellen finden. Diese Unterscheidung kennt das katholische Christentum, sie ist aber nicht auf islamischem Boden gewachsen. Man kann zwar in großzügiger Interpretation dieses eigentlich christliche Konzept in die islamische Tradition hineinlesen: Wenn Muslime zwecks Verbreitung des Islam Krieg führen, wäre dies ein »gerechter Krieg«/*Futuhat*; werden sie von Nicht-Muslimen attackiert, dann gälte dies als ein »ungerechter Krieg«/*'Idwan*. Berücksichtigen wir jedoch den Inhalt der Doktrin des *Djihad*[14], der auf die Abschaffung des Krieges nach der Islamisierung der Welt abzielt, dann wird augenfällig, daß der Begriff »gerechter Krieg« tatsächlich nicht paßt. Die christliche Idee des »gerechten Krieges« bezieht sich auf die Charakterisierung einzelner, als »legitim« gedeuteter Kriege, während der islamische Begriff des *Djihad* eine Weltanschauung widerspiegelt.

Djihad ist nicht immer Qital/Krieg und soll niemals Aggression/'Idwan sein

Die klassische religiöse Doktrin des Islam betrachtet Krieg auf zwei Ebenen:
1. als *Qital*/Krieg, der ein Mittel ist, die Verbreitung des Islam durchzusetzen, wenn andere die Muslime daran hindern, in Übereinstimmung mit dem Koran zu handeln, und
2. als Dauerzustand zwischen Muslimen und »kriegerischen Ungläubigen«. Der Koran unterscheidet streng zwischen *Qital*/Kampf und *'Idwan*/Aggression. Er fordert die Muslime auf, nicht Aggressoren zu sein, und bewertet dementsprechend ihre militärischen Handlungen nicht als Aggression:

> »Und kämpft um Gottes willen gegen diejenigen, die gegen euch kämpfen! Aber begeht keine Übertretung (Aggression)! Gott liebt nicht die Aggressoren (oder die, die Übertretungen begehen)« (al-Baqara, 2/190).

In den folgenden Koran-Vers könnten wir wiederum das Konzept des

»gerechten/ungerechten Krieges« in dem bereits dargelegten Sinne hineinlesen:

> »Und tötet sie, wo immer ihr sie zu fassen bekommt, und vertreibt sie, von wo sie euch vertrieben haben, ... und kämpft (*Qital*) gegen sie, bis niemand (mehr) versucht, (Gläubige zum Abfall vom Islam) zu verführen, und bis nur noch Gott verehrt wird« (al-Baqara, 2/191–193).

Der Koran benutzt hier für den Ausdruck »kriegerischer Kampf« nicht »*Djihad*«, sondern »*Qital*«. Wie oben dargelegt, schreibt der Koran *Qital*, d. h. kriegerischen Kampf, zur Verbreitung des Islam vor: »Euch ist vorgeschrieben (gegen die Ungläubigen) *Qital* zu betreiben, obwohl es euch zuwider ist« (al-Baqara, 2/216). *Qital* gegen Ungläubige bedeutet demnach für die Muslime eine religiöse Verpflichtung, wie der Koran hervorhebt:

> »... um Gottes willen kämpfen ... Warum wollt ihr (denn) nicht um Gottes willen ... kämpfen? Diejenigen, die gläubig sind, kämpfen um Gottes willen, diejenigen, die ungläubig sind, um der Götzen willen« (al-Nisa, 4/74–76).

Diejenigen, die für Allah kämpfen, begehen *Djihad*, ihre Gegner dagegen sind Kriegstreiber. Nach dem eigenen Selbstverständnis ist der Islam also keine Religion des Schwertes, wie er im Westen wahrgenommen wird. Begrifflich hat sich der Islam dadurch so weit geschützt, daß er sich nicht als »Religion des Schwertes« versteht. Tatsächlich zeigt seine Verbreitung jedoch, daß er zum Kampf gegen die Ungläubigen aufruft.

Um es zusammenzufassen: Es trifft zu, daß *Djihad* auch Kriegführung einschließt, sich jedoch keineswegs auf diese Bedeutung beschränkt. *Djihad* heißt, sich um eines Zieles willen anzustrengen; dieser Begriff muß von dem des *Qital* abgegrenzt werden. Es ist also grundsätzlich falsch, die militärische Bedeutung des Wortes zu verabsolutieren und *Djihad* mit »Heiliger Krieg« zu übersetzen, wie dies in den westlichen Medien die Regel geworden ist. Eine solche Übersetzung ist weit entfernt vom Koran, ungeachtet der Tatsache, daß die muslimischen Fundamentalisten den Begriff *Djihad* verwenden, um Gewalt und Terrorismus religiös zu legitimieren. Wie schon weiter oben gezeigt, läßt der Koran keine individuelle Gewalt zu. Er benutzt den Begriff *Qital*/Kampf als Bezeichnung für Kriegführung gegen die Feinde des Islam, aber ausschließlich auf *kollektiver Ebene*. Keine Stelle im Koran erlaubt individuelle Gewalt, so daß Terrorismus niemals als *Djihad* zu rechtfertigen ist. Dennoch ist es in unserer Gegenwart Tatsache, daß die Fundamentalisten sogar Muslime individuell töten und sich anmaßen, dies *Djihad* zu nennen.[15] Auch im Früh-Islam haben Muslime andere Muslime getötet, doch sie haben dies nicht als *Djihad* bezeichnet. Wie wir in Kapitel 1 sahen, deuteten die Muslime jene innerislamische Gewalt seinerzeit als *Fitna*, nicht als *Djihad*. *Fitna* ist verwerflich, *Djihad* ist dagegen eine religiöse Pflicht. Fundamentalisten führen mit ihrem Terrorismus auch gegen Muslime eine Erscheinung in den Islam ein, die der klassische Islam verwarf.

Der in Mekka offenbarte Text des Koran war, wie schon erwähnt, im wesentlichen spirituellen Charakters, ohne jeglichen Bezug auf Krieg und Kampf. In der Mekka-Sure »*al-Kafirun*/Die Ungläubigen« fordert der Koran die Gläubigen der neuen Religion auf, ihren Widersachern den Glaubenssatz zu entgegnen: »Ihr habt eure Religion und ich die meine« (al-Kafirun, 109/6). In einer anderen, in Mekka offenbarten Sure werden die Gläubigen vom Koran lediglich dazu aufgefordert, den Ungläubigen nicht zu folgen. In jener Zeit war der Bezug auf *Djihad* gleichbedeutend mit einer *Waffe der Überzeugung und nicht gleichzusetzen mit dem Schwert*; der in Mekka offenbarte Teil des Koran erwähnt den Begriff *Qital*/Kampf nicht. Die Muslime von Mekka waren damals eine kleine Minderheit, die gar nicht in der Lage gewesen wäre, zu kämpfen:

> »Gehorche nun nicht den Ungläubigen, sondern setze ihnen damit (d. h. mit dem Koran) heftig zu« (al-Furqan, 25/22).

Aus diesem Koran-Vers geht eindeutig hervor, daß die Muslime *Djihad* zwar mit Argumenten, nicht aber als Kampf betreiben sollen. In Mekka war das Äußerste, zu dem der Koran die Gläubigen auffordern konnte: der Gebrauch von Argumenten. Islamische Reformer unserer Gegenwart wie Scheich Taha berufen sich daher vorwiegend auf mekkanische Suren. Der Sudanese Taha wurde aus diesem Grunde 1985 in Khartoum hingerichtet.[16]

In Medina entwickelte sich der Koran Schritt für Schritt dahingehend, Vorschriften zum *Djihad* im Sinne von *Qital*/militärischem Kampf zu liefern. Der Prophet Mohammed war in Medina nicht nur ein Staatsmann, sondern auch ein Feldherr, der den *Djihad* zur Verbreitung des Islam führte.[17] Der Koran schützt jedoch auch beim *Djihad* das Leben als von Gott gegeben und verbietet – wie ausgeführt – das individuelle Töten, obwohl es von dieser Regel auch eine Ausnahme gibt:

> »Und ihr sollt ... niemand töten, den (zu töten) Gott verboten hat, außer, wenn ihr dazu berechtigt seid« (al-An'am, 6/151).

Der zitierte Koran-Vers – wenngleich nicht pazifistisch – ist Ausdruck eines ethischen Standards und seiner Beachtung auch während des *Qital*/Krieges. Im islamischen Recht/*Schari'a* (vgl. Kap. 5) jedoch finden wir die Norm »*al-Darura tubih al-mahzurat*/die Notwendigkeit hebt die Verbote auf«. Das bedeutet, daß in Notfällen Regeln übertreten werden können, was aber dennoch nicht gleichzusetzen ist mit Regellosigkeit. Es existieren Beschränkungen, aber diese sind, ebenso wie die Kriterien für die Definition eines Notfalls, sehr vage.

Moralische Regeln beim Djihad

Wenn der *Djihad* zum *Qital*, d. h. Krieg wird, stellt der Islam moralische Regeln für die Kriegführung auf. Wir können zwischen drei verschiedenen Kategorien unterscheiden:

1) Beschränkungen im Hinblick auf die Art der Waffen,
2) die Methoden der Kriegführung sowie
3) Beschränkungen, die sich auf die erlaubten Ziele beziehen.

Im Islam stoßen wir auf eine Sittlichkeit, die auf das vorindustrielle Zeitalter des Krieges bezogen ist, als die Vernichtungsmittel der industriellen Kriegführung technisch noch nicht verfügbar waren. Es herrscht das Zeitalter der Werkzeuge vor, nicht das der Maschinen.[18] Der Kern der Koran-Doktrin über die Kriegführung ist im Islam in höchstem Maße durch die strenge vorislamische Moral der Stammesehre geprägt. In dieser arabischen Tradition stehend, fordert der Koran die Gläubigen auf, ihre Versprechungen gegen Gott wie auch untereinander ehrenhaft zu halten, drängt zur Wertschätzung von Vereinbarungen und verspricht das Paradies für deren Erfüllung:

> »Und erfüllt die Verpflichtung gegen Gott, wenn ihr eine eingegangen seid, und brecht nicht die Eide, nachdem ihr sie (in aller Form) bekräftigt habt« (al-Nahl, 16/91).
> »Diejenigen, die die Verpflichtung (die sie) gegen Gott (eingegangen sind) erfüllen und die Abmachung (die sie getroffen haben) nicht brechen ... werden die jenseitige Wohnstätte erhalten ... die Gärten von Eden« (al-Ra'd, 13/20–23).

Aus dieser Perspektive des traditionellen Begriffs der Ehre verbietet die koranische Doktrin den unangekündigten Angriff, den moderne Kriegstheorien als »Blitzkrieg« definieren. Der Koran schreibt vor, daß der Feind vor dem Ausbruch von Feindseligkeiten darüber in Kenntnis gesetzt werden muß, damit es zum vorbereiteten Duell kommen kann. Das erklärte Kriegsziel beschränkt sich darauf, den Feind dazu zu zwingen, sich dem Islam zu unterwerfen, sieht aber nicht vor, ihn zu vernichten oder sein Haus zu plündern. Vernichtungskriege sind dem Islam somit fremd. Das Verbot der Plünderung und Zerstörung steht, was die islamischen Moralvorstellungen vom Krieg betrifft, an höchster Stelle.

In bezug auf die erlaubten Kriegsziele steht die Koran-Doktrin in Übereinstimmung mit dem vorislamischen stammesmäßigen Gebot der *Muru'a*/Mannesehre und dessen striktem Verbot, Schwächere, wie Kinder, Frauen oder alte Menschen, anzugreifen. Ein ehrenhafter Mann demonstriert seine Stärke nur gegenüber gleichstarken Männern. Ebenfalls in Übereinstimmung mit der vorislamischen Tradition steht die Vorschrift, Gefangene human und fair zu behandeln (al-Insan, 76/8–9). Im Islam leben somit positive vorislamische tribale Glaubensnormen fort, für die Maxime Rodinson einst den Begriff »beduinischer Humanismus« prägte. Dieser Humanismus der Beduinen, den der Islam übernommen hat, verachtet Männer, die den Schwächeren gegenüber durch ihre Gewalt Macht und Stärke demonstrieren. Im Gegensatz zur christlich-orthodoxen Kirche, die die serbischen Kriegsverbrecher und Frauenschänder in Bosnien mit religiösen Orden ausgezeichnet hat[19], hat es in der islamischen Zivilisationsgeschichte niemals etwas Derartiges gegeben. Man erinnere sich an den humanen Umgang des islamischen Feldherrn Saladin[20] mit den Kreuzzüglern, die sich als Barbaren im islamischen Orient aufführten. Der islamische Feldherr Saladin war ein Humanist im Vergleich zu den Kreuzzüglern und zu den Kriegsverbrechern der serbischen Tschetniks. Gewiß: Diesen islamischen Humanismus finden wir heute bei den Mörderbanden islamischer Fundamentalisten nicht mehr.

Zusammenfassend läßt sich festhalten, daß das allumfassende Konzept von *Djihad* als Ausdruck der Anstrengung auf allen Ebenen auch *Qital*/Kampf im Sinne von Kriegführung zur Verbreitung des Islam, jedoch mit einem höchst restriktiven Ehrenkodex, mit einschließt. Ein in diesem Sinne verstandener Krieg wird nicht in den Kategorien von »gerecht« und »ungerecht« diskutiert; er wird ganz einfach als *Furqan*[21], d. h. gemäß der normativen – und natürlich im Krieg materiellen – Zweiteilung der Welt in das Haus des Islam und das Territorium der Ungläubigen, betrachtet.

Obwohl der Islam den Gläubigen vorschreibt zu kämpfen, wenn es notwendig ist, verherrlicht er weder Krieg noch Gewalt. Bei der Gewaltanwendung zur Verbreitung des Islam erlegt die religiöse Doktrin die soeben erläuterten strengen moralischen Beschränkungen auf, die die Muslime in ihrer Geschichte allerdings leider nicht immer beachtet haben. Die Imame moderner islamischer Fundamentalisten, z. B. der Imam der Muslimbruderschaft Hasan al-Banna, predigen die Idee von *Djundiyya*/Soldatentum als Ausdruck eines wahren Islam. Im Werk dieses Fundamentalisten-Imam wird Terrorismus mit *Djihad* gleichgesetzt.[22]

Der *Djihad* der Islamisten in Algerien und Ägypten bietet Beispiele aus unserer Gegenwart für die militante Deutung des *Djihad*-Begriffs. Diese steht im Widerspruch zur religiösen Doktrin. Denn in der klassischen Geschichte des sunnitischen Islam ist ein Imam nur ein Herrscher, der über politische Autorität und Legitimität verfügt. Ein Untergrund-Terrorist kann daher von der Definition her kein Imam sein. Auch der *Schi'a*-Islam, der den Imam-Begriff von der Politik trennt, läßt diese Imam-Deutung nicht zu. Schi'itische Imame wirken im Untergrund, als Heilige, nicht als Terroristen wie die sunnitischen Imam-Fundamentalisten[23] unserer Gegenwart.

Kapitel 3
Die politischen Grundkonzepte im Übergang vom Früh-Islam zum Mittelalter: Zwischen Religio-Jurisprudenz (Fiqh) und hellenisierter Philosophie (Falsafa)

Der Koran als primäre Quelle politischen Denkens

Die Geschichte der islamischen Offenbarung wird im Jahre 610 n. Chr. eingeleitet. Doch erst mit der *Hidjra* des Propheten im Jahr 622 n. Chr. und der Gründung einer neuen politischen Ordnung beginnen die Muslime ihre Zeitrechnung. Die Datierung des ersten islamischen Jahres auf 622 n. Chr. und nicht auf 610 n. Chr. macht deutlich, daß die islamische Religionsstiftung erst beginnt, als sie sich als islamische Ordnung manifestiert. Somit ist es Bestandteil des Islam, politische Fragen – als Fragen, die die Ordnung des Gemeinwesens betreffen – zu stellen und zu beantworten. Die Basis hierfür ist stets der Text des Koran. Wenn jedoch europäische Leser ihr Verständnis vom politischen Denken als einer politischen Philosophie über Staat und Gemeinwesen auf den Islam übertragen, dann legen sie hierbei falsche Maßstäbe an. Sie werden enttäuscht bemerken, daß ich ihnen bei der Beschäftigung mit dem islamischen politischen Denken über den »wahren Imam« keine politisch-philosophischen Entwürfe vorstelle. Denn dieses politische Denken ist zugleich schriftgläubig und interpretativ, also nicht eigenständig. Aus den ersten zwei Jahrhunderten der islamischen Geschichte existieren – trotz der blutigen Kämpfe um die Bestimmung des Imam – keine politisch-philosophischen Schriften. Wie den vorangegangenen beiden Kapiteln zu entnehmen ist, drehte sich das politische Denken im Früh-Islam darum, wie die islamische *Umma* gegen die Stämme zu stabilisieren sei, wer dem Propheten Mohammed als Imam folgen solle (die Frage des Kalifats) und schließlich, wie der islamische Herrschaftsbereich durch den *Djihad* erweitert werden solle. Das sind eher pragmatische machtpolitische Fragen, die jedoch stets im Rückgriff auf den Glauben beantwortet wurden. Die Koran-Exegese ist der Weg zum politischen Denken.

Der erste Philosoph im Islam, al-Kindi (800–870), war ein neuplatonischer Aristoteliker und kein politischer Philosoph.[1] Politische Philosophie wächst im Islam erst mit der Hellenisierung, d. h. mit der islamischen Rezeption von Plato und Aristoteles im Verlaufe der ersten Hälfte des neunten Jahrhunderts.[2] Politische Ideen im Islam können somit – wie es schon Ibn Khaldun sah (vgl. Motto auf S. 125) – zwei voneinander getrennten Traditionen, einer religiösen und einer rationalen, zugeordnet werden; ihr Verhältnis zueinander ist durch Spannung und in der Sache durch Feindschaft und gegenseitige Ablehnung im politischen Leben charakterisiert. Die Intoleranz kam aus dem Kreis der religiösen *Fiqh*-Juristen, die die islamischen Rationalisten mittels des *Kufr* (Unglauben)-Verdachts inkriminierten. Im Gegensatz zu den europäischen Aufklärern haben islamische Philosophen es im großen und ganzen vermieden, die *Fiqh*-Orthodoxie anzugreifen. Die aufklärerischen Ansätze des islamischen Rationalismus enthalten deshalb *keine* offensive Religionskritik.

Die Spannung zwischen der im Rahmen der Hellenisierung des Islam entstandenen islamischen Philosophie (*Falsafa*) und der auf dem religiösen Dogma (*'Aqida*) basierenden religio-politischen Jurisprudenz (*Fiqh*) werde ich in diesem Kapitel im Rahmen einer Diskussion der politischen Basisdoktrinen im Islam erläutern. Dies wird das Verständnis des Streites zwischen islamischen Rationalisten und Vertretern der *Schari'a* im Mittelalter erleichtern. In den drei Kapiteln des zweiten Teils werden die wichtigsten Vertreter beider Richtungen vorgestellt werden. Mawardi und Ibn Taimiyya, die im Mittelpunkt von Kapitel 5 stehen, gelten als einflußreichste Repräsentanten der *Fiqh* im mittelalterlichen Islam; ihre politischen Ideen werden exemplarisch für diese religio-politische Tradition diskutiert. Neben Avicenna und Averroës sind Farabi (vgl. Kap. 4) und Ibn Khaldun (Kap. 6) die bedeutendsten Rationalisten in der politischen Philosophie der islamischen Zivilisation.

Ausgangspunkt des politischen Denkens im Islam ist, daß diese Religion im Gegensatz zum Christentum weder in ihrem religiösen Dogma noch in ihrer politischen Geschichte die Trennung zwischen Weltlichem und Spirituellem kennt. Diese Entsprechung des Sakralen und des Politischen charakterisiert den Islam in der Vergangenheit wie in der Gegenwart. Wie im historischen ersten Kapitel gezeigt worden ist, markiert die islamische Religionsstiftung zugleich den Beginn einer neuen politischen Epoche in Arabien, von wo aus sich die neue Mission ausbreitete. Der französische Soziologe und Islamwissenschaftler Maxime Rodinson charakterisiert dieses Faktum in folgendem Bild: »Mohammed war beides, er verband in einem einzigen Wesen Jesus und Karl den Großen.«[3] Mohammed sei nicht nur »der Mann der Religion« gewesen. Nach seiner Auswanderung von Mekka nach Medina und der parallelen Gründung der ersten islamischen Ordnung, des Stadtstaates von Medina im Jahre 622 (*Hidjra*, Beginn der islamischen Zeitrechnung), erwies sich der Religionsstifter nach dem Urteil von Rodinson »zudem als scharfsinniger, geschickter und geduldiger Politiker ... Desgleichen hat er sich als guter Kriegführer erwiesen« (ebd., S. 207 f.). Entsprechend ist das heilige Buch der Muslime, der Koran, nicht nur eine spirituelle Schrift. Angesichts des Umstands, daß die islamische Religionsstiftung die Etablierung eines politischen Gemeinwesens, der *Umma*, einschloß,

> »wurde der Koran zu einer Art Zeitung: sie erließ die Tagesbefehle an die Truppen, sie fällte die Entscheidungen über Fragen der inneren Ordnung, sie erklärte die glücklichen und unglücklichen Wechselfälle des Kampfes« (ebd., S. 209).

So wurde der Koran für Muslime zugleich eine politische Schrift und ein Gesetzbuch. Im Rahmen unserer Untersuchung müssen wir uns damit beschäftigen, welche politischen Inhalte im Verlaufe der historischen Entwicklung in den Koran hineingedeutet worden sind. Im *Djihad*-Kapitel habe ich bereits den historischen, d. h. zeitabhängigen Charakter des Koran betont, welcher von Muslimen bestritten wird. Jede Lesart des Koran aber, die dessen historischen Charakter verleugnet, endet in Absolutismus. Und tatsächlich erhebt jede Richtung im Islam für ihre Koran-Deutung den Anspruch des Absoluten.

Seit der islamischen Religionsstiftung und seit der Gründung der mit ihr verbundenen *Pax Islamica* im 7. Jahrhundert war politisches Denken im Islam ein innerer Bestandteil der religiösen Doktrin. Noch während der Gründungsphase der vier rechtgeleiteten Kalifen (632 bis 661) werden im Rahmen der *Großen Fitna* (656–661) die Wurzeln für das islamische religio-politische Schisma gelegt, aus dem die Spaltung des Islam in *Sunna* und *Schi'a* resultiert.[4] Sunnitisches und schi'itisches politisches Denken sind zwei unterschiedliche Traditionen religio-politischen Denkens im Islam. Bei den Sunniten entfalten sich die politischen Ordnungsvorstellungen über das Kalifat[5], auf denen die sunnitische Tradition basiert. Dagegen ist das Imamat[6] die entgegengesetzte schi'itische Tradition der Politik. Ich gehe hierauf in diesem Kapitel noch näher ein (S. 114 ff.) Eine Domäne des Politischen außerhalb der auf den koranischen Lehren basierenden Religion hat sich im Islam nicht etabliert. So unterschiedlich politisches Denken in der islamischen Geschichte auch war, bis auf die Philosophie des islamischen Rationalismus ist es immer religio-politisch gewesen. Religiös ist dieses Denken durch seinen Bezug auf den Koran, politisch ist es, insofern der Koran politisch interpretiert wird – zirkuläres Denken ist damit vorgegeben.

Die Tradition der politischen Vernunftsphilosophie blieb im Islam schwach entwickelt und wurde nicht institutionalisiert. Der einst in Oxford lehrende iranische Politikwissenschaftler Hamid Enayat macht uns aufmerksam auf einen

> »methodologischen Grund für das Fehlen einer selbständigen Tradition politischen Denkens in der islamischen Geschichte. Denn Muslime haben sich nur selten mit Politik beschäftigt, ohne sie in die entsprechenden religiösen Disziplinen einzuordnen. Fragestellungen, die z. B. das Wesen des Staates,

die Vielfalt der Regierungsformen, die Fähigkeit des Herrschers bzw. die Legitimation seiner Macht und auch die Rechte der Beherrschten betreffen, waren stets Bestandteil der in den umfassenden Abhandlungen der Religio-Jurisprudenz und Theologie erörterten Probleme. Das erfolgte stets im Rahmen der unangreifbaren Mauern des islamischen Rechts, der *Schari'a*«[7].

Erst die Hellenisierung[8] im Mittelalter führte zu den wenigen Ausnahmen islamischer politischer Philosophen, die uns im zweiten Teil (vgl. Kap. 4) dieses Buches beschäftigen werden. Die Politik im Islam ist ein Teil der Religion, ist somit keine selbständige Domäne des Denkens und Handelns.

Der syrische Staatsrechtler Adib Nassur hat im Jahre 1955 in seiner Abhandlung über »Das Regierungsproblem im Lichte der arabischen Geschichte« die schwache Entwicklung des politischen Denkens im Islam als eine Quelle jener Schwierigkeiten angegeben, die die Muslime seinerzeit beim Aufbau neuer säkularer Regierungssysteme nach der Entkolonialisierung hatten; sie konnten nicht auf eine entwickelte Tradition zurückgreifen.

»Ohne Mawardi bzw. Farabis *Musterstaat* und andere wenige Ausnahmen wäre politische Philosophie im Islam so gut wie nicht vorhanden. Ibn Khalduns *Prolegomena* (*Muqaddimah*) scheinen als das einzige politische Werk von gleichbleibender Bedeutung für uns erhalten geblieben zu sein.«[9]

Im Früh-Islam verfügten die religio-politische Doktrin des Islam und die aus ihr hervorgegangenen Konzepte des sunnitischen Kalifats, des schi'itischen Imamats und jene der Sekten (wie z. B. der *Kharidjiten*[10]) noch nicht über ein Rechtssystem. Der für alle Muslime verbindliche Rahmen der *Schari'a* sowie die Hauptrichtungen der *Fiqh*-Schulen (Religio-Jurisprudenz) und *Kalam* (Theologie) sind erst im frühen mittelalterlichen Islam, lange nach dem Tod des Propheten und dem Abschluß der islamischen Offenbarung, entwickelt worden.

Die Alternative, mit der Muslime bei der Suche nach dem wahren Imam konfrontiert wurden, hieß: Findet man die Antwort im Text der koranischen Offenbarung, oder kann die Vernunft den Menschen den Weg zeigen? Die islamische rationalistische Philosophie entschied sich für die Vernunft, die islamische *Fiqh*-Orthodoxie für die Koran-Exegese. Der islamische Rationalismus hat Bedeutendes geleistet, konnte aber in der islamischen Geschichte keine großen Spuren hinterlassen.[11] In Europa jedoch, wohin über das arabische Spanien die großen Werke der islamischen Philosophie gelangten, wurde den arabischen Philosophen eine breite Rezeption zuteil, ohne die die europäische Renaissance kaum denkbar wäre.[12] Im intellektuellen Bereich waren die großen arabischen Philosophen, wie Maxime Rodinson schreibt,

> »ein Element der Neuerung gewesen ... Jahrhundertelang wurden nun in der Philosophie Avicenna, Averroës und Algazel, in der Medizin Avicenna, Haly ('Alib. 'Abbas) und Rhazes ... und in anderen Wissenschaften andere Autoren abgeschrieben, gedruckt und kommentiert ... Die Araber waren neben den Griechen zu Klassikern geworden«.[13]

In Roger Bacons Skizze der Geschichte der Philosophie heißt es:

> »Daraufhin wurde die Philosophie vor allem von Aristoteles in griechischer, dann in der Hauptsache von Avicenna in arabischer Sprache erneuert« (zit. nach ebd., S. 33).

Der große islamische Philosoph Averroës wurde in seinem eigenen Kulturkreis verpönt, ja inkriminiert, im Abendland jedoch findet er als Übermittler der griechischen Philosophie bis heute Anerkennung. Der lateinische Avicennismus und der Averroëismus sind die europäischen Spuren der Wirkung dieser Philosophie. Der Kairoer Philosoph Mourad Wahba nennt diesen Tatbestand »Das Paradoxon von Averroës«.[14]

Für einige eurozentrische Geistesgeschichtler gelten islamische hellenisierte Philosophen des Orients (al-Kindi, al-Razi, al-Farabi und Avicenna/Ibn Sina u. a.) und des arabischen Westens, d. h. Spaniens

(Ibn Badja/Avempace, Ibn Tufayl/Abubacer und Averroës/Ibn Ruschd) lediglich als Übersetzer und Kommentatoren von Aristoteles und Plato. Sie sprechen ihnen in einer quasi-antisemitischen Manier Originalität ab. Gegen solche Autoren und auch gegen »reaktionäre Arabisten« wie etwa M. Horten, der diese arabischen Philosophen »als Aufklärer herabsetzen will« (Bloch), hat Ernst Bloch in seiner kleinen, aber bahnbrechenden Studie *Avicenna und die Aristotelische Linke* die große Leistung der islamischen Philosophie auf der Basis einer intimen Kenntnis verteidigt und gewürdigt. Den schon angesprochenen Tatbestand, daß politisches Denken im Islam in zwei Traditionen, die der *Falsafa* (Philosophie) und der religiösen Doktrin – sei sie in ihrer Form Religio-Jurisprudenz (*Fiqh*) oder Theologie (*Kalam*) –, getrennt war, erklärt Bloch mit der »Eigenschaft« der bedeutenden islamischen Philosophen,

> »Arzt, nicht Mönch, Naturalist, nicht Theologe zu sein. Im mittelalterlichen Europa waren Philosophen mit naturwissenschaftlichen Neigungen so selten wie anomal ... bei den arabischen Scholastikern steht es umgekehrt. Die Naturwissenschaft, nicht die Theologie überwiegt in ihnen auch dann, wenn sie Suren des Korans interpretieren«.[15]

Für mittelalterliche islamische Religio-Juristen (*Fuqaha'*, Pl. von Faqih) war die Philosophie (*Falsafa*) gleichsam identisch mit Häresie (*Kufr*). Obwohl islamische Rationalisten keine Religionskritik betrieben haben, waren sie doch in ihrer esoterischen Schreibart, wie beispielsweise »Avicenna und Averroës [,] gegen die Mufti-Welt des Islam« (Bloch), die nicht gerade rationalistisch ist, gerichtet. Aus diesem Grunde war es – in den Worten von Ernst Bloch –

> »kein Wunder auch hier, daß die islamische Orthodoxie Avicenna wie Averroës verfluchte und beide so in effigie, nämlich in ihren Werken, verbrannt hat, wie die christliche Inquisition den Giordano Bruno nachher leibhaftig verbrannte« (ebd., S. 45).

Nach dieser dem Vorverständnis dienenden Skizze möchte ich problemgeschichtlich die politischen Grundkonzepte im Islam untersuchen; sie bilden den Hintergrund aller Traditionen des politischen Denkens in der islamischen Zivilisation bis auf den heutigen Tag. Die unterschiedlichen islamischen Antworten auf die Frage, wer der »wahre Imam« sei, gehen stets von diesen Grundkonzepten aus.

Allahu Akbar/Allah ist der Größte. Der islamische theozentrische Begriff des Politischen

Unter allen drei Monotheismen[16] ragt der Islam als der absolute Theozentrismus hervor. Allah steht im Zentrum der Welt und ihrer Geschehnisse. Der Islam ist ein organisches Religionssystem, das keine für sich unabhängige kirchliche Organisation des Religiösen zuläßt, zumal er keine Unterscheidung zwischen dem *dini* (dem Religiösen) und dem *dinyawi* (dem Weltlichen) kennt.

Ins Politische übersetzt bedeutet der islamische Theozentrismus, daß Allah der Herrscher der Welt sei. Der Imam ist derjenige, der im Gemeinwesen den Willen Allahs vollstreckt, der im Koran schriftlich fixiert ist. Wenn man den Koran auf der Suche nach systematischen politischen Inhalten aufmerksam liest, wird man keine politischen Konzepte im engen Sinne vorfinden. Vor allem der Begriff vom Staat oder gar eine Beschreibung der idealen Regierungsform, die im Einklang mit der göttlichen Offenbarung stünde, gehören nicht zu den zentralen Themen des Koran.[17] Selbst der zu Lebzeiten mit seinem Konzept von *Hakimiyyat Allah*/Gottesherrschaft über sein Land hinaus einflußreiche pakistanische Fundamentalist Maududi (1903–1979) räumt ein:

> »Der Koran vermittelt keine dicht und genau beschriebenen Regeln darüber, wie zu regieren ist. Er enthält nur breit angelegte Prinzipien und läßt das Problem ihrer praktischen Anwendung offen.«[18]

Das politische Konzept, das der Koran vermittelt, liegt nicht in den Einzelheiten, sondern – wie gesagt – in der politischen Übersetzung der theozentrischen Auffassung vom Universum begründet. Diese Auffassung bildet die zentrale Quelle der islamischen Weltanschauung. Die politischen Implikationen des islamischen Theozentrismus (Allah als Zentrum der Welt) werden von Maududi folgendermaßen ausformuliert:

> »Allah ist der Schöpfer des gesamten Universums ... Allah ist deshalb der einzige Herr, der einzige Herrscher, Richtungsgestalter und auch der einzige Administrator seiner Schöpfung ... Alle Attribute und die Macht der Souveränität sind einzig göttliches Hoheitsrecht ... Allah ist die oberste Autorität; alles ist Ihm freiwillig oder unfreiwillig untergeordnet und Ihm alleine gehören alle Machtbefugnisse« (ebd., S. 191).

Nach dem islamischen Dogma bringen die verschiedenen göttlichen, an die Propheten vermittelten Offenbarungen (so das Judentum an Moses und das Christentum an Jesus) den Willen Gottes zum Ausdruck. Die islamische Offenbarung an den Propheten Mohammed sei jedoch die letzte und zugleich abschließende Offenbarung. Mohammed sei laut Koran *Rasul Allah wa Khatem an-nabiyin* (Koran, 33/40), d.h. der Apostel Allahs und das Siegel, also zugleich der Abschluß aller Prophetien.[19] Die Offenbarung an den Propheten Mohammed beruht demnach auf einer verbalen Inspiration, d. h. im Koran spricht Allah selbst und definitiv seinen für alle Zeiten sowie für alle Orte und alle Menschen gültigen Willen aus. Deshalb ist der Koran-Text weder veränderbar, noch darf er einer kritischen Reflexion unterzogen werden. Doch darf der Koran unterschiedlich ausgelegt werden.

»Islam« bedeutet »Hingebung«. Die Gläubigen haben sich demnach dem im Koran offenbarten göttlichen Willen unterzuordnen. Welche politischen Formen nimmt diese theozentrische Weltsicht an? Und besteht nach diesem Dogma ein menschlicher Handlungsspielraum zur Gestaltung des Politischen?

Das Studium des Koran-Textes untermauert die Aussage, daß nach dem islamischen Verständnis der Mensch in dem von Allah dominierten Universum keinen eigenen Handlungsspielraum hat. Das gilt selbst für den Imam, der ja auch ein Mensch ist. Allah sei der Schöpfer/*Khaliq* und der Mensch nur ein *Makhluq*/Geschöpf, das sich den göttlichen, im Koran offenbarten Bestimmungen zu fügen habe.[20] Der Religionswissenschaftler Johan Bouman hat die koranische religiöse Anthropologie rekonstruiert und dabei hervorgehoben, daß hiernach

> »der Abstand zwischen Allah und den Menschen so unüberbrückbar ist, daß es dem Menschen von seiner Natur aus unmöglich ist, aus eigener Initiative die Relation mit Allah herzustellen. Allah ... hat sich in den Zeichen der Schöpfung, der Prophetengeschichte und der koranischen Offenbarung den Menschen bekannt gemacht«.[21]

Deshalb versteht es sich von selbst, wie Bouman fortführt,

> »daß die Relation zwischen Allah und den Menschen nur auf souveräne, eigenmächtige Initiative Allahs zustande kommen kann. Allah verfügt selbstherrlich über das Entstehen, den Werdegang und das letzte Schicksal eines jeden Menschen« (ebd., S. 183).

Berücksichtigt man, daß der Imam auch ein Mensch ist, dessen Schicksal in Allahs Händen liegt, wird deutlich, daß der Imam im Islam kein Souverän ist. Über Souveränität kann nur Allah verfügen (vgl. Kap. 12).

Schari'a, Staat und Politik

Allah hat seinen Willen den Menschen gegenüber durch die Offenbarung, also durch den Koran verkündet; die Menschen haben sich danach zu richten. Der Koran ist deshalb auch ein Rechtsbuch. Nach dem Verständnis der Orthodoxie drückt sich Allahs Wille als *Schari'a/lex divina* im islamischen Recht aus. Obwohl diese Auffassung allgemein unter Muslimen verbreitet ist, kommt der Begriff *Schari'a* bzw. Ableitungen davon im Koran nur dreimal vor.[22] Dennoch verstehen die Muslime ihr heiliges Buch als ein Rechtsbuch. Der beste Kenner des islamischen Rechts, Joseph Schacht, schreibt in seinem international führenden Werk über die *Schari'a*: »Es ist nicht möglich, den Islam ohne das islamische Recht zu verstehen.«[23] Muslime verstehen unter Recht jedoch etwas anderes als Europäer (vgl. Anm. 22).

Der zentrale islamische politische Begriff ist die *Umma*, die Gemeinschaft der Gläubigen; der Islam hat keinen spezifischen Staatsbegriff, zumal der Staat nur ein Instrument zur Anwendung der *Schari'a*, des Gesetzes Allahs, ist. Die Unterwerfung unter dieses Sakralrecht ist das zentrale Konstitutionselement der *Umma*. Die Annahme des Islam ist identisch mit dieser Unterwerfung, und alleine durch diese Hingabe (*Aslama*) gehört der Mensch zur *Umma*. Die Existenz des islamischen Rechts geht dem Staat voraus, und das islamische Gemeinwesen kennt keine Grenzen; die *Umma* läßt sich nicht in territoriale Grenzen fassen. Denn der Islam unterteilt die Welt – wie bereits ausgeführt – in zwei Sphären, die des *Dar al-Islam* (Haus des Islam, d. h. des Friedens) und die des *Dar al-Harb* (Haus des Krieges), d. h. jene Sphäre, die außerhalb der islamischen Territorialität liegt. Diese Zweiteilung bringt die politisch-religiöse Geographie des Islam zum Ausdruck.

Die Muslime sind durch die entsprechende, in der *Schari'a* verankerte Vorschrift dazu verpflichtet, den Islam mittels *Djihad* zu verbreiten. Wie wir im vorangegangenen Kapitel gesehen haben, besteht das Ziel darin, *Dar al-Harb*/das Haus des Krieges zu erobern und zu islamisieren. Das Ziel der politischen Entwicklung ist nach dem islamischen Dogma die Vereinigung der gesamten Menschheit unter dem Banner des Islam, so daß der Begriff *Umma* mit dem der Menschheit zusammenfällt. Das ist zugleich die islamische Utopie und das islamische Grundmuster zur Wahrnehmung der Realität.[24]

Die Legitimation des islamischen Propheten wird nicht aus einer Art von Sakralität abgeleitet; denn der Gesandte Allahs und erste islamische Staatsmann, Mohammed, war nach islamischem Verständnis ein Mensch wie wir alle; er war also nicht heilig. Als Empfänger göttlicher Offenbarung, des Koran, hat er diese Offenbarung wortgetreu weitergegeben. Weil Allah ihn mit *Hikma* (Weisheit) ausgestattet habe, sei er jedoch der geeignetste Mensch gewesen, um den offenbarten Willen Allahs adäquat zu deuten.[25] Daher gelten im Islam die überlieferten Worte und die Taten des Propheten (*Hadith*) neben dem Koran als die zweite Rechtsquelle. Der *Hadith* hat aber keinen Wert für sich, insofern diese Überlieferung nur eine Form der Koran-Deutung ist. Ebensowenig wie der Prophet ist der »wahre Imam« »heilig«; er ist nur Vollstrecker des göttlichen Willens.

Der zentrale politische Vers im Koran lautet: »Gehorcht Allah und dem Gesandten und denen unter Euch, die zu befehlen haben« (Sure 4/Vers 59). Mohammed selbst hat beides, die spirituelle und die weltliche Funktion, in seiner Person vereinigt. Auch seine Nachfolger vereinten die Funktion des *Imam*, d. h. des religiösen Führers, mit der des politischen Oberhaupts, d. h. *Amir al-Mu'minin* (Oberhaupt der Gläubigen). Nach dem klassischen Dogma wird dabei nicht der Person des Regenten, sondern Allah durch die Befolgung seiner *Schari'a* gehorcht. Herrscher kann ausschließlich Allah sein, Mohammed und seine Nachfolger sind keine Herrscher für sich. Nur in ihrer Eigenschaft, Vollstrecker des göttlichen Willens zu sein, müssen die sunnitischen Imame den Gehorsam der Gläubigen fordern.[26]

Der Islam kennt kein Widerstandsrecht. Die Bestimmung, daß die Gläubigen nur dem »wahren Imam« zu gehorchen haben, verführt dazu, hierin eine Widerstandsidee zu sehen. Doch bereits in der Formierungsphase des islamischen Rechtssystems wurde diese Deutung mit dem Argument zurückgewiesen, daß nur Allah wisse, ob ein Kalif ungerecht oder gerecht (*al-Imam al-'Adil*) sei. Entsprechend könne nur Allah einen »ungerechten Imam« bestrafen. Deshalb haben die Gläubigen der *Umma* auch einem von der *Schari'a* abweichenden Kalifen zu gehorchen. Die islamischen Religio-Juristen (die *Fuqaha'*) des Mittelalters, wie Ibn Taimiyya (vgl. Kap. 5), setzten Ungehorsam der Anarchie gleich, und diese sei der Zustand des Unglaubens. Die Tatsache, daß der Islam ein Widerstandsrecht gegen einen ungerechten Herrscher nicht zuläßt, liegt in der frühislamischen Geschichte begründet, in der ein solcher Widerstand zur ersten und zweiten *Fitna* (vgl. Kap. 1) geführt hat. Nur in den schi'itischen Islam-Sekten wird ein Widerstandsrecht formell zugelassen, weil traditionellen Schi'iten jede Herrschaft während der Abwesenheit des »verborgenen Imam« als Illegitimität gilt (vgl. S. 114).

Die Herrschaft des Imam verwirklicht sich bei den Sunniten im Kalifat. Die sunnitische Lehre des Kalifats, die nach dem Tode des Propheten, d. h. während der Periode der vier rechtgeleiteten Kalifen (*al-Raschidun*, 632–661), entwickelt wurde, basiert auf den politischen Prinzipien der *Ikhtiyar* (Auswahl), der *Bay'a* (Gelübde der Ergebenheit bzw. Treueschwur als Bestätigung des Machtinhabers) und der *Schura* (Beratung). Im einzelnen heißt das, daß *Ahl-al-Ikhtiyar*, die Notabeln des Stammes des Propheten, Quraisch, den Nachfolger nach den Kriterien der Frömmigkeit und Fähigkeit zur religiös-politischen Führung auszuwählen hatten. Die ausgewählte Person mußte als *Kalif* (Nachfolger, arab. *Khalifa*) durch die *Bay'a* bestätigt werden. *Bay'a* wird von einigen islamischen Autoren modern als Gesellschaftsvertrag zwischen dem Kalifen und der *Umma* zur Befolgung der *Schari'a* gedeutet.[27] Aber faktisch war die *Bay'a* nichts anderes als eine Akklamation und das Gelübde der Ergebenheit.

Die *Bay'a* kann schon deshalb kein Gesellschaftsvertrag/*Contrat Social* sein, weil sie weder gekündigt noch einem von *Ahl al-Ikhtiyar* auserkorenen Kalifen verweigert werden kann. Die *Bay'a* ist angemessen als Treueschwur zu deuten; sie wurde während der *Raschidun*-Periode (632–661) dem Nachfolger Mohammeds, Abu Bakr, dann dem Kalifen Umar als *Amir al-Mu'minin* (Oberhaupt der Gläubigen) und schließlich Uthman geleistet. Als der Statthalter von Syrien, Mu'awiyya, dem vierten Kalifen Ali die *Bay'a* verweigerte, hat dies den ersten bewaffneten innerislamischen Konflikt, die *Große Fitna* von 656, um weitere fünf Jahre verlängert (vgl. Kap. 1). Die Schlußfolgerung aus dieser Erfahrung in der Doktrin war: Lieber *Bay'a*, d. h. Unterwerfung unter einen Imam, als *Fitna*, d. h. Aufruhr.

Erst mit der gewaltsamen Eroberung des Kalifats durch die Umaiyyaden im Jahre 661 n.Chr. und parallel zu der faktischen Aufgabe des Prinzips der *Ikhtiyar* (Auswahl) durch die Einführung des Prinzips der dynastischen Monarchie beginnen sich die Herrscher anmaßend als *Khalifat Allah* (Nachfolger Allahs auf Erden) zu bezeichnen und damit sakrale Züge für sich zu beanspruchen. Dies zielte darauf ab, politische Opposition unmöglich zu machen, da diese dann als eine gegen Allah gerichtete Handlung erscheinen würde. Die Umaiyyaden behielten jedoch das Prinzip der *Bay'a* (Treueschwur) formell bei.

Alle bisher erläuterten islamischen politischen Grundbegriffe sind sunnitischen Ursprungs. Für die Schi'iten gelten andere Prinzipien. Parallel zur Ermordung des vierten Kalifen Ali im Jahre 661 kam es am Ende der *Großen Fitna* zum islamischen Schisma zwischen *Sunna* (orthodoxer Islam) und *Schi'a* (sektiererischer Islam). Die Anhänger Alis formierten sich zur *Schi'at Ali* (die Partei Alis, daher der Ausdruck Schi'iten – Partisanen oder Parteigänger Alis). Die Schi'iten nennen die Umaiyyaden, die das Kalifat mit Gewalt an sich gerissen haben und von Medina bzw. Kufa nach Damaskus verlegten, Usurpatoren; sie sprechen ihnen die Legitimität als Imame ab. Nach ihren Niederlagen im bewaffneten Kampf gegen die Sunniten trennten die Schi'iten die Funktion des Kalifen von der des Imam ab. Das Kalifat betrachten sie als eine unrechtmäßige Usurpation der Herrschaft und führen ihrerseits den imamitischen Glauben (das heilige Imamat) ein. Ali wird geheiligt und nach seiner Ermordung zum ersten, zum Ur-Imam; seine Söhne Hassan und Husein werden zum zweiten bzw. dritten Imam erhoben. Nach schi'itischer Deutung ist der Imam ein Messias, kein weltlicher Herrscher.

Das Imamat kann nach schi'itischem Glauben nur innerhalb *Al al-bait* (d. h. der Familie des Propheten) weitergegeben werden, also praktisch nur an einen Nachkommen von Ali. Ali war nicht nur ein Vetter des Propheten, sondern auch sein Schwiegersohn, da er mit dessen Tochter Fatima verheiratet war (vgl. Kap. 1). Er gehörte daher zum engeren Kreise der Familie des Propheten, für die der angeführte Begriff *Al al-bait* steht. Die Imam-Folge bleibt in derselben Familie und reicht bis zum 12. Imam im 9. Jahrhundert.

Dieser zwölfte und letzte Imam der Schi'iten trägt denselben Namen wie der Prophet, Mohammed, und dazu den Beinamen al-Mahdi (der Messias) bzw. *Imam-i-'Asr* (Imam der Epoche). Er lebt in der »*Ghaybati-i-Kubra*/Große Verborgenheit« und wird einmal zurückkehren, wenn Allah es will, um die Welt zu erlösen. Er wurde im Jahre 872 als Sohn des elften Imam, Hasan Ibn Ali Askari, geboren, der im selben Jahr vom sunnitischen Abbasiden-Kalifen al-Mu'tamid vergiftet worden war. Zwischen seinem Geburtsjahr und seinem »Verschwinden«

im Jahre 939 lebte er siebenundsechzig Jahre in der »*Ghaybati-i-Sughra*/Kleine Verborgenheit«. Diese erste Verborgenheit nennt sich deshalb »klein«, weil zu diesem zwölften schi'itischen Imam noch eine Elite von schi'itischen Geistlichen Zugang hatte. Während der »Großen Verborgenheit« ist er dagegen keinem Menschen zugänglich; zu ihrer Erlösung sehnen die Schi'iten inbrünstig seine Rückkehr herbei. Diese Mythologie des zwölften Imam beruht auf einer *Hadith*-Überlieferung des Propheten Mohammed, an deren Wahrheitsgehalt die Sunniten allerdings nicht glauben. Diese lautet:

> »Wenn dem Leben auf der Erde nur noch ein einziger Tag beschieden wäre, würde Allah diesen Tag verlängern, bis Er einen Mann aus meiner Gemeinschaft und aus meinem Hause schicken würde. Sein Name wird derselbe wie meiner sein. Er wird die Welt mit Billigkeit und Gerechtigkeit erfüllen, so wie sie vorher mit Unterdrückung und Tyrannei gefüllt war.«[28]

Bis zur Wiederkehr des 12. Imam ist nach streng schi'itischer Auffassung jede Herrschaft illegitim. Khomeini hat mit seiner Lehre vom »*Hokumat-i-Islami*/islamischer Staat« eine Annäherung zwischen Sunniten und Schi'iten ermöglicht (vgl. Einleitung S. 36). Seit 1979 dürfen dank Khomeini nun auch die schi'itischen Geistlichen ihren Staat haben, obwohl schi'itische Herrscher »*Na'ib*/Stellvertreter« des Imam heißen, nicht aber selbst Imame sind. Dennoch tragen auch diese »Stellvertreter« zur »Unterdrückung und Tyrannei« bei, von der der zwölfte Imam – laut der zitierten Verkündung – die Welt einmal befreien wird.

Der Soziologe Reinhard Bendix hat das islamische Schisma in der Weberschen Terminologie interpretiert. In diesem Sinne erscheint der sunnitische Glaube an Mohammed als Glaube an die Einmaligkeit der charismatischen Prophetie, während der Kalif nur ein Nachfolger, d. h. ein Nachfolger ohne Charisma ist. Die Schi'iten dagegen glauben an die Weitergabe der Prophetie (Erb-Charisma). Ihre Imame werden geheiligt; sie verkörpern und setzen die prophetischen Eigenschaften fort. Das Kalifat wird im sunnitischen Islam als »islamische Auffassung königlicher Herrschaft«[29] etabliert, während der schi'itische Islam bis auf zwei historische Ausnahmen im politisch-religiösen Untergrund wirkt. Diese Ausnahmen sind die Safawiden (1501–1722) und Khomeini nach 1979.

Selbst bei einer weit gefaßten Interpretation des Koran wird man nur auf allgemeine politische Prinzipien stoßen, wie ich bereits einleitend gezeigt habe. Die wichtigste Richtschnur ist hierbei der Theozentrismus und die Verpflichtung für alle Muslime, sich den in der göttlichen Offenbarung enthaltenen Vorschriften zu unterwerfen sowie mittels *Djihad* für die weltweite Verbreitung des Islam zu sorgen. Nach Mohammeds Tod sowie in der geistig beweglichen Welt des mittelalterlichen Hoch-Islam war der Koran noch sehr offen für jede Interpretation. Damals gab es noch eine Streitkultur. Nachdem sich im islamischen Mittelalter das islamische Recht im Rahmen der Bildung der vier islamischen Rechtsschulen (sprich Konfessionen, die *Madhahib*) formierte[30], entwickelte sich die *Schari'a* allmählich zu einem rigiden Rechtssystem. Basis der *Schari'a* sind die *Usul al-Fiqh* (Grundlagen der Sakral-Jurisprudenz), an denen al-Schafi'i (767–820), einer der Begründer der genannten vier Rechtsschulen (die *Schafi'iten*, die *Hanafiten*, die *Hanbaliten* und die *Malikiten*), erheblich mitgewirkt hat. Die Theorie der Politik im Islam ist seitdem identisch mit der *Fiqh*-Theorie, so wie sie von den Rechtsgelehrten/*Faqihs* (arab.: Pl. von *Faqih = al-Fuquha'*) formuliert wurde. *Fiqh* ist das menschliche Wissen über die Gesetze Allahs; *Schari'a* ist das göttliche Gesetz selbst. Viele Muslime, besonders die Fundamentalisten, verwechseln *Fiqh* mit *Schari'a*, wenn sie in ihrem menschlichen Tun die *Schari'a* selbst anwenden wollen. Indem sie ihre politischen Ansichten als *Schari'a* präsentieren, beanspruchen sie einen göttlichen Absolutismus.

Ein offener Islam: Politische Philosophie und Theologie statt Fiqh-Orthodoxie

Vorgreifend auf Kapitel 4 und zum besseren Verständnis der Hellenisierung im Islam möchte ich die Konturen des Streits zwischen der rationalistischen Philosophie und der religiösen Orthodoxie im Islam umreißen. Ich beginne mit Ann Lambtons sehr richtiger Bemerkung in ihrem grundlegenden Werk *State and Government in Medieval Islam*:

> »Der Koran enthält keine kategorische oder systematische politische Struktur; zudem gibt er keinen Hinweis darauf, daß Mohammed beabsichtigte, seine Handlungen zu unveränderbaren Standards zu erheben, die fortwährend zu befolgen wären. Die neuere Forschung hat gezeigt, daß das islamische Recht in seiner Formierungsphase bis hin zur Mitte des zweiten islamischen Jahrhunderts (9. Jh.) in der Theorie keineswegs als unveränderbar begriffen wurde, geschweige denn in der Praxis. Die hartnäckige Ablehnung, auch nur die Möglichkeit eines Wandels zuzulassen, geht erst auf die Zeit von al-Schafi'i zurück.«[31]

Parallel zur Erstarrung der *Schari'a* (vgl. Anm. 22), die auf der Grundannahme basiert, daß der Mensch sich dem göttlichen Willen zu unterwerfen habe, gab es jedoch im Zuge der Rezeption der griechischen Philosophie[32] Bestrebungen, der *Fiqh*, der islamischen Religio-Jurisprudenz, den absoluten Vorrang streitig zu machen, und zwar einerseits durch die *Kalam*, d. h. die islamische, teilweise hellenisierte Theologie, zum anderen durch die rationalistische Philosophie (*Falsafa*), die die Domäne des menschlichen Wissens von der Religion abzukoppeln bemüht war. Parallel zu diesen geistigen Strömungen des frühmittelalterlichen Islam, zur *Fiqh*, *Kalam* und *Falsafa*, entstand noch eine weitere Richtung, der *Sufi*-Islam (islamischer Mystizismus). Sufi-Muslime waren bemüht, den Islam zu entpolitisieren.

Der Sufi-Islam (Islam-Mystik)[33] kann hier nicht angemessen gewürdigt werden, weil er innerhalb der politisch-geistigen Strömungen des mittelalterlichen Islam keinen signifikanten Beitrag zur Bestimmung des wahren Imam geleistet hat. Islamische Mystiker trennten den Glauben von der Politik und deuteten ihn als Gottesliebe. Der Sufi-Islam stellt auch eine Gott-Mensch-Beziehung her.

Anders verfuhren die *Kalam*-Theologen; sie hatten die hellenistisch-rationalistischen Denkmethoden in den Islam eingeführt, um einerseits den Glauben zu rationalisieren und andererseits angesichts der Dominanz des theozentrischen Glaubens durch theologische Argumente den Handlungsspielraum des Menschen ein wenig zu erweitern.

Die islamische Philosophie (*Falsafa*) hat die menschliche Vernunft in den Mittelpunkt gestellt und die Domäne des religiösen Wissens (Koran und *Hadith*) zugunsten der erkenntnistheoretischen Disziplinen verlassen. Der Philosophiehistoriker von Harvard, der irakische Muslim Muhsen Mahdi, umreißt in seinem berühmten Artikel in der *Encyclopaedia Britannica* über »Islamic Theology and Philosophy« die Differenz zwischen beiden:

> »Die Theologie bewahrte ihre relative Unabhängigkeit von der Philosophie ...; sie blieb der ursprünglichen religiösen und traditionellen Anschauung treu, indem sie die Schranken der islamischen Offenbarung nicht überschritt ... Der Ursprung und die Inspiration der Philosophie sind jedoch völlig anderer Natur. Die Philosophie entfaltete sich im Islam in den nicht-religiösen praktischen und theoretischen Wissenschaften; für sie galten keine theoretischen Schranken außer denen der menschlichen Vernunft, und sie ging von der Annahme aus, daß die von dieser Vernunft selbständig erkannte Wahrheit nicht im Widerspruch zu jener des Islam stehe, wenn beide, Philosophie und Islam, richtig begriffen werden. Die Philosophie im Islam war keine Dienerin der Theologie.«[34]

Philosophie und Theologie (vgl. Anm. 8) lagen im islamischen Mittelalter im Streit miteinander, obwohl beide gleichermaßen unter hellenistischen Einflüssen standen. Die Attacken der Theologie auf die Philosophie in jener Epoche werden am besten dokumentiert in al-Ghazalis (lat. Algazel) Schrift *Tahafut al-Falsafa*/Die Refutation der Philosophie.[35] Die islamische *Fiqh* war aber zugleich gegen hellenistisch beeinflußte Theologie und Philosophie gerichtet. Das religiöse Dogma sollte jeglichen hellenistischen Einfluß verdrängen.

Die theologische Schule der *Mu'taziliten*, die die Lehre von dem Geschaffensein des Koran einführte und sich unter dem Kalifen al-Ma'mun als intellektuelle Hof-Schule etablieren konnte, hat einen Beitrag zur Anthropologie und zum politischen Denken im Islam geleistet, der darin besteht, die moralische Gewichtung der individuellen Handlungen der Menschen hervorzuheben. Der Mensch sei ein von Allah mit Vernunft begabtes Wesen, weshalb er auch eine Willensfreiheit besitze, also für seine Handlungen im politischen Gemeinwesen verantwortlich sei. Allah sei transzendent, seine Offenbarung (der Koran) sei nicht eine »ewig unerschaffene«, d. h. schon immer existierende Botschaft; sie sei vielmehr *Makhluq*/geschaffen – eine Position, die die Historisierung des Koran ermöglicht.[36] Der Streit um das *Makhluq*-Sein (das Geschaffensein) oder *Ghair-Makhluq*-Sein (das Nichtgeschaffensein) hatte weitreichende Folgen. Indem die Orthodoxie auf dem Nicht-Geschaffensein des Koran bestand und dies auch durchsetzte, verleugnete sie mit der Begründung der Unantastbarkeit des Koran-Textes den Handlungsspielraum des Menschen.

Die intellektuelle Schärfe der Debatten jener Epoche, die auch für das politische Denken im Islam von zentraler Bedeutung waren, macht die Kontroverse zwischen den *Mu'taziliten* und den *Faqihs* über das *Geschaffensein* (*Makhluq*) bzw. das *Nicht-Geschaffensein* (*Ghair Makhluq*) des Koran deutlich. Zu Beginn dieses Abschnitts haben wir schon die Absolutsetzung der koranischen Aussagen für Muslime kennengelernt. Die *Mu'taziliten* haben die Lehre vom Geschaffensein des Koran eingeführt, um genau diese Absolutheit abzuschwächen. Allah war für sie gleichbedeutend mit »Gerechtigkeit«, weshalb er für das Böse nicht verantwortlich sei. Der Islamwissenschaftler Watt hebt hervor:

> »Diejenigen Muslime, die an die absolute Allmacht Allahs glaubten, mußten zwangsläufig zugeben, daß er für alles Böse in der Welt verantwortlich sei ... Für die *Mu'taziliten* hingegen waren die Menschen für einen Großteil des Bösen in der Welt verantwortlich.«[37]

So führen die *Mu'taziliten* durch die Kategorie der moralischen Wertigkeit menschlichen Handelns eine neue Erkenntnisdimension ein, den menschlichen Handlungsspielraum. Nach ihrer Ansicht ist der Mensch nicht bloß Spielball göttlicher Allmacht; vielmehr muß er als ein Subjekt die moralische Verantwortung für seine Handlungen übernehmen. Für die islamischen *Faqihs* hingegen spricht Allah im (nicht-geschaffenen) Koran, wenn man den Koran-Text rezitiert. Von ihrer theologischen Doktrin ausgehend, derzufolge der Koran geschaffen ist (*Makhluq*), erachten die *Mu'taziliten* dagegen das Rezitieren (*Qira'a*) bzw.

das Sprechen (*Lafz*) des Koran als menschlich und nicht als göttlich, da dabei menschliche Laute artikuliert würden: Der Mensch und nicht Allah selbst spricht. Für die *Fiqh*-Gelehrten, so z. B. für den Begründer der hanbalitischen Rechtsschule, Ibn Hanbal (780–855), war solch eine Argumentation bereits ein Fall von Häresie (*Kufr*).

Ibn Hanbal konnte im Islam mehr Einfluß gewinnen als die Rationalisten. Die Orthodoxie siegte über die *Mu'taziliten*. Der bereits zitierte Islamwissenschaftler Watt schreibt, daß der Dienst der *Mu'taziliten*

> »am islamischen Denken in der Übernahme sehr vieler griechischer Vorstellungen und Argumentationsmethoden bestand ... Die *Mu'taziliten* (galten) für Sunniten als Häretiker ...« (ebd., S. 255).

Es gehört zur Würde der klassischen islamischen Zivilisation, Häretiker nicht zu töten, anders die christliche Kirche, die zum Beispiel Giordano Bruno leibhaftig verbrannt hat. Aber die Bücher islamischer Rationalisten wurden verbrannt – symbolisch für ihre Verfasser. Abweichend vom klassischen Islam töten islamische Fundamentalisten unserer Gegenwart Muslime, die der Häresie verdächtigt werden.

Hellenisierung ohne eigene Wurzeln: Sieg der Fiqh-Orthodoxie

Im Übergang vom Früh-Islam zum mittelalterlichen Islam wird die islamische Zivilisation hellenisiert, ohne daß die hieraus hervorgegangene rationalistische politische Philosophie, etwa durch Institutionalisierung, tiefe Wurzeln in Staat und Gesellschaft schlagen konnte. Im islamischen Mittelalter siegt die *Fiqh* über die *Kalam* (rationalistische Theologie) und über die Philosophie. Eine der vier orthodoxen Rechtsschulen des sunnitischen Islam, jene von Ahmad Ibn Hanbal (780–855) gegründete *Madh-hab* (Pl. *Madhabib*), ging gleichermaßen gegen die Philosophie und die rationalistische Theologie der *Mutakallimun* vor. Watt unterstreicht, wie stark Ibn Hanbal rationale Methoden »ablehnte und darauf bestand, religiöse Doktrinen und Rechtsvorschriften einzig aus dem Koran und dem Hadith abzuleiten« (ebd., S. 291). Ibn Hanbal verwarf die Lehre vom Geschaffensein des Koran als Häresie und wies die Bestimmung der »moralischen Qualität« menschlicher Handlungen und somit die Eigenverantwortung des Menschen hierfür mit religiösen Doktrinen zurück.

In seiner Schrift *'Aqida* (das religiöse Dogma), aus der hier eine längere Passage zitiert werden soll, kommt Ibn Hanbals religio-politisches, orthodoxes *Fiqh*-Denken deutlich zum Ausdruck. Diese Position sollte später den Sieg über den islamischen Rationalismus davontragen (vgl. Kap. 5):

> »... das Gute davon und das Böse davon ... kommt von Allah ... Niemand widersetzt sich Allahs Willen, noch überschreitet er Seine Entscheidung ... Ehebruch, Diebstahl, Weingenuß, Mord, Verbrauch unrechtmäßigen Reichtums, Götzendienerei und alle Sünden bestehen aufgrund von Allahs Entscheidung und Bestimmung ... Das Kalifat liegt ... bei Quraisch ... Der *Djihad* ist rechtmäßig bei den Imamen, ob sie nun gerecht oder böse handeln ... Der Freitagsgottesdienst ... (wird) mit der Obrigkeit (Sultan) verrichtet, selbst wenn diese nicht aufrichtig und gottesfürchtig ist ... Denjenigen, denen Allah Eure Angelegenheit anvertraut hat, muß Gehorsam geleistet werden, ... und sie dürfen nicht von Eurem Schwert bekämpft werden ... Der Koran ist die Rede Allahs, durch die Er spricht. Er ist nicht geschaffen. Derjenige, der meint, daß der Koran geschaffen sei, ist ... ein Ungläubiger ...« (Ibn Hanbal, zit. nach Watt, ebd., S. 291 f.).

Dieser Hanbalismus ist der Inbegriff des unaufgeklärten Islam, auf dem die Lehre des Wahhabismus basiert, die heute die Legitimität Saudi-Arabiens vermittelt. Mit ihren Petro-Dollars exportieren die Saudis diesen Islam sogar nach Europa, wo sie – z. B. in Bonn (Islamische Fahd-Akademie, Gründung in Bonn im September 1995) – ihre Einrichtungen unter Mißbrauch der europäischen Toleranz aufbauen.

Das Problem, das die *Fiqh*-Vertreter in ihrem politischen Denken zu bewältigen hatten, war die große Kluft zwischen dem religiösen Dogma (*'Aqida*), d. h. dem Modell für die Realität, das dieses Dogma bot, und der Realität selbst, die diese *Faqihs* legitimieren wollten. Ohne eine »kulturelle Bewältigung des Wandels«[38], d. h. ohne eine Revision der religiösen Doktrin mit Blick auf die Veränderung der Wirklichkeit, machten islamische *Fiqh*-Juristen die Politik zur Domäne der Religion. Die Suche nach dem »wahren Imam« blieb an die religiösen Fesseln gekettet.

Obwohl etwa die islamische Gemeinschaft seit der ersten *Fitna* im Früh-Islam gespalten ist, erkennt das *Fiqh*-Dogma nur eine einheitliche islamische *Umma* an, eine Vorstellung vom Gemeinwesen, die keine Vielfalt zuläßt. Die Realität entsprach dieser geglaubten einheitlichen *Umma* nicht, die ja bereits beim Übergang von der Phase der Religionsstiftung (Früh-Islam) zum islamischen Mittelalter konfessionell binnen-differenziert war. Seitdem gibt es vier unterschiedliche sunnitische Rechtsschulen und viele schi'itische Sekten sowie andere Glaubensrichtungen, die die Rede von einer allumfassenden Gemeinschaft/*Umma* des Islam Lügen strafen. Seit der Großen und der zweiten *Fitna* (vgl. Kap. 1) war die islamische *Umma* in sich gegenseitig – auch mit Gewalt – bekämpfende Parteien gespalten. Seit der Ermordung des dritten Kalifen Uthman und bis in unsere Gegenwart gibt es keine Einigkeit mehr bei den Muslimen darüber, wer der »wahre Imam« sei.

Zweiter Teil

DAS ISLAMISCHE MITTELALTER

Der Imam zwischen islamischer Offenbarung/al-Wahi und hellenisierter Vernunftsphilosophie/al-'Aql

»Es ist erforderlich, daß auf bestimmte politische Grundregeln zurückgegriffen wird, denen das Volk zustimmt und deren gesetzlichen Vorschriften es sich unterwirft ... Wenn diese Grundregeln von den Weisen und Notabeln ... und den klügsten Köpfen festgelegt werden, handelt es sich um eine Politik auf rationaler Grundlage. Kommen sie jedoch von Allah, dem Erhabenen, vermittelt über seinen Propheten, dann handelt es sich um eine Politik auf religiöser Grundlage.«[1]

Abdulrahman Ibn Khaldun (1332–1406),
al-Muqaddima, 3. Buch,
Abschnitt 25 über Kalifat und Imamat.

»Wisse, daß die Wissenschaften ... von zweierlei Art sind ... Die erste Art umfaßt die weisheitlich-philosophischen Wissenschaften ... Die zweite Art umfaßt die auf Überlieferung und Konvention beruhenden Wissenschaften ... Der Intellekt hat in den letzteren keinen Platz ... Die Grundlage all dieser auf Überlieferung beruhenden Wissenschaften sind die gesetzlichen Grundsätze aus dem Koran und der Sunna, die uns von Allah und seinem Gesandten offenbart worden sind ... Sie betreffen speziell die muslimische Umma und ihre Angehörigen ... Die rationalen Wissenschaften (dagegen) ... werden Wissenschaften der Philosophie und Weisheit genannt ... Ihr Nutzen liegt darin, daß der

Mensch (mit ihrer Hilfe) Falsches von Richtigem unterscheiden kann, so daß er dank der Denkfähigkeit in der Lage ist, die Wahrheit ... zu erkennen ... Ihr Schaden für die Religion ist groß ... Sie behaupten, daß die Erkenntnis dem Menschen auch ohne religiöses Gesetz ... möglich sei, da der Mensch Vernunft besitze.«[2]

Ibn Khaldun,
al-Muqaddima, 6. Buch:
Arten der Wissenschaft, Abschnitte 4, 13 und 24.

Einführung

Nach der blutigen Auflösung des Umaiyyaden-Reiches von Damaskus und der Massakrierung seiner Machthaber durch die Abbasiden im Jahre 750 floh der letzte überlebende Umaiyyade nach dem damals von den Arabern eroberten Spanien und etablierte dort im Jahre 756, zunächst als Emirat, einen islamischen, von dem neuen Abbasiden-Reich selbständigen Umaiyyaden-Staat. In einer anderen Region des Islam, in Tunis, gründeten die Fatimiden im Jahre 909 ihre eigene Dynastie gegen den Abbasiden-Kalifen von Bagdad. Es gelang den Fatimiden, breite Teile Nordafrikas, ja sogar im Jahre 969 Ägypten zu erobern und dort die Stadt Kairo als Zentrum ihres Kalifats aufzubauen. Aus Furcht vor der Expansion der Fatimiden verlieh sich der Umaiyyaden-Emir von Spanien im Jahre 929 ebenfalls die Legitimität des Kalifen. Auf diese Weise hatte die islamische *Umma* im 10. Jahrhundert drei islamische Kalifen: in Bagdad, Kairo und Córdoba; alle drei Herrscher beanspruchten als Imame die islamische *Umma* zu führen.

Das ursprüngliche *Fiqh*-Dogma läßt nur einen einzigen Imam/Kalifen für die islamische *Umma* zu. Die Historiker berichten uns aber, daß die islamische *Umma* im zehnten Jahrhundert von den drei genannten, miteinander rivalisierenden Imamen geführt worden ist. Das islamische Imperium, als *Dar al-Islam*, war somit in drei Herrschaftsbereiche unterteilt.[3] Im Rahmen meiner islamischen Erziehung in Damaskus habe ich gelernt, daß auswärtige satanische Kräfte, nämlich Kreuzzügler und westliche Kolonialisten, die islamische *Umma* gespalten hätten. Aber im zehnten Jahrhundert hat es beide Kräfte noch nicht gegeben; diese geschichtliche Tatsache erfuhr ich erst aus den historischen Quellen während meiner Fortbildung in Europa.

Wie war das islamische Mittelalter politisch gestaltet, und wie haben Muslime die real gespaltene *Umma* politisch wahrgenommen? Die islamische *Fiqh*-Orthodoxie und die islamischen Philosophen gaben unterschiedliche Antworten auf diese Fragen. Die Vertreter der politischen *Fiqh*-Doktrin, die *Fuqaha'*, hatten ihre eigene Art, mit der Kluft umzugehen, die zwischen dem, was das *Fiqh*-Dogma lehrte, und der Realität der islamischen *Umma* bestand. Nach Ann Lambton war in jener Epoche eine

> »Rationalisierung des Konflikts zwischen Theorie und Wirklichkeit erforderlich. Diese Leistung erbrachte Mawardi (974–1058) in seiner Schrift *al-Ahkam al-Sultaniyya* (Die Regeln der Herrschaft), die für sunnitische Muslime als der klassische Entwurf einer idealen Regierung gilt«.[4]

Wenn man allerdings unter »idealer Regierung« den *tugendhaften Musterstaat* versteht, dann wird man der Verwendung dieses Begriffes durch Ann Lambton nicht zustimmen können. Mawardi (vgl. Kap. 5) ging es nämlich um die machtpolitische Deutung der *Fiqh* im Hinblick auf die von ihr abweichende Realität, nicht aber um ein rationales Nachdenken über die Politik oder um philosophisch-politische Entwürfe. Um die Worte Ibn Khalduns aus dem Motto zu diesem Teil noch einmal zu zitieren: Bei Mawardi und den *Faqihs* geht es um die Deutung der Politik »auf religiöser Grundlage«. Hier, so sagt Ibn Khaldun, hat »der Intellekt keinen Platz«. Die »Politik auf rationaler Grundlage« ist ein anderer Gegenstand, eine Domäne der Philosophie im Islam.

Ein philosophischer, die Tugendhaftigkeit der politischen Ordnung in den Mittelpunkt stellender Entwurf eines »Musterstaates« (*al-Madina al-Fadila*) erfordert die Deutung der Politik »auf rationaler Grundlage« (vgl. S. 125). Ihn finden wir erst in dem diesen Titel tragenden Werk des hellenisierten islamischen Philosophen al-Farabi (870–950). Die Kontrastierung des politischen Denkens von Farabi (Kap. 4) und Mawardi (Kap. 5), die ich in den folgenden Kapiteln vornehmen möchte, wird die Spannung zwischen dem rationalen politischen Denken im Islam (*Falsafa*) und der am religiösen Dogma orientierten Legitimation durch die *Fiqh* veranschaulichen. Diese

Kontrastierung illustriert auch die im Motto angeführte Unterscheidung Ibn Khalduns zwischen einer »Politik auf religiöser Grundlage« und einer »Politik auf rationaler Grundlage«.

Politische Philosophie im Islam geht auf die Hellenisierung[5] seit dem frühen 9. Jahrhundert zurück und stellt eine intellektuelle Revolution im islamischen Denken und in der Sichtweise der Welt dar. Der Hellenisierung ging eine Welle von arabischen Übersetzungen aus dem Erbe der griechischen Antike durch arabische Christen voraus. Muslime begannen in jener Zeit, politische Themen aus der altgriechischen politischen Philosophie aufzunehmen und in diesem Zusammenhang ihre eigene Tradition eines rationalen, auf der menschlichen Vernunft basierenden Denkens zu begründen. Das Resultat war die politische Philosophie im Islam und ihr Rationalismus.[6] Es versteht sich von selbst, daß dieses Unterfangen in einer auf eine rückwärtsgerichtete Utopie (Gründungsjahre des Islam als modellhafte Orientierung für die Zukunft) fixierten und religiös definierten Zivilisation auf Widerstand stoßen mußte. Die islamische Orthodoxie hat mit allen Mitteln zu verhindern versucht, daß die hellenisierte politische Philosophie im Islam institutionelle Wurzeln schlagen konnte. Noch nicht einmal die Waffe der *Takfir* (Erklärung zum Ungläubigen) wurde bei diesem Kampf gescheut. Zwar blieb das, was Giordano Bruno widerfuhr, den rational denkenden muslimischen Philosophen erspart. Die wirksamste Waffe der islamischen Orthodoxie gegen den islamischen Rationalismus bestand jedoch in der Politik, das neue Denken nicht in das islamische Erziehungswesen eindringen zu lassen.[7] Der Kultursoziologe Wuthnow argumentiert, daß die Einführung neuer Wissens- und Denkmuster in einer Kultur nur dann Wirkung erlangen kann, wenn diese institutionalisiert werden.[8] In der islamischen Zivilisation – im Gegensatz etwa zum Cartesianismus in Europa – konnte die rationale Weltsicht der islamischen Philosophen nicht institutionalisiert werden.

Im Islam hat es in den goldenen Jahren des hellenisierten Mittelalters Ansätze einer islamischen Aufklärung gegeben. Ihren Vertretern jedoch wurde der Zugang zu den islamischen *Medresen* (islamische Hochschulen) verweigert. Im Kampf zwischen *Fiqh*/Sakral-Jurisprudenz als Denken der islamischen Orthodoxie und rationalistischer Philosophie/Falsafa siegte im mittelalterlichen Islam die erste Richtung; sie konnte somit das Schicksal des Islam für die folgenden Jahrhunderte und bis in unsere Gegenwart bestimmen.

Heute erinnern fundamentalistische Muslime die Europäer mit erhobenem Zeigefinger daran, daß sich der Westen ohne den Einfluß der islamischen Zivilisation nicht so hätte entwickeln können, wie er das tat. Diese sowohl belustigende als auch sehr traurig stimmende Polemik habe ich ein ums andere Mal in meinen Interviews mit Fundamentalisten vernommen, wenn ich sie nach ihren Ansichten über die moderne Wissenschaft und Technologie[9] fragte; auch steht sie in langatmigen Wiederholungen in den fundamentalistischen Pamphleten, die ich ausgewertet habe (vgl. Anm. 9). Diese Polemik verrät jedoch eine tiefe und erschütternde Ignoranz gegenüber der eigenen Geschichte sowie der der anderen.

Es trifft zu, daß Europäer am Vorabend der Renaissance viel von der islamischen Zivilisation übernommen haben. Aber das, was sie übernahmen, ist genau das, was fundamentalistische Muslime unserer Gegenwart an ihrer eigenen Zivilisation strikt ablehnen.[10] Der hellenisierte Islam drang nach Europa ein und wirkte sich beim Übergang zur Renaissance befruchtend aus.[11] Aber in seiner eigenen Zivilisation ist der islamische Rationalismus unterdrückt worden. Die *Fiqh*-Orthodoxie, deren Erbe heutzutage die halbmodernistische Form des Fundamentalismus annimmt, hat die islamische Zivilisation daran gehindert, eben das zu erreichen, was die Europäer mit Hilfe des hellenisierten Islam erreicht haben: Sie hat gerade diesen hellenisierten Islam mit ihren religiösen Doktrinen inkriminiert und aus der islamischen Zivilisation hinausgedrängt. In den Kapiteln des vierten Teils über die islamische Gegenwart werden wir die Folgen der abgebrochenen Aufklärung für die islamische Zivilisation kennenlernen.

Bleiben wir vorerst im islamischen Mittelalter. Ich möchte meine Leser zunächst in die Geisteswelt jener Zeit führen. Der mittelalterliche islamische Streit um die Bestimmung der Politik »auf religiöser« oder »auf rationaler Grundlage« (Ibn Khaldun) hilft, den ähnlich gelagerten innerislamischen Streit in unserer Gegenwart über die säkulare oder fundamentalistische Bestimmung der Politik zu verstehen. Die Entscheidung für die eine oder andere Streitpartei entscheidet auch darüber, wer der wahre Imam der Muslime sein soll. Der islamische Rationalist Farabi sagt, der Imam soll ein vernunftbegabter Philosoph sein, die islamischen Sakral-Juristen/*Faqihs* Mawardi und Ibn Taimiyya fordern, er solle ein an der *Schari'a* orientierter Sultan sein. Die mittelalterliche Debatte besitzt also auch für unsere Gegenwart noch Aktualität, ja diese steht sogar in enger Kontinuität zur frühen und mittelalterlichen Geschichte des Islam.

Kapitel 4
Der vernunftbegabte Philosoph als Imam. Staat des Philosophen statt Staat der Krieger. al-Farabi als Begründer der politischen Philosophie im Islam

»Politik auf rationaler Grundlage«: Der Mensch ist zur Politik fähig

Sowohl mit dem Ibn Khaldun-Motto als auch in den einleitenden Bemerkungen zu diesem zweiten Teil habe ich darüber informiert, daß Muslime selbst im Mittelalter eine wichtige Unterscheidung bei der Bestimmung der Politik eingeführt haben. Hiernach könne man in der Politik auf rationaler Grundlage (*bi al-'Aql*) oder auf religiöser Grundlage (*bi al-Schar'*/offenbarte Gesetze) Entscheidungen treffen. Der große mittelalterliche islamische Philosoph al-Farabi hat die rationale Begründung der Politik im Islam eingeführt. Er belehrt uns in seinem Werk, daß der Imam als *Ra'is* (Staatsoberhaupt) ein vernunftbegabter Philosoph sein müsse. Die menschliche Vernunft[1] liefert nach seiner Lehre die Basis für das Wissen darüber, wie das Gemeinwesen der Menschen tugendhaft aufgebaut sein könne. Die Tugend ist für ihn eine Orientierung an sittlichen Prinzipien, die auf die Glückseligkeit der Menschen gerichtet ist. Die Schlußfolgerung liegt nahe: *Der Mensch – weil vernunftbegabt – kann selbst über die Fragen der Politik entscheiden.* Für al-Farabi steht diese Erkenntnis nicht im Widerspruch zum Glauben an Allah, den Schöpfer. Weil Gott selbst die Verkörperung der Vernunft ist, sind die von ihm erschaffenen Menschen ebenso vernunftbegabt und können über sich bestimmen.

Europäische Leser werden wohl mit den Namen Avicenna (arab.: Ibn Sina) und Averroës (arab.: Ibn Ruschd), den größten Philosophen der islamischen Zivilisation, nicht aber mit al-Farabi vertraut sein. Ibn Sina hat im arabischen Osten, Ibn Ruschd im arabischen Westen gewirkt, und beide haben in ihren philosophischen Werken politische Fragen der Philosophie Platos und Aristoteles' aufgegriffen und weiterentwickelt; doch beide waren mehr erkenntnistheoretisch interessiert und keine politischen Philosophen im eigentlichen Sinne. Farabi war sozusagen der Begründer der politischen Philosophie im Islam; sein Denken hat auch Avicenna, der in einer späteren Periode wirkte, beeinflußt. Der Farabi-Interpret Ian Richard Netton spricht vom »Farabischen Zeitalter« der islamischen Geschichte und sieht darin »die intellektuell fruchtbarste Entwicklung in der gesamten mittelalterlichen islamischen Geistesgeschichte«.[2] Netton widerlegt die verbreitete Auffassung von de Boer (vgl. Anm. 4), daß Farabi nur eine geringe Wirkung hatte, indem er nachweist, daß es in jener Zeit eine intellektuelle Strömung gegeben hat, die als Farabismus bezeichnet werden kann.

al-Farabis Denken reichte von der Philosophie der Wissenschaft, der Erkenntnistheorie bis hin zur Musik. Wie alle anderen unter dem Einfluß der Hellenisierung stehenden politischen Philosophen im Islam war al-Farabi ein bekennender Muslim und kein Atheist. Sein Glaube an den Islam war für ihn aber kein Hindernis, die Welt rational zu deuten. In der Erkenntnis des Kosmos trat bei Farabi die Vernunft an die Stelle der Schriftgläubigkeit. In seinem politischen Denken geht es weder um *Djihad* noch um *Futuhat* (Kriege zur Ausbreitung des Islam), sondern um die tugendhafte politische Ordnung, in der die Menschen ihre Glückseligkeit verfolgen können. Nach al-Farabi kann nur ein vernunftbegabter Philosoph der geeignete Imam zur Führung der islamischen *Umma* sein.

Auch zehn Jahrhunderte nach seinem Wirken ist al-Farabi noch aktuell. Während des Golfkriegs kommentierte ich die Selbst-Ausrufung Saddam Husseins zum Imam/Kalif der Gläubigen mit der Bemerkung, Muslime täten gut daran, sich ihres eigenen kulturellen Erbes zu besinnen. Vom islamischen Erbe al-Farabis können sie beispielsweise lernen, daß ein Philosoph besser als ein Krieger wie Saddam Hussein geeignet wäre, den Staat zu führen[3]: Farabis Republik der Vernunft gegen Saddams Republik der Angst.

Abu Nasr Mohammed Ibn Tarkhan *al-Farabi* wurde circa 870 in Farab in Transoxanien (Zentralasien) geboren und starb nach einem wirkungsreichen Leben im Jahre 950 in Damaskus. Er hat sowohl gewichtige philosophische Kommentare zu Plato und Aristoteles als auch eigenständige Werke geschrieben. Schon zu seinen Lebzeiten wurde ihm von seinen Zeitgenossen der Titel *al-Mu'allim al-thani* verliehen, d. h. der zweite Meister und Lehrer. Für die Muslime jenes Hoch-Islam war Aristoteles der erste Meister, der die islamische politische Philosophie des Mittelalters prägte. Als »zweiter Lehrer« nach Aristoteles zu gelten, war in jenem hochentwickelten Islam die höchste Ehre für einen Muslim. Die kulturelle Atmosphäre, in der dies möglich war, war von der Offenheit für Prozesse des Lernens von anderen Kulturen geprägt. Farabi versuchte, Plato und Aristoteles in einer Synthese zu versöhnen und darüber hinaus in die islamische Zivilisation einzubetten; für ihn waren beide – nach dem Urteil des Historikers der Philosophie im Islam de Boers –

> »die Imame, d.h. die höchsten Autoritäten der Philosophie ... ihre übereinstimmende Autorität (gilt) dem Farabi mehr als der Glaube der ganzen muslimischen Gemeinde, die mit blindem Zutrauen *einem* Führer folgt«.[4]

In der politischen Philosophie Farabis sind die Tugenden der politischen Ordnung und nicht der Gehorsam gegenüber dem Kalifen das zentrale Thema. al-Farabi wirkte in Bagdad, in Aleppo am Hofe des Regionalfürsten Saif al-Daula und gegen Ende seines Lebens in Damaskus. Wie alle anderen islamischen Philosophen des Mittelalters war er, wie es Ernst Bloch in seiner Bewunderung für den hellenisierten Islam formuliert, »Arzt, nicht Mönch, Naturalist, nicht Theologe«[5]; auch war er ein bedeutender Musiktheoretiker.

Die ersten Philosophen im Islam, die Vorgänger al-Farabis, al-Kindi und al-Razi, waren primär Naturphilosophen. Es blieb al-Farabi vorbehalten, im Rahmen einer metaphysischen Weltdeutung den Grundstein für die Tradition einer an der rationalen Sichtweise des Kosmos orientierten politischen Philosophie im Islam zu legen. Der Übersetzer und Interpret Farabis, der renommierte Harvard-Gelehrte Muhsen Mahdi, würdigt die Neubelebung des auf einer rationalen Weltsicht basierenden Verständnisses von Politik durch al-Farabi:

> »In dem Zeitraum der zehn Jahrhunderte, die zwischen Cicero und Farabi lagen, kann man keinen einzigen großen Philosophen finden, für den das Problem der Philosophie so untrennbar mit dem der politischen Philosophie verknüpft war, bzw. in dessen Werk die politische Philosophie einen so massiven, zentralen und entscheidenden Stellenwert hätte.«[6]

Diesen hohen, der politischen Philosophie zugeordneten Rang kann man bereits in dem Farabischen Werk *Ihsa' al-'Ulum* (Die Klassifizierung der Wissenschaft) vorfinden, worin die Wissenschaften in theoretische und praktische unterteilt werden.[7] Es sind 1. Wissenschaft der Sprache, 2. Logik, 3. Mathematik, 4. Naturwissenschaft und Metaphysik und 5. politische Wissenschaft einschließlich Sakral-Jurisprudenz (*Fiqh*) und Theologie (*Kalam*). Ich werde gleich erklären, warum ein islamischer Philosoph, der kein *Faqih* ist, die Politik in einem Atemzug mit *Fiqh* und *Kalam* als Wissenszweige nennt.

Die fünf, in sich noch genauer unterteilten *'Ulum* (Wissenschaften, Plural von *'Ilm*) lassen sich nach Farabi je der theoretischen oder der praktischen Philosophie zuordnen. Die theoretischen Zweige der Philosophie vermitteln Wissen über das, was der Mensch nicht verändern kann (*yu'lam wa la yuf'al*), während die praktischen Zweige sich mit den Bereichen befassen, die der Mensch durch seine Handlungen verändern kann (*yu'lam wa yuf'al*). Die Logik als theoretische Philosophie dient der Erkenntnis und vermittelt eine ethische Orientierung für menschliches Handeln. Nach der Deutung von Mahdi ist die politische Philosophie bei Farabi der einzige Wissenszweig, der die Grenzen zwischen theoretischer und praktischer Philosophie sprengt, denn sie

> »beschränkt sich auf keine der klassifizierten theoretischen und praktischen Wissenschaften. Die Wissenschaft von der Politik muß alle diese Bereiche decken und ordnen ...; sie ist deshalb eine politische Wissenschaft oder Philosophie, die alle theoretischen und praktischen Wissenschaften enthält, sie

transzendiert und auch beherrscht ... Sie ist aus diesem Grunde umfassender als alle bereits klassifizierten theoretischen und praktischen Wissenschaften«.[8]

Politische Philosophie ist somit zugleich Logik des Denkens und Ethik des Handelns, d. h. theoretische und praktische Philosophie. Politische Philosophie beschränkt sich bei Farabi also nicht nur auf spekulative Erörterungen über Politik; vielmehr will sie auch einen normativen Rahmen für politische Handlungen vorgeben. Islamisch formuliert heißt das, daß – nach Farabi – die Menschen auf der Basis der Vernunft in der Lage sind, politisch zu handeln und in der praktischen Politik über den geeigneten Imam zu entscheiden. Diese Einstellung trennt al-Farabi von den Vertretern der traditionellen islamischen Disziplinen, für die das politische Denken einzig von der *Wahi*, der islamischen Offenbarung, ausgehen kann; ihnen zufolge kann der Mensch sein Dasein nicht selbst bestimmen.

Lange vor Machiavelli hat al-Farabi die Fähigkeit des Menschen zur Politik erkannt. Zentral im politischen Denken Machiavellis war die positive Antwort auf die Frage: »Können die Menschen sich selber regieren?« Der Machiavelli-Interpret de Grazia kommentiert, daß dies jenem europäischen Denker der Renaissance die Verdammung der Kirche – »Machiavelli in die Hölle«[9] – eingetragen hat. Jahrhunderte zuvor hatte der islamische Rationalist al-Farabi diese Befähigung der Menschen bereits erkannt und dafür plädiert, daß die Muslime ihren Imam auf der Basis der Vernunft bestimmen können. Die islamische Orthodoxie hätte ihn aus diesem Grunde auch gerne in die Hölle geschickt. Die Saat, die Farabi gelegt hat, trug in der europäischen Renaissance Früchte, nicht jedoch in der islamischen Zivilisation.

Was die Beziehung der Philosophie Farabis zur *Fiqh* (Sakral-Jurisprudenz) und zur *Kalam* (Theologie) angeht, so ordnet er diese religiösen Wissenszweige eindeutig der Philosophie *unter*. Im weiteren werden wir sehen, wie Farabi versucht, Platonische Begriffe islamisch zu deuten (z.B. die Bestimmung des Imam als Philosophenkönig). Er war bemüht, Islam und rationalistische Philosophie zu versöhnen. Farabi wirkte

»in einer Zeit, als die Philosophie und die Philosophen von den Herrschern des orthodoxen Islam verfolgt wurden. Bei dem Rückgriff auf die politische Philosophie Platos konnte er wohl philosophieren, ohne den Zorn jener hervorzurufen. Analog zu Plato, der die allegorische Methode anwandte, um dem Schicksal des Sokrates zu entfliehen, versuchte Farabi der Philosophie wieder ihren Rang zu geben, ohne dabei eine Feindseligkeit gegenüber dem Islam zu erregen«.[10]

Farabi hinterfragte die *Schari'a*, die islamische *lex divina,* nicht; er bestimmte sie jedoch neu, indem er sie im Rahmen seiner Rezeption von Platos *nomoi* als Gesetze des menschlichen Strebens nach »Glückseligkeit/*Sa'ada*« in einer tugendhaften politischen Ordnung neu deutete. Nach Mahdi war Farabis Philosophie der »meeting ground« zwischen Islam und klassischer griechischer Philosophie.[11]

In der Farabi-Forschung besteht ein Konsens der Experten darüber, daß es im höchsten Maße schwierig ist, seine einzelnen Schriften zu datieren und ihre Entstehungsgeschichte zu rekonstruieren. Seine großen philosophischen Abhandlungen (21 Werke) umfassen Bereiche der theoretischen und praktischen Philosophie; außerdem liegt von ihm eine bedeutende musiktheoretische Arbeit vor: *Kitab al-musiqa al-kabir* (Das große Musikbuch), die ihn als »den größten Musiktheoretiker des mittelalterlichen Islam«[12] ausweist. In unserem Kontext interessieren primär seine beiden wichtigen Schriften über Plato und Aristoteles sowie seine Abhandlung *Kitab tahsil al-sa'ada* (Das Buch über die Erlangung der Glückseligkeit). Diese drei Werke bilden eine Trilogie, die Muhsen Mahdi ins Englische übersetzt und kommentiert hat.[13] Vorrangig ist ferner sein politisch-philosophisches Hauptwerk *Ara' ahl al-madina al-fadila* (Die Ansichten der Leute von der tugendhaften Stadt), dessen arabischen Text Friedrich Dieterici im Rahmen einer sorgfältigen Forschung nach den Londoner und Oxforder Handschriften 1895 (Neudruck 1964) herausgebracht hat; fünf Jahre danach legte er den Farabi-Text in einer jedoch immer noch der Korrektur bedürftigen deutschen Übersetzung – mit einer umfangreichen Einleitung versehen – vor.[14] Darüber hinaus ist in diesem Zusammenhang Farabis Abhandlung *al-Siyasa al-Madaniyya*[15] von zentralem Interesse, von der im Mittelalter hebräische und lateinische Übersetzungen angefertigt worden sind. Im folgenden möchte ich mich auf den »tugendhaften Staat« al-Farabis konzentrieren, in dem der vernunftbegabte Imam, d. h. der Philosophenkönig, die Muslime leitet.

Die tugendhafte Ordnung führt ein Philosoph als Imam an

Farabis *al-Madina al-fadila* orientiert sich stark an Platos *Politeia*, weicht von ihr aber – durch die Anpassung an das islamische, jedoch rational bestimmte Weltbild – an zentralen Stellen ab. Der Philosoph der griechischen Polis wird im Islam zum Imam, der die islamische *Umma* anführt. *Madina* ist ein arabisches Wort für *Polis*, und das Adjektiv *fadila* bedeutet tugendhaft. In Farabis Schrift geht es also um die tugendhafte Idealordnung, weshalb die Übersetzung von Dieterici mit »Musterstaat«, abwechselnd mit »Vorzugsstadt« (vgl. Anm. 14, S. 86), nicht ganz adäquat ist. Obwohl sich Farabi auf den Koran-Text bezieht, orientiert sich seine Weltsicht und die in diesem Kontext stehende tugendhafte Ordnung nicht am Koran; seine Erkenntnis basiert auf der menschlichen Vernunft.

Der hohe Rang der politischen Philosophie in Farabis Klassifikation der Wissenschaften korrespondiert mit seiner Ableitung der Politik aus dem rational gedeuteten Kosmos im Rahmen seiner Lehre von der »emanativen Kosmologie«. Farabi geht von dem in seiner Epoche vorherrschenden geozentrischen Weltbild aus, demzufolge sich die himmlischen Sphären (Mond, Merkur, Sonne, Venus etc.) um die Erde drehen. Der Verursacher der ewigen Bewegung ist ein Vernunftswesen. Nach Farabis Lehre der Emanation ist Gott nicht einfach *prima causa*; vielmehr geht von ihm als Schöpfer die gesamte Welt aus. Die Erde stellt nach der Farabi-Deutung des Islamwissenschaftlers Marmura

> »eine Emanation aus der letzten der himmlischen Intelligenzen, dem wirkenden Intellekt (dar) ... In der Welt des Entstehens und Vergehens steht der Mensch aufgrund der Tatsache, daß er mit einer rationalen Seele ausgestattet ist, in der Werteskala am höchsten«.[16]

Diese für die gesamte islamische Philosophie des Mittelalters richtungweisende »emanative Kosmologie« prägt das islamische rationale Weltbild jener historischen Epoche, demzufolge der Kosmos harmonisch und vor allem von der Vernunft geleitet ist. Für Farabi ist Gott das vollkommenste Vernunftswesen. In der aus Allah emanierten, d. h. hervorgegangenen Welt sind die Menschen dem Schöpfer die nächsten Seienden, weil sie – ebenso wie Er – mit Vernunft begabt sind. Aus diesem Grunde können die Menschen Gott und sich selbst erkennen; sie verfügen somit, wie Farabi schreibt, über

> »die Denkkraft, wodurch es dem Menschen möglich ist, das Geistige zu denken. Durch dieselbe scheidet er Gut und Schlecht, und es werden durch dieselbe Künste und Wissenschaften möglich«.[17]

Nach Farabi ist der menschliche Intellekt die innere »Anlage in einem Stoff, der dazu bereitet ist, daß er die Grundzüge des Intelligiblen annehme« (ebd., dt. S. 69, arab. S. 34). Alle Lebewesen haben Farabi zufolge einen Willen, da sie über sinnliche Wahrnehmungsfähigkeit verfügten. Der Mensch unterscheide sich jedoch von allen anderen Lebewesen durch seine erkennende Vernunft. Diese Begabung verhelfe ihm dazu, nicht bloß reaktiv auf seine sinnliche Wahrnehmung hin zu agieren; sie ermögliche es ihm auch, rational zu handeln. Dementsprechend beruhten die Taten der Menschen auf »freier Wahl« und nicht bloß auf einem sinnlich vermittelten »Willen«. Mit diesem Gedanken führt al-Farabi – lange vor Descartes – die Vorstellung vom Menschen als einem denkenden Subjekt im Islam ein, ohne der islamischen Bestimmung des Menschen als *Makhluq* (Geschöpf), d. h. von Allah gesteuertes Wesen, zu widersprechen:

> »Der Hang zu dem, was der Mensch erfaßte, ist im allgemeinen der Wille ...; rührt er aber her von der Überlegung oder logischem Schluß, so nennt man ihn Freiwahl. Diese letzte wird speziell nur am Menschen befunden« (ebd., dt. S. 72 f., arab. S. 36).

Im Gegensatz zu der orthodox-islamischen *Fiqh*-Deutung ist der Mensch bei Farabi verantwortlich für seine Handlungen und eben nicht nur Werkzeug des göttlichen Willens. Denn Gott, das vollkommenste Vernunftswesen, hat den Menschen im Prozeß der Emanation auch mit intelligiblen Fähigkeiten ausgestattet. Der Wille eines Menschen (*Irada*) erlaubt – nach Farabi – um so mehr eine freie Wahl (*Ikhtiyar*), je stärker die intelligiblen Fähigkeiten eines Menschen ausgebildet sind. Analog zu der vernunftmäßigen Ordnung des Kosmos herrsche eine Hierarchie unter den Menschen, und nur die Philosophen unter ihnen verfügten über den für die Führung des Gemeinwesens erforderlichen Intellekt. In diesem Fall ist die »Freiwahl« des Menschen immer sein Streben nach der »Erlangung der Glückseligkeit« (*Tahsil al-Sa'ada*), wie eine zentrale politische Schrift Farabis heißt.[18] Nach dieser Glückseligkeit trachten die Menschen um ihrer selbst willen, denn für Farabi ist sie

> »das wegen seines Wesens erstrebte Gute. Dasselbe dient überhaupt nicht, auch nicht zu irgendeiner Zeit dazu, um dadurch etwas anderes zu erreichen, auch gibt es nicht nach der Glückseligkeit noch etwas anderes Herrlicheres, was der Mensch noch erreichen kann« (Musterstaat, dt. S. 73 f., arab. S. 36).

Diese »Glückseligkeit« erreichen die Menschen nur in einer tugendhaften staatlichen Ordnung, die sie durch »freie Wahl«, d. h. im Bewußtsein ihres Willens, organisieren. Die Voraussetzung hierfür ist, daß die Menschen einen Philosophen als Imam bestimmen, um ihr Gemeinwesen zu leiten. Auf diese Weise ist die Glückseligkeit durch die Menschen als intelligible Wesen realisierbar. Marmura kommentiert diesen Gedanken Farabis, auf die Selbstverantwortung des Menschen qua Vernunftswesen hinweisend, so: Der Mensch müsse

> »sein Leben und seine Gesellschaft selbst ordnen, um mit der Ordnung des Universums in Einklang zu sein. Nur auf diese Weise kann er in dieser Welt und in der nächsten Glück erlangen. Die Erlangung des Glücks ist der Leitgedanke von al-Farabis politischem Denken, ja seiner ganzen Philosophie«.[19]

Die Grenzen zwischen dem Diesseits und dem Jenseits im Hinblick auf die Erlangung der Glückseligkeit sind bei Farabi – wie allgemein im

Islam – fließend. Dennoch liegt der Akzent bei Farabi auf dieser Welt, da das Ideal der »tugendhaften Stadt«, in der der Imam ein Philosoph ist, im Diesseits zu realisieren ist. Nach Farabi vergesellschaften sich die Menschen (*al-Idjtima'*), weil das ihrem Vernunftswesen entspricht. Hier sieht sich der Leser Farabis an die Aristotelische Bestimmung des Menschen als *zoon politikon* erinnert. Nach Farabi

> »ist die Stadt, in der die Vergesellschaftung der Menschen dem gegenseitigen Beistand zur Erlangung der Glückseligkeit dient, in Wirklichkeit die tugendhafte Stadt«.[20]

Die Verwirklichung des menschlichen Glücks im Diesseits öffnet den Weg zu einer Säkularisierung; nicht mehr primär im himmlischen Paradies, sondern auf dieser Erde ist die *Sa'ada*/Glückseligkeit anzustreben.

Die Tugenden und die Vernunft

In seiner vernunftorientierten Bestimmung der Politik unterscheidet Farabi zwischen vier Tugenden (*Fada'il*): 1. die theoretische (*al-nazariyya*), 2. die geistige (*al-fikriyya*), 3. die moralische (*al-khalqiyya*) und 4. die praktische (*al-'amaliyya*) Tugend. Die erste Tugend basiert auf den Wissenschaften (*al-'Ulum*), die zweite auf ihrer intellektuellen Anwendung. Die dritte, die Farabi *al-Fadila ar-ra'isiyya* (die zentrale Tugend) nennt, ist die Ethik; er rückt sie deshalb in den Mittelpunkt, weil ihre Aneignung »die Meisterung aller anderen Tugenden erfordert«. Darüber hinaus kann der *Ra'is*/Oberhaupt, der zugleich ein Philosoph sein soll, die *Umma* als Imam ohne ethische Orientierung nicht tugendhaft leiten. Die vierte Tugend Farabis, die praktische, bezieht sich auf den Regierungsstil, der gleichermaßen erzieherisch – so z. B. durch Überzeugung – und gewaltsam sein kann. Der *Ra'is* kann gegen jene »rebellischen Stadtbewohner« (*al-Mutamarridun min ahl al-mudun*) Gewalt anwenden, die nicht in der Lage sind, die theoretischen Tugenden zu begreifen, und somit nur die Sprache der Gewalt verstehen können. Die Vernunft liefert den Maßstab für die Bestimmung der Tugenden, über die der Imam verfügen muß.

Entsprechend der vernunftbezogenen Hierarchie des Kosmos muß nach Farabi die *Madina al-Fadila*, wenn sie von der Vernunft geleitet wird, rational hierarchisch sein. Die Staatsführung muß einem Imam obliegen, der unter seinen Mitmenschen das höchste Vernunftswesen ist. Diese Voraussetzungen kann nur ein Philosoph erfüllen:

> »Oberhaupt des Musterstaates kann aber nicht jedweder Mensch sein ... Denn die Führerschaft steht nur dem zu, der dazu von Natur (aus) veranlagt ist ... Somit muß das Oberhaupt ein Mensch sein, der die Vollkommenheit erreichte, und er muß sowohl aktuell Intellekt als aktuell intelligibel sein« (Musterstaat, dt. S. 90 f., arab. S. 57).

Die ethische und philosophische Begründung der tugendhaften Ordnung in Farabis politischer Philosophie sowie die Beschreibung der Eigenschaften, die das Staatsoberhaupt vorweisen müßte, sind stets an der Vernunft orientiert. Das Gleiche gilt für den Imam, der das Gemeinwesen beim Aufbau des vollkommen guten Staates leitet. Farabi lehnt sich an Platos *Politeia* und an die weise Polis (*polis sophe*) an, die eine nomokratische, d. h. eine an die sittliche Rechtsordnung gebundene Herrschaft voraussetzt.[21] An zwei entscheidenden Stellen verläßt Farabi jedoch Platos *Politeia* und *Nomoi*:

– Erstens hat Platos tugendhafte Republik als Polis keinerlei Neigungen zum Universalismus, und
– zweitens begründen die *Nomoi* eine Nomokratie und haben nichts mit Prophetie und Offenbarung zu tun.

Farabi ist ein Muslim, der in universellen Begriffen denkt, die ihm seine islamische Zivilisation bereithält. Die tugendhafte Ordnung kann zwar für Farabi – ähnlich wie für Plato – eine Polis sein, aber diese ist im Hinblick auf ihre Größe nur eine Stufe in der Entwicklung der tugendhaften Ordnung, die einmal die gesamte Menschheit erfassen muß. Hier wird der islamische *Umma*-Begriff durch die Hintertür eingeführt. Farabi übernimmt an dieser Stelle seiner politischen Philosophie die islamische Utopie, derzufolge der Islam einmal die gesamte Menschheit unter seinem Banner vereinigen wird. Dies soll aber mittels der Vernunft, nicht auf dem Weg des *Djihad* erreicht werden. Der Staat Farabis ist ein Staat der Philosophen, nicht ein Staat der *Djihad*-Krieger. Sein Philosophen-Imam regiert jedoch nicht eine überschaubare Polis, sondern eine universelle *Umma*.

Auch wenn Farabi die islamische *Schari'a* anführt, geschieht dies im Rahmen seiner *Nomoi*-Rezeption, d. h. mit einer neuen Deutung. Er geht sogar darüber hinaus und interpretiert die islamische Offenbarung und die Prophetie in diesem vernunftorientierten Kontext, wie noch an Textstellen zu zeigen sein wird.

Farabi unterscheidet zwischen »vollkommenen« und »unvollkommenen« Gemeinwesen. Die ersteren, die tugendhaft sind, können drei unterschiedliche Größen haben: große (*'uzma*), mittlere (*wusta*) und kleine (*sughra*):

> »Das größte Gemeinwesen umfaßt sämtliche vergesellschafteten menschlichen Gruppen der Erde. Das mittlere Gemeinwesen stellt eine Gemeinschaft (*Umma*) auf einem begrenzten Erdteil dar, während das kleinste die Bevölkerung einer einzigen Stadt ist« (*al-Madina al-Fadila*, arab. S. 53).

Die Lektüre dieses 26. Kapitels des *Musterstaates* legt die Interpretation nahe, daß die höchste Glückseligkeit nur in der die gesamte Erde umfassenden islamischen *Umma* erreicht werden könne.

> »Die *Madina,* in der die Vergesellschaftung (*al-Idjtima'*) dem gegenseitigen Beistand zur Erlangung der Glückseligkeit dient, ist in Wirklichkeit die tugendhafte Ordnung; und die Vergesellschaftung selbst, die der Erlangung der Glückseligkeit dient, ist tugendhaft; schließlich ist die *Umma,* deren sämtliche Städte (*Mudun*, Plural von *Madina*) bei der Erlangung der Glückseligkeit kooperieren, die tugendhafte Gemeinschaft/*al-Umma al-fadila*« (ebd., arab. S. 54).

Das ist die einzige Stelle bei Farabi, in der die Begriffe *al-Madina al-Fadila* und *al-Umma al-Fadila* synonym verwendet werden, wobei das islamische Ideal die höchste Form der tugendhaften staatlichen Ordnung zu sein scheint.

Es stellt sich hier die Frage, ob Farabi Platos Polis in einem islamischen Sinne universalisiert. Wenn ja, dann wäre die Polis der Ausgangspunkt für eine die gesamte Welt umfassende staatliche Ordnung. Das ist das islamische Ideal, die islamische Utopie von der unter dem Banner des Islam vereinigten Menschheit. Sowohl der Text der *al-Madina al-Fadila* als auch der von *al-Siyasa al-Madaniyya* vermitteln keine eindeutige Antwort hierauf, so daß Farabi nur auf dem Wege der hermeneutischen Textdeutung auf die Spur zu kommen ist.

Für den Autor des Farabi-Artikels in der vom »Pakistan Philosophical Congress« herausgegebenen umfassendsten Geschichte der Philosophie im Islam ist es klar, daß »der Staat bei Farabi einen internationalen Charakter hat, während dieser bei Plato nur ein Stadtstaat ist. Farabis Staat ist ein Weltstaat«[22]. Mit einem Blick auf die Herkunft des zitierten Autors könnte man in dieser modernen Interpretation eine fundamentalistische Farabi-Deutung sehen. Islamische Fundamentalisten unserer Gegenwart träumen von einer islamischen Weltordnung[23]; sie lesen das westliche Konzept vom Weltstaat in den Islam hinein, weil in den autoritativen islamischen Quellen keine Rede von einem solchen Gebilde ist.

Ein anderer Interpret, Muhsen Mahdi, räumt zwar ein, daß die Schlußfolgerung naheliege, Farabi habe die Lehren von Plato und Aristoteles an einem entscheidenden Punkt islamisch modifiziert, um eine »rationale Rechtfertigung für das islamische Konzept vom *Djihad*, dessen Ziel die weltweite Übertragung der islamischen lex divina ist, zu liefern«.[24] Der Aufklärer Mahdi schränkt diese Deutung jedoch weitgehend ein; er erinnert an den textuellen Zusammenhang der Stelle über die *al-Umma al-Fadila*, in der Farabi – wie bereits zitiert – das Ziel der Vergesellschaftung der Bewohner »sämtlicher Städte« lediglich in der »Erlangung der Glückseligkeit« sieht. Mahdi argumentiert weiter, dies könne eine mit Gewalt realisierte universelle Gemeinschaft niemals einlösen, denn in ihr teilten die Menschen den Glauben an *ein* Dogma. Für Mahdi kann dies nur

> »eine Gemeinschaft von Menschen erfüllen, die die wahre Weisheit lieben. Eine Religion kann von ihrer Natur aus – Farabi zufolge – eine Grundlage für eine solche Gemeinschaft nicht bieten« (ebd., S. 199).

Mit anderen Worten: In Farabis Denken gibt es keinen Platz für den *Djihad*. Die Vergegenwärtigung von Farabis kompromißlosem Rationalismus stützt dieses Urteil. Auch de Boer hebt hervor, daß in Farabis »Staats- und Sittenlehre ... für den heiligen Krieg keine rechte Stelle«[25] zu finden sei. Tatsächlich war Farabi ein Philosoph und kein *Djihad*-Krieger. Entsprechend ist der von ihm angestrebte Staat ein Staat der Vernunft, nicht des *Djihad*.

Wer ist der Philosophenkönig?

Der zweite Problembereich in Farabis *Musterstaat*, in dem die Platonische Nomokratie eine völlig andere Form annimmt, betrifft die nähere Charakterisierung des Philosophenkönigs, der die tugendhafte Ordnung anführt. Die Begriffe, die Farabi hier synonym verwendet, sind *Ra'is*, d. h. Staatsoberhaupt, den Dieterici leider primitiv mit »Häuptling« übersetzt (u. a. S. 86 und S. 94), und Imam. Läßt sich der Begriff *Ra'is* noch in das Platonische Denkgebäude einfügen, so ist dies nicht mehr möglich, wenn der *Ra'is* mit dem Imam, dem Führer der islamischen *Umma*, identifiziert wird. Der *Ra'is* ist bei Farabi ein Philosoph und zugleich ein Imam (Kap. 28 im Musterstaat, dt. S. 74 ff., arab. S. 59 ff.). Der Idealfall für Farabi ist allerdings die Koinzidenz von Philosophie und Prophetie. Denn ein Propheten-Philosoph ist Gott sehr nahe, zumal er die Denk- und Vorstellungskraft, d. h. Vernunft mit prophetischen Fähigkeiten, vereinigt. In dem *Ra'is*-Kapitel der *Madina* argumentiert Farabi: Fände sich in einem Menschen

> »die theoretische und praktische Denkkraft, aber auch die Vorstellungskraft, so ist es dieser Mensch als solcher, der Offenbarung empfängt, und ist es Gott der Herrliche, Erhabene, der ihm Offenbarung spendet, und zwar vermittels des schaffenden Intellekts ... Dieser Mensch steht auf der höchsten Stufe der Menschheit« (*Madina*, dt. S. 93, arab. S. 58 f.).

Farabi erwähnt nicht, daß dieser Mensch, dieser Philosophen-Prophet/Imam, der Religionsstifter Mohammed ist, da seine *al-Madina al-Fadila* ein abstrakter philosophischer Entwurf ist. Es ist jedoch deutlich, daß hier »Platos Philosophenkönig in islamischem Gewand«[26] bzw. »Plato in Mohammeds Prophetenmantel«[27] auftritt. Nach der islamischen Doktrin war der Prophet Mohammed mehr als ein Imam; der Imam ist eigentlich der Nachfolger Mohammeds. Bei Farabi ist der Imam jedoch der ideale *Ra'is*/Staatsoberhaupt; somit ist Mohammed bei ihm implizit der wahre Imam.

In dem Kapitel über die Eigenschaften, die der ideale *Ra'is* der *Madina al-Fadila* erfüllen müßte, merkt Farabi nach der Erläuterung der für diese Bestimmung nur schwer zu erfüllenden Voraussetzungen an, daß »das Zusammentreffen dieser (Eigenschaften) in einem einzigen Menschen sehr schwer ist« (*Madina*, arab. S. 60, dt. S. 96). Daher dürfen auch geringere Menschen die Führung als *Ra'is/Imam* übernehmen, nachdem jenes ideale Oberhaupt, nach Farabi unausgesprochen der Prophet Mohammed, verstorben ist. Abweichend von der orthodoxen Doktrin vom Kalifat, die nur einen Kalifen für die islamische *Umma* zuläßt, räumt Farabi sogar ein, daß die *Umma* zwei Oberhäupter haben kann:

> »Findet sich nun nicht ein Mann, in dem alle diese Bedingungen erfüllt sind, gibt es aber deren zwei ... so sind sie beide in dieser Stadt Führer« (dt. S. 97, arab. S. 61).

Wenn sich keine Personen finden lassen, die annähernd die Voraussetzungen für den Philosophenkönig/Imam erfüllen können, dann muß die Führung kollektiv sein. Tritt jedoch die Situation ein, in der eine *Madina* von einem »*Ra'is* regiert wird, der kein (Philosophen-) König ist, dann ist dieses Gemeinwesen vom Untergang bedroht, wenn kein Weiser (*Hakim*) gefunden werden kann, der dem *Ra'is* beisteht« (arab. S. 61, dt. S. 97). Es ist höchst bedauerlich, daß die islamische *Umma* sowohl in der Vergangenheit (die Unterdrücker-Kalifen) wie in der Gegenwart (die Putsch-Offiziere als Lebenszeitpräsidenten) vorwiegend nur solche *Ra'is* hatte und hat, die nicht der Kategorie »*Hakim*/Weiser« zuzuordnen sind.

Die *Madina al-Fadila* ist der Entwurf einer tugendhaften und daher idealen Ordnung, die es in Wirklichkeit nicht geben kann. Alle anderen Ordnungen sind untugendhaft (*fasida*), und Farabi nennt sie *al-Mudun al-djahila* (von *Djahiliyya*/Ignoranz, d. h. die vorislamische Zeit) bzw. *al-Mudun al-dalla* (irregeführt). Die entsprechende Stelle übersetzt Dieterici so: »Der Musterstaat steht im Gegensatz zum Torheits- und Frevelstaat« (dt. S. 98).

Zusammenfassend ist festzustellen: Das unterscheidende Merkmal, das die tugendhafte Ordnung Farabis von den anderen untugendhaften Gebilden abhebt, ist, daß die *Madina al-Fadila* von einem weisen Oberhaupt als Imam geleitet wird, der über die theoretischen und praktischen Tugenden verfügt; sie wird somit von einem Philosophenkönig regiert, der zu einer rationalen Erkenntnis des Universums befähigt und dazu noch mit der praktischen Philosophie als Ethik vertraut ist. Es ist diese tugendhafte Ordnung, nach der die Menschen in ihrem Verlangen nach Glückseligkeit streben. Farabi trug im Islam zu einer vernunftbegründeten Ethik bei. Hätte der Farabismus das Steuer der islamischen Zivilisation übernehmen können, dann wäre der Verlauf der Geschichte ein anderer gewesen.

Das Erbe des Farabismus

Farabis Wirkung im Islam blieb beschränkt. Farabi und der Farabismus haben jedoch auch Einfluß auf europäische Denker des Mittelalters ausgeübt, insofern seine Erkenntnistheorie eine weit über den Islam hinausreichende Bedeutung hat.[28] Bereits Albertus Magnus zitiert ihn; auf den Spuren seines Lehrers hat Thomas von Aquin al-Farabis Emanationsphilosophie rezipiert, von der er – nach Hammond – erheblich beeinflußt wurde. Farabi war nicht bloß ein Kommentator der griechischen Philosophie. Ebenso wie die anderen islamischen Philosophen hat er, um die Worte Blochs zu bemühen, »das griechische Licht zugleich gerettet und verwandelt«; in diesem Sinne kann man auch Hammonds Worte zitieren, wonach »al-Farabi die erste Durchdringung des Arabismus durch den Hellenismus und umgekehrt, die Durchdringung des Hellenismus durch den Arabismus, gelang«.[29]

Al-Farabis Denken war nicht religiös oder religio-politisch geprägt, und es war auch nicht rückwärts orientiert, obwohl er versuchte, die islamische Prophetie und Offenbarung mit der vernunftgeleiteten Philosophie zu harmonisieren. Doch selbst bei diesem Versuch gab er die Idee des vernunftbegabten Menschen als einer Emanation Gottes nicht auf. Die Tugend in ihren theoretischen und praktischen Zweigen bestimmt die Qualität eines Menschen; das Wissen (*al-'Ilm*) gehört allen Menschen und ist nicht bloß ein Privileg einer einzelnen Menschengruppe, z. B. der islamischen orthodoxen Schriftgelehrten (die *Ulema*). Das Gleiche gilt für die Methoden des Wissenserwerbs, wie der Farabi-Interpret Muhsen Mahdi unterstreicht:

> »Ebenso wie das Wissen, von dem Farabi sprach, sind auch die Methoden; sie sind kein spezielles Eigentum einer bestimmten Gemeinschaft oder einer Ordnung. Es sind Methoden, mit deren Hilfe der Mensch zu verschieden gearteten Überzeugungen gelangen kann.«[30]

In diesem Sinne möchte ich al-Farabi von den islamischen *Faqihs* (Plural: *Fuqaha'*) positiv abheben. Für die meisten Muslime ist der Islam nicht nur eine Religion; er vermittelt das beste und überlegenste Wissen. Für Farabi kommt das rationale Wissen nicht aus der Religion, sondern aus der Philosophie, die allen Menschen gehört, da sie als Emanationen Gottes von ihm mit Vernunft begabt worden sind. Mit dieser Erkenntnis bereitete Farabi den Weg für die Lehre des Averroës von der doppelten Wahrheit. Es war jene Lehre des islamischen Mittelalters, die zwischen religiöser und rationaler Wahrheit unterscheidet und von der heutige Muslime noch viel lernen können.

Philosophie heißt für Farabi die rationale Erkenntnis der Welt. Durch diese Vernunftsbestimmung des Universums und durch seine Lehre, daß der Mensch als vernunftbegabtes Wesen nach dem Strukturprinzip der *Ikhtiyar* handelt, d. h. einen freien Willen hat und somit für seine Handlungen verantwortlich ist, hat al-Farabi in das politische Denken der islamischen Zivilisation eine neue Dimension eingeführt. Der Farabismus hat den Weg für eine, von der Orthodoxie leider unterbrochene, islamische Aufklärung geöffnet, einen Weg, den nach Farabi die großen islamischen Rationalisten Avicenna und Averroës beschritten haben. Diesem Weg folgte die islamische Zivilisation jedoch nicht in ihrer Hauptströmung.

Die wichtigsten Philosophen des Hoch-Islam, die das Erbe des Farabismus antraten, habe ich schon einleitend angeführt. Einer von ihnen war Avicenna aus dem arabischen Osten, der 980 geboren wurde und 1035 starb. Er war kein politischer Philosoph im engen Sinne, obwohl er in seiner auch in Europa einflußreichen Schrift »*Kitab al-Schifa*/Das Buch der Genesung« politische Fragen aufwarf, wie z. B. die nach der Stellung des Rechts und nach dem Zweck der politischen Gemeinschaft sowie nach der »Notwendigkeit eines gesunden ethischen Lebens unter den Bürgern«.[31] Avicenna schrieb jedoch nie eine selbständige Abhandlung über die Politik. Seine Bedeutung lag in seinem Wirken als Arzt und Philosoph.

Die wichtigste Leistung von Avicenna im Osten wie des Averroës (1126 bis 1198) im arabischen Westen war, daß beide – wie später Kant in Europa – eine Vernunftsphilosophie entwickelten, die die Welt nach rationalen Maßstäben deutete. Averroës hat in seinen Aristoteles-Kommentaren mehr als Avicenna zur Politik zu sagen, wenngleich auch er primär eine vernunftgeleitete Erkenntnisphilosophie im Anschluß an das griechische Erbe entfaltete. Averroës hatte auch politische Ämter inne, wie das des Kadi von Sevilla im Jahre 1169 und in Córdoba 1182, aus denen er wegen seines Rationalismus entfernt und in die Verbannung geschickt wurde; dort verfaßte er wichtige Werke, ehe er nach Marokko floh und im Jahre 1198 starb.[32] Der Averroëismus trug in der Renaissance in Europa Früchte, nicht jedoch in der islamischen Zivilisation (vgl. hierzu oben S. 130, Anm. 11).

Farabi, Avicenna und Averroës sind die größten geistigen Figuren des mittelalterlichen Islam, die ein Vernunftsdenken in die islamische Zivilisation einzuführen versuchten.[33] Es war folgenreich für sie, daß diese vernunftgeleitete Denktradition in ihr nicht Fuß fassen konnte. Die *Fiqh*-Orthodoxie hat die rationale Deutung des Kosmos verdrängt und ihren Platz eingenommen. Was sich aus dieser religiösen Tradition entwickelte, wird uns im folgenden Kapitel beschäftigen.

Kapitel 5
Die Rückkehr zum Schari'a-Imam: Die Orthodoxie von al-Mawardi und Ibn Taimiyya gegen die islamische Aufklärung

Die sunnitische Fiqh-Doktrin: Die Legitimation des Kalifats

Die rationale Logik und das philosophische Denken haben die Muslime, die durch die Hellenisierung in diese Denkweise eingeführt wurden, von der Schriftgläubigkeit befreit; der Rationalismus hat neue Perspektiven für die islamische Zivilisation eröffnet. In ihrer Art war die Philosophie des Rationalismus im frühmittelalterlichen Islam die islamische Spielart der Aufklärung, die jedoch leider keine institutionellen Wurzeln in der islamischen Zivilisation hat schlagen können. Aus diesem Grunde war die rationale Weltsicht im Islam nicht von Dauer. Der islamische Rationalismus konnte in einer anderen Zivilisation gedeihen; er wurde über Córdoba und Toledo an das Abendland weitergegeben, nicht aber an die nachfolgenden islamischen Generationen.

Gegen den islamischen Rationalismus schritt die islamische Orthodoxie mit ihrer *Fiqh*-Doktrin ein. *Fiqh* bedeutet im Islam das menschliche Denken über das göttliche Gesetz, über die *Schari'a*. Auf die Verwechslung von *Fiqh* und *Schari'a* bzw. auf ihre synonyme Verwendung durch islamische Fundamentalisten habe ich bereits hingewiesen. *Schari'a* ist nach Deutung der islamischen Orthodoxie das, was von Gott kommt und als Offenbarung im Koran schriftlich festgehalten ist. *Fiqh* dagegen ist das islamische Wissen der Schriftgelehrten, welches sie als Menschen bei ihrer Deutung der *Schari'a* gewinnen. Die islamische Orthodoxie läßt politisches Denken nur im Rahmen der

Fiqh zu, d. h. es wird auf eine menschliche Deutung des göttlichen Gesetzes beschränkt. In diesem Sinne wirkten die beiden islamischen *Faqihs* al-Mawardi und Ibn Taimiyya, die in diesem Kapitel vorgestellt werden; beide waren politische Denker nur in ihrer Eigenschaft als *Fuqaha'* (Pl. von *Faqih*). Ehe ich auf beide näher eingehe, möchte ich noch einige wichtige Unterschiede zwischen rationalistischer Philosophie und islamischer Orthodoxie bei der Bestimmung des »wahren Imam« herausarbeiten.

Einer der wichtigsten Unterschiede zwischen den *Fiqh*-Denkern und den Philosophen des mittelalterlichen Islam bestand darin, daß für die ersteren die Offenbarung/*Wahi* den verbindlichen Bezugsrahmen allen Denkens bildete, während für die islamischen Philosophen alleine die Vernunft/*al-'Aql* als oberste Maxime galt. Infolgedessen ist die Art des politischen Denkens zwischen beiden grundverschieden. Die islamischen *Fiqh*-Denker haben nicht versucht, Entwürfe darüber zu entwickeln, wie der ideale Staat und sein Oberhaupt/*Ra'is* beschaffen sein sollte. Einen solchen Entwurf haben wir jedoch in al-Farabis *Madina al-Fadila*, der idealen tugendhaften Ordnung, kennengelernt, wo der Imam die Eigenschaften eines Philosophen besitzen, d. h. zum rationalen Denken fähig sein muß. Ganz im Gegensatz zu den Philosophen bildete der real bestehende Staat den Brennpunkt des Denkens der *Faqihs*. Für sie war die Frage zentral, wie der reale Staat mit den Grundnormen der *Schari'a* in Einklang gebracht werden könne. Für die *Fiqh*-Denker war die islamische *Schari'a* der ideologische Rahmen, mit dessen Hilfe sie die bestehende Herrschaft eines Imam zu legitimieren versuchten; islamische sunnitische *Fiqh*-Denker waren immer Legitimatoren der herrschenden Imame, in deren Dienst sie jeweils standen. Mawardi und Ibn Taimiyya repräsentieren führend die *Fiqh*-Tradition, so wie al-Farabi auf der anderen Seite stellvertretend für die politische Philosophie steht. Besonders am Beispiel Mawardis zeigt der zu seinen Lebzeiten führende Islamwissenschaftler Sir Hamilton Gibb, wie

> »die sunnitische politische Theorie in Wirklichkeit nur eine Rationalisierung der Geschichte der Gemeinschaft *(Umma)* war ... Die Interpretation der

religiösen Quellen ist lediglich die *post-eventum*-Rechtfertigung des bereits Geschehenen, welches schon durch den *Idjma'* ratifiziert worden ist«.[1]

Idjma' bedeutet *consensus doctorum*, also Konsens der Schriftgelehrten. Auf der Basis ihrer Interpretation des Koran und des *Hadith* gelangen die *Faqihs* zur Rechtsfindung. Das ist die zentrale Methode des islamischen Rechts als *Schari'a*. Der Begründer der schafi'itischen Rechtsschule im sunnitischen Islam, al-Schafi'i, hat die Lehrmeinung von der Unfehlbarkeit des *Idjma'* eingeführt und im islamischen Mittelalter etabliert.[2] Der schafi'itische *Faqih* al-Mawardi »stellt die *Fiqh* in den Dienst der politischen Idee« mit dem Ziel, »die Frage der Einheitlichkeit der Herrschaft und die Kontinuität des Staates«[3] als Legitimationsfrage zu untermauern. Um diesen geschichtlichen Zusammenhang angemessen zu verstehen, ist es erforderlich, parallel zur Biographie Mawardis den historischen und sozio-politischen Hintergrund seines Denkens zu beleuchten.

al-Mawardi und seine Zeit: Keine einheitliche Umma!

Der *Faqih* Abu al-Hassan al-Mawardi wurde im Jahre 974 in der irakischen Stadt Basra geboren, wo er in religiösen Seminaren seine *Fiqh*-Ausbildung bekam, ehe er in Bagdad seine Laufbahn als schafi'itischer Religio-Jurist, d. h. als *Faqih*, begann. Diese Tätigkeit brachte ihm später den Titel *Aqda al-Kudat* (der Würdigste aller Richter/Pl. von *Kadi* = *Kudat*) ein. Mawardi diente, wie es seinerzeit für die islamischen *Faqihs* üblich war, am Hofe des Kalifen, jedoch unter den veränderten Bedingungen des Abbasiden-Reiches. Die Zentralinstanz von Bagdad hatte bereits ihre Autorität eingebüßt; das Territorium des islamischen Imperiums war durch die Verselbständigung der Regionalherrscher brüchig geworden und in Frage gestellt. Nach langem Wirken verstarb Mawardi im Jahre 1058.

Im Zentrum der Macht in Bagdad hatte damals der Konflikt zwischen Arabern, Persern und Türken institutionelle Formen im Staatsapparat selbst angenommen; der Kalif war – bis auf seine religiöse

Autorität als Imam – kein wirklicher politischer Herrscher mehr. Die durch die Macht des Imam repräsentierte religiöse und politische Einheit war gespalten. Die führenden Ämter des *Wesirs* (Minister) und später des *Emirs* (Prinz; davon das Amt *Amir al-'Umara'*, Prinz aller Prinzen, sprich Ministerpräsident) hatten bereits die Perser aus dem Hause der *Buyiden* inne, die dadurch die tatsächliche Macht besaßen. Sie praktizierten die schi'itische *Taqiyya* (d. h. Verheimlichung des Glaubens im Innern/*Batiniyya*). Nach außen gaben sie sich als Sunniten, faktisch waren sie aber Schi'iten, Feinde zugleich des sunnitischen Islam und der mehrheitlich sunnitischen Araber. Die schi'itische *Taqiyya* ist in ihrem Ursprung die Antwort auf die sunnitische Unterdrückung und gegen die Sunniten gerichtet; ihre Praxis gehört zu den Quellen des klassischen Verschwörungsdenkens bei den sunnitischen Arabern. Im 20. Jahrhundert treibt es seltsame Blüten.[4] Umgekehrt fördert die sunnitische Verfolgung bei den Schi'iten eine andere Spielart der Verschwörung.

Die türkischen Seldschuken standen vor den Toren Bagdads, als Mawardi noch am Hofe wirkte.[5] In seinem Werk verfolgt er eine doppelte Fragestellung. Auf der einen Seite fragt er, wie die Legitimität eines einheitlichen islamischen Reiches unter der Herrschaft des Kalifen als politischer und religiöser Imam aufrechtzuerhalten ist; auf der anderen Seite befaßt er sich mit dem tatsächlichen politischen Zustand des Status quo, um die reale Spaltung der islamischen *Umma* und ihrer staatlichen Ordnung in Einklang mit der *Fiqh*-Doktrin zu bringen. Politisches Denken im Rahmen der *Fiqh* will also weder Vorhandenes erklären noch einen besseren Zustand entwerfen, es ist vielmehr eine religiöse Rechtfertigung des jeweiligen Status quo, ohne jedoch die religiöse Doktrin zu revidieren. Diese bleibt formal unangetastet, ihr Sinn aber ändert sich mit den eingetretenen Veränderungen.

Es dient dem Verständnis der politischen Ideen al-Mawardis und seiner Zeit, noch einmal daran zu erinnern, daß der Prophet Mohammed auch das Oberhaupt des Stadtstaates von Medina war. Diese politische Ordnung wurde zunächst unter der Herrschaft der auserwählten und deshalb rechtgeleitet genannten Kalifen (die *Raschidun*-Periode 632 bis 661) fortgesetzt. Unter der Dynastie der Umaiyyaden (661–750) wurden die islamischen Eroberungen (*Futuhat*) weiterbetrieben, so daß sich der Stadtstaat von Medina zu einem Weltimperium/Welt-Kalifat ausdehnen konnte (vgl. Kap. 1). Viele nicht-arabische Völker haben in diesem Zeitraum die zunächst *arabische Religion des Islam*[6] angenommen. Die Umaiyyaden kamen, wie Mohammed selbst und auch die *Raschidun*-Kalifen, aus demselben arabischen Stamm von Quraisch, wenngleich aus unterschiedlichen Sippen. Die nicht-arabischen Muslime wurden als zweitrangige Muslime, als *Mawali*, diskriminiert und während der Umaiyyaden-Herrschaft von allen Staatsämtern ferngehalten. Dieses arabische Verhalten förderte das Gedeihen der *Schi'a* unter den nicht-arabischen Muslimen. Eben mit Hilfe dieser *Mawali*, vor allem der Perser unter ihnen, gelang es der Sippe der Abbasiden aus demselben arabischen Quraisch-Stamm, die Herrschaft der Umaiyyaden zunächst anzufechten und sie im Jahre 750 unter der Führung von Abu al-'Abbas *al-Saffah*, d. h. der Blutvergießer (750–754), der von Irak aus wirkte, zu stürzen. Ebenfalls 750 gründete er dort den Abbasiden-Staat/Kalifat[7]; sein Sohn, der zweite Abbasiden-Kalif al-Mansur (754–775), baute im Jahre 754 die Stadt Bagdad zum Zentrum des neuen Reiches aus. Der Hof von Bagdad[8] war unter dem auch in welthistorischer Hinsicht großen Kalifen Harun al-Raschid (786–809) das Zentrum jener Epoche des Hoch-Islam. Unter den Abbasiden öffnete sich die arabo-islamische Zivilisation anderen Kulturkreisen; im Schoße der Herrschaft ihrer Kalifen erfolgte die bereits im vorangegangenen Kapitel diskutierte Hellenisierung des Islam im Rahmen der islamischen Aneignung des altgriechischen Erbes.

Auf ihrem Höhepunkt waren die Abbasiden-Kalifen weltweit geachtete Träger einer zivilisatorisch entwickelten Zentralinstanz. Die Abbasiden-Zeit bildet den Zenit der islamischen Zivilisation. Die Militärführer des Kalifen rekrutierten sich aus den Türken und die hohen Beamten ihrer Administration aus Persern; sie waren dem arabischen Imam zunächst untergeordnet und ergeben. Der Sohn des großen Harun al-Raschid, der Kalif al-Ma'mun (813–833, vor ihm sein Bruder al-Amin, 809–813), förderte die theologisch-philosophische *Mu'taziliten*-

Schule. Er ließ sie als Hof-Philosophen wirken und ihre Lehre von dem *Geschaffensein des Koran* verbreiten. Der Kalif-Imam hat diese Lehren der *Mu'taziliten* auch persönlich übernommen. Ihre Verbreitung hätte dazu beitragen können, den islamischen Fatalismus zu überwinden (vgl. Kap. 3), weil sie dem freien Willen des Menschen seinen Platz einräumt. Zu Lebzeiten Mawardis war bereits eine Verfallsepoche in der islamischen Zivilisation angebrochen, in deren Verlauf die *Faqihs* den Platz der Philosophen am Hofe des Kalifen einnahmen. Man merke: *Faqih* ist im Islam kein Theologe. Der islamische Unterschied zwischen *Fiqh* (Sakral-Jurisprudenz) und *Kalam* (Theologie) ist dem Christentum fremd, aber für das Verständnis des Islam von zentraler Bedeutung. Die Dominanz der *Fiqh* bedeutet den Vorrang der sakralrechtlichen Orientierung gegenüber spirituell-religiösen Belangen.

al-Mawardi diente am Hofe zweier schwacher abbasidischer Kalifen, al-Qadir-billah (991–1031) und seines Nachfolgers und Sohnes al-Qa'im-billah (1031–1074). Beide Kalifen verfolgten eine Doppelstrategie. Sie waren bestrebt, das sunnitische Element im Staate gegen die *Schi'a* (verdeckt unter den Ministern der persischen Buyiden bis 1055) durch die Förderung der *Fiqh* bzw. durch die Rekrutierung der *Faqihs* als Legitimatoren zu stärken; außerdem bemühten sie sich, eine legitimatorische *Fiqh*-Basis für den Status quo finden zu lassen, die die – real sehr begrenzte – Machtbefugnis des Kalifen rechtfertigen und damit stabilisieren sollte. Beide Erwartungen erfüllte al-Mawardi in seinem Werk *al-Ahkam-al-Sultaniyya*, das ich noch näher vorstellen werde. Mawardi hat jedoch noch andere Schriften vorgelegt, auf die ich kurz eingehen möchte. Sein vom Umfang her gesehen größtes Werk ist *al-Hawi al-kabir* (Die Enzyklopädie), das mehrere Bände umfaßt und einen Abriß der schafi'itischen *Fiqh*-Version enthält. Anerkennung erlangte Mawardi jedoch durch ein kleines, nur ca. vierzig Seiten umfassendes Buch, *Kitab al-Iqna'* (Das Buch der Überzeugung), das auch den Titel *al-Hawi al-saghir* (Die kleine Enzyklopädie) trägt.

Seinerzeit hatte der Kalif al-Qadir aus jeder der vier sunnitischen Rechtsschulen/Konfessionen (*Madhahib*) einen Juristen/*Faqih* ausgesucht und damit beauftragt, *Fiqh*-Katechismen jeweils aus der schafi'itischen, hanafitischen, hanbalitischen und malikitischen Sicht zu schreiben. Von den vier hierbei entstandenen *Fiqh*-Lehrtexten wurde das *al-Iqna'*-Buch von Mawardi von dem Kalifen als das beste befunden.

Zentral unter Mawardis Schriften sind 1. *Adab ad-dunya wa ad-din* (Die Bildung der Welt und der Religion), von dem eine deutsche Übersetzung vorliegt[9]; 2. *Qawanin al-Wizara wa siyasat al-mulk* (Die Gesetze des Wesir-Amtes und die Politik der königlichen Herrschaft), eine Schrift, deren arabischen Text der in Tübingen promovierte Redwan al-Sayed ediert und mit einer Einleitung herausgegeben hat[10], und schließlich 3. die von ihrer Wirkung her gesehen wichtigste politische Schrift *al-Ahkam al-Sultaniyya* (Die Regeln der Herrschaft), von der Ostrorog eine zweibändige französische Übersetzung veröffentlichte.[11]

Bereits in der ersten Schrift wird die Trennungslinie zwischen den islamischen Philosophen und den Religio-Juristen des Mittelalters gezogen. Zunächst scheint kein Dissens zwischen beiden zu bestehen, wenn Mawardi schreibt, »daß die Wissenschaft (*al-'Ilm*) das Edelste für den Sterblichen ist«.[12] Im Gegensatz zum islamischen Rationalisten Farabi (vgl. Kap. 4) versteht Mawardi unter »Wissenschaft« jedoch nicht *Falsafa*/Philosophie. Denn für ihn ist die wichtigste und vorzüglichste unter den Wissenschaften »die Wissenschaft der Religion, insofern die Menschen durch deren Kenntnis der Rechtleitung teilhaftig werden, durch deren Unkenntnis aber in die Irre gehen« (ebd., dt. S. 36, arab. S. 28). al-Mawardi bleibt jedoch nicht bei dieser Umkehrung der von al-Farabi vorgenommenen Rangordnung der Wissenschaften stehen, sondern verwirft strikt und mit scharfen Worten die *al-'Ulum al-'aqliyya* (die rationalen Wissenschaften, d.h. die Philosophie). Auch verwendet er nicht den Begriff »die Philosophen«, sondern spricht nur abfällig von »solchen«, die »die Religion gering schätzen (*al-Mutahawinin fi ad-din*), zu den rationalen Wissenschaften neigen und ihnen den Vorrang geben« (ebd., arab. S. 29). Nach Mawardi würde man eine solche Bevorzugung der rationalen Wissenschaften nicht bei einem Menschen, »der gesunde Sinne und die richtige Überlegung besitzt, antreffen. Denn der Verstand kann es nicht akzeptieren, daß die Menschen sich selbst überlassen sein sollten« (ebd., arab. S. 29, dt. S. 38).

Aus der historischen Untersuchung des in Philadelphia lehrenden Makdisi wissen wir, daß im islamischen Mittelalter der Kampf zwischen *Fiqh* und *Falsafa* im Wettbewerb zwischen der *Madrasa* (religiöses Seminar) als Bildungsort der *Fiqh* und dem *Dar al-'Ilm* (Akademie der Wissenschaft) entschieden wurde.[13] *Madrasa* war der Ort der Vermittlung höherer Bildung im Islam; der islamischen Orthodoxie gelang es, den Zugang der altgriechischen Philosophie und ihrer Zweige, die *»'Ulum al-qudama'«* (d. h. »Wissenschaft der Alten« in Abgrenzung zu *al-'Ulum al-Islamiyya*/den islamischen Wissenschaften) genannt wurden, in die islamische *Madrasa* zu verhindern. *Dar al-'Ilm*, in der die Philosophie gelehrt wurde, konnte nicht die formelle Bildungsstätte des Islam werden. Damit läßt sich zum Teil erklären, warum die intellektuell im Ansatz vorhandene Aufklärung in der islamischen Zivilisation nicht institutionalisiert und somit nicht weiterentwickelt werden konnte. Diese historischen Tatsachen müssen hier vergegenwärtigt werden, um die von Mawardi unter Berufung auf den Begründer seiner schafi'itischen Konfession, al-Schafi'i, vorgenommene Definition der Wissenschaft adäquat zu verstehen. Mawardi schreibt in seiner *Adab*-Schrift:

> »Mit der Religion hängen viele Wissenschaften zusammen, deren Einzelvorzüge al-Schafi'i mit folgenden Worten expliziert: ›Wer den *Koran* erlernt, dessen Wert steigt; wer sich mit der *Fiqh* befaßt, dessen Rang gewinnt an Adel. Wer den *Hadith* aufschreibt, dessen Argumente gewinnen an Kraft; wer sich die *Rechenkunst* aneignet, dessen Überlegung mehrt sich, wer die *'Arabiyya* (das Arabische) erlernt, dessen Naturell verfeinert sich, wer aber seine Seele nicht wahrt, dem nützt all sein Wissen nichts‹« (ebd., dt. S. 39, arab. S. 29 f.).

Bis auf die Arithmetik enthält diese Auflistung ausschließlich die islamischen Wissenschaften in Abgrenzung zur »Wissenschaft der Alten«/Philosophie. Unter »islamischen Wissenschaften« verstand man im islamischen Mittelalter ausschließlich diese in dem von Mawardi angeführten Schafi'i-Zitat aufgelisteten Wissenszweige, die damals und zu jedem anderen Zeitpunkt in der islamischen Geschichte einzig in der *Madrasa* gelehrt werden durften (vgl. Anm. 13). Makdisi hat gezeigt, daß die rationalen Wissenschaften niemals Zugang zu den *Madresen* gefunden hatten. Die anerkannte Quelle des politischen Denkens war nicht mehr die Philosophie, sondern ausschließlich die *Fiqh*. Schriftgläubigkeit ersetzte so die Vernunft des Menschen.

Die Regeln der Herrschaft/al-Ahkam al-Sultaniyya

Bereits im Vorwort seiner zur zentralen politischen Schrift des islamischen Mittelalters erhobenen *al-Ahkam al-Sultaniyya* schreibt Mawardi, eine Entscheidung über die Frage des Kalifats/Imamats könne alternativ auf der Basis der Vernunft oder der göttlich offenbarten *Schari'a* begründet werden.[14] Die Antwort fällt für Mawardi anders aus als für Farabi, der die Person des Imam/Oberhauptes als Philosoph kraft seines intelligiblen Charakters bestimmt. Denn nach Mawardi

> »verordnete Gott, seine Macht sei gepriesen, der Gemeinschaft (*Umma*) einen Führer (*Za'im*), der als Nachfolger des Propheten (*Khalifa*) dient und durch den *Er* die Religionsgemeinschaft *(Milla)* schützt und dem *Er* die Politik (*al-Siyasa* bzw. Autorität) überträgt, damit dieser die Angelegenheiten auf der Basis der richtigen Religion regelt ... Das Imamat ist somit das Prinzip, das die Grundlagen der Religionsgemeinschaft darstellt, das das Wohlergehen der Gemeinschaft regulieren und das Interesse des Gemeinwohls stabil bewahren soll ...« (ebd., S. 2).

Danach ist das Imam-Amt eine religiöse Funktion, die von Gott selbst ausgeht, weil der Imam ein Nachfolger (Kalif) des Propheten ist.[15] Das Zitat macht deutlich, daß *Milla* (Religionsgemeinschaft) und *Umma* (Gemeinschaft der Muslime), d. h. die religiöse Gemeinde und die politische Gemeinschaft, bei Mawardi deckungsgleich sind. Daraus leitet er ab, daß der Imam zugleich ein politischer Führer, d. h. *Za'im* ist, der im Auftrag Gottes und im Einklang mit der *Schari'a* für die Erhaltung der göttlichen Ordnung herrscht. Gleich nach dieser Bestimmung zitiert Mawardi den Koran-Vers: »O Ihr Gläubigen, gehorcht

Gott und dem Gesandten und denen unter Euch, die zu befehlen haben« (Koran, Sure 4/Vers 59). Die Sakralisierung der Herrschaft und des absoluten Gehorsams ihr gegenüber bei gleichzeitiger Leugnung eines jeden Widerstandsrechts wird dadurch ideologisch perfekt vollzogen.

Mawardi führt sieben Voraussetzungen an, die der Imam/Kalif erfüllen muß. Neben der geistigen und körperlichen Gesundheit gehören dazu die Kenntnis der *'Ilm* (Wissenschaft) in dem oben bereits erläuterten Sinne, d. h. als *Fiqh* und nicht als rationalistische Philosophie, und natürlich auch die Abstammung aus *Quraisch*, d. h. aus der ethnischen Gemeinschaft des Propheten. Die Bestimmung einer Person für das Imam/Kalifen-Amt kann nach Mawardi entweder durch einen Akt der Auswahl (*Ikhtiyar*), der alleine von den *Ahl al-Hall wa al-'Aqd* (Leute des Lösens und des Bindens, d. h. die *Faqihs* und die Obrigkeit) vorgenommen werden darf, oder durch die Benennung des Imam/*'Ahd al-Imam* (etwa wenn ein Kalif seinen Nachfolger bestimmt) vollzogen werden. Mawardi erläutert die verschiedenen Verfahrensmöglichkeiten ausführlich und hebt hervor, daß der zum Kalifen »ausgewählte« bzw. »nominierte« Imam durch die *Bay'a*, das Gelübde der Ergebenheit (oder Treueschwur), als Kalif der Muslime bestätigt werden muß.

> »Wenn einem das Imamat angeboten wird und er es annimmt, woraufhin die *Ba'ya* geleistet wird, welches bedeutet, daß ihm nun das Imamat obliegt, dann muß sich die gesamte *Umma* dieser *Bay'a* anschließen und diesem Imam gehorchen« (ebd., S. 5).

Nach Mawardi gibt es nur eine islamische *Umma*, und sie kann auch nur einen Imam haben: »Es ist religiös nicht erlaubt (*la yadjuz*), daß die Umma zur selben Zeit zwei Imame haben kann« (ebd., S. 6). Die *Fetwa*/Rechtsspruch, daß die *Umma* keine zwei Imame haben darf, richtete sich gegen die *Fatimiden*, die ihre Herrschaft von Tunis bis zu der von ihnen gegründeten Stadt Kairo ausdehnten und zu einer Gefahr für Bagdad wurden.

Nach der *Bay'a* kann der Kalif nicht mehr abgesetzt werden. Der

Kalif/Imam kann einen Aufgabenbereich bzw. Machtbefugnisse an einen *Wesir* delegieren bzw. abtreten. Mit dieser Idee der rechtmäßigen Delegation/Abtretung des Inhabers des göttlich abgeleiteten Imam-Amtes an eine dritte Person, sei sie ein *Wesir* (Minister) oder *Emir* (Regionalherrscher), versucht Mawardi mit seiner politischen Theorie das Kalifat in einer Epoche abzusichern, in der der Kalif kein allmächtiger Herrscher mehr war. Mawardi will die Position der Kalifen, in deren Dienst er stand (al-Qadir-billah bzw. al-Qa'im-billah), stärken, indem er sie als Nachfolger des Propheten, dem Gehorsam zu leisten ist, heiligt. Mit dem gleichen Ziel paßt er seine Theorie dem Status quo an, d. h. er trägt dem Sachverhalt Rechnung, daß die politische Macht in Bagdad selbst in den Händen des buyidischen Oberwesirs, des *Amir al-Umara'*, lag und sich längst in den Provinzen des Reiches Lokaldynastien verselbständigt hatten. In jener Zeit reduzierte sich die Reichweite der Autorität des Abbasiden-Kalifen als nominell »wahrer Imam« auf ein Amt, das in unserer Zeit dem eines Oberbürgermeisters von Bagdad vergleichbar wäre. Über Bagdad hinaus hatte der Kalif in jener Verfallsperiode wenig zu sagen; überall dominierten die Regionalherrscher, die die Macht hatten, aber keine »wahren Imame« waren.

Im zweiten Kapitel seiner *Ahkam* behandelt Mawardi die Übertragung des Wesir-Amtes. Er unterscheidet zwischen *Wizarat tafwid*, d. h. einem Delegationsamt, und einem *Wizarat tanfidh*, d. h. einem Exekutivamt (ebd., S. 18 ff.). Der Wesir des ersten Typs handelt zwar im Namen des Kalifats, aber ausschließlich nach seinem Gutdünken. Der Wesir zweiten Typs handelt nur auf Anordnung des Kalifen und vollzieht dessen Willen. Mit der beschriebenen Funktionsteilung rechtfertigt Mawardi die damalige Situation in Bagdad: Nicht nur hatten in vielen Provinzen seines Reiches viele Militärführer ihre eigene Territorialherrschaft aufgebaut, der Kalif war auch an seinem Hof in Bagdad kein uneingeschränkter Herrscher mehr. Mawardi hat in seiner Theorie des Kalifats diese veränderte Situation rechtfertigen wollen, ohne das religiöse Dogma vom »wahren Imam« zu revidieren. Das Denkmuster bleibt: Allah delegiert seine Autorität an einen Imam, und dieser kann sie – nach Mawardi – an andere weiterdelegieren (vgl. Anm. 15).

In seiner *Ahkam* beschäftigt Mawardi sich auch mit der Übertragung des Statthalteramts in den verschiedenen Regionen des Reiches (*Taqlid al-Imara 'ala al-bilad*) durch den Kalifen an eine Person seiner Wahl. Hier führt Mawardi mit Verweis auf *Darura* (Notwendigkeit) den Begriff des *Imarat al-Istila'* (das durch Gewalt erworbene Emir-Amt) ein. *Darura* ist ein *Fiqh*-Begriff, der die Abweichung von den islamischen Geboten in Zeiten der Not bzw. wenn die Zweckmäßigkeit es gebietet (z. B. das sonst verbotene Weintrinken, wenn es als Heilmittel wirkt), gestattet. Nun verfügte der Kalif nicht mehr über die erforderliche Macht, um den sich verselbständigenden Regionalherrschern Einhalt zu gebieten. Aus diesem Grunde anerkannte der von Mawardi entwickelte Begriff des *Imarat al-Istila'* veränderte Bedingungen als *Darura*/Notwendigkeit, obwohl sie in Widerspruch zur religiösen Doktrin standen. In diesem Kontext hat politisches Denken keine andere Funktion als – um den Ausdruck von Gibb noch einmal zu bemühen – die »*post eventum*-Rationalisierung« (vgl. Anm. 1) eines politischen Zustandes zu erfüllen, aber eben auch, wo immer möglich, die Bedeutung des Kalifen als zentrale Instanz hervorzuheben. Mawardi selbst schreibt:

> »Das durch Inbesitznahme zustande gekommene Emirat wird notwendigerweise (*'an idtirar*) legalisiert. Der Kalif überträgt das Emirat an einen Emir, der mit Gewalt ein Territorium des Kalifats ergriffen hat; diesem obliegt kraft seiner Inbesitznahme (*Istila'*) die Autorität und die Staatsführung, der Kalif bleibt aber, mit der Zustimmung des ersten, Exekutivkraft der religiösen Gebote (*ahkam ad-din*) ...« (ebd., S. 27).

Mawardis *Ahkam* beschäftigen sich darüber hinaus mit dem Aufbau der Administration und der Delegierung kalifischer Autorität als Befugnis des Imam, einen *Djihad* (vgl. Kap. 2) zu führen, ferner mit der *Qada'*, d.h. der Rechtsprechung, der Erhebung der *Zakat*/Almosen- bzw. Armensteuer und dem Aufbau des Steuersystems/*Kharadj* bzw. der Kopfsteuer für Nicht-Muslime/*Djizya* etc. Die »Theorie des Kalifats« entwickelt Mawardi nur in den ersten drei Kapiteln, die alleine dieser Schrift ihre Bedeutung verliehen haben.

Aus der Perspektive der Gegenwart ist die Frage wichtig: Welche Bedeutung und welchen historischen Stellenwert haben die politischen Ideen Mawardis in der islamischen Geschichte? Die Antwort lautet schlicht, daß islamische Herrscher unserer Gegenwart weiterhin autokratische Machtinhaber, also Sultane sind. Von muslimischen, demokratisch orientierten Geistesgeschichtlern wird die gesamte historische Last der *Fiqh*-Tradition Mawardi allein aufgebürdet. Mawardi hat jedoch nur den Imam als Sultan bestimmt, indem er das ursprüngliche, streng an die *Schari'a* gebundene Konzept des Kalifats den in seiner Zeit vorherrschenden Bedingungen angepaßt hat. Der Vorwurf, Mawardi habe »in einem hohen Maße zu einer Unterdrückung der demokratischen Ideen und Praxis in der islamischen Welt beigetragen«[16], überbetont die Wirkung seiner Ideen in der islamischen Geschichte.

Mawardi stand in der islamischen Tradition des *Fiqh*-Denkens. Als *Faqih* verfolgte er nicht das Erkenntnisziel, besseres Wissen über die Politik zu gewinnen. Es ging ihm allein darum, die real existierende Herrschaft des Imam mit den *Fiqh*-Begriffen zu durchdenken, um sie *Schari'a*-rechtlich zu legitimieren. Gibb hat auf das zentrale Charakteristikum des sunnitischen *Fiqh*-Denkens hingewiesen, nämlich darauf, daß es sich nur auf politische Fakten bezieht; es enthält keine Zukunftsvision, und es kann das Noch-Nicht-Geschehene nicht denken: »*Ohne Präzedenzfälle keine Theorie*«.[17] Mawardi war einflußreich, aber in dieser Denktradition keine Einzelerscheinung.

Immer wenn die Realität von den Grundnormen der *Fiqh* abweicht, dann wird auf die schon angeführte islamische Rechtsnorm der »Notwendigkeit« (*Darura*) zurückgegriffen. Damit wird nicht etwa eine Reflexion über das Auseinanderklaffen von Normen und Realitäten eingeleitet. Vielmehr geht es darum, die Abweichung mit *Schari'a*-Begriffen zu rechtfertigen, ohne die Normen selbst zu revidieren. Die Abweichung soll als im Einklang mit der *Schari'a* stehend religiös abgesegnet werden. So ist dieses politische Denken stets »*eine post-eventum-Rechtfertigung*« (Gibb), keine Reflexion.

Der Imam als Wächter der Schari'a. Wer überwacht den Wächter?

Die *Faqihs* sind Sakral-Juristen; während der abbasidischen Epoche wurde in die *Fiqh*-Tradition – auch durch Mawardi – eine staatsrechtliche Komponente eingebaut. Wenn nun das Kalifat als eine Rechtsordnung des Imam dargestellt wird, die – laut Mawardi – auf der geoffenbarten *Schari'a* und nicht auf der Vernunft (*'Aql*) basiert, dann stellt sich die Frage nach der staatsrechtlichen Instanz, die die Übereinstimmung der politischen Handlungen des Kalifen mit dem Rechtssystem, d. h. mit der *Schari'a*, überprüft. Der Kalif als Imam soll die Einhaltung der *Schari'a* überwachen. Ann Lambton hat die Frage *Qui custodiet custodes* (Wer überwacht die Wächter?) in den Kontext der politischen Ideen Mawardis gestellt und daran erinnert, daß sie sich als Problem

> »auf der theoretischen Ebene für muslimische Denker nicht stellt, insofern alle Macht delegiert ist. Es wundert daher nicht, daß auch Mawardi dieses Problem nicht diskutiert, geschweige denn gelöst hat«.[18]

Wir kennen das politische Grundmodell schon: Für muslimische *Fiqh*-Denker stammt alle politische Macht von Gott; er delegiert sie an den Propheten als seinen Gesandten. Nach dem Tod des Propheten wird diese Macht an einen Nachfolger, einen Kalifen als Imam der Muslime, delegiert. Dieses Delegationsprinzip wird so ausgelegt, daß sich der Herrscher nur gegenüber Gott zu verantworten hat. Ein Widerstandsrecht existiert nicht, zumal der Herrscher ja im Namen Gottes handelt, und nur Gott ihn bestrafen kann, sollte er von der *Schari'a* abweichen. Bei Ibn Taimiyya wird Widerstand gegen die bestehende Autorität mit Unglauben gleichgesetzt. Und wie ist es, wenn der Imam, der die Einhaltung der *Schari'a* überwacht, sich selbst nicht daran hält? Mawardi sagt, ein Imam dürfe nicht abgesetzt werden. So war in der islamischen Geschichte seit der *Großen Fitna* und dem Mord an Uthman (vgl. S. 68 ff.) Mord am Imam gewöhnlich die Methode, den Imam abzuwählen (vgl. das Motto von Mernissi oben S. 21).

Aus der historischen Perspektive erscheint das Kalifat, dessen Realität Mawardi in seinen politischen Ideen beschreibt und systematisiert, als eine »islamische Auffassung königlicher Herrschaft«.[19] Wie auch Ibn Khaldun (vgl. Kap. 6) sagt, ist der Imam somit schlicht ein König, dem die Religion die Legitimation und die Aura liefert.

In der Einleitung habe ich den modernen islamischen Denker 'Ali 'Abdelraziq, der zu seinen Lebzeiten zunächst ein renommierter Professor der islamischen *Azhar*-Universität und Staatsrechtler war, angeführt. In seiner Schrift *al-Islam wa Usul al-Hukm* (Der Islam und die Grundlagen der Herrschaft, 1925) handelt er auch das Kalifat ab und kommt zu dem Ergebnis:

> »Wenn wir die Wirklichkeit studieren, werden wir feststellen können, daß das Kalifat im Islam allein auf der Basis fürchterlicher Gewalt aufgebaut war ... Der Kalif hat seine Herrschaft stets mit der Macht der Speere und Schwerter und seiner schwerbewaffneten Armeen gehalten ...«[20]

Daraus schlußfolgert 'Abdelraziq:

> »Es versteht sich von selbst, daß jene Muslime, die der Freiheit verpflichtet sind ..., es deshalb ablehnen, sich außer Gott einem Menschen ... bedingungslos zu unterwerfen, so wie ihre Herrscher dies von ihnen verlangen« (ebd., S. 73).

Der *Faqih* und *Azhar*-Professor 'Abdelraziq, der diesen freien Gedanken dachte und es wagte, ihn zu veröffentlichen, wurde daraufhin – wie wir schon wissen – seines Lehramtes enthoben und aus allen richterlichen Ämtern, die er damals bekleidete, entlassen. Ein anderer islamischer Gelehrter unserer Zeit, der Jurist Mohammed Said al-'Aschmawi, der in dieser Tradition steht, hat in seinem 1990 erschienenen Buch über das Kalifat ähnlich kritische Gedanken formuliert.[21] Aus diesem Grunde steht er auf der Mordliste islamischer Fundamentalisten und kann sich öffentlich in Kairo, wo er lebt, nicht mehr zeigen.

Der Umgang mit denkenden Muslimen in der islamischen Zivilisationsgeschichte erinnert an Sartres Spruch: »Die Idee ist lästig wie eine Fliege.« In der islamischen Geschichte ist die Idee sogar lebensgefährlich. Auch wenn das Denken nicht selbst eine Waffe ist, so lenkt es doch die Waffen der Gegner auf den Denkenden. Die Frage, wer denn den Imam als Wächter überwache, folgt konsequent aus der Bemühung der eigenen *'Aql*/Vernunft. Allein das ist schon Häresie/*Kufr*, die die Todesstrafe nach sich ziehen kann.

Die islamische Orthodoxie übernimmt das Ruder im späten Mittelalter: Von Mawardi zu Ibn Taimiyya

Der Islam kennt auch Denker, die den Imam rational hinterfragen. Der Begründer der politischen Philosophie im Islam, der Rationalist al-Farabi (vgl. Kap. 4), wirkte im zehnten Jahrhundert. Im arabischen Spanien[22] gedieh im 12. Jahrhundert eine große Tradition islamischer politischer Philosophie, aus der Ibn Badja (lat. Avempace, gest. 1138), Ibn Tufayl (1105–1185) und auch Averroës (1126–1198) hervorgingen. Sie setzten die Farabi-Tradition fort.[23] In diesem zwölften Jahrhundert, d. h. zu einer Zeit, als die arabo-islamische Kultur in Córdoba immer noch blühte, war Bagdad, das Zentrum des islamischen Reiches, bereits erheblich geschwächt. Schon im elften Jahrhundert verlor das Abbasiden-Reich des Kalifen im Inneren wie im Äußeren seinen Glanz. Die Intoleranz breitete sich aus. Philosophen wurden verfolgt und ihre Bücher verbrannt. Die Religio-Jurisprudenz (*Fiqh*) löste die Philosophie ab.

Mawardi (gest. 1058) und sein Werk kennzeichnen die Epoche des Niedergangs der islamischen Zivilisation, in der die Philosophen keinen Platz mehr hatten. Als 1263, etwas mehr als zwei Jahrhunderte nach Mawardis Tod, der zweite große und einflußreiche Vertreter der *Fiqh*-Tradition im politischen Denken des Islam, Ibn Taimiyya, geboren wurde, hatten die Mongolen Teile des Reiches überrannt, Bagdad 1258 erobert und dabei fast zerstört. Die innere Zersplitterung des Reiches hatte schon vor 1258 dramatische Ausmaße angenommen und war nach dem Fall Bagdads noch augenfälliger geworden. Hinzu kamen die sieben Kreuzzüge (zwischen 1099 und 1291), die ebenfalls negative

Auswirkungen hatten; sie fanden zwar an der Peripherie Bagdads statt, begleiteten jedoch das allgemeine Phänomen des Zerfalls.

Unter diesen Bedingungen wirkte Abu al-'Abbas Taqi ad-Din Ahmad *Ibn Taimiyya* (1263–1328), der gegen Chaos und Verfall in der *Umma* als der Religionsgemeinschaft des Islam anzukämpfen versuchte. In seiner zentralen politischen Schrift *al-Siyasa al-Schar'iyya* (Die an der *Schari'a* orientierte Politik) zitiert er den sunnitischen Spruch *al-Sultan zhul Allah 'ala al-ard*/ Der Sultan ist der Schatten Allahs auf Erden.[24] Und weiter:

> »Die sechzigjährige Herrschaft eines ungerechten Imam ist noch besser als eine einzige Nacht ohne einen Sultan.«

Ibn Taimiyya kommentiert diese sunnitische Weisheit: »Die Erfahrung (*Tadjriba*) bestätigt die Richtigkeit dieser (religiösen) Vorschrift« (ebd., arab. S. 185, franz. Übers. S. 173). Er zitiert Ahmad Ibn Hanbal (780–855), den Begründer der hanbalitischen, der strengsten aller vier Rechtsschulen des Sunna-Islam, der gesagt haben soll: »Wenn uns von Gott ein einziges zu erfüllendes Bittgebet bliebe, dann würden wir dies für den Sultan verrichten« (ebd.).

Ibn Taimiyya wurde im Jahre 1263 in Harran in der Nähe von Damaskus geboren; sein Vater war ein bekannter *Faqih*. Schon als zwanzigjähriger Rechtsgelehrter folgte er seinem Vater nach dessen Tod in der Professur für hanbalitisches Recht an der Sukkariyya-Hochschule (*Madrasa*). Nach der Eroberung Bagdads durch die Mongolen 1258 wurde Kairo das Zentrum des Islam. Seinerzeit haben dort (ab 1250) die Mameluken[25] geherrscht, die ihren Machtbereich auf Syrien erweitern konnten, wo Ibn Taimiyya wirkte. Während der Herrschaftszeit des Mameluken-Sultans al-Malik al-Mansur stand Ibn Taimiyya in dessen Dienst als Mahner zum *Djihad* als religiöser Vorschrift (vgl. Kap. 2). Obwohl ein kompromißloser Gegner des Widerstandsrechts, geriet Ibn Taimiyya mehrmals durch seine strikte Orthodoxie in Feindschaft zu mehreren Regionalherrschern und mußte deshalb in Damaskus und später auch in Kairo einige Jahre im Gefängnis verbringen; einen Teil seiner Schriften schrieb er als Gefangener. Sein Leben endete im Jahre 1328 in einem Damaszener Gefängnis. Diese Widersprüchlichkeit im Leben und Denken des Ibn Taimiyya begegnet uns in unserer Gegenwart bei den islamischen Fundamentalisten. Sie besteht in der Ablehnung des Widerstandsrechts bei gleichzeitiger Revolte gegen den Herrscher, dem die Eigenschaft des Imam abgesprochen wird. Dies ist sicherlich mit ein Grund dafür, daß es kein Werk eines islamischen Denkers aus dem Mittelalter gibt, das an Popularität und Verbreitung unter den zeitgenössischen Fundamentalisten mit dem Ibn Taimiyyas konkurrieren könnte. Ibn Taimiyyas Werk *al-Siyasa al-Schar'iyya* ist einer der Katechismen islamischer Fundamentalisten; sein Leben in den Gefängnissen dient ihnen als Vorbild in ihrem Kampf gegen die heutigen verhaßten Sultane.

In seinem Artikel in der *Enzyklopädie des Islam* über diesen *Faqih* berichtet Ben Cheneb von 500 hinterlassenen Werken Ibn Taimiyyas.[26] Der größte Teil dieser Schriften befaßt sich mit *Fiqh*-Fragen. Darunter ragen zwei wichtige politische Schriften hervor: *al-Siyasa al-Schar'iyya*, ein Werk, das Henri Laoust als *Traité de droit public* übersetzt hat[27], sowie *Minhadj al-Sunna* (Der Weg der Sunna). In dem erstgenannten Werk, das anhaltenden Einfluß bis in die Gegenwart ausübt, liefert Ibn Taimiyya eine neue, an die veränderten historischen Verhältnisse (Auflösung des Kalifats von Bagdad) angepaßte *Fiqh*-Doktrin. Diese Arbeit entstand zwischen den Jahren 1309 und 1314. Das zweite Werk ist eine sunnitische Auseinandersetzung mit der schi'itischen Auffassung vom Imamat und enthält generell eine polemische Widerlegung des Schi'itentums. Zu den Schriften Ibn Taimiyyas gehören zentrale Polemiken gegen die Philosophie, u. a. *ar-Radd 'ala al-mantiqiyyin* (Die Widerlegung der Logiker) und *Naqd al-Mantiq* (Kritik der Logik). Für Ibn Taimiyya steht die *Schari'a* über der Logik (vgl. das Ibn-Khaldun-Motto, S. 125 f.). Hatten die islamischen Philosophen Aristoteles dadurch geehrt, daß sie ihm den Rang des *Mu'allim al-Auwal* (»der erste Meister«, vgl. oben S. 82) zuwiesen und ihren eigenen großen Philosophen al-Farabi nur an die zweite Stelle setzten (»der zweite Meister«), so setzt Ibn Taimiyya Aristoteles herab als einen »*Adjhal al-nas*/der ignoranteste aller Menschen«.[28]

Das arabische Wort *Djahil* (Ignorant) ist mit dem der *Djahiliyya* (Ignoranz, d. h. vorislamische Zeit) verwandt und hat eine ähnliche Bedeutung. Für Ibn Taimiyya galten nur die Lehren des *Salaf* (des Alten, Guten), d. h. die Lehren Mohammeds und der rechtgeleiteten *Raschidun*-Kalifen, also nur die des Koran und der Sunna. Alles andere war für ihn *Bid'a* (Neuerung, Innovation) – für die mittelalterliche Orthodoxie gleichbedeutend mit Unglauben und Häresie.

> »Das ist der Grund dafür, weshalb Ibn Taimiyyas Bestrebungen eine *Salafi*-Bewegung genannt wurden. Sein Motto war: Zurück zum Koran und zur Sunna des Propheten ... Er glaubte, daß der Islam gleichermaßen durch Sufismus (Islam-Mystik), Pantheismus, Theologie (*Kalam*) und Philosophie verdorben worden ist ... Aus diesem Grund hat Ibn Taimiyya seine Werke und Abhandlungen gegen die *Sufis,* die Theologen (*Mutakallimun*) und die aristotelischen Philosophen geschrieben.«[29]

Ein Islamwissenschaftler kommt nach einer Untersuchung der Glaubenslehre Ibn Taimiyyas zu dem Ergebnis, daß dessen Werke ihn »als treuen Jünger der alten Orthodoxie (ausweisen) ..., daß er bestrebt (war), nichts anderes als die Grundzüge des ursprünglichen Islam zur Geltung zu bringen«.[30] Das ist nur die halbe Wahrheit, insofern sie sich auf die Intention Ibn Taimiyyas bezieht. Die andere, im zitierten Urteil nicht enthaltene Hälfte der Wahrheit ist die Tatsache, daß Ibn Taimiyya in einer anderen Zeit, einer Zeit des Niedergangs wirkte; diese äußeren Umstände sind auch in sein Denken eingegangen.

Die Lektüre der politischen Schriften Ibn Taimiyyas im Lichte des sozialhistorischen Textverständnisses zeigt, daß der von ihm beabsichtigte Rückgriff auf den »ursprünglichen Islam« weniger orthodox war, als es zunächst den Anschein hat, insofern er der Anpassung der *Fiqh*-Doktrin an die damals vorherrschende aktuelle politische Situation diente. Schon die Sprache Ibn Taimiyyas, der ja nicht weniger orthodox war als Mawardi, ist eine andere. So ist der zentrale Begriff bei ihm der der *Wilaya* (politische Autorität) bzw. des *Wali al-amr* (die Person, die die politische Autorität innehat) und nicht mehr das *Kalifat* bzw. der *Kalif.* Denn ein Kalifat hat es zu Ibn Taimiyyas Zeit nicht mehr gegeben.

Aus der Vorstellung, daß alle Muslime eine einheitliche, ja weltumfassende *Umma* bilden, folgt die religiöse Vorschrift, daß diese *Umma* einen für alle Gläubigen autoritativen Imam haben muß. In dem vorangegangenen Mawardi-Abschnitt haben wir die klassische Doktrin kennengelernt, daß der Imam, welcher konkret der Kalif von Bagdad war, als Autorität für alle Muslime galt. Ibn Taimiyya war der erste *Fiqh*-Denker, der hiervon abweichend lehrte, die islamische *Umma* dürfe mehrere Imame haben.[31] Damit trug er dem Tatbestand Rechnung, daß eine einheitliche politische Organisation der *Umma* nicht mehr existierte. Ibn Taimiyya ging es darum, die Geltung der *Schari'a* auch bei Abwesenheit eines Kalifen, der nach der Doktrin deren Anwendung überwacht, zu betonen – ein weiterer Grund für die Aktualität Ibn Taimiyyas und für seinen Einfluß auf die Fundamentalisten unserer Gegenwart: Sie wollen gleichfalls die Geltung der *Schari'a* bei Nicht-Vorhandensein eines gesamtislamischen »wahren Imam« durchsetzen; für islamische Fundamentalisten gelten zeitgenössische Herrscher nicht mehr als Imame, ja nicht einmal mehr als Muslime. Die Herrscher selbst wollen aber als Imame anerkannt werden und sind bereit, diesen Anspruch auch mit äußerster Gewalt durchzusetzen.

Beide, Mawardi und Ibn Taimiyya, rechtfertigten ihre politischen Ideen mit einem Rückgriff auf die *Fiqh*-Doktrin als Gegnerin der rationalistischen Philosophie. Diese islamische Sakral-Jurisprudenz war und ist keine konstante Größe; sie diente stets zur Rechtfertigung des bereits Geschehenen, d. h. sie erfolgte *post eventum*. Das politische Denken basiert nicht auf einer philosophischen Spekulation über Mensch und Kosmos, wie etwa bei al-Farabi; es steht vielmehr im Dienst der legitimatorischen Beschreibung der jeweils geltenden Zustände der *Umma* und ihrer Imame.

Parallel zum Niedergang der politischen Philosophie im Islam koppelt Ibn Taimiyya die Politik (*al-Siyasa*) erneut von den rationalen Wissenschaften ab und ordnet sie der Religion (*al-Din*) bzw. dem Kult (*al-'Ibada*) unter. In seiner politischen Schrift *al-Siyasa al-Schar'iyya*

(Die *Schari'a*-orientierte Staatsführung/Politik) sakralisiert er die Herrschaft des »wahren Imam« und erklärt die Unterordnung unter sie zu einer religiösen Vorschrift. Jede territoriale Einheit der nun zersplitterten islamischen *Umma* hat indes ihren eigenen Imam. Im Titel des Buches wird die Politik (*Siyasa*) an das göttliche Gesetz (*Schari'a*, Adj. *Schar'iyya*) gebunden. Die zentrale Aussage in dieser Schrift Ibn Taimiyyas lautet:

> »Es ist eine Pflicht, die Ausübung der Herrschaft als einen Bestandteil der Religion zu betrachten, sie ist eine Beziehung, mittels derer man Gottes Nähe suchen kann.«[32]

Dem orthodoxen Islam zufolge hat sich der Mensch dem göttlichen Willen und praktisch dem Menschen, der diesen verkörpert, unterzuordnen. Auch die islamischen rationalistischen Philosophen erkennen den Willen Gottes an, argumentieren jedoch, daß Allah, der selbst ein Vernunftswesen ist, den Menschen mit Vernunft begabt hat. Entsprechend ist der Mensch durch Gott befähigt, rational zu handeln; er hat einen Eigenwillen.

Parallel zu den Philosophen haben hellenisierte Theologen des Hoch-Islam versucht, durch ihre Lehre vom Geschaffensein des Koran (vgl. Kap. 3, S. 118 f.) eine menschliche Dimension in die Religion einzubauen und den menschlichen Handlungsspielraum zu erweitern. Die Errungenschaften der islamischen Zivilisation, der Philosophie (*Falsafa*) und der rationalistischen Theologie (*Kalam*) gingen in der *Fiqh*-Lehre verloren. Die zentrale Idee bei dem *Faqih* Ibn Taimiyya ist nun die »Vorstellung von der absoluten Verschiedenartigkeit von Gott und Mensch. Aus ihr schloß Ibn Taimiyya, daß es für den Menschen unmöglich sei, Wissen über Gott durch rationale Methoden ... zu erlangen«[33]. Über die Jahrhunderte islamischer Geschichte hat sich diese intellektfeindliche Einstellung der *Faqihs* zu einer islamischen Tradition der Intoleranz entwickelt. Der Muslim, der zu intellektualisieren wagt, riskiert, der *Takfir* (Erklärung zum Ungläubigen) ausgesetzt zu werden. Dem *Kafir* gehört der Tod!

Der Herrscher als Ra'i/Hirte und seine Untertanen als Ra'iya/Schafherde

Die Verbindung der weltlichen Herrschaft mit dem Göttlichen auf der einen Seite und die Verleugnung der Fähigkeit des Menschen, durch rationale Methoden Wissen über Gott zu erlangen auf der anderen, gipfeln in der orthodoxen islamischen Doktrin vom göttlichen Charakter der Herrschaft des »wahren Imam«: Der Herrscher/*al-Ra'i* (der Hirte) habe selbst keinen Willen; er erfülle nur den göttlichen Willen, wenn er die Menschen/*al-Ra'iya* (wörtlich: die Schafherde, d. h. die menschlichen Untertanen) als Imam leitet.

Ibn Taimiyya gibt den Begriff des *Kalifen* auf, der zu seiner Zeit keine reale Entsprechung mehr hatte, und meidet auch den Begriff des Imam, obwohl er mit *al-Ra'i* (der Hirte) Imam meint. Er ist bemüht, die ursprüngliche Koran-Sprache zu verwenden. Ähnlich wie al-Mawardi in seiner *al-Ahkam*-Schrift über das Kalifat zitiert auch Ibn Taimiyya eingangs den Koran-Vers:

> »Oh Gläubige, gehorcht Gott, dem Gesandten/Propheten und denjenigen unter Euch, die herrschen/*Ulu al-amr*« (Vers 4, Sure 59).

Mit *Wali al-amr* (Singular) wird nach dieser koranischen Bestimmung der Herrscher in seiner Eigenschaft als ein *Na'ib* (Stellvertreter, also nicht mehr Nachfolger/Kalif) des Propheten bezeichnet. Der Prophet kann hiernach mehrere, ja viele Stellvertreter haben. Die alte sunnitische Hierarchie: Gott/Prophet/Kalif, die bei Mawardi um die Emire (*al-Umara'*) erweitert wird, nimmt bei Ibn Taimiyya die neue, jedoch an den Koran angelehnte Form an: Gott/Prophet/*Wulat al-amr* (bzw. *Ulu*, Plural von *Wali al-amr*). An vier Stellen revidiert Ibn Taimiyya die bisherige sunnitische *Fiqh*-Doktrin über den Imam:

- Er gibt die Ordnung des Kalifats auf,
- er räumt ein, daß mehrere Imame/*Wulat al-amr* parallel herrschen und die *Umma* leiten können,
- er verzichtet auf das Prinzip der *Ikhtiyar*/Wahl des Herrschers;

– und schließlich besteht Ibn Taimiyya nicht mehr darauf, daß der Herrscher aus *Quraisch*, dem Stamm des Propheten, kommen soll, wenngleich er weiterhin gelten läßt, daß der Herrscher der Muslime (auch wenn die *Ra'iya*/Schafherde keine Araber, d. h. *Mawali* sind) ein Araber sein müsse: Auch für Ibn Taimiyya bleibt zentral, daß Arabisch die Offenbarungssprache des Koran ist.[34]

Im Vorwort zu *al-Siyasa al-Schar'iyya* charakterisiert Ibn Taimiyya seine Schrift als eine Abhandlung über »göttliche Politik/*Siyasa Ilahiyya* und das Stellvertretertum des Propheten/*Inaba nabawiyya*«, deren Prinzipien gleichermaßen für *al-Ra'i* (den Hirten) und für seine Schafherde (*al-Ra'iya*) unverzichtbar sind. Diese mittelalterlichen Begriffe werden bis heute noch verwendet. Ein arabischer Aufklärer nannte seine – gegen diesen Geist gerichtete – Schrift: »Bürger, keine Schafherde!«[35] Ibn Taimiyya war aber kein Aufklärer, und seine Schrift richtet sich an die Herrscher und nicht an ihre Untertanen, denn Gott habe den Schriftgelehrten befohlen, den Herrschern/*Wulat al-umur* Rat/*Nasiha* zu erteilen (vgl. Ibn Taimiyya, S. 15, franz. Übers. S. 2). Im ersten Kapitel dieser Schrift erläutert Ibn Taimiyya sein Verständnis von der *Wilaya*/Ausübung der Herrschaft:

> »Der *Wali* leitet die Menschen wie der Hirte seine Schafe« (ebd., arab. S. 23, franz. S. 8).

Wie bei allen *Faqihs* hat der Mensch auch bei Ibn Taimiyya keinen Handlungsspielraum: Gott ist der Allmächtige, und alle Herrschaft ist nur Ausdruck seines Willens:

> »Die Menschen sind die Diener Gottes, die Herrscher (*Wulat*) vertreten Gott bei seinen Geschöpfen (*Nuwab Allah 'ala 'ibadihi*), und sie sind Ermächtigte über diese selbst« (arab. S. 24, franz. Übers. S. 9).

Nach Ibn Taimiyya beruht die *Wilaya*/Herrschaftsausübung auf zwei Fundamenten:

1. der Macht (*Quwa*), die nach außen durch Kriegführung und nach innen durch die Führung der Menschen ihren Ausdruck findet;

2. der Ergebenheit (*Amana*). Denn die Herrscher sind einzig Gott Rechenschaft schuldig, nicht aber ihren Untertanen:

> »Die *Amana*/Ergebenheit besteht aus der Furcht vor Gott ... und nicht vor den Menschen« (arab. S. 27, franz. S. 11).

Der mittelalterliche Sakral-Jurist Ibn Taimiyya ist realistisch genug, um zu wissen, daß die beiden Komponenten »Macht« und »Loyalität« in dem erläuterten Sinne selten in der Person eines Imam vorgefunden werden können. Aus diesem Grunde hätten die Untertanen den Herrschern, wie auch immer sie geartet sind, zu gehorchen, da sie die Macht als Vertreter Gottes und seiner Propheten (*Nuwab*) ausüben. Sollte die Lebensführung der Herrscher als Imame der islamischen *Umma* von der Religion abweichen, dann hätten diese ihre Taten nur gegenüber Allah zu verantworten. Kurzum, es gibt auch bei Ibn Taimiyya kein Widerstandsrecht. Dennoch sind seine Schriften eine ideologische Waffe für die Fundamentalisten unserer Gegenwart in ihrem Widerstand gegen die »ungerechten Imame«; sie nehmen selektiv nur seinen Einsatz für eine an der *Schari'a*[36] orientierte Politik in ihr Denken auf, übersehen jedoch seine Verwerfung eines Widerstandsrechts.

Der zweite Teil der *Siyasa* des Ibn Taimiyya trägt den Titel *al-Ahkam* (die Herrschaftsregeln); diese werden definiert als *Hudud Allah* (die Strafen Gottes) und als *Huquq* (Rechte). Die Lektüre der Ausführungen über die *Hudud* erinnert an die Auswüchse des politisierten Islam in unserer Zeit.

Wie der Imam das göttliche Strafrecht/Hudud anwendet

In jener Epoche waren die staatlichen Zentralinstanzen erheblich geschwächt. Um so mehr betont Ibn Taimiyya die Ordnungsfunktionen des Staates, und es war ja auch Aufgabe der *Faqih*, die Handlungen des Sultans bei Bestrafungen zu sanktionieren. Man muß sich die historische Situation vergegenwärtigen, wenn er die *Hudud*-Strafen für organisierte Banden, die die staatliche Ordnung bedrohten, festlegt:

»Wenn diese nur eine Geldbeute machen und niemanden töten, ... dann soll jedem von ihnen nur die rechte Hand und der linke Fuß abgeschnitten werden.«

Sollten diese Straßenbanditen jedoch Menschen töten, dann müßten sie auch getötet werden.

»Die *Schari'a*-orientierte Tötung erfolgt durch die Köpfung durch das Schwert oder ein ähnliches Instrument« (ebd., arab. S. 96 f., franz. S. 78 f.).

Die anderen *Hudud*-Strafen der islamischen *Schari'a*, z. B. für den unehelichen Beischlaf (*Zina*), den Weingenuß etc., für die Ibn Taimiyya ebenfalls die strengen *Fiqh*-Bestimmungen anwendet, betrafen jedoch nicht allein seine Zeit. Für den unehelichen Verkehr (*Zina*) schreibt Ibn Taimiyya vor:

»Wer *Zina* (unehelichen Verkehr) begeht, soll mit Steinen beworfen werden, bis der Tod eintritt« (ebd., arab. S. 120, franz. Übers. S. 104).

Die *Fiqh*-Debatten, die Ibn Taimiyya zitiert (ebd., S. 121), betrafen nicht etwa die Berechtigung solch barbarischer Strafen als vielmehr die strittige *Fiqh*-Meinung, ob ein Mensch, der *Zina* begeht, vor der Steinigung noch ausgepeitscht oder ob er gleich gesteinigt werden solle. Läßt man die Äußerungen des *Faqih* Ibn Taimiyya beiseite und kehrt zum Koran-Text zurück, dann läßt sich dort die Vorschrift finden, daß die *Zina*-Strafe nur dann vollzogen werden darf, wenn vier Zeugen (Koran, Sure 24/Vers 13) den Beischlaf bezeugen können. Es ist ein Ding der Unmöglichkeit, diese Vorschrift zu erfüllen. Trotzdem wird im fundamentalistischen Iran diese Strafe ohne die erforderlichen Zeugen im Rahmen der Anwendung der *Hudud*[37] vollzogen.

Der *Wali*, also der Herrscher, muß – nach Ibn Taimiyya – zudem nicht nur die staatliche Ordnung störende Banditen, sondern auch Weintrinker mit *Hudud Allah* verfolgen:

»Wer Wein trinkt, soll ausgepeitscht werden« (ebd., arab. S. 124, franz. Übers. S. 107).

Im letzten Teil der *Siyasa* kommt Ibn Taimiyya noch einmal auf die eingangs in seiner Schrift beschriebene göttliche Herrschaftsform zurück. Wir finden hier eine wichtige Ergänzung zu dem Begriff *Wali al-Amr*/Herrscher. Ibn Taimiyya schreibt, daß es zwei Gattungen von Herrschern/*Ulu al-amr* gebe: die *Ulema* (Schriftgelehrte) und die Emire (Prinzen, *Umara'*). Allerdings beschränkt sich die Funktion der *Ulema* auf Beratung. Beide, *Ulema* und politische Herrscher, »müssen beständig sowohl in ihren Worten wie Taten Gott und seinem Propheten gehorchen« (ebd., arab. S. 182, franz. Übers. S. 169). Mit dieser *Fiqh*-Bestimmung der Herrschaft wird die Politik im siebenten Jahrhundert des Islam (14. Jh. n. Chr.) endgültig, jedoch vorerst nur im islamischen Osten, der Philosophie, d.h. ihrer rationalen Grundlagen, entrissen und sakralisiert.

Der Tatbestand, daß bei Ibn Taimiyya die *Ulema* den Herrscher beraten sollen, verleitete einige Autoren dazu, eine Affinität zwischen diesem und al-Farabi zu unterstellen. Erwin Rosenthal verweist hier mit Recht auf die »fundamentalen Unterschiede«[38], die zwischen Ibn Taimiyya und al-Farabi bestehen. Ibn Taimiyyas Weltbild ist einfach: Gott habe seinen Willen im Koran verkündet; die Überlieferung seines Propheten, der *Hadith*, sei die authentische Interpretation dieses Willens. Wenn die *Wulat al-umur*, d.h. die politischen Herrscher und die sie beratenden Schriftgelehrten (die *Ulema*) regieren, dann herrscht im »wahren Imam« Gottes Wille. Die Untertanen (*Ra'ya*) haben zu gehorchen, weil ihre Herrscher die Vertreter (*Nuwab*) Gottes seien.

Schon hier, bei dem Vergleich zwischen zwei Vertretern der *Fiqh*, Mawardi und Ibn Taimiyya, haben wir gesehen, daß man den Koran und den *Hadith* unterschiedlich interpretieren kann. Die Unterschiede sind stets solche des menschlichen Verständnisses vom sakralen Text und *haben somit mit Allahs Willen nichts zu tun*. Während der ganzen Geschichte des Islam haben sich die verschiedenen Parteien gegenseitig des *Kufr* (Unglauben) bezichtigt, da jede für ihre eigene Interpretation einen sakralen Charakter beansprucht hat. Eine Tradition des Respekts vor Andersdenkenden fehlt; das resultiert in Intoleranz. Die

Morde an islamischen Intellektuellen in unserer Gegenwart stehen in diesem Zusammenhang.

Gegen die rationale Deutung des Koran hat die islamische Orthodoxie die Doktrin durchgesetzt, daß, wenn ein *Faqih* wie Mawardi oder der noch strengere hanbalitische Ibn Taimiyya den Koran rezitiert, Gott durch ihn spricht. Auf diese Weise bekommt die an der *Schari'a* orientierte Legitimation der Herrschaft den Charakter der Heiligung; Tyrannei und Despotie erlangen durch diese Interpretation göttliche Züge. Wenn der Sultan bestraft und die *Hudud* vollzieht, dann handelt er im Auftrag Allahs. Ganz im Gegensatz zu dieser Tradition der orientalischen Despotie ist es möglich, den Koran auf rationaler Grundlage auszulegen und in ihm einen Ausdruck der *Mahabba*/Gottesliebe[39] zu sehen. Diese Deutung haben Muslime des Mittelalters unternommen, die jedoch niemals über so viel Einfluß oder gar Macht verfügten, um eine Wirkung auf ihre Zivilisation auszuüben. Es waren Sufi-Muslime, für die der Glaube an Allah den Barmherzigen (*Allah al-Rahman al-rahim*) Liebe, nicht Strafe bedeutet.

In der krisenhaften Gegenwart der islamischen Zivilisation greifen Muslime auf Ibn Taimiyya zurück, um auf der Basis seiner Ideen einen zeitgenössischen Fundamentalismus als politische Ideologie zu formulieren, mit deren Hilfe sie die Welt des Islam zu entwestlichen suchen. Mir scheint jedoch, daß die Geschichte des Islam eine weit bessere Medizin als die der *Schari'a*-Politik des Ibn Taimiyya bieten kann: Im Islam gibt es, wie wir gesehen haben, auch die Vernunftphilosophie des Farabi, Avicenna und Averroës sowie die Sufi-Auffassung vom Islam als Gottesliebe. Die Vernunft der islamischen Philosophen zusammen mit dem liebesfähigen Herzen des Sufi-Muslim – wie etwa al-Rumi oder Ibn Arabi – können den Muslimen eine viel bessere Zukunft versprechen als das Schwert des Ibn Taimiyya.

Kapitel 6
Die unabwendbare Wandlung des Kalifats in ein Königtum: Die politische und Sozialphilosophie Ibn Khalduns

Arabischer Osten und arabischer Westen

Im dreizehnten Jahrhundert war die islamische Zivilisation bereits untergegangen, die rationalistische Philosophie im Islam war tot, und auf ihren Trümmern feierte die *Fiqh*-Orthodoxie ihren Sieg. Der Kampf der Ideen und Anschauungen hatte auch im Islam stets seinen sozialhistorischen Hintergrund. Während des Aufblühens der Philosophie im arabischen Osten zwischen dem 9. und dem 11. Jahrhundert prosperierte die islamische Gesellschaft. Wie Ernst Bloch schrieb, war sie »nach einem anderen Gesetz angetreten als die europäisch-mittelalterliche. Sie war eine in ihrer Art frühbürgerliche Gesellschaft mit restlicher Clanverfassung, doch so, daß in ihr das Handelskapital herrschte und den wesentlichen Antrieb gab... Die arabische Gesellschaft hatte ihr Venedig und ihr Mailand fünfhundert Jahre früher«.[1] Harun al-Raschid und die anderen Kalifen dieser Epoche des Hoch-Islam förderten an ihrem Hof die Philosophen und Denker. Der Islam hatte in jener Zeit auch seine höfische Kultur.

Die frühmittelalterliche islamische Gesellschaft hatte einen entwickelten, quasi handelskapitalistischen Sektor, der sich jedoch nicht zum gesamtgesellschaftlich dominanten Wirtschaftssektor entfalten konnte.[2] Die jene höfische Kultur fördernden Kalifen von Bagdad waren trotz ihres religiösen Titels weltliche Herrscher; sie trennten die Staatsführung/*Siyasa* von der religiösen Sphäre der *Schari'a* und herrschten als Souveräne.[3] Die handelskapitalistische Blüte stagnierte jedoch; unter den Islam-Gelehrten gibt es keine allgemein gültige Erklärung hierfür. Es folgte der zivilisatorische Niedergang, der durch die ethnischen Kämpfe am Hof zwischen der arabischen Klientel des Kalifen und den Persern sowie Türken, die die Administration und das Heer unter sich hatten, beschleunigt wurde. Der Fall Bagdads nach der Mongolen-Invasion (1258) beendete das Kalifat dann auch formell. Ernst Bloch beobachtet: »Mit dem Niedergang der handelspolitischen Grundlage der arabischen Gesellschaft begann der vernunftfeindliche Einfluß der Orthodoxie.«[4] Der Niedergang der höfischen Kultur im Islam bedeutete das Ende der Philosophie. Die Orthodoxie benötigte keinen Hof, geschweige denn eine höfische Kultur!

Der letzte große Philosoph im Islam war Ibn Khaldun, der im 14. Jahrhundert wirkte. Ibn Khaldun kannte die Spannung zwischen *Siyasa* und *Schari'a*, wußte also, daß nach der religiösen Doktrin der islamische Imam als Kalif weltliche und religiöse Autorität vereinigen sollte.

> »Es ist klar ..., daß die wirkliche Aufgabe des Kalifats die Vertretung des gottgesandten Gesetzgebers (d.h. Mohammeds, B.T.) in der Bewahrung des Glaubens und der Leitung der weltlichen Angelegenheiten ist.«[5]

Die meisten Imame als Herrscher waren aber in Wirklichkeit Souveräne. Sie regierten mehr als Könige denn als Kalifen und Imame, d.h. als Vertreter des Propheten Mohammed. Ibn Khaldun führt die beiden großen Dynastien im Islam, die Umaiyyaden und Abbasiden, sowie ihre Reiche an, um zu zeigen:

> »Kalifat und Königsherrschaft vermischten sich in den beiden genannten Phasen miteinander; dann verschwand Form und Spur des Kalifats ... und es blieb reine Königsherrschaft übrig« (ebd., S. 116).

Ibn Khaldun war der erste islamische Denker, der solchermaßen rational über die tatsächliche Herrschaft nachdachte. Farabi war gewiß der erste und größte politische Philosoph im Islam (vgl. Kap. 4). Sein »Musterstaat/*Madina al-Fadila*« war der Entwurf einer idealen Ordnung.

Ibn Khaldun dagegen befaßte sich mit der Realität, aber nicht wie Mawardi und Ibn Taimiyya (vgl. Kap. 5), um die bestehende Herrschaft im Rahmen der *Schari'a* und der *Fiqh* zu legitimieren; vielmehr wollte er die Realität rational erklären, und in der Erfüllung dieser Aufgabe war er der erste und zugleich der bis heute größte Muslim. Er lebte im arabischen Westen, wo er sein großes Werk *al-Muqaddima* schrieb. Zwischen dem Osten und dem Westen der islamischen Zivilisation gab es eine Kluft, die ich erläutern muß, ehe ich meinen Lesern Ibn Khaldun näher vorstelle.

Die Entwicklung des arabischen Ostens (mit Bagdad als Zentrum) und des sich mit zunehmender Schwäche des Abbasiden-Kalifats isolierenden arabischen Westens (arabisches Spanien und der Maghreb) verlief ungleichzeitig. Ich möchte mich hier auf die bereits in Kapitel 3 vorgestellten Traditionen des politischen Denkens im Islam, d.h. auf die Spannung zwischen *Falsafa* (Philosophie) und *Fiqh* (Religio-Jurisprudenz) in ihrer Bedeutung für den arabischen Westen beschränken. Die politische Philosophie al-Farabis (870-950) war der zivilisatorische Höhepunkt des islamischen Ostens. Im 12. Jahrhundert war der Verfallsprozeß in der islamischen Zivilisation augenfällig; die Symptome waren schon vor dem Fall Bagdads 1258 sichtbar geworden.[6] Im Islam wurde es still um die Philosophie, ehe politisches Denken im darauf folgenden 14. Jahrhundert durch die Ideen Ibn Taimiyyas ausschließlich zur Domäne der *Fiqh* wurde. Entsprechend änderten sich die Antworten auf die Frage: Wer ist der wahre Imam im Islam?

Im arabischen Westen dagegen herrschten seit 756 die Umaiyyaden, deren erstes islamisches Reich von Damaskus durch die Abbasiden 750 blutig gestürzt worden war. Der letzte Umaiyyade aus Damaskus war nach dem arabischen Spanien geflohen, wo er in Córdoba sein Emirat gegründet hat. Erst infolge der Ausrufung des Gegen-Kalifats von Kairo durch die Fatimiden – als Alternative zu Bagdad – ernannte sich der Emir-Imam des arabischen Spanien im Jahre 929 selbst zum Kalifen, womit nunmehr im arabischen Westen das dritte Kalifat im Islam in derselben historischen Periode proklamiert wurde.

Das umaiyyadische Spanien (756-1031) neigte, bedingt durch die verständliche Feindschaft zu den Abbasiden von Bagdad, zur Ablehnung aller von dort kommenden Einflüsse – einschließlich der Philosophie und der rationalistischen Theologie – und somit »zum religiösen Konservatismus. Dieser manifestierte sich in der Beschäftigung mit dem islamischen Recht«.[7] Im arabischen Osten wurde die altgriechische Philosophie durch die damaligen Übersetzungsaktivitäten bekannt; eine solche Entwicklung fehlte im arabischen Westen. Die Feindschaft der in Spanien herrschenden Umaiyyaden zu den Abbasiden erklärt demnach die verspätete Rezeption des Hellenismus im arabischen Westen.

Die islamische Philosophie entfaltete sich im arabischen Spanien erst nach dem Niedergang der Umaiyyaden, und zwar unter den beiden nachfolgenden Dynastien der Almoraviden (1090–1147) und der sie ablösenden Almohaden (1147–1223). Die Herrschaft der beiden Dynastien umfaßte Spanien und den Maghreb als imperiale Größe.[8] Die Niederlage der Almohaden in der Schlacht von Las Navas (1212) gegen die Christen hatte zur Folge, daß sie aus Spanien vertrieben wurden und ihr Machtbereich bis 1269 auf Marokko beschränkt blieb; 1269 wurden sie nach der Tötung ihrer Imame von der Dynastie der Meriniden abgelöst. Die islamische politische Philosophie konnte im Westen erst im 12. Jahrhundert voll erblühen. In jener Zeit begannen Muslime des arabischen Westens (Maghreb), die Werke Farabis (gest. 950) und Avicennas (gest. 1037) in Spanien zu rezipieren. Unmittelbar in diesem Kontext entstanden die Werke der arabisch-spanischen Philosophen Ibn Badja (gest. 1138) und vor allem des 1185 verstorbenen Ibn Tufayl (Lehrer des Averroës) mit seinem philosophischen Roman *Hai Ibn Yaqzan* (Der lebende Sohn des Wachenden). Für Ernst Bloch ist dieser islamische Roman-Titel ein »charakteristischer Anti-Opium-Name« (vgl. Anm. 1, S. 25). Averroës[9] war der größte Philosoph in der Blütezeit des arabischen Westens.

Die islamische Zivilisation im arabischen Westen ist ebenfalls untergegangen. Die arabisch-islamische Geschichtsschreibung, in deren Tradition auch ich mein Geschichtsbewußtsein vor der Übersiedlung nach Europa gewann, führt den Verfall der islamischen Zivilisation damals wie heute auf äußere Faktoren zurück. So hatte ich gelernt, daß der islamische Niedergang primär auf Kreuzzüge und Mongolen-Invasionen zurückzuführen sei. Von diesen historischen Ereignissen im Osten wurde der arabische Westen jedoch nicht berührt. Im Maghreb gab es weder Mongolen noch Kreuzzügler. Warum also ist die islamische Zivilisation dort dennoch untergegangen?

Der angeführte letzte Philosoph im Islam kommt selbst aus dem arabischen Westen. Mit seinem Werk beantwortet er genau diese Frage. Ibn Khaldun wurde zwar 1332 in Tunis geboren, doch gehörte er einer Familie an, die spanisch-arabischen Ursprungs war und vor ihrer Flucht nach Tunis im Dienst mehrerer Fürsten des arabischen Spanien gestanden hatte. Ibn Khaldun starb nach einem wirkungsreichen – den Westen und Osten umfassenden – Leben 1406 in Kairo und hinterließ mit seiner *Muqaddima* (Prolegomena) nach dem Urteil der Geistesgeschichtler das größte arabische Werk zur Sozial- und Geschichtsphilosophie. Erstaunlich ist, daß unter allen philosophischen Werken der islamischen Zivilisation allein die *Muqaddima* des Ibn Khaldun bis in unsere Gegenwart fortlebt. Während des Osmanischen Reiches wurde Ibn Khaldun gleichermaßen von islamischen Erneuerern (wie Afghani, vgl. Kap. 7, S. 238 ff.) und säkularen arabischen Nationalisten (vgl. Kap. 8, S. 253 ff.) gelesen.

Auch Ibn Khaldun stellt sich die Frage, wer der Imam der Muslime sei. In seinem Werk spricht er den islamischen Propheten Mohammed stets als den Gesetzgeber an, in dessen Fußstapfen alle Imame der Muslime treten; auf Mohammed folgen die Kalifen (Nachfolger des Propheten). Das Kalifen-Amt ist religiös. Ibn Khaldun unterscheidet aber, wie die als Motto zu diesem Teil angeführten Zitate (S. 125 f.) zeigen, zwischen religiösen und rationalen Grundlagen der Herrschaft. Als ein rational denkender Philosoph erkennt er, daß die Kalifen faktisch keine religiösen Imame, sondern politische Herrscher, also weltliche Könige, waren. Aus dieser Beobachtung folgt für ihn die bereits zitierte Erkenntnis, daß das Kalifat in ein Königtum mündet. Der Imam kleidet sich in den religiösen Mantel des Kalifen, ist aber nach Ibn Khaldun in Wirklichkeit ein König, was er auch offen ausspricht. So entmystifiziert Ibn Khaldun im 14. Jahrhundert alle islamischen Antworten auf die Frage nach dem »wahren Imam«: Imam ist nur der, der über Macht verfügt.

Eine islamische Erklärung des Zivilisationsverfalls – keine Verschwörung

Trotz seiner für seine Zeit opportunen Warnung vor der rationalen Denkweise (vgl. Motto S. 125 f.) steht Ibn Khaldun in der Tradition des hellenisierten islamischen Rationalismus. Als einziger Geschichts- und Sozialphilosoph im Islam hat er die islamische Zivilisation als Historiker studiert und in ihren inneren Prozessen Antworten zur Deutung des Niedergangs gesucht. Der französische Ibn-Khaldun-Interpret Yves Lacoste schreibt zu Recht, daß man nicht alles mit dem Islam erklären könne. Es trifft zu, daß

> »der Islam einer Vielzahl von stammesmäßigen, halb-feudalen und hydraulischen (Hydraulik = Bewässerungsfeldbau, B.T.) Gesellschaften seinen Stempel aufdrückte; er ist (zwar) ein bedeutender historischer Faktor, aber nicht primordial (ursprünglich, B.T.) und allesentscheidend«.[10]

Erklärungen von Geschichtsprozessen in der Welt des Islam allein im Rückgriff auf die vorherrschende Religion werden – so Lacoste – stets unzureichend sein. Ibn Khaldun war der erste Muslim, der – trotz der reichlichen, ja uns übertrieben erscheinenden Ornamentierung seines Werkes mit Koran-Zitaten und Sprüchen des Propheten Mohammed (*Hadith*) – die Entwicklungen in der islamischen Zivilisation nicht schriftgläubig deutet; er geht rational vor und will durch die Beobachtung der sozialen, ökonomischen und politischen Entwicklungen im Innern erklären, warum Zivilisationen untergehen. Wenn Ibn Khaldun etwa hervorhebt, daß der Imam weniger ein Kalif als ein König sei, dann führt er das nicht auf die mangelnde Religiosität des betreffenden Herrschers zurück, sondern erklärt dies rational als Folge sozialer und politischer Prozesse. Diese rationale Denkweise vermißt man heute in den schriftgläubigen Traktaten islamischer Fundamentalisten. Wohlgemerkt: Schriftgläubig ist nicht mit irrational gleichzusetzen.

Mit Lacoste stimme ich darin überein, daß Ibn Khaldun auch für unsere Gegenwart relevant ist: Das Elend der heutigen Muslime einzig auf den Kolonialismus zurückzuführen, heißt innere Ursachen der Unterentwicklung zu übersehen. Ibn Khaldun führt uns eine stärker an den Fakten orientierte Sichtweise vor. Ebenso wie Kreuzzüge und Mongolen-Einfälle nicht als entscheidende, geschweige denn einzige Ursache des Niedergangs gesehen werden können, so war der Kolonialismus nicht der alleinige Faktor, der die Misere der Gegenwart bedingt; es gibt noch gewichtigere innere Bedingungsfaktoren, zu deren Beleuchtung das Werk von Ibn Khaldun bis heute Aktualität beanspruchen kann. Die Konzentration auf die »äußeren Feinde« des Islam zur Deutung von Fehlentwicklungen in der islamischen Zivilisation trägt nur zu einem Verschwörungsdenken[11] bei, das seit langem in jenem Teil der Welt Blüten treibt.

Zahlreiche Übersetzungen sowie die sehr umfangreiche internationale Sekundärliteratur über Ibn Khaldun legen von der Bedeutung dieses großen arabisch-islamischen Denkers Zeugnis ab.[12] Der Philosophiehistoriker Fakhry charakterisiert die Epoche, in der Ibn Khaldun lebte und wirkte, als »das Jahrhundert des Neo-Hanbalismus«.[13] Es sei hier vermerkt, daß der Hanbalismus die strengste aller vier Rechtsschulen im sunnitischen Islam ist[14]; sie stellt auch die maßgeblichen Doktrinen für den islamischen Fundamentalismus unserer Gegenwart bereit. Der Sieg des Hanbalismus war ein Sieg des *Fiqh*-Denkens über die Philosophie in jener Zeit. Fakhry sowie alle Philosophiehistoriker und Ibn-Khaldun-Interpreten stimmen darin überein, daß Ibn Khaldun eine intellektuelle Ausnahme seiner Zeit, d.h. ein Lichtblick in einem dunklen Zeitalter des Zivilisationsverfalls war. Es wundert daher nicht, daß sein Werk bald nach seinem Tod in Vergessenheit geriet und erst gegen Ende des 18. Jahrhunderts in Europa wiederentdeckt wurde.

Zwar war Ibn Khalduns *Muqaddima* bei der Staatsbürokratie des Osmanischen Reiches im 16. Jahrhundert bekannt[15], die eigentliche wissenschaftliche Entdeckung und Würdigung dieses großen Werkes erfolgte jedoch erst im Europa des 19. Jahrhunderts, wie noch zu zeigen sein wird.

Die Muqaddima des Ibn Khaldun, ihr Autor und ihre Entdeckung in Europa

Vergegenwärtigen wir uns die Bedeutung der *Muqaddima* und ihres Autors in seiner historischen Perspektive, dann staunen wir, wie ein Werk von diesem Kaliber – sein großer Interpret Franz Rosenthal bezeichnet es als »eine der wichtigsten Errungenschaften der Menschheit«[16] – der Welt fünf Jahrhunderte lang vorenthalten werden konnte. Nach Arnold Toynbees Urteil hat Ibn Khaldun »eine Geschichtsphilosophie erdacht und ausformuliert, die zweifelsohne das größte Werk dieser Art darstellt, das in der bisherigen Geschichte von keinem Geist in irgendeiner Zeit übertroffen worden ist«.[17] Toynbee vergleicht Ibn Khaldun mit großen Denkern des Abendlandes und hebt hervor, daß sein Werk »sich messen kann mit den Werken Thukydides' oder auch Machiavellis, sowohl was die Breite und Tiefe seiner Gedanken als auch was ihre intellektuelle Kraft angeht« (ebd., S. 321). Jedoch schreibt Toynbee Ibn Khaldun einen höheren Rang als Thukydides und Machiavelli zu, insofern jener »der einzige Lichtblick in seinem Teil des Firmaments« war, während die anderen beiden »brillante Vertreter brillanter Zeiten und Orte« (ebd.) waren.

Ibn Khalduns Ideen blieben bedauerlicherweise nicht nur der islamischen, sondern auch der europäischen Zivilisation lange verborgen. Er ging somit nicht mehr in die europäische Rezeption des Islam während der Renaissance[18] (ab 1360 bis Anfang des 16. Jh.) ein. Der Renaissance gingen heftige Diskussionen zwischen den Anhängern und Gegnern des Averroësmus voraus. Ibn Khaldun lebte jedoch in einer Zeit, in der die Welt des Islam für Europa und die europäische Renaissance nicht mehr von Bedeutung war, und so blieb Ibn Khaldun außerhalb der europäischen Islam-Rezeption.

Abdulrahman Ibn Muhammad *Ibn Khaldun* al-Hadrami wurde im

Jahre 1332 in Tunis geboren. Er entstammte einer der angesehensten Familien in Sevilla, die im 9. Jahrhundert aus Südarabien nach Spanien eingewandert war und aus der sowohl berühmte Wissenschaftler als auch Staatsmänner hervorgingen. Ibn Khalduns Vater hatte sich ausschließlich der Wissenschaft zugewandt. Der junge Ibn Khaldun wuchs so in einer geistigen Atmosphäre auf, die seine Persönlichkeit prägte. Die besten Gelehrten von Tunis standen ihm seit seiner frühen Jugend als Privatlehrer zur Verfügung. Er beschäftigte sich mit den islamischen Wissenschaften wie Koran-Exegese und *Fiqh*/Rechtslehre. Schon mit 17 Jahren verlor Ibn Khaldun seine Eltern und viele seiner Lehrer durch eine Pestepidemie, die Tunis seinerzeit heimsuchte. Daraufhin siedelte er nach Fez über, wo er im Gelehrtenkreis des Sultans Abu 'Inan am höfischen Leben Marokkos wirkte. Dort kam es zur ersten Berührung mit dem intellektuellen Erbe Avicennas und Averroës', den größten islamischen Rationalisten.

Im Jahre 1362 verließ Ibn Khaldun Nordafrika, um in Spanien zu wirken. In Granada befreundete er sich mit dem Dichter und Historiker Ibn al-Khatib und stand im Dienste des Sultans von Granada, wo er sich mit der griechischen und islamischen Philosophie näher vertraut machte. In jener Zeit schrieb Ibn Khaldun eine leider nicht überlieferte Abhandlung über Logik und einen Kommentar über Averroës. 1365 kehrte er nach Nordafrika zurück und lebte am Hof in der algerischen Hafenstadt Bougie (seit 1963 Bejaia). Die Jahre danach, von 1374 bis 1378, sind die entscheidenden seines Wirkens. Ibn Khaldun zog sich während dieser Zeit vom politischen Leben völlig zurück und begab sich in das Schloß Ibn Salama in der Nähe der heutigen Provinz Oran. In seiner Autobiographie schrieb er:

> »Hier wohnte ich vier Jahre lang, fern von allen Geschäften, und begann die Abfassung meines Werkes, von dem ich die Prolegomena dort vollendete. In jener Zurückgezogenheit kam ich auf die originäre Idee dieses Werkes, und da entströmten mir die Gedanken und Worte, bis der eigentliche Kern sich von der Schlacke abgelöst und der Inhalt sich zu einer systematischen Einheit zusammengefügt hatte.«[19]

Im Schloß Ibn Salama ist die *Muqaddima* (Prolegomena) entstanden.

Ibn Khaldun hat seinem Werk diesen Titel gegeben, weil es als Einleitung zu einem mehrbändigen Geschichtswerk gedacht war: *Kitab al-'Ibar* (Buch der Beispiele).[20] 1378 kehrte Ibn Khaldun nach 26jähriger Abwesenheit in seine Heimatstadt Tunis zurück, um dort in den großen Bibliotheken Quellen für sein Geschichtswerk zu erforschen. 1382 reiste er nach Ägypten, inzwischen ein berühmter Mann. In Kairo wurde er bald zum Professor an die Azhar-Universität, der bis heute noch autoritativen Lehrstätte des sunnitischen Islam, berufen. Später erlangte er ebenfalls dort die Position des Ober-Kadi. Ibn Khaldun ging sehr streng gegen die üblichen Gesetzesmißbräuche und die politische Korruption vor. Dadurch machte er sich bald Feinde, und schließlich bat er um seine Entlassung. Um diese Zeit verfaßte er auch seine Autobiographie.

Im Jahre 1400 nahm er an dem Feldzug gegen den wegen seiner Grausamkeit gegenüber Muslimen berüchtigten zentralasiatischen Eroberer Timur teil, den Begründer des Timuriden-Reiches. In Damaskus führte er eine Unterredung mit dem blutrünstigen Timur, der ihn aufforderte, an seinen Hof zu kommen. Ibn Khaldun entzog sich jedoch mit Geschick diesem »Angebot« und kehrte stattdessen nach Kairo zurück, wo er wieder zum Ober-Kadi ernannt wurde. Im Jahre 1406 starb Ibn Khaldun in Kairo, als letzter Lichtblick des mittelalterlichen Islam.

Mit Ayad können wir über Ibn Khaldun urteilen:

> »In ihm haben sich in glücklicher Weise vereinigt: der Geschichtsforscher, der Politiker und der Philosoph, d.h. also Wissen, Leben und Denken.«[21]

Dem erwähnten mehrbändigen Geschichtswerk Ibn Khalduns wird heute kaum noch große Bedeutung beigemessen, wohingegen sich seine *Muqaddima*/Prolegomena seit ihrer Entdeckung und bis in unsere Gegenwart hinein einer anhaltend großen, weltweiten Aufmerksamkeit erfreut.

Die *Muqaddima* blieb bis zum vergangenen Jahrhundert ungedruckt, wenngleich sie 1749 ins Türkische übersetzt wurde und den Osmanen als ein Muster für die Staatskunst galt. Ibn Khaldun ist, wie bereits erwähnt, eigentlich erst im Europa des 19. Jahrhunderts richtig aufgenommen worden. Gegen Ende des 18. Jahrhunderts veröffentlichte der Franzose Sylvestre de Sacy einige Fragmente aus Ibn Khalduns Werk und wiederholte dies 1806 unter dem Titel *Chrestomathie Arabe*. 1812 nannte ihn der Österreicher Hammer-Purgstahl »einen arabischen Montesquieu«. Die ersten fünf Kapitel der Prolegomena wurden 1822 von Hammer-Purgstahl und das sechste 1824 von Garcin de Tassy diskutiert, wodurch das Interesse der europäischen Gelehrten auf Ibn Khaldun gelenkt wurde. 1857 gab der französische Orientalist Quatremère Ibn Khalduns Werk heraus. Daraufhin wurde die *Muqaddima* von Baron de Slane ins Französische übersetzt. Die Kenntnis der *Prolegomena* war seitdem nicht mehr ein Privileg der europäischen Orientalisten, die sich, weil sie – damals wie heute – in der Regel Philologen sind, kaum für politische und philosophische Diskussionen interessieren. Bereits 1893 schrieb Robert Flint, daß Ibn Khaldun

> »zu Gesichtspunkten vorgestoßen ist, die erst vier Jahrhunderte nach ihm die europäische Wissenschaft zu entdecken begann: Er lehrte die Wissenschaft von der Geschichte als die Wissenschaft von der menschlichen Gesellung zu sehen, und das Werk, das er hinterließ, ist, trotz aller zeitbedingten Schwächen, groß und bedeutend genug, um seinem Namen Ruhm für fernste Generationen zu bewahren«.[22]

Einige Jahre später wurde Ibn Khaldun von F. Sqillace als Vorläufer des Rationalismus der neueren Zeit gerühmt[23] und später als »Soziologe des 14. Jahrhunderts« bezeichnet.

In unserem Jahrhundert würdigte der Soziologe Sorokin Ibn Khaldun:

> »Ibn Khalduns Werk enthält Töne der Moderne. Es hinterläßt den Eindruck derselben Wissenschaftlichkeit wie irgendein modernes Werk der Soziologie, Geschichtsphilosophie, Anthropologie oder Geschichte.«[24]

Toynbee meinte sogar in seiner bereits zitierten *Study of History*, Ibn Khaldun

»ist die herausragendste Persönlichkeit in der Zivilisationsgeschichte«.[25]

Der große englische Zivilisationshistoriker Toynbee war bekanntlich ein zurückhaltender Gelehrter; die Lektüre Ibn Khalduns entlockte ihm dieses überschwengliche Urteil.

Die politische Wahrheit über den Imam im Rahmen der neuen Wissenschaft: 'Ilm al-'Umran

Der Leser der Ibn Khaldunschen *Muqaddima* stößt auf große Verständnisschwierigkeiten, wenn er bei seiner Lektüre auf rational-säkulare Inhalte wie auch auf die Bejahung des islamischen Religionsgesetzes stößt. Der wiederholte Rückgriff auf den Koran-Text und das Festhalten an der Kalifatskonzeption[26] veranlaßte viele in der Tradition des großen Islamwissenschaftlers Hamilton Gibb stehende Ibn-Khaldun-Interpreten zu der falschen Schlußfolgerung, daß Ibn Khaldun ein islamischer Traditionalist gewesen sei. Sie übersehen jedoch, daß Ibn Khaldun trotz des verbalen Rückgriffs auf die *Fiqh*-Tradition eine neue Geschichts- und Sozialphilosophie im Gewande einer äußerlichen Distanzierung von der Philosophie entwickelt.[27]

Einer der großen Ibn-Khaldun-Interpreten, der Harvard-Gelehrte Muhsen Mahdi, hat in seiner in den fünfziger Jahren erschienenen und seitdem als grundlegend geltenden Ibn-Khaldun-Monographie die These vertreten, daß dieser arabo-islamische Philosoph mit seiner Geschichtsphilosophie im Rahmen der Tradition bleibe.[28] In zwei danach entstandenen, gereiften Aufsätzen über Ibn Khaldun, die Mahdi zu einer bereits mehrfach zitierten Geschichte der Philosophie im Islam verfaßte, geht er über seine frühere Ibn-Khaldun-Deutung hinaus.[29] Mahdi kommt zu dem Ergebnis, daß Ibn Khaldun das politische Denken neu begründet, insofern er es sowohl aus der griechisch inspirierten politischen Philosophie (al-Farabi) wie aus der *Fiqh*-Tradition (Neo-Hanbalismus) herausführt: Die von Ibn Khaldun in seiner *Muqaddima* begründete neue Wissenschaft *'Ilm al-'Umran* liefere den Rahmen zur Erkenntnis von Entstehung und Verfall von Staaten, die jeweils als Ausdruck von Zivilisationen zu deuten seien. Die klassische islamische

Frage nach dem wahren Imam werde entmystifiziert; nach Ibn Khaldun beansprucht der Herrscher zwar, Imam zu sein, in Wirklichkeit ist er aber ein weltlicher König. Die politischen Ideen Ibn Khalduns gehören in die neue Wissenschaft: *'Ilm al-'Umran. 'Ilm* wird in der Literatur mit Wissenschaft, *'Umran* mit Kultur übersetzt; es kann auch mit Zivilisation in die europäischen Sprachen übertragen werden.

Ibn Khaldun stellt sich die Aufgabe, die Entstehung, den Aufbau und das Werden aller menschlichen Kultur zu untersuchen. Kultur ist für ihn die menschliche Vergesellschaftung – *Idjtima'*. In seinen eigenen Worten:

»Die Lehre der menschlichen Vergesellschaftung ist die, welche die Kultur (*'Umran*) der Welt und die Zustände darstellt, die in der Natur dieser Kultur begründet sind, wie Wildheit, Geselligkeit, Gemeinsinn (*Asabiyya*), dann die verschiedenen Arten der Überlegenheit der Menschen übereinander, woraus die Herrschaft und die Staaten in ihren verschiedenen Stufen entstehen, weiter die Betätigungen und Arbeiten der Menschen, woraus die Gewerbe, Wissenschaften und Künste entstehen, und endlich die Kunde von den Veränderungen, welche die natürliche Beschaffenheit der Dinge im Charakter dieser Kultur bewirken kann.«[30]

Ibn Khaldun unterstreicht die Notwendigkeit, diese neue Wissenschaft zu begründen:

»Da jede Wahrheit intellektuell begreifbar und natürlich ist, und es recht ist zu untersuchen, welche Akzidentien zu ihrem Wesen kommen, muß bei der Beachtung jeder verstehbaren Angelegenheit und jeder Wahrheit eine Wissenschaft vorhanden sein, die sich mit ihr besonders befaßt« (arab. S. 38, dt. S. 12).

Nun versucht Ibn Khaldun, den Gegenstand seiner neuen Wissenschaft festzulegen:

»Es ist dies eine Wissenschaft für sich, denn sie hat vor allem ein ganz bestimmtes Objekt, nämlich die menschliche Kultur und die menschliche Gesellschaft, dann handelt sie ferner von den verschiedenen Fragen, die dazu dienen, allmählich Tatsachen zu erklären, welche mit dem Wesen der Kultur selbst zusammenhängen« (arab. ebd., dt. S. 11).

Ibn Khaldun betrachtet alle Kulturgegenstände seiner Zeit als historisch gewordene, d.h. aus den geschichtlichen Prozessen hervorgetretene. Aus dieser Erkenntnis heraus unterstreicht er die Notwendigkeit, auf die Vergangenheit zurückzugreifen, um die Gegenwart in ihrer Kontinuität richtig zu verstehen. Deshalb wendet er sich dem Geschichtsstudium zu, das für ihn eine Hilfswissenschaft ist, aus der er seine Theorien entfalten konnte. Daraus wird deutlich: Die neue Wissenschaft ist nicht die Geschichtswissenschaft selbst, wie manche europäischen und arabischen Historiker interpretiert haben. Die neue Wissenschaft versucht, die sozialen Erscheinungen empirisch-kausal zu erfassen und zu erklären. Der Rückgriff auf die Geschichte geschieht mit dieser Absicht. Modern ausgedrückt: Ibn Khaldun ist der Begründer der *historischen Soziologie der Zivilisationen.*

Bei dem Versuch herauszufinden, wer der »wahre Imam« des Staates sei, bleibt Ibn Khaldun der rationalen Wissenschaft verbunden. Statt die geoffenbarte Schrift zu befragen, wendet er sich der Realität in dem Bemühen zu, die ineinander verwobenen wechselseitigen Beziehungen innerhalb der Gesellschaft zu erklären. Er will die entscheidenden Faktoren der Entwicklung des Staates feststellen, die nach seiner Vorstellung für alle Staaten determinierend sind. Nur auf diese Weise kann man die Stellung des Imam im Staat verstehen. De Boer meint, Ibn Khaldun habe als erster versucht, die Entwicklung der menschlichen Gesellschaft rational zu erklären und die sie bestimmenden Bedingungsfaktoren zu beleuchten.[31] Ibn Khaldun grenzt bewußt das Objekt der *Wissenschaft von der Kultur* von den anderen Gegenständen ab, wenn er schreibt:

> »Diese Wissenschaft gehört nicht zur Rhetorik, welche eine der Abteilungen der Logik ist ... Sie gehört auch nicht zur Wissenschaft der Politik, denn die Politik muß das Haus oder die Stadt so leiten, wie es nach Sitte und Weisheit erforderlich ist ... Das Objekt meiner Wissenschaft unterscheidet sich also von den Objekten dieser beiden Wissenschaften, welche ihr manchmal ähneln: sie ist sozusagen eine neu entstandene Wissenschaft« (arab. S. 38, dt. S. 12).

Ibn Khaldun ist sich dessen bewußt, daß er nur den Grundstein zu der neuen Wissenschaft legt. In seiner politischen Theorie vertritt er die Aristotelische Erkenntnis vom Menschen als Gesellschaftswesen, »*physei zoon politikon*«, und entwickelt sie weiter, wobei er das Hobbessche Problem (*homo homini lupus est*, »Der Mensch ist des Menschen Wolf«), drei Jahrhunderte vorwegnimmt. Er begründet die Notwendigkeit der »menschlichen Vergesellschaftung« mit dem Geselligkeitstrieb, der darauf basiert, daß der einzelne Mensch seine Bedürfnisse nicht alleine befriedigen könne, da die Arbeitsteilung zur Herstellung der lebensnotwendigen Güter unentbehrlich sei. Ferner könne der Mensch sich nicht alleine verteidigen und benötige daher die Hilfe seiner Mitmenschen (*Prolegomena*, arab. S. 41, dt. S. 18). Ibn Khaldun gelangt – wie später auch Hobbes – zu der Feststellung:

> »Wenn die Menschen zu diesem Zusammenschluß kommen, wie wir festgestellt haben, und die Kultivierung der Erde durch sie ausgeführt wird, so brauchen sie unbedingt eine Autorität, die sie voneinander fernhält, da in ihrer animalischen Natur Feindseligkeit und Neigung zu Gewalttaten liegen« (ebd., arab. S. 43, dt. S. 20).

Diese Autorität kann für die Muslime seit dem Tod des Propheten nur ein Imam verkörpern. Wer aber ist der wahre Imam? Ibn Khaldun stellt fest, daß die nomadische Gesellschaft die Urgesellschaft ist, die keinen Imam kannte. Indem sich diese jedoch zu einer Stadtgesellschaft entwickelt und ein staatliches Gebilde formt, benötigt sie auch einen *Ra'is*/Souverän, der ein Imam ist. Ibn Khaldun befaßt sich mit der nomadischen und der ihr entgegengesetzten seßhaften Lebensform. Beide unterscheiden sich durch die jeweils vorherrschenden Erwerbsarten.

> »Der Unterschied der Generationen in ihren Lebensformen entsteht durch den Unterschied in der Art, wie sie sich den Lebensunterhalt aneignen« (ebd., arab. S. 120, dt. S. 28).

Er untersucht die statischen und dynamischen Momente in den beiden Gesellschaftsformen, wobei die statischen Momente die je spezifischen

Eigenschaften des Stadt- und Nomadenlebens sind. Die dynamischen Momente sind jene Kräfte, die die Entwicklung der nomadischen Gesellschaft zu einer Stadtgesellschaft und endlich deren Niedergang vorantreiben. Die soziale Dynamik besteht also nach Ibn Khaldun aus zwei Entwicklungsprozessen: Der erste Prozeß findet von unten nach oben statt, d.h. von ländlich bzw. nomadisch zu städtisch, der zweite von oben nach unten, d.h. von Kultur zu Dekadenz bzw. von Fortschritt zu Niedergang. Ibn Khalduns Geschichtsphilosophie beruht daher auf einem zyklischen Verständnis der Geschichte. Das ist einer der Gründe für die Begeisterung des Zivilisationshistorikers Toynbee für Ibn Khaldun, für den jede Zivilisation eine begrenzte Lebensdauer hat; sie wird geboren, wächst und gelangt zur Blüte; dann treffen sie Alters- und Verfallserscheinungen, die ihren Niedergang zur Folge haben. Das war die Geschichte der islamischen und aller anderen Zivilisationen in der Weltgeschichte. Die westliche Zivilisation der Neuzeit wird hiervon nicht ausgenommen sein; die Verfallserscheinungen etwa ihrer politischen Klasse können nur Blinde übersehen (vgl. Anm. 48).

An der politischen Führung jeder Zivilisation liest Ibn Khaldun das Stadium ihrer jeweiligen Entwicklung ab. Meint eine Zivilisation, dem »wahren Imam« zu unterstehen, dann ist sie gesund. Wenn der Imam jedoch seinen wahren Charakter als ein König enthüllt, läßt der Elan nach. Auch für moderne Verhältnisse scheint diese Aussage interessant zu sein; die politische Klasse im Westen ist vergleichbar mit der Klasse der Imame im Islam.

Der Motor der Zivilisation: Die Asabiyya

Die *Asabiyya* ist nach Ibn Khaldun der Zentralbegriff für das Verständnis der Geschichtsdynamik. Es ist daher äußerst wichtig, den Inhalt dieses Begriffs richtig zu verstehen.

Der französische Baron de Slane hat den von Ibn Khaldun entwickelten Begriff *Asabiyya* bisher am zutreffendsten mit *esprit de corps* übersetzt. Von Kremer faßte ihn später als »Nationalitätsidee«

auf, was mir nicht ganz zutreffend zu sein scheint. Beide Übersetzungen bringen jedoch nicht den Inhalt zum Ausdruck, den Ibn Khaldun selbst zu artikulieren versucht hat. Erwin Rosenthal sagt mit Recht, daß es schwierig, ja vielleicht sogar unmöglich sei, im Deutschen einen Begriff zu finden, der die fundamentale Bedeutung der *Asabiyya* klar und erschöpfend wiedergebe. Der Vergleich des Begriffes *Asabiyya* mit Machiavellis *virtù*-Begriff liegt nahe, jedoch bezieht sich dieser Vergleich nur auf die kollektive Seite des *virtù*-Begriffes.[32] Der Vergleich mit Machiavelli ist angemessen, weil der Imam Ibn Khalduns dem Fürsten bei Machiavelli vergleichbar ist.

Die Umschreibung des *Asabiyya*-Begriffes durch Ayad gibt den Inhalt am besten wieder:

> »*Asabiyya* ist der Inbegriff der Lebensenergien, die eine Gemeinschaft zusammenhalten, ihr Selbstbewußtsein und Tatkraft verleihen und die über das Schicksal derselben entscheiden.«[33]

Die *Asabiyya* entsteht zugleich mit der Vergesellschaftung bereits im nomadischen Leben. Durch die *Asabiyya*, die in dieser Phase des primitiven Nomadentums auf Blutsverwandtschaft basiert, fühlen sich die Mitglieder einer Gemeinschaft verbunden und zusammengehörig. Nach der Auffassung Ibn Khalduns liegt es in der Natur des Menschen begründet, daß er sich mit seinen Blutsverwandten verbunden fühlt (vgl. *Prolegomena*, arab. S. 129). Ibn Khaldun unterstreicht, daß es sich eigentlich nicht um eine echte Blutsverwandtschaft handle, sondern vielmehr um den subjektiven Glauben der Mitglieder daran. Denn die vielen Stämme seien nicht wirklich blutsverwandt. Auch in der neueren Diskussion über Ethnizität (Wir-Gruppen) hat man erkannt, daß ethnische Wir-Gruppen ein Zusammengehörigkeitsgefühl vor allem auf Grund ihrer Vorstellung (»imaginäre/imagined communities«[34]) empfinden. Zu dieser Erkenntnis hat Ibn Khaldun vor sechs Jahrhunderten bereits beigetragen. Auch für ein besseres Verständnis des Gruppenbewußtseins ethnischer Gemeinschaften in unserer krisenhaften Zeit des ethnischen Nationalismus scheint mir der Begriff der *Asabiyya* zentral zu bleiben.

Nach der Meinung der Ibn-Khaldun-Interpreten bildet die *Asabiyya* die Grundlage einer Ideologie, die die Integration einer Gemeinschaft bzw. ihren Zusammenhalt fördert. In diesem Sinne griff der geistige Vater des panarabischen Nationalismus, Sati' al-Husri (vgl. Kap. 8), auf die *Asabiyya* des Ibn Khaldun zurück, um sie für seine Ideologie nutzbar zu machen.[35] Gleichzeitig mit der Gesellschaft entwickeln sich auch die *Asabiyya*-Bande. Die Mittelstufe ist nicht mehr die Blut-*Asabiyya*, sondern die *Asabiyya* der Bündnis- und Schutzverhältnisse. In der höchsten Stufe der Vergesellschaftung, in der städtischen Gesellschaft, ruft die *Asabiyya* ein Gefühl der Verbundenheit und Zusammengehörigkeit hervor durch

> »geselligen Verkehr, durch Kameradschaft, durch lange gegenseitige Prüfung und Erprobung und durch Beschäftigung miteinander. Weiter entsteht dieses Gefühl zwischen solchen Menschen, die gemeinsam erzogen wurden und die alle Schicksale des Lebens teilen«.[36]

Für Ibn Khaldun ist die *Asabiyya* der Motor der Kulturen und Zivilisationen. Ein Imam, der sich nicht auf eine *Asabiyya* berufen kann, um seine Gruppe anzusprechen, ist wertlos. Wenn die *Asabiyya* stark ist, sind es auch die Gesellschaften und ihre Führung, wenn sie schwach ist, dann ist das ein Zeichen des Niedergangs der Zivilisation. Es ist gerechtfertigt, mit von Kremer zu sagen, daß die *Asabiyya*

> »allein über die Lebenskraft und Dauer der Reiche entscheidet, denn sie bildet gewissermaßen den belebten Geist des Staates, je stärker sie ist, desto stärker ist der Staat und desto länger ist sein Bestand gesichert«.[37]

Nach dieser Darlegung wird deutlich, wie zentral der *Asabiyya*-Begriff im politischen Denken Ibn Khalduns ist. Ein Imam kann nur dann aus einem Gemeinwesen eine gewisse Größe entwickeln, wenn seiner Führung die Berufung auf die richtige *Asabiyya* zugrunde liegt. In unserem Zeitalter berufen sich herrschende und oppositionelle Möchte-Gern-Imame auf den Islam als ihre *Asabiyya*. Kann die Religion hierfür eine Basis bieten?

Durch seine Unterscheidung zwischen »religiös« und »rational« trennt Ibn Khaldun Wissen vom Glauben und steht hierbei in der Tradition des islamischen Rationalismus (vgl. oben S. 125). An verschiedenen Stellen seiner *Muqaddima* versucht er jedoch zu beweisen, daß unsere Vernunftserkenntnis eine Grenze habe und daß alles, was diese Grenze überschreite, allein Sache des Glaubens sei. Darin liegt der Unterschied zwischen dem islamischen Rationalismus und der europäischen Aufklärung im Hinblick auf die Religion. Islamische Rationalisten ersetzen die richtige Religion nicht durch eine Vernunftsreligion, wie europäische Aufklärer dies oft tun. Auch ist Ibn Khaldun der Überzeugung, daß die Vernunft die sozialen Phänomene nicht in vollem Umfang erkennen kann. Deshalb will er seine Wahrheitssuche auf die Erfahrungswelt beschränken und den Rest der Religion überlassen. Aber die Religion ist nicht nur ein Glaube, sondern auch ein politischer Faktor. Wie geht Ibn Khaldun diese Tatsache an?

Rätselhaft für den *Muqaddima*-Leser ist, daß er oft am Ende eines Kapitels auf einen Koran-Vers stößt, der wenig mit dem Textinhalt zu tun hat. Der russisch-amerikanische Soziologe Sorokin äußert seine Verwunderung hierüber und kommentiert:

> »Es fällt auf, daß nach einer Diskussion jeder Abschnitt von Ibn Khaldun mit einem Zitat aus dem Koran abgeschlossen wird, das oft mit dem diskutierten Gegenstand nichts zu tun zu haben scheint. Der heutige Leser mag überrascht sein über die eigentümliche Mischung von dem, was wir als ›Erfahrungswissenschaft‹ bezeichnen, mit magisch-religiösen Problemen.«[38]

Der schon zitierte ideologische Vater des einst dominanten arabischen Nationalismus, Husri, sieht keine Verflechtung von Religion und Wissenschaft bei Ibn Khaldun. Er meint, Ibn Khaldun habe in seiner Arbeit einen völlig rationalen Weg eingeschlagen und »Gott« sowie dessen »Willen« erst erwähnt, nachdem er seine Schlüsse erkenntnistheoretisch fundiert gezogen habe.[39] Die kühnste Stellungnahme zu diesem Fragenkomplex und zugleich die zutreffendste Erklärung stammt wohl von dem irakischen Soziologen 'Ali Wardi. Seiner Meinung nach beabsichtigte Ibn Khaldun mit dem Zitieren von Koran-Versen, seine säkularen Gedanken zu tarnen. Denn die Zeit, in der die Werke Averroës' symbolisch verbrannt wurden, lag noch nicht lange zurück.[40]

Ibn Khaldun sieht wie Machiavelli einen funktionalen Zusammenhang zwischen Religion und Politik. Die Staatsraison steht dabei im Vordergrund. Die Lektüre der *Muqaddima* führt zu der Erkenntnis, daß Ibn Khaldun sich für die Religion nicht als Glaube, sondern als einen sozialen und sozialpsychologischen Faktor interessiert. Er räumt der Religion als metaphysisches Element keinen Platz in seinem Gedankengebäude ein. Von Kremer bestätigt diese Interpretation: »Auch in diesem Punkt ist Ibn Haldun der erste Vertreter einer Geistesrichtung, die im Abendlande erst ein halbes Jahrtausend später sich Geltung errungen hat.«[41]

Ibn Khaldun erkennt die Bedeutung der Religion als eine zentrale politische und soziale Kraft, ohne ihr jedoch den Rang der *Asabiyya* einzuräumen. Denn der Staat und sein Imam können zwar ohne Religion bestehen, nicht aber ohne *Asabiyya* auskommen. Ibn Khaldun führt aus:

> »Diejenigen Völker, welche eine Offenbarung besitzen und den Vorschriften der verschiedenen Propheten folgen, sind wenige im Vergleich zu den Heiden, die keine Offenbarung besitzen. Diese bilden den überwiegenden Teil der Bevölkerung der Erde. Trotzdem aber haben sie Reiche und Monumente gehabt« (arab. S. 44, dt. S. 21).

Traditionell-islamisch argumentierend, läßt Ibn Khaldun nur monotheistische Offenbarungen als Religionen gelten. Er leitet dann aus seiner Beobachtung die Erkenntnis ab, daß die *Asabiyya* das Primäre, die Religion nur das Sekundäre ist. Das bedeutet auch, daß die Religion in der Geschichte der Gemeinwesen an zweiter Stelle rangiert; zwischen der *Asabiyya* und der Religion besteht ein großer Unterschied hinsichtlich ihres zeitlichen Auftretens; in der Urzeit der primitiven Vergesellschaftung kann von Religion keine Rede sein. Die Religion tritt erst dann in Erscheinung, wenn sich durch die *Asabiyya* Gruppen gebildet haben. Nach Ibn Khaldun kann die Religion nur in Verbindung mit der *Asabiyya* (religio-soziale Zugehörigkeitsbande) eine bedeutende historische Wirkung erlangen, nicht aber selbst zur *Asabiyya* werden. Indem die Religion die Legitimität für den Imam liefert, wirkt sie als ein staatsbildendes Element, ohne Ersatz für eine *Asabiyya* sein zu können. Eine Voraussetzung hierfür ist jedoch die angesprochene Verschmelzung von Religion und *Asabiyya*. Die Religion verstärkt die *Asabiyya* und spielt die Rolle einer Ideologie für sie, welche die wichtigste Voraussetzung für die Bildung großer Reiche ist. Mit anderen Worten: Ein gemeinsamer religiöser Glaube könne die *Asabiyya* stärken und als politische Ideologie wirken. Ein zeitgenössisches Beispiel hierfür ist der ideologische Islam in englischen und französischen Ghettos, der als *Asabiyya* der dort lebenden Migranten dient.

Kurzum: Ibn Khalduns Auffassung vom Imam als weltlichem König, der wenig mit der Religion zu tun hat, ähnelt auffallend der Machiavellis vom Fürsten.[42] Der Imam ist der Fürst, der die *Asabiyya* mit der religiösen Legitimität verbindet.

Ökonomie und Zivilisation: War Ibn Khaldun ein Vorläufer von Marx?

Lange vor Karl Marx erkannte Ibn Khaldun die Bedeutung ökonomischer Strukturen als elementare Basis von Staat und Gesellschaft. Wie schon erwähnt wurde, betrachtet er die Vergesellschaftung als sozial notwendige Folge der Arbeitsteilung. Der Mensch kann nach Ibn Khaldun die Waren, die er zur Befriedigung seiner Bedürfnisse benötigt, nicht alleine produzieren. Die Arbeitsteilung in einer zivilisierten Gesellschaft unterscheidet sich aber von der in einer primitiven durch die Spezialisierung. In der primitiven Gesellschaft wird die Arbeit zwar schon geteilt, aber jeder Stammesgenosse kann alle Arbeiten verrichten, weil sie noch einfach sind. Dagegen kann ein Stadtbewohner nicht alle Arbeiten ausführen. Arbeitsteilung bedeutet daher, daß der Mensch sich auf eine Tätigkeit spezialisieren muß (vgl. *Prolegomena*, arab. S. 405, dt. S. 214f.). Dadurch differenziert sich die Gesellschaft, das

Kollektivbewußtsein nimmt ab, es kommt zu einer fortschreitenden Individualisierung.

»Nun sind für jedes von ihnen Handwerke und Künste nötig, um diese Dinge herzustellen (gemeint sind die Güter, B.T.) und Sorgfalt auf sie zu verwenden; sie sind für sie spezialisiert und folgen aufeinander und werden immer zahlreicher dadurch, daß die Menschen verschieden sind in ihren Wünschen und Vergnügungen, nach denen sie streben, und im Genuß der verschiedenen Formen des Wohllebens und der mannigfaltigen Bedürfnisse. So folgt die Phase des städtischen Lebens« (ebd., arab. S. 173, dt. S. 90).

Erstaunlich in der *Muqaddima* des Ibn Khaldun ist die Diskussion über den Wert der Ware im Zusammenhang mit der dafür aufgewendeten Arbeit. Entsprechende Passagen bei Ibn Khaldun haben die Neigung gefördert, ihn mit Marx zu vergleichen. Die folgenden Stellen aus der *Muqaddima* belegen die Nähe zwischen Ibn Khaldun und Marx: »Die menschliche Arbeit ist nötig, sonst kommt kein Ertrag und kein Nutzen zustande« (ebd., arab. S. 382, dt. S. 194). Ibn Khaldun hebt dann hervor: »Denn wenn die Arbeit nicht wäre, entstünde kein Verdienst dabei. Bei vielem kann man die Arbeit äußerlich erkennen, und so rechnet man auf sie einen größeren oder kleineren Teil des Wertes« (ebd., arab. S. 382, dt. S. 194).

Wir sehen also, daß Ibn Khaldun den Wert einer Ware von dem Wert der geleisteten Arbeit abhängig macht und somit vor Marx eine Wertetheorie formuliert hat. Nach Ibn Khaldun muß der Mensch arbeiten, weil er »der Dinge bedarf, die ihn nähren und versorgen« (ebd., arab. S. 380, dt. S. 192). Wenn das Erworbene das Maß überschreitet, das zur Befriedigung der Bedürfnisse notwendig ist, kommt es zur Akkumulation von Werten. Das geschieht nur in der städtischen Gesellschaft, weil nach Ibn Khaldun die Produktion der nomadischen Gesellschaft subsistenzwirtschaftlich erfolgt, d.h. die Bedürfnisse ihrer Angehörigen nicht übersteigt. Unter anderem dient die politische Macht auch zur Anhäufung von Vermögen. So übt eine soziale Gruppe Macht aus, indem sie sich als Mittel hierfür der wirtschaftlichen Ausbeutung bedient. Ibn Khaldun erklärt:

»Der Grund dafür ist, daß der Angesehenste mit Erzeugnissen bedient wird, durch die man sich an ihn heranmacht, weil man ihm nahe sein will und seines Einflusses bedarf. Der Wert aller dieser Erzeugnisse gehört zu seinem Erwerb; denn die Arbeit, für die man sonst Gegenwerte geben muß, führen die Leute (für ihn) ohne Erhalt eines Gegenwertes aus. So werden sie bei ihm immer größer« (ebd., arab. S. 389, dt. S. 198).

Politische Herrschaft und Ökonomie werden somit von Ibn Khaldun in einen Zusammenhang gebracht.

So sehr die zitierten Passagen auch Vergleiche mit Marx herausfordern, so sehr müssen wir uns davor hüten, in Ibn Khaldun einen Vorläufer von Marx zu sehen. Dies tat einst ein sowjetischer Marxist namens Lewine, der in einer 1926 auf Russisch veröffentlichten Abhandlung über Ibn Khaldun diesen für den Marxismus vereinnahmt hatte.[43] Der Ökonom Joseph Spengler hat die ökonomischen Betrachtungen Ibn Khalduns untersucht und gelangte hierbei zu der richtigen Erkenntnis:

»Obwohl sie größtenteils mit ›verschiedenen Aspekten des Lebenserwerbs‹ zusammenhängen, sind sie nicht völlig ablösbar von seiner Diskussion solcher Gegenstände wie Land-Stadt-Unterschiede, die soziologischen Grundlagen von gruppenbezogener Macht und dem Prozeß der Auflösung von Stämmen.«[44]

Hierin sehen wir einen wichtigen Unterschied zwischen Ibn Khaldun und Marx. Ibn Khaldun untersucht die Ökonomie mit dem Blick auf den sozialen Wandel von der nomadischen zur städtischen Gesellschaft. Maßstab ist ihm dabei die Art, wie der Lebensunterhalt erworben wird. Die Entwicklung dieser Erwerbsweise verläuft parallel zur politischen Entwicklung des Staates unter Berücksichtigung der Fähigkeiten des Imam, der ihn anführt.

Ibn Khalduns Ansichten über die Wirtschaft haben einmal in der Medienwelt des Westens eine besondere, wenn auch sehr oberflächliche Aufmerksamkeit gefunden, als der ehemalige US-Präsident Reagan Ibn Khaldun zitierte, um mit ihm als Zeugen aus der Geschichte seine Wirtschaftspolitik zu rechtfertigen.

Ibn Khaldun gibt auf die Frage, wer der »wahre Imam« sei, eine rationale, entmystifizierende Erklärung von Herrschaft. Der als Imam legitimierte Herrscher, so sagt Ibn Khaldun, sei in Wirklichkeit ein König, der zur Herrschaft komme, weil seine Gruppe über die stärkste *Asabiyya* verfüge. Zur Legitimierung seiner Autorität greife der Imam dann auf die Religion zurück, aber diese könne ohne eine sie untermauernde *Asabiyya* keinen Rückhalt bieten. Ibn Khaldun würdigt auch die wirtschaftlichen Bedingungen zur Bildung von Gemeinwesen und ihren Herrschaftsformen; er kennt die Komplexität seines Gegenstandes und befaßt sich deshalb mit weiteren Fragen, von denen ich im folgenden nur zwei beleuchten möchte: den Machttrieb und die Bedeutung der Klimazone, in der sich Gemeinwesen bilden.

Der Machttrieb: Ibn Khaldun stellt die Spannung dar, die zwischen der stets gruppenbezogenen *Asabiyya* und dem persönlichen Machttrieb des Imam-Königs besteht. In einer primitiven Gesellschaft ist die *Asabiyya* sehr stark. Sie räumt deshalb dem persönlichen Machttrieb nur einen geringen Platz ein. Der Häuptling in diesen Gesellschaften besitzt keine Machtbasis; er ist weder Herrscher noch Imam. Er hat bei seinen Stammesgenossen nur den Platz des *primus inter pares*/Erster unter Gleichen inne. Ibn Khaldun glaubt – ähnlich wie Hobbes – nicht an eine naturgegebene Tugendhaftigkeit des Menschen. Gewalt- und Alleinherrschaft sind nach Ibn Khaldun ein sehnlicher Wunsch der menschlichen Seele. Die Häuptlingsherrschaft entwickelt sich notwendigerweise auch auf der Basis des Machttriebs zur Alleinherrschaft und zum Königtum. Das gilt ebenso für die Kalifen. Ibn Khaldun betont die unentbehrliche Rolle der Macht und deren Bedeutung für den Staat. Erwin Rosenthal kommentiert:

> »Ibn Khaldun hat als erster Denker m.E. eindeutig formuliert, daß für das Entstehen eines Staates die Macht von wesentlicher und ausschlaggebender Bedeutung ist.«[45]

Die physische Umwelt: Das Verhältnis von Mensch und Natur wurde schon von Hippokrates in seiner Abhandlung über Luft, Wasser und Erde und von Aristoteles in der *Politik* behandelt. Die Lehre der Griechen wurde im 9. Jahrhundert von dem arabischen Naturphilosophen al-Djahiz aufgenommen und weiterentwickelt. Ibn Khaldun denkt über das Verhältnis Mensch-Natur nach, soweit es in seine Weltdeutung hineinpaßt. Er übernimmt von dem arabischen Geographen Idrisi die Einteilung der Erde in sieben Zonen. Die Bewohner der zwei ersten, allzu heißen, und der zwei letzten, allzu kalten Klimazonen bleiben aufgrund ihrer klimatisch bedingten Umwelt primitiv; sie entfalten keine Zivilisation, keine Religion, kein Gesetz und keine Wissenschaft, denn diese Kulturgüter seien den Völkern der drei mittleren Zonen, die ein gemäßigtes Klima haben, vorbehalten. Zu diesen Völkern gehören: die Griechen, die Römer, die Araber, die Juden, die Perser, die Inder, die Chinesen, die Spanier und die anderen benachbarten europäischen Völker (vgl. *Prolegomena*, arab. S. 82ff., dt. S. 23ff.). Ibn Khaldun behandelt ausführlich die Unterschiede zwischen den Völkern, die aus ihrer jeweiligen physischen Umwelt resultieren, und nimmt hierbei Jahrhunderte im voraus Bodin und Montesquieu vorweg, wenn er den äußeren Einfluß der Natur auf den Charakter des Menschen ausdrücklich als einen der wichtigen Untersuchungsgegenstände der neuen Wissenschaft, *'Ilm al-'Umran*, hervorhebt.

Der Staat und sein Ra'is/Imam

Für Ibn Khaldun hat jede Zivilisation – wie wir bereits wissen – eine begrenzte Lebensdauer. Der Staat als zivilisatorisches Produkt hat ebenso eine zeitlich begrenzte Existenz. Er wächst, reift und beginnt dann zu verfallen.

> »Die Welt der Elemente ist mit dem, was in ihr ist, dem Entstehen und Vergehen unterworfen, sowohl ihrem Wesen als auch ihren Zuständen nach. So entstehen und vergehen offensichtlich die geschaffenen Dinge wie Mineralien, Pflanzen und alle Tiere, Menschen und andere. Genauso ist es mit ihren Zuständen, besonders den menschlichen« (*Prolegomena*, arab. S. 136).

In diesem Sinne ist der Staat, der – nach Ibn Khaldun – die menschliche Gesellschaft verkörpert, wie alle Lebewesen zu beurteilen. Rosenthal hat zu Ibn Khalduns Betrachtungsweise des Staates hervorgehoben, daß dem Staat kein metaphysischer Zweck und auch nicht die Verwirklichung ethischer Werte zugeschrieben wird.[46]

Nach Ibn Khaldun hat jeder Staat eine Lebensgeschichte. In der Urgesellschaft ist die *Asabiyya* das einzige Band, das diese Gesellschaft zusammenhält. Neben dieser Haupt-*Asabiyya* existieren untergeordnete *Asabiyyen*, die kleinere Gruppen, wie etwa die Familie oder die Sippe, verbinden. Diejenigen, die durch die stärkste dieser untergeordneten *Asabiyyen* zusammengehalten werden, haben die Führung inne. »Die Führung (*Ri'asa)* entsteht nur durch Obmacht, und die Obmacht kommt nur durch die *Asabiyya* zustande« (ebd., arab. S. 132, dt. S. 42). Ein Häuptling kann zunächst noch keine Macht über seine Stammesgenossen ausüben. Er ist lediglich – wie bereits ausgeführt – Erster unter Gleichen. Da er jedoch die stärkste *Asabiyya* vertritt und »das Ziel, auf das die *Asabiyya* hinstrebt, die Herrschaft ist« (ebd., arab. S. 139, dt. S. 51), entwickelt sich der Häuptling zum Herrscher und wird somit zum Imam. Das geschieht notwendigerweise, weil der Staat ohne Imam nicht bestehen kann. »Staat und Herrschaft sind für die Gesellschaft das, was die Form für die Materie ist« (ebd., arab. S. 376, dt. S. 198). Ibn Khaldun hebt die Unentbehrlichkeit des Herrschers und seiner Autorität als Imam für den Staat hervor. Die staatliche Autorität werde von einem Machthaber verkörpert, der über seine Untertanen Macht und Gewalt besitze. Die Behauptung der Philosophen, daß »diese Autorität durch ein von Gott auferlegtes Gesetz entstehe, das ein einziger unter den Menschen überbringe, der sich von ihnen durch die Eigentümlichkeit der göttlichen Führung unterscheide, die Gott ihm anvertraut habe« (ebd., arab. S. 43, dt. S. 21), wird von Ibn Khaldun als unbewiesen und irrational zurückgewiesen. Der Ibn Khaldunsche Imam ist also wie der Fürst bei Machiavelli: ohne Heiligung, eine Verkörperung reiner Macht.

Der Staat dehnt sich über ein Gebiet aus. Diese Ausdehnung hat jedoch ihre Grenzen.

»Die natürliche Ursache dafür ist, daß die Kraft der *Asabiyya* eine der natürlichen Kräfte ist. Von jeder Kraft nämlich geht eine bestimmte Wirkung aus, und sie ist an ihrer Wirkung zu erkennen. Der Staat ist in seinem Zentrum stärker als am Rande und im Umkreis, und wenn er den äußerst möglichen Umkreis erreicht, wird er schwach und nicht mehr fähig, sich darüber hinaus auszudehnen ... Wenn den Staat dann Alter und Schwäche treffen, beginnt er erst an seinen Rändern abzunehmen« (ebd., arab. S.162, dt. S.78).

Diese Aussage ist eine gedrängte Zusammenfassung der islamischen Eroberungen/*Futuhat* und deren Ende durch den Niedergang der islamischen Zivilisation. Auch der Westen hat sich durch die »europäische Expansion« ausgebreitet. In unserem Zeitalter der Entwestlichung der Welt kommen die Zerfallserscheinungen der westlichen Zivilisation zum Ausdruck. Der Westen hat die Kraft seiner *Asabiyya* eingebüßt.

Die vier Generationen der Imame: Aufbau und Verfall

In ihrer Reihenfolge gehören die Imame eines Staates gewöhnlich drei Generationen an. Die vierte Generation ist die des Verfalls, und entsprechend ist der ihr entstammende *Ra'is*/Führer des Staates der schwächste Imam. In der ersten Generation wird der dynamische Charakter des Nomadenvolks bewahrt. Darunter versteht Ibn Khaldun, daß unter den rauhen Bedingungen des Lebens Mäßigkeit, Tapferkeit und die Gewohnheit, die Macht zu teilen, für das Gemeinwesen kennzeichnend sind. Die *Asabiyya* bleibt in dieser Generation in voller Kraft erhalten. In der zweiten Generation werden die Gewohnheiten und Sitten des nomadischen Lebens durch die des seßhaften verdrängt. Die Not verwandelt sich in Wohlstand, die Aristokratie in Autokratie. In der dritten Generation werden die Normen und Sitten des Nomadenlebens völlig vergessen. Die *Asabiyya* nimmt ständig an Stärke ab, das luxuriöse Leben erreicht die höchste Stufe. In der vierten Generation vollzieht sich die Dekadenz.

Nun teilt Ibn Khaldun den ganzen Prozeß in fünf Phasen ein: die *erste Phase* hat die »Teilung der Herrschaft« zum Inhalt. Dies ist der Zustand des Sieges über den zuvor untergegangenen Staat und des Vollbesitzes der neuen Herrschaft. Der Herrscher-Imam ist ein Aristokrat, ein *primus inter pares*, weil er sich von der *Asabiyya* gezwungen fühlt, sich keinen besonderen Rang beizumessen. Die *zweite Phase* stellt die der Alleinherrschaft dar. Der nun herrschende Imam verwandelt sich in einen Autokraten. Aus Gründen der Staatsraison schließt er seine Stammesgenossen von der Machtausübung aus und wird zum Souverän. Er stützt sich auf seine persönliche Klientel und bildet auf der Basis seiner Anhänger eine neue *Asabiyya*, die aber schwächer als die bisherige ist, weil sie nicht mehr auf dem Glauben an eine Blutsverwandtschaft beruht. In der *dritten Phase* herrschen »Muße und ruhiger Wohlstand«. Die Zivilisation gedeiht, die Herrscher bauen prächtige Paläste und feste Burgen, und die Städte dehnen sich aus. In diesem Stadium der Zivilisationsentwicklung regelt der Herrscher – nunmehr eher ein Sultan als ein religiöser Imam – die Staatsgeschäfte selbst und bestimmt die ökonomischen Angelegenheiten in eigener Regie. Die *vierte Phase* ist die der »Genügsamkeit und Friedlichkeit«. Der Herrscher verliert allmählich seine Imam-Eigenschaften, wird träge, folgt nur nachahmend den Spuren seiner Vorgänger und begnügt sich damit, sich mit ihren Leistungen zu schmücken; er selbst bringt aber keine eigenen Errungenschaften mehr hervor und lebt von dem Ruhm seiner Vorfahren. Die *fünfte Phase* zeichnet sich aus durch »Vergeudung und Verschwendung«. Als Begleitphänomen leidet der Staat unter Mißwirtschaft. Der Fürst ist nun vollends kein Imam mehr, er verpraßt mit seiner Gefolgschaft die Schätze, die von seinen Vorfahren sorgfältig angesammelt wurden. Auf diese Weise geht der Staat und die ihm zugrundeliegende Zivilisation unaufhaltsam unter.

Ibn Khaldun rekonstruiert die Entwicklung des Staates noch einmal, jedoch aus einer anderen Perspektive. Er setzt sie von oben an, nämlich bei dem Fürsten, wobei er diesen zunächst psychologisch untersucht. Ibn Khaldun geht davon aus, daß eine Dynastie nur vier Generationen lang herrscht. Der Herrscher der ersten Generation baut den Ruf als Imam seiner Gemeinschaft auf. Er muß dafür viel Mühe aufwenden. Deshalb bewahrt er die Eigenschaften, die den Grund für den

Fortbestand des Ruhmes bilden. Der Sohn des Imam steht in unmittelbarer Beziehung zu seinem Vater. Er hat gehört, wieviel Mühe der Ruhm gekostet hat, kann diese jedoch nicht angemessen schätzen, weil er sie nicht mitgetragen hat; deswegen bleibt er an Bedeutung hinter der Leistung seines Vaters zurück. Der Dritte kann nur noch den zweiten nachahmen und bleibt deswegen hinter diesem zurück. Der vierte Imam-König verliert schließlich alle Eigenschaften seines Vorgängers. Er genießt die tradierte Achtung, die ihm nach wie vor von seinen Untertanen entgegengebracht wird und bildet sich dabei ein, daß sie allein auf die Abstammung zurückzuführen sei. Kritisch läßt sich anmerken, daß ein Vergleich der Aufeinanderfolge der Entwicklungsstadien des Staates mit der oben geschilderten Aufeinanderfolge der Generationen zu dem Ergebnis führt, daß sich beide Entwicklungsstränge nicht vollständig decken. Wichtiger als dieser Einwand bezüglich fehlender Konsistenz ist aber, daß Ibn Khaldun begrifflich die gleichlaufende Entwicklung beim Individuum, der Familie, der Gruppe und den herrschenden Institutionen, die der Staat repräsentiert, aufzeigt. Die Frage nach dem wahren Imam wird in einen breiten Rahmen der Realität eingeordnet und von ihren religiösen Bezügen abgelöst.

Ibn Khaldun betrachtet die soziale und politische Stabilität des Staates als Voraussetzung für den Weiterbestand der Zivilisation. Diese Stabilität läßt sich in der Geschichte, die ja stets im Fluß ist, nicht gewährleisten. Wie schon aus der Entwicklung des Staates zu entnehmen ist, fängt die Dekadenz mit dem luxuriösen Wohlstand an. Ibn Khaldun wiederholt das unermüdlich an vielen Stellen, indem er immer wieder betont, daß der Wohlstand für den Charakter des Individuums verderblich ist und daher auch dem Staat schadet. Wenn der Wohlstand seine höchste Stufe erreicht, dann beginnt der unaufhaltsame Untergang des Staates und seiner Kultur. Die beiden Bereiche, an denen sich die Symptome zeigen, sind die Finanzwirtschaft und die Macht. Die Symptome des Untergangs sind – nach Ibn Khaldun – Erscheinungsformen, an denen der Beobachter feststellen kann, in welchem Zustand sich der Staat jeweils befindet. Ibn Khaldun schreibt:

»Wisse, daß der Bau des Staates auf zwei Fundamenten beruht, die durchaus nicht zu entbehren sind: Das erste ist die materielle Gewalt und die *Asabiyya*, und dies findet seinen Ausdruck in der Kriegsmacht; das zweite ist die Finanzwirtschaft, durch welche das Heer besteht und die Bedürfnisse des Staates in den verschiedenen Lagen bestritten werden. Beginnt nun für den Staat der Verfall, so macht er sich in diesen beiden Fundamenten zuerst bemerkbar« (ebd., arab. S. 294, dt. S. 144; vgl. von Kremer [Anm. 37], S.32).

Nach Ibn Khaldun gehört es zu den primären Aufgaben des Staates, sicherzustellen, daß die menschlichen Bedürfnisse befriedigt werden, jedoch ohne den Staat zu verschulden. Auch muß der Staat eine sichere Ordnung garantieren, in der der Mensch Ruhe und Sicherheit genießen kann, welche die Voraussetzungen für das Gedeihen einer Kultur sind. Westliche Politiker tun gut daran, Ibn Khaldun zu lesen, um zu verstehen, daß ein überschuldeter Staat und fehlende öffentliche Sicherheit Zeichen des Niedergangs sind. Ibn Khaldun unterscheidet sich von der islamischen Geschichtsauffassung dadurch, daß er den Staat als eine politische Notwendigkeit betrachtet und ihm keine religiösen Tugenden zuschreibt. Der Staat diene dem Wohle des Menschen und verkörpere nicht irgendeinen göttlichen Willen. Ibn Khaldun unterscheidet sich in dieser Auffassung zudem auch von den traditionellen Staatsdenkern, die im Staate oder im Fürsten Sittlichkeit und hohe Ideale verkörpert sehen. Der jüdische Islamwissenschaftler Rosenthal, der ein Jahr nach seiner Promotion (vgl. Anm. 42) der deutschen Verabsolutierung des Staates nach Amerika entfloh, rühmt an Ibn Khaldun:

»Bei den abendländischen Geschichtsschreibern finden wir die Verherrlichung des Fürsten und seines Staates ... Bei Ibn Khaldun erscheint der Schöpfer (des Staates, B.T.) als für den Staat und sein Wohl verantwortlich.«[47]

Ibn Khalduns Anschauungen ähneln auf breiter Strecke denen Machiavellis. Für Ibn Khaldun ist der Herrscher als Imam nur dann vollkommen, wenn er für das Gedeihen des Staates und dessen Erfolg dienlich ist. Wenn er ein Urteil über einen Imam fällt, dann ist sein Maßstab stets das Interesse des Staates, nicht die Erfüllung der religiösen Doktrin. Die Herrschaft im Staate, die vom Fürsten ausgeübt wird, ist nicht nur von Natur aus notwendig, sondern kommt auch ohne göttliche Segnung aus. Aus der Darstellung der Staatstheorie Ibn Khalduns wird deutlich, daß er ein ungewöhnlicher politischer Denker in der islamischen Zivilisation war, der weder eine religiöse Verherrlichung des Staates – wie Ibn Taimiyya – betrieb, noch die Religion zur Legitimation der Politik – wie Mawardi – heranzog.

Während islamische *Fiqh*-Juristen von der nachträglichen Legitimierung der von den Herrscher-Imamen vollzogenen politischen Akte besessen waren, hat Ibn Khaldun als erster – im wahren Sinne – politischer Denker im Islam versucht, Politik und Gesellschaft rational zu erklären und die Person des Imam von jeder religiösen Mystifizierung loszulösen. Der Imam ist ein *Ra'is*/Staatsoberhaupt und ist nur dann des Lobes wert, wenn er die Staatsgeschäfte gut führt. Die Religion gehört nicht in die Reflexion über diesen Gegenstand. Muslime unserer Zeit könnten viel von ihrem großen Vorfahren Ibn Khaldun lernen, besonders die Unterscheidung zwischen »Wissen auf rationaler und religiöser Grundlage« (vgl. Motto S. 125 f.). Ibn Khaldun erörtert die islamische Suche nach dem »wahren Imam« auf einer durchweg rationalen Basis.

Auch Europäer können viel von Ibn Khaldun lernen. Europäische Sozialstaaten, die auf der Basis von Staatsverschuldung Wohlstand ohne Produktivität finanzieren und die unter dem Motto Liberalität das Einbüßen von Sicherheit für die eigenen Bürger verschulden, sind nach Ibn Khaldun zivilisatorische Gebilde im Niedergang. In unserem Zeitalter des Zivilisationskonflikts[48] ist das Werk Ibn Khalduns nicht nur für diejenigen von Interesse, die sich über den Islam informieren wollen.

Dritter Teil

DER ÜBERGANG VOM MITTELALTER ZUR MODERNE

Verunsicherung über die Bestimmung des wahren Imam.
Zwischen islamischem Reformismus,
Djihad-Antikolonialismus und
säkularem Nationalismus

»Zur Zeit der Kalifen waren wir das vollkommenste aller Länder. Der Grund hierfür ist darin zu suchen, daß die Kalifen Gelehrte, Künstler und andere Personen zu fördern pflegten ... Die Macht der Kalifen zerbröckelte ..., während die Macht der Franken ... erstarkt ist ... Die Geographen der Franken haben die Bezeichnung Europa angewandt auf das Land der Franken ... kein gerecht Denkender wird leugnen, daß die Länder der Franken heutzutage einen überaus hohen Grad der Tüchtigkeit und des Könnens auf dem Gebiet der Wissenschaften erreicht haben ...«[1]

Rifa'a Rafi' al-Tahtawi (1826–1883),
der erste islamische Imam und
Student in Frankreich,
in seinem Pariser Tagebuch.

»Um es kurz zu fassen: die wahre Bedeutung des Kolonialismus und sein genauer Inhalt beziehen sich auf die Herrschaft von Staaten und Völkern, die über Macht und Wissenschaft verfügen, über Völker, die gleichermaßen schwach und ignorant sind. Die Überlegenheit beruht auf Wissenschaft und Macht, die stets über die Schwäche und Ignoranz siegen. Das ist ein kosmisches Gesetz.«[2]

Djamal al-Din al-Afghani (1839–1897),
bedeutendster islamischer Theoretiker
des *Djihad*-Antikolonialismus.

»Nach dem Werk des islamischen Propheten hatte die arabische *Umma*/Gemeinschaft einen großen Sprung nach vorne geleistet und große *Futuhat*/Eroberungen weltweit durchgeführt ... Dadurch stieg die arabische *Umma* zur zivilisiertesten Gemeinschaft auf dem gesamten Globus empor ... sie diente sogar als die Erzieherin des Westens, insofern sie ihm entscheidende Impulse für seine Entwicklung gab ... Im 19. Jahrhundert fand aber in Europa die größte politische Revolution in der Weltgeschichte statt: Die Staatsbildung wurde nunmehr auf der Basis der Nation vorangetrieben ... Warum haben wir uns dieser Entwicklung nicht anschließen können und sind in eine Rückständigkeit geraten? ... Als wichtigster Grund hierfür ist die Herrschaft des Osmanischen Sultanats als das Kalifat des Islam anzugeben ... wir unterwarfen uns Jahrhunderte lang einer Fremdherrschaft in Namen des Islam, ohne uns dies bewußt zu machen.«[3]

Sati' al-Husri (1882–1968),
der geistige Vater
des panarabischen säkularen Nationalismus,
1953 vor der Arabischen Liga in Kairo.

Einführung

Nach dem Niedergang des Abbasiden-Reiches[4] von Bagdad (1258) zerfällt die islamische *Umma* zunehmend und versinkt in Chaos und Zersplitterung in eine Vielzahl von Territorialstaaten. Im 14. Jahrhundert gelingt es dem Türken Osman (1281–1326), den Grundstein für ein neues islamisches Reich zu legen.[5] Das Osmanische Reich, die letzte islamische imperiale Größe, kann dann innerhalb seiner Grenzen[6] große Teile der islamischen *Umma* vereinigen. Es wird in der arabo-islamischen Geschichtsschreibung mit *'Asr al-Inhitat* (Zeitalter des Niedergangs), in den westlich-europäischen Darstellungen mit den türkisch-osmanischen Eroberungen in Europa assoziiert (die Europäer identifizieren den Islam seitdem mit »Türkentum« und »Türkenherrschaft«). Die Araber als Urheber des Islam erklären die Tatsache, daß der islamische Glanz des Hoch-Islam sich im osmanischen Zeitalter nicht wiederholte, mit dem arabo-zentrischen Argument, die Türken hätten als militärische Eroberer keine Hoch-Zivilisation hervorbringen können. Das als Motto ausgewählte Zitat des geistigen Vaters des panarabischen Nationalismus, Sati' al-Husri, vermittelt eine Vorstellung von der schwachen Legitimität der Türken als Imame der islamischen *Umma*. Der »wahre Imam« der Muslime müsse ein Araber sein, wie die Rebellen gegen die osmanische Türkenherrschaft befinden.

Der Übergang der Welt des Islam in das moderne Zeitalter vollzieht sich unter den Bedingungen eines Zurückdrängens der nunmehr militärisch unterlegenen Muslime aus Europa. Parallel hierzu beginnt die europäische koloniale Eroberung islamischer Regionen. Die europäische Expansion schwächt die islamische Ordnung des Osmanen-Reiches und gipfelt in der »orientalischen Frage«, die die Rivalität der europäischen Kolonialmächte bei der Aufteilung des islamischen Erbes bezeichnet. »Mit der Zerstörung des Osmanischen Reiches war die hergebrachte orientalische Frage gelöst«[7], befindet zynisch ein deutscher Historiker der »europäischen Expansion«. Im Gegensatz zu dieser Begegnung der Muslime mit Europa im kolonialen Kontext steht das frühe islamische Mittelalter, als Muslime den Hellenismus ohne solche Begleiterscheinungen kennengelernt hatten. Im politischen Denken des islamischen Rationalismus war es aus diesem Grunde möglich, Aristoteles den Platz des »ersten Lehrers« einzuräumen. Die Begeisterung muslimischer Liberaler – wie der im Motto zitierte Tahtawi – für europäische Denker im Übergang zur Moderne mußte dagegen unter kolonialen Bedingungen sehr beschränkt bleiben und konnte nicht von Dauer sein. Dennoch haben Muslime von Montesquieu und Rousseau gelernt, den Imam in neuer Weise als Souverän zu sehen.

Es entspricht den historischen Tatsachen, ist also weder euro- noch arabo-zentrisch, wenn man erklärt, daß politisches Denken im Islam während der osmanischen Epoche der militärischen Eroberungen ruhte. Es gibt keine großen islamischen Denker in diesem Geschichtsabschnitt, weder in der *Fiqh*-Tradition noch im islamischen Rationalismus. In der Tat war Ibn Khaldun, dessen Werk wir in Kapitel 6 kennenlernten, der letzte große Denker im Islam. Bis zur Begegnung mit der Moderne, gleichermaßen im militärischen und kolonialen Rahmen, waren die Osmanen fast ausschließlich mit ihren militärischen Eroberungen beschäftigt. Fünf Jahrhunderte lang gab es keine nennenswerten Denker im Islam. Als Imam der Muslime galt der osmanische Sultan-Kalif. Punkt, Schluß der Debatte!

Der Übergang der Muslime zur Moderne im 19. Jahrhundert verläuft unter dramatischen Bedingungen; zum ersten Mal in ihrer Geschichte erfahren sie ihre Unterlegenheit gegenüber einer anderen Zivilisation und werden von dieser nicht nur militärisch bedroht, sondern sogar erobert, wo sie früher die Eroberer waren. Ibn Khaldun zeigte bereits im 14. Jahrhundert auf, wie Zivilisationen untergehen; seine in diesem Buch vorgestellte *Muqaddima* gehörte jedoch im Osmanischen Reich, der letzten universellen islamischen Ordnung, zur Pflichtlektüre für die

Beamten jenes islamischen Kalifats. Das stellte der österreichische Islamwissenschaftler Hammer-Purgstahl während der 2. Hälfte des 19. Jahrhunderts im Rahmen seiner Aufenthalte in dem türkischen Kerngebiet des imperialen Reiches fest. Es wird aber eine Zeit folgen, in der Ibn Khalduns Ideen in einer der damals bestehenden islamischen Ordnung widersprechenden Richtung interpretiert werden: Islamische Intellektuelle mit westlicher Bildung haben in Europa die Idee der Nation kennengelernt; sie wollten sie auf die islamische Zivilisation übertragen. Hierfür bestimmten sie den Begriff der *Umma* neu und lösten die religiöse *Umma* in viele säkular definierte Nationen auf. Der im Motto zitierte Sati' al-Husri war der Pionier des säkularen Nationalismus auf der Basis einer neuen Ibn-Khaldun-Deutung.[8] Diesem Prozeß gingen jedoch die islamischen Reformen des 19. Jahrhunderts und der islamische Modernismus, der aus ihnen erwuchs, voraus. Die Frage, wer der »wahre Imam« der Muslime sei, wandelt sich damit zu der Frage: Wer ist der legitime Souverän? Das ist ein Bruch mit der islamischen Tradition. Man denke daran: Im Islam ist nur Allah der Souverän.

Das Osmanische Reich lebte von militärischer Expansion. Als die »militärische Revolution«[9] in Europa stattfand, d. h. als die moderne industrielle Technologie auf die Entwicklung der Militärtechnologie übertragen wurde, waren die Folgen dieses Aufstiegs des Westens für das Osmanische Reich fatal: Seine Armeen konnten auf europäischem Territorium nicht weiter vordringen. Die gescheiterte Belagerung von Wien im Jahre 1683 war der entscheidende Wendepunkt; mit ihr wurde die Krise des islamischen Reiches und die allmähliche Beendigung der militärischen Präsenz des Islam in Europa eingeleitet. Das Osmanische Reich wurde seitdem in Richtung Osten zurückgedrängt und aus Europa vertrieben.

Die osmanischen Herrscher, die diese Niederlagen erlitten hatten, wollten sie nicht einfach als Allahs Willen hinnehmen. Nach den Ursachen zu fragen, war jedoch nur möglich, wenn Muslime von Europa zu lernen bereit waren. Die Sultane erkannten, daß sich der Islam modernisieren müsse. Die aus dieser Einsicht durchgeführten Reformen gingen weit über das hinaus, was je einem osmanischen Sultan-Kalif als Imam der Muslime vorschwebte. Aus diesem Lernprozeß gingen die islamischen Reformen hervor, und auf sie folgte der islamische Modernismus, der einen erneuten Denkprozeß über den Imam auslöste. Tahtawi, der eine islamische Studentengruppe in Paris leitete, bewunderte Europa und stellte es den Muslimen – jedoch nicht bedingungslos – als Vorbild dar, mit dem sie wetteifern sollten (vgl. Kap. 7). Auf Tahtawi folgten Hunderte islamischer Studenten, die nach Europa gingen. Nach ihrer Rückkehr waren sie die Träger der Reform.

Doch konnten die Reformen die Auflösung des Osmanischen Reiches nicht aufhalten; sie scheiterten. Die Suche nach dem Imam entbrannte erneut. Daraufhin löste die Idee der säkularen Nation die Reform-Ideen des Islam ab. Muslime wollten sich nicht mehr – wie z. B. Tahtawi – mit einem reformerischen Imam begnügen. Vom Westen hatten sie gelernt, daß der Imam ein legitimer Herrscher sein müsse. Im Jahr 1924 wurde das islamische Kalifat formal aufgelöst, nachdem zuvor die säkular orientierte Revolution Kemal Paschas (der Kemalismus) die alte Ordnung besiegt hatte. Die türkische säkulare Republik wurde ausgerufen. Auch hier war Europa das Modell. Kemal Atatürk (Vater der Türken), der Religion und Politik voneinander trennte, galt den anderen Muslimen als ein Vorbild für den Anschluß an die Moderne.

Bereits vor dieser Entwicklung waren die arabischen Teile des Osmanischen Reiches in die Hände europäischer Kolonialmächte gefallen. Die Erfahrung des Kolonialismus veranlaßte die Muslime des 19. Jahrhunderts, dem islamischen Modernismus eine weitere Dimension hinzuzufügen. Die Idee des *Djihad* (vgl. Kap. 2) wurde damals als Antikolonialismus neu interpretiert. Djamal al-Din al-Afghani artikulierte dieses politische Denken. Die *Djihad*-Muslime des 19. Jahrhunderts wollten gleichermaßen gegen das Kolonialsystem kämpfen und zugleich, wie die früheren islamischen Liberalen (z. B. Tahtawi), Europa als Vorbild nacheifern. Das ist die Doppeldeutigkeit, die ich im folgenden Kapitel 7 ansprechen werde.

Aus der Entkolonialisierung gingen formal souveräne, oft nur nominelle Nationalstaaten hervor, denen die Substanz der Nationalstaatlichkeit fehlt.[10] Die neuen Staatsoberhäupter sind für ihre Untertanen keine wahren und somit respektablen Imame; ihre Legitimität steht daher von Anbeginn auf schwachen Füßen. Ich möchte hier noch nicht die Informationen und Deutungen des nachfolgenden vierten Teils dieses Buches (über die Gegenwart) vorwegnehmen, aber dennoch kurz andeuten, daß diese Nationalstaaten ebenso wie der Reform-Islam gescheitert sind. Die unmittelbare Folge ist das Erwachen der Sehnsucht nach der alten islamischen Ordnung und ihrer glorreichen Vergangenheit. Der Früh-Islam von Medina (vgl. Teil I) wird als Modell neu belebt. Die Suche nach dem Imam beginnt wieder von neuem. Die Enttäuschungen, die die Gegenwart liefert, nähren die Sehnsucht nach Vergangenem, und das Modell hierfür ist stets der Früh-Islam.

Die Kapitel dieses dritten Teils sollen den Übergang vom islamischen Mittelalter zur neueren Geschichte vermitteln. In Kapitel 7 befasse ich mich mit zwei Richtungen im Islam, 1) die der Reform und 2) die des *Djihad.* Im 20. Jahrhundert folgt auf das Scheitern des islamischen Modernismus die säkulare Orientierung. Ohne eine »geistige Mobilisierung« (R. Bendix) zu betreiben, *predigten* die säkular orientierten Nationalisten eine Alternative zum islamischen Modell, ohne jedoch aufzuklären. Die religiöse Predigt wurde durch eine oberflächlich-säkulare ausgetauscht, deren Inhalt die Trennung zwischen Religion und Politik war. Dies bildet den Hintergrund für die Entfaltung und Verbreitung der Idee von der säkularen Nation in den ersten Dekaden des 20. Jahrhunderts unter den Muslimen. Ich stelle diese Idee im 8. Kapitel am Werk von Sati' al-Husri vor; sie hat jedoch weder kulturelle noch institutionelle Entsprechungen in der Realität der Welt des Islam vorgefunden. Aus diesem Grunde mußte die neue Orientierung ebenso scheitern. Die meisten Nationalstaaten der islamischen Gegenwart werden in unserer Zeit von fundamentalistischen Bewegungen herausgefordert, ihren Präsidenten wird die Legitimität des Imam abgesprochen; der Mord an dem ägyptischen Präsidenten Anwar al-Sadat ist ein symbolischer Mord am angefochtenen Imam. Für das Verständnis der Tatsache, daß die Erneuerung in der Welt des Islam scheiterte, ist die Unterscheidung zwischen Moderne und Modernisierung, die ich im Anschluß an Reinhard Bendix in meinen früheren Arbeiten[11] entwickelt habe, von zentraler Bedeutung. Verwestlichte islamische Eliten haben partiell fremde Modelle aus dem Westen in ihre Zivilisationen eingeführt, ohne dafür die geistigen Voraussetzungen zu schaffen; somit findet eine »geistige Mobilisierung« nicht statt. Sie übernahmen technisch-wissenschaftliche Instrumente und Institutionen aus Europa, haben also eine Modernisierung betrieben, sich aber nicht die Moderne als eine neue Weltsicht und ein kulturelles Projekt angeeignet. Das ist der Inhalt des Prozesses, den ich in den folgenden Ausführungen eine »oberflächliche Säkularisierung« nenne.

Nach dem Scheitern der Modernisierung wird die Welt des Islam von der erneuten, diesmal aber fundamentalistischen Suche nach dem Imam gepeinigt. Das Verständnis des Übergangs zur Gegenwart, die uns im vierten Teil dieses Buches näher beschäftigen wird, erleichtert das 9. Kapitel, in dem ich zeige, daß die im Rahmen der europäischen Expansion und der von ihr ausgelösten Globalisierungsprozesse versuchte Übertragung der westlichen Zivilisation (Modernisierung gleich Verwestlichung) auf die Welt des Islam gescheitert ist.

Kapitel 7
Die Zweideutigkeit: al-Tahtawi: Der Imam lernt von Europa. al-Afghani: Der Imam führt Djihad gegen Europa

Was lernen Muslime in Europa?

Seit dem 19. Jahrhundert kommen Muslime nach Europa; früher als Studenten, heute als Migranten. In welchem Maße beeinflußt diese Nähe zu Europa die islamische Suche nach dem »wahren Imam«? Der Übergang der Welt des Islam zur Moderne und ihr Verhältnis zum Westen ist weit komplizierter, als westliche Medien es präsentieren. Die Wahrnehmung der sensationellen Ereignisse in der Weltpolitik seit den späten 70er Jahren durch die Berichterstattung in den Massenmedien hat zu der voreingenommenen Sichtweise geführt, den Islam immer mit islamischem Fundamentalismus gleichzusetzen. Fundamentalistische Migranten-Ghettos in Europa fördern diese Wahrnehmung. Die Antwort der Muslime auf die Expansion des Westens hieß nicht immer Fundamentalismus. Die anstehende Problematik ist viel älter als tagespolitische Aktualitäten. Tatsache ist, daß der Islam vom 19. Jahrhundert bis zu Beginn unseres Jahrhunderts von einer liberalen Orientierung und von einem Reformwillen[1] geprägt war. Jene Tradition wurde mit der Wirkung des Begründers des islamischen Liberalismus, Rifa'a al-Tahtawi, eingeleitet. Als Tahtawi im frühen 19. Jahrhundert nach Paris kam, kannten die Muslime Frankreich noch nicht als eine Kolonialmacht. Algerien, das die Franzosen 1830 eroberten, war eine Ausnahme in einer Zeit, in der es weder Medien noch eine internationale Kommunikation gab, die diese Nachricht hätten verbreiten können.

Die spätere Erfahrung des Kolonialismus verändert die Einstellung der Muslime zu Europa; sie bildet den Hintergrund für die Neubelebung der islamischen *Djihad*-Doktrin in der neuen Deutung von Antikolonialismus und antiwestlicher Orientierung. Wenn ich später in diesem Kapitel auf al-Afghanis Vorstellungen vom »*Djihad*« eingehe, dann werde ich zeigen, daß sein *Djihad* des 19. Jahrhunderts mit dem *Djihad*-Terrorismus unserer Gegenwart nichts zu tun hat und daß sein Antikolonialismus nicht mit antiwestlicher Orientierung identisch ist. Trotz ihrer unterschiedlichen Orientierung waren Tahtawi und Afghani Kinder ihrer Zeit, des 19. Jahrhunderts. Beide lebten zeitweilig in Paris und waren in ihrem Denken durch ihre im Westen gemachten Erfahrungen geprägt.

Der Ägypter Rifa'a Rafi' al-Tahtawi war der erste Muslim, der nach seinem Aufenthalt in Paris im 19. Jahrhundert – zunächst als Imam einer Studentengruppe, dann selbst als Student – liberale Anschauungen entwickelt hat. Die Aufzeichnungen Tahtawis[2] während seiner Pariser Jahre (1826–1831) erschienen erstmals in Kairo 1834. Der arabische Text wurde wenige Jahre danach, also noch während der osmanischen Epoche der islamischen Geschichte, ins Türkische übersetzt. Seitdem wurde dieses Buch zum Klassiker des frühen, am europäischen Modell der wissenschaftlich-technischen Zivilisation orientierten islamischen Modernismus des 19. Jahrhunderts. Politische Schriften werden stets zeitgebunden gelesen. Angesichts des Aufstiegs des islamischen Fundamentalismus gewinnt Tahtawis Buch eine besondere Aktualität, weshalb ich auf diese Schrift aus einer ganz bestimmten Perspektive eingehen möchte.

Am Beispiel des islamischen Aufklärers Tahtawi will ich nämlich zeigen, wie der liberale Islam[3] eine sozio-kulturelle »Brückenfunktion« in der jahrhundertealten haßerfüllten Beziehung zwischen Orient und Okzident übernahm. Unter Berücksichtigung des Gewichts der in Europa lebenden Muslime[4] ist der Pariser Aufenthalt Tahtawis von besonderem Interesse; und zwar im Hinblick auf die Frage, welche Bedeutung Aufenthalte von Muslimen in Europa für die Bestimmung ihres politischen Denkens im Kontext der Orient-Okzident-Beziehung annehmen. Was lernen Muslime in Europa? Es ist mir klar, daß zur Beantwortung dieser Frage kein allgemeingültiges Muster aus den unterschiedlichen Erfahrungen abgeleitet werden kann. Denn Tahtawi kam im Jahre 1826 als Traditionalist nach Paris und kehrte 1831 als moderner Aufklärer nach Kairo zurück. Khomeini kam im Jahre 1978 nach Paris und kehrte 1979 nach Teheran[5] zurück mit den wehenden Fahnen des militanten Fundamentalismus und im gleichen Zuge mit dem erhobenen Schwert des Islam gegen Europa, obwohl Europa ihm das liberale Asylrecht für politisch Verfolgte gewährt hatte. Der liberale Muslim Tahtawi wollte von Paris aus den Mit-Muslimen in der Heimat die Idee von Menschenrechten und Demokratie vermitteln. Die Fundamentalisten der algerischen FIS (Islamische Heilsfront) betreiben unter Führung des Asylanten Rabah Kebir von Deutschland aus »Mord für den Gottesstaat«.[6] Diese beiden Muster lassen sich nicht miteinander vereinbaren. Die in diesen Kontrastierungen zum Ausdruck kommende Doppeldeutigkeit prägt das Denken der Muslime in ihrem Verhältnis zur Moderne. In seiner antiwestlichen Orientierung ist Khomeini unübertroffen; dennoch beruht der zentrale Begriff dieses Fundamentalisten, nämlich »islamische Republik«, auf einer Übersetzung des französischen Ausdrucks *république*. Doch eine »Republik« kennt das islamische Erbe nicht; Khomeini macht hier eine Anleihe beim verhaßten Westen.

In diesem Zusammenhang regt die zeitgebundene Lektüre der Aufzeichnungen des liberalen Muslims Tahtawi dazu an, den Gedanken des Londoner Orient-Politikwissenschaftlers Fred Halliday aufzunehmen, den er in einem geistreichen Artikel in *Times Literary Supplement* äußert; darin diskutiert er die Frage, welche interkulturelle »Brückenfunktion« die islamische Gemeinde in Europa im Orient-Okzident-Verhältnis haben könnte. Im Rahmen seiner Diskussion neuerer Beiträge zum Islam in Europa hebt Halliday nämlich hervor, daß Muslime, die Europa besuchen oder in Europa leben, d. h. die europäische Kultur von innen kennenlernen, als »Brücke« eine wichtige Aufgabe bei der Bewältigung der jahrhundertelangen Haßbeziehung zwischen Abendland und Morgenland übernehmen könnten.[7] Bezogen auf die neuere Geschichte ist diese Beziehung zwischen Orient und Okzident nicht bloß eine solche zwischen zwei rivalisierenden Zivilisationen; sie ist auch eine solche zwischen einer Zivilisation, die eine Aufklärungsperiode durchschritt und somit die Toleranz gegenüber den Andersdenkenden als Bestandteil des Lebens anerkennt, und einer anderen, für die Toleranz nur die eingeschränkte Bedeutung eines mittelalterlichen Konzepts hat; danach wird nur die Duldung der – von Muslimen aus gesehen – monotheistischen Minderheiten, der *Dhimmis*, d. h. der unter islamischem Schutz stehenden Christen und Juden[8], vorgesehen.

Schon lange bevor Tahtawi nach Paris ging, standen die Imame der islamischen *Umma* unter dem objektiven Zwang, Anleihen bei der europäischen techno-wissenschaftlichen Zivilisation zu machen. Das war auch der Grund, weshalb Tahtawi nach Paris entsandt wurde. Die Niederlagen osmanischer Armeen gegenüber den modern ausgerüsteten Europäern seit dem Scheitern der Belagerung Wiens (1683) sowie die in diesem Kontext stehenden, demütigenden Friedensschlüsse von Karlowitz (1699) und Passarowitz (1718) verdeutlichten den Muslimen die technisch-wissenschaftliche Überlegenheit der Europäer. Die Muslime sind seitdem gewillt, von Europa – vor allem im Bereich der Waffentechnologie – zu lernen, jedoch ohne ihr Weltbild verändern zu wollen. Von Europa lernen heißt seitdem für Muslime, die »europäische Armee einzuführen«.[9]

Aus der klassischen Arbeit von Franz Borkenau wissen wir, daß die Entstehung der modernen Gesellschaft in Europa von der Entfaltung eines neuen, auf den Grundlagen der modernen Naturwissenschaft basierenden Weltbilds begleitet wurde.[10] Die Erfahrung zeigt, daß die Übernahme moderner Technologie und Wissenschaft – im beschränkten Rahmen des »Imports der europäischen Armee« (Anm. 9) – parallel zur Beibehaltung des vormodernen metaphysisch-theozentrischen Weltbilds jedoch problematisch ist; sie mündet in eine halbe Moderne ein.[11] Genau das ist das islamische Dilemma seit den osmanischen Niederlagen gegenüber den Europäern und seit Napoleons Ägypten-Expedition, die trotz ihrer kurzen Dauer (1798–1801) die Ordnungsstrukturen des gesamten arabischen Orients erschütterte. Napoleon hat in seinen Flugblättern in Ägypten auf Arabisch verkünden lassen:

> »Im Namen Allahs, des Gnädigen und Barmherzigen – es gibt keinen Gott außer Allah – ... Im Namen der Französischen Republik, die auf den Grundsätzen von Freiheit und Gleichheit beruht, gibt Bonaparte, der Oberkommandierende der französischen Streitkräfte, der Bevölkerung Ägyptens folgendes kund: Die Herrschenden in Ägypten haben die französische Nation beleidigt; jahrhundertelang haben diese Herrscher ... das beste Gebiet der Welt verdorben, aber Allah, der Allmächtige, der Herr des Universums, hat nunmehr befohlen, ihre Herrschaft zu zerstören ... ich bin einzig gekommen, um Euch von Euren Unterdrückern zu befreien, ich verehre Gott den Allmächtigen, achte seinen Propheten Mohammed und den ruhmreichen Koran mehr, als die Herrscher Ägyptens es tun ... sagt ihnen: Vor Allah sind alle Menschen gleich.«[12]

Man denke daran, daß diese Worte nicht von einem muslimischen *Djihad* betreibenden Feldherrn, sondern von Napoleon Bonaparte stammen. Ich kenne *keinen einzigen europäischen Politiker* unserer Gegenwart, der fähig wäre, auf diese Weise zu Muslimen zu sprechen. Napoleon vermittelte die Ideen der Französischen Revolution in islamischer Sprache. Diese Botschaft wird seitdem nie mehr in der Welt des Islam verstummen.

Nach dem Abzug von Napoleons Truppen aus Ägypten stieg der albanische Offizier Mohammed Ali 1805 zum neuen Herrscher Ägyptens auf, wenngleich dieses Land formell noch dem Osmanischen Reich angehörte. Mit Napoleons aufklärerischen Spuren in Ägypten beginnt ein neuer Abschnitt in der islamischen Geschichte, der ein Zurück nicht mehr zuläßt.

Von Europa begeistert: al-Tahtawi in Paris

Ebenso wie die türkischen Osmanen ein neues Heer nach europäischem Vorbild aufzubauen trachteten, wollte auch Mohammed Ali von Europa lernen, wenn auch radikaler. Eine moderne Armee ist ohne moderne Wissenschaft und Technologie undenkbar. Für ein solches Projekt gab es keinerlei förderliche Grundlagen in dem von der Moderne unberührten Orient. Eben das war ein Motiv für Mohammed Ali, Studenten nach Europa zu entsenden, um von ihm zu lernen; zu ihnen gehörten als Pioniere die 44 von Tahtawi als religiösem Imam angeführten Stipendiaten. Tahtawi war zunächst stark bewegt von den atemberaubenden Neuigkeiten, die er in Paris wahrnahm; er bedankte sich bei seinem Landesherrn Mohammed Ali, der in Frankreich die ägyptischen »Säuglinge an die Brüste der Wissenschaft gelegt (hatte), auf daß sie zu Männern mit vollendetem Wissen und Können würden«[13], wie er gegen Ende seiner Aufzeichnungen schreibt. Es versteht sich von selbst, daß Mohammed Ali Tahtawi nicht nach Paris entsandt hatte, um ihn dort Montesquieu und Rousseau lesen zu lassen. Aber eben diese Lektüre war Tahtawis Mitbringsel bei seiner Rückkehr nach Kairo.

Der Muslim Tahtawi leitet seine in Form einer Mischung von Tagebuch und Aufzeichnungen angefertigte Pariser Abhandlung mit den Worten ein, er möchte,

> »daß sie die muslimischen Lande anregen möge, nach den fremden Wissenschaften und Künsten und Fertigkeiten zu streben« und fügt in dieser Vorrede hinzu, wie »bekümmert« er darüber sei, »daß es (Europa) sich all dessen erfreuen darf, während die islamischen Länder seiner noch entraten« (Tagebuch, dt. S. 8).

So wird die Tradition eines liberalen, offenen Islam im 19. Jahrhundert eingeleitet. Die Begeisterung dieses in Paris zu liberaler Weltanschauung umgeschwenkten islamischen Imam für die techno-wissenschaftliche Zivilisation hebt sich von der eines anderen Imam ab, der anderthalb Jahrhunderte später ebenfalls in Paris weilte, gemeint ist Khomeini. Dieser persische Ayatollah warnte vor dem Okzident als Quelle einer Krankheit, von der die Muslime seit Tahtawi befallen seien, nämlich von der *Okzidentosis*. Frühe liberale Muslime schauten dagegen zu Europa als Vorbild auf, dem sie nacheifern wollten, ohne darin irgendeinen gefährlichen, gegen die Muslime gerichteten Virus zu sehen. Doch dieser Enthusiasmus hat seine Grenzen.

In der Beziehung zu Europa ist das islamische Dilemma darin begründet, daß Muslime einerseits die europäischen Errungenschaften im Bereich der Wissenschaft und Technologie übernehmen wollen, andererseits jedoch die hierzu gehörigen kulturellen Veränderungen, vor allem den Übergang im Weltbild, zurückweisen. Khomeini beispielsweise klagte Europa an und kaufte dennoch westliche Waffentechnologie und Wissenschaftsprodukte in Europa ein, um seine »islamische Republik« zu stützen. Ähnlich wollte Tahtawi eineinhalb Jahrhunderte zuvor die Errungenschaften des Okzidents offen übernehmen. Obwohl er sich in seiner Liberalität von Khomeini deutlich unterscheidet, zieht er klare Grenzen für das Lernen von Europa:

> »Selbstverständlich billige ich nur das, was nicht in direktem Widerspruch steht zum Wortlaut unseres islamischen Gesetzes – seinem Verkünder beste Segenswünsche würdigsten Gruß« (ebd., S. 9).

Ernst Bloch hat einmal in einer Vorlesung den Unterschied zwischen Schranke und Grenze erläutert, der für diesen Zusammenhang von großer Bedeutung ist: Eine Schranke ist überwindbar, eine Grenze nicht. Muslime verwandeln jedoch Schranken zu Grenzen zwischen sich und Europa. Nach meiner Ansicht ist die »kulturelle Moderne«[14] eine Schranke, aber keine Grenze zwischen Europa und der Welt des Islam. Tahtawi setzt sich jedoch die *Schari'a* im Hinblick auf mögliche Lernprozesse aus der Moderne als eine solche trennende Grenze, so daß seine Einordnung als »Aufklärer« zunächst widersprüchlich erscheint. Ich werde dies noch näher erläutern.

Wie zeitgenössische Fundamentalisten, wollte auch der liberale Tahtawi lediglich Technisches von Europa übernehmen, um den Islam gegen das Abendland zu stärken. Meine wiederholte Lektüre der Pariser Aufzeichnungen Tahtawis im arabischen Original (vgl. Anm. 13) hat vor mehr als zwei Jahrzehnten begonnen. Die Tahtawi-Lektüre hilft mir als einem Muslim, mein Verhältnis zur Moderne zu bestimmen. Anläßlich der Arbeit an diesem Buch habe ich diese Lektüre erneut aufgenommen und komme hierbei zu dem Ergebnis, Tahtawi weiterhin als »Aufklärer«, wenngleich mit Einschränkungen, einzuordnen.

Tahtawi empfindet erklärtermaßen keinen Haß auf die Christen oder auf den Westen; im Gegenteil, er bewundert die französischen Christen, die nach seinen Pariser Beobachtungen – im Gegensatz zu den koptischen Christen Ägyptens (und natürlich auch zu Muslimen) – die »Begeisterung für alles Neue sowie den Wunsch nach Veränderung und Abwechslung in allen Dingen« (ebd., S. 75) als Charakterzüge hätten. Die christlichen Franken (islamische Bezeichnung für Europäer, vgl. das Motto, S. 213) zeichnen sich durch »ihre Liebe für äußere Reinlichkeit« aus, im Gegensatz zu dem »Schmutz und Dreck, mit dem Gott die Kopten Ägyptens heimgesucht hat« (Tagebuch, dt., S. 41), meint Tahtawi. Ferner seien die christlichen Franzosen durch »Intelligenz, feinen Verstand« und mit der Eigenschaft, »sich mit schwerverständlichen Dingen zu befassen«, ausgezeichnet; sie seien also »nicht wie die koptischen Christen (zu Hause) ..., die von Natur aus zu Ignoranz und Dummheit neigen« (ebd., S. 74). Tahtawi formuliert in weniger scharfen Worten ähnliche Aussagen über die Muslime, die für ihn gegenüber den Europäern ebenso ignorant sind. So verhöhnt er z. B. die muslimischen Orientalen, die, statt neue Erkenntnisse zu suchen, bloß »Kommentare und Superkommentare über alte Quellen schreiben« (ebd., S. 148). Diese Kritik an der eigenen Kultur ist im Orient eine außergewöhnliche Erscheinung.

Insbesondere kommen die aufklärerischen Momente in Tahtawis Denken dort zum Ausdruck, wo er die Toleranz der Europäer bewundert:

> »In Frankreich ist die Religionsausübung in allen Glaubensbekenntnissen erlaubt; keinem Muslim ist verwehrt, eine Moschee zu bauen, keinem Juden, eine Synagoge zu errichten, und so fort« (ebd., S. 30).

Das beruht nicht auf Gegenseitigkeit, ist also eine Einbahnstraßen-Toleranz. Tahtawi ist für unsere Gegenwart aktuell, da er uns helfen kann, die fehlende Gegenseitigkeit anzuzeigen. Islamische Fundamentalisten – wie beispielsweise solche in Algerien –, die jeden Europäer, der nicht bereit ist, ihr Land zu verlassen, ermorden, nehmen für sich selbst das Recht auf Asyl in Anspruch, um in Europa eine Logistik für ihren Terror-Untergrund aufzubauen. Die von Saudi-Arabien getragene »Islamische Liga/*al-Rabita al-Islamiyya*« fördert den Aufbau islamischer Zentren in Europa, um die islamische Mission/*Da'wa* zu betreiben[15], während dasselbe Land parallel dazu Christen, die dort mit der Bibel angetroffen werden, mit der Todesstrafe verfolgt. Saudi-Arabien darf in Bonn im Beisein des Außenministers Kinkel eine dem Ghetto-Islam dienende islamische Akademie als eine Schuleinrichtung eröffnen, gleichzeitig aber die Genehmigung für ein Goethe-Institut in Riyadh verweigern. Das ist eine Perversion der Toleranz.

Die Islamische Bewaffnete Gruppe (*Groupe Islamique Armée*) in Algerien hat sich des Mordes an fünf Franzosen »bezichtigt« und laut derselben Agenturmeldung »gefordert, daß die Franzosen Algerien verlassen und die ›Rechte‹ der Muslime in Frankreich gewahrt werden«.[16] Die Algerier sollen Rechte in Europa haben, die den Europäern in Algerien versagt werden – auch eine Logik! Der liberale Muslim Tahtawi erkennt, daß Toleranz nur dann sinnvoll ist, wenn sie auf Gegenseitigkeit beruht. Der Koran lehrt: »Leben um Leben, Auge um Auge« (Koran, 5/45), und in Frieden nur mit denen zu leben, die »Euch Frieden anbieten« (Koran, 4/90). Toleranz darf nicht so weit getrieben werden, daß sie in ihr Zerrbild umschlägt.

So sehr ich Tahtawi als muslimischen Liberalen des 19. Jahrhunderts von Fundamentalisten des späten 20. Jahrhunderts abhebe, es wäre unredlich von mir, jene Stellen bei ihm zu übersehen, in denen er die Einstellung der europäischen Aufklärung, das auf Vernunft basierende Wissen übertreffe das religiöse Wissen des Propheten, als »verabscheuenswerte Überzeugungen« (ebd., S. 80) zurückweist. Doch kann seine im selben Atemzug angeführte implizite Bewunderung des Religionswandels im aufgeklärten Europa nicht überlesen werden, besonders nicht dort, wo er schreibt, »daß die Religionen (für die Europäer, B. T.) lediglich dafür gekommen seien, den Menschen anzuleiten, das Gute zu tun und das Gegenteil zu meiden« (ebd., S. 80). Tahtawi würdigt, daß die Europäer darüber hinaus meinen, daß Religionen mit der Zeit durch »fortschreitende Bildung und Verfeinerung«, d. h. durch politische Tugenden, ersetzt werden können. Eben solche Einstellungen gelten heute als Anzeichen von *Okzidentosis*.

Tahtawi weiß bestens, daß ein Muslim, der sich dem reinen Vernunftdenken hingibt, Zweifel an den absolutistischen Ansprüchen der islamischen Offenbarung bekommen würde. Der liberale Tahtawi war ein potentieller Aufklärer, zugleich aber auch ein frommer Muslim; deshalb meldet er parallel zu seiner Bewunderung der modernen, in Europa entfalteten Wissenschaft und Philosophie doch ausdrücklich Vorbehalte an. Ein Muslim, der sich mit diesen Wissenschaften

> »befassen will, (muß) sattelfest in Koran und Sunna sein, damit er sich nicht dadurch täuschen lasse und in seinem Glauben erlahme; andernfalls geht ihm seine Gewißheit verloren« (ebd., S. 147).

Fast denselben Wortlaut können wir in der mehrere Jahrhunderte zuvor, d. h. im 14. Jahrhundert, verfaßten *Muqaddima* des großen islamischen Geschichts- und Sozialphilosophen Ibn Khaldun (vgl. Kap. 6) finden. Ibn Khaldun räumt zunächst ein, daß die rationalen Wissenschaften »den Intellekt für eine richtige Wahl rationaler Beweise und Argumente schärfen ... Der Mensch, der sich diese Wissenschaften aneignet, ist in der Lage, solide und richtig zu argumentieren und Schlüsse zu ziehen«. Dann warnt aber Ibn Khaldun vor der Wirkung dieses Rationalismus auf den religiösen Glauben. Denn in der rationalen Wissenschaft

> »gibt es Dinge, die im Widerspruch zu den religiösen Gesetzen und ihrem Wortsinn stehen ... Wer immer die rationale Wissenschaft studiert, sollte in den Dingen des religiösen Gesetzes (*al-Schar'iyyat*) bewandert und mit der Koran-Exegese und der *Fiqh* vertraut sein. Niemand sollte sich den rationalen Wissenschaften zuwenden, der nicht von den religiösen Wissenschaften der muslimischen Gemeinschaft weiß. Er wird so kaum vor deren schädigendem Einfluß bewahrt sein« (*al-Muqaddima*, arab. S. 519, dt. S. 258).

Ibn Khaldun mag dieses Urteil im 14. Jahrhundert gefällt haben, um sich in jenem späten islamischen Zeitalter vor der Philosophenverfolgung zu schützen. Der islamische Rationalismus galt zu Ibn Khalduns Zeiten als *Kufr*/Häresie. Seine *Muqaddima* ist – wie wir in Kapitel 6 gesehen haben – eine rationalistische Geschichts- und Sozialphilosophie, die nicht das geringste mit den religiösen Wissenschaften der Koran-Exegese und *Schari'a* zu tun hat. Wenn Tahtawi sich jedoch in einer anderen Zeit, und zwar im 19. Jahrhundert, auf diese Weise äußert, dann mögen wieder Zweifel an ihm als Aufklärer aufkommen. Solche Äußerungen legen in der Tat die Grenzen für Muslime zwischen Vernunft und Offenbarung sehr deutlich offen. In bezug auf Tahtawi ist zu fragen, inwieweit liberale Muslime bereit sind, sich dem technisch-wissenschaftlichen Zeitalter *ohne eine Halbierung der Moderne* anzupassen. Den Religionswandel des Christentums in Richtung einer Privatisierung der Religion als Folge der Moderne, d. h. die Säkularisierung, lassen selbst liberale Muslime für den Islam nicht zu.

Tahtawi stellt interessante kulturelle Vergleiche zwischen Orient und Okzident an, bei denen er die zu Grenzen verwandelten Schranken aufzeigt, ohne seine Bewunderung für die europäische Wissenschaft und Technologie und die mit ihr verbundene Begeisterung für Europa aufzugeben. Oft begnügt er sich nicht mit dem Aufzeigen großer Kontraste zwischen dem Entwicklungsstand der Zivilisation in Morgen- und Abendland im modernen Zeitalter.

Islam und liberale Freiheit

Zu den Errungenschaften der Französischen Revolution gehört die liberale Freiheit, die Tahtawi beeindruckt und deren Grundrechte ihn faszinieren. Seine Ausführungen über das politische Leben in Paris und die dort herrschende Rechtsordnung ihrer Institutionen bringen seine Erkenntnis zum Ausdruck, daß die demokratische Kultur liberaler Freiheiten bestimmte Voraussetzungen erfordert. Tahtawi zeigt sich hierbei offen für Lernprozesse. Ihn beeindruckt der Sachverhalt, daß in Europa der Herrscher nur ein Amtsträger, nicht jedoch ein Imam auf Lebenszeit ist, so wie es in der islamischen Zivilisation bis in unsere Gegenwart der Fall ist. Tahtawi beobachtet in Paris begeistert, daß selbst

»der König von Frankreich keine absolute Verfügungsgewalt besitzt und daß das politische System der Franzosen in einem schriftlich fixierten Kodex besteht, und zwar dergestalt, daß der König die Regierungsgewalt insoweit innehat, als er gemäß den Bestimmungen der Gesetze, welche die Zustimmung der Kammern haben müssen, handelt« (Tagebuch, S. 92).

Trotz seiner wiederholten Versicherung, daß er aus Europa nur das übernehmen möchte, was ihm nicht im Widerspruch zum Koran und zur Sunna zu stehen scheint, kann Tahtawi hier nicht umhin zuzugeben, daß die von ihm bewunderte französische liberale Verfassung des 19. Jahrhunderts, die »*Charte*«, »weder im Buch Gottes noch in der Sunna Seines Propheten ... zu finden ist«. Denn diese Verfassung ist ein Produkt der menschlichen Vernunft. Der Muslim habe hier zu erkennen,

»in welcher Weise ihre (d. h. die der Franzosen, B. T.) Vernunft entschied, daß Gerechtigkeit und Billigkeit Gründe für die Blüte eines Landes sind und wie sich sowohl Herrscher wie Untertanen von dieser Erkenntnis leiten lassen« (ebd., S.93).

In dieser verfassungsmäßig aufgebauten liberalen, auf der menschlichen Vernunft basierenden politischen Ordnung

»hat jeder Franzose das Recht, seine politische oder religiöse Meinung zu äußern, vorausgesetzt, daß dies nicht gegen die in den Gesetzbüchern niedergelegte Ordnung verstößt« (ebd., S. 99).

Im Gegensatz zu der auf göttlicher Offenbarung basierenden islamischen *Schari'a* sind diese Gesetze veränderbar, wenn der Wandel dies erfordert. Um Mißverständnissen vorzubeugen und zum besseren Verständnis muß ich nochmals darauf hinweisen, daß die *Schari'a*[17] kein Gesetzbuch ist; Rechtsfindung im Islam basiert auf der Deutung des Koran, und diese Deutung kann zeitgemäß erfolgen, so starr die *Schari'a* auch geworden ist. Es bleibt jedoch die »Grenze«, daß die *Schari'a* als göttliches Recht gilt.

In Europa sind die Richter, die auf der Basis des von Menschen aufgestellten positiven Rechts urteilen, »unabsetzbar« (ebd., S. 101). Das beeindruckt Tahtawi, der bestens weiß, wie islamische Herrscher jeden Kadi beliebig absetzen können. Die Autonomie der Justiz in der liberalen Demokratie begeistert Tahtawi nachhaltig und zwingt ihn zu einem Vergleich mit dem islamischen *Schari'a*-Recht: »Es ist völlig verschieden vom *Schari'a*-Recht und kennt keine feststehende angewandte Pflichtenlehre« (ebd., S. 102). Im Islam hat das Individuum keine Rechte im Sinne von Grundrechten, sondern primär Pflichten gegenüber der Gemeinschaft. Die *Schari'a* ist deshalb adäquat eher als eine religiöse Pflichtenlehre denn als eine Rechtsstruktur für eine politische Ordnung zu charakterisieren; in ihr werden die Pflichten des Menschen gegenüber Allah, die göttliche Offenbarung zu befolgen, und nicht Menschenrechte gegenüber Staat und Gesellschaft festgelegt (vgl. Anm. 17).

Die zivilisierten Völker: Überlegenheit der Muslime

Obwohl Tahtawi in einer gewissen Hinsicht als Aufklärer – wenn auch nur nach liberalen islamischen Maßstäben – eingestuft werden kann, ist seine Weltanschauung durch die seiner Zivilisation bestimmt. Wenn er z. B. allgemein über die Menschheit redet, unterteilt er sie in drei Kategorien. Erstens sind das »die schweifenden Wilden«, d. h. für ihn »die Wilden im Lande der Schwarzen«. Dann folgen an zweiter Stelle die »rauhen Barbaren«, worunter er die »Araber der Wüste« versteht. In der dritten, höheren Kategorie rangieren die »Gebildeten, die Verfeinerten, die Kultivierten, die Zivilisierten verschiedener Art und Richtung« (Tagebuch, S. 13). Diese Unterteilung erinnert an Ibn Khaldun (vgl. oben S. 203 f.). Zu den zivilisierten Völkern rechnet er in seinen Worten »Ägypten, Syrien, den Jemen, das Osmanische Reich, Persien, Länder der Franken«. Der Leser merke: Mit den Franken sind die Europäer, mit den Arabern die Beduinen gemeint.

Bemerkenswert ist auch die Reihenfolge der Aufzählung, auf die die Feststellung folgt, daß im modernen Zeitalter die Europäer entwickelter seien in den »rationalen Wissenschaften und philosophischen Disziplinen«, die die Muslime nach deren Blüte bei ihnen im Reiche des Kalifen nunmehr »vernachlässigten und deshalb fremder Länder bedürfen, um zu lernen, was sie nicht kennen« (Tagebuch, S. 14). Mit diesem Argument tritt Tahtawi für Anleihen von Europa ein, und wir sind wieder bei der Thematik: Von Europa lernen.

Nun betrachten sich die Muslime insofern als allen anderen überlegen, als sie glauben, über die endgültige und abschließende Offenbarung, welche der Islam ist, zu verfügen. Diese islamische Orthodoxie gilt auch für Tahtawi, der ähnlich glaubt, daß die Europäer sich nur deshalb entwickeln konnten, weil sie bei den Muslimen des goldenen Zeitalters kulturelle Anleihen gemacht haben. Er unterscheidet und spezifiziert aber nicht zwischen *Fiqh* und Philosophie (vgl. oben Kap. 3). Tahtawi fällt hinter seinen aufklärerischen Anspruch zurück, wenn er in diesem Kontext seine Überzeugung zum Ausdruck bringt, »daß wir (d. h. die Muslime, B. T.) einstmals ihre Lehrer (d. h. die der Europäer, B. T.) in allen Wissenschaften waren, und räumen unseren Vorsprung ihnen gegenüber ein«. Die kulturellen Anleihen aus Europa, für die Tahtawi nun eintritt, beruhen dann nach dieser Logik nicht auf einem interkulturellen Austausch; sie sind keine Lernprozesse, sondern sind eher ein *Akt der Rücknahme*: Die Muslime nähmen von den Europäern das zurück, was jene aus dem Islam übernommen hätten. In diesem Sinne rechtfertigt Tahtawi sein Plädoyer, von Europa zu übernehmen, durch die Aussage, »daß das Verdienst dem gebührt, der die Leistung zuerst vollbrachte« (ebd., S. 14). Auf diese Weise bleibt das islamische Dogma von der Überlegenheit der Muslime als »*Kair Umma*/beste Gemeinschaft ... auf Erden« (Koran, 3/110) unangetastet. Muslime fühlen sich auch dann überlegen, wenn sie von anderen lernen; in ihrer Wahrnehmung nehmen sie sich nur das zurück, was die Europäer ihnen einst genommen haben.

Es ist schwer zu sagen, ob Tahtawi hier taktisch argumentiert, um bei seinen islamischen Lesern anzukommen, oder ob er der islamischen Orthodoxie völlig verfallen ist. Jedenfalls fällt die im dritten Kapitel dieses Buches vergegenwärtigte innere Differenzierung zwischen

Fiqh-Orthodoxie und rationaler Philosophie völlig aus seinem Denken heraus. Die Offenheit gegenüber Europa und die Bereitschaft, von einer anderen Kultur zu lernen, bleiben somit zweideutig: Lernprozesse? Oder nur ein *Akt der Rücknahme* eigener früherer Leistungen bei gleichzeitigem Festhalten an der Überlegenheit der islamischen *Umma*? Tahtawi glaubt, daß islamische Herrscher als Reform-Imame bei ihren Anleihen aus Europa lediglich einen *Akt der Rücknahme* betreiben.

Der Glaube, das Lernen von Europa sei als Akt der Rücknahme zu rechtfertigen, übersieht die historischen Fakten: Der islamische Einfluß auf Europa entspringt nicht der Offenbarung, sondern der islamischen Vernunftsphilosophie. Diese Blindheit, die von der Basisdoktrin und nicht von der menschlichen Vernunft herrührt, gilt auch für Tahtawis Denken. Das Dilemma, mit dem die Muslime konfrontiert werden, wenn sie moderne Wissenschaft und Technologie übernehmen wollen, ohne hierbei ihre theozentrische Weltsicht zu verändern, erkennt Tahtawi ebenfalls nicht. Er will den Anschluß an die Moderne finden und zugleich an der Basisdoktrin der islamischen Orthodoxie, die die Überlegenheit der Muslime predigt, festhalten. Ich habe diese Zwiespältigkeit in einem Artikel in der *Frankfurter Allgemeinen Zeitung* als den islamischen »Traum von der halben Moderne« (vgl. Anm. 11) charakterisiert. Hier unterscheidet sich der liberale Tahtawi des 19. Jahrhunderts nicht von den islamischen Fundamentalisten des späten 20. Jahrhunderts. Hierin liegt die historische Kontinuität des zentralen Dilemmas des Islam in seiner zivilisatorischen Konfrontation mit der europäischen Moderne.

Trotz seiner islamo-zentrischen Weltanschauung ist sich Tahtawi des grundsätzlichen Unterschieds zwischen islamischer und europäischer Wissenschaft bewußt. Er hält seinen muslimischen Lesern vor Augen:

> »Nun sollte man nicht etwa meinen, daß Wissenschaftler bei den Franzosen die Priester seien, denn die Geistlichen sind lediglich Gottesgelehrte ... Wenn man allgemein von jemandem als ›Wissenschaftler‹ spricht, so ist er einer, der sich in den intellektuellen Wissenschaften auskennt ... Wenn man

in Frankreich von jemandem sagt, er sei ein Gelehrter, so versteht man darunter nicht, daß er sich in seiner Religion auskennt« (ebd., S. 150).

Im Islam sind die *Ulema*, d. h. die Schriftgelehrten, die zugleich faktisch Geistliche sind, die Wissenschaftler, weil sie sich in der islamischen geoffenbarten Schrift und Überlieferung des Propheten auskennen. Das Wort *Ulema* bedeutet im Arabischen auch »Wissenschaftler«. Das blendet den trotz aller Orthodoxie doch weltoffenen modernen Muslim Tahtawi jedoch nicht. Er räumt in seinem Kommentar zu dieser Problematik wehmütig und offen ein:

»... man wird somit die Überlegenheit dieser Christen in den Wissenschaften erkennen und zugleich einsehen, daß es viele von diesen in unseren Ländern gar nicht gibt« (ebd., S. 150).

Tahtawi führt in diesem Zusammenhang die angesehenen klassischen Hochschulen im Islam: al-Azhar zu Kairo, die Madrese der Umaiyyaden-Moschee zu Damaskus, die Zaytuniyya zu Tunis sowie schließlich Qarawiyyin zu Fez an und gesteht offen ein, daß diese traditionellen islamischen Hochschulen niemals mit den Wissenschaften, die er in Paris erstmals kennenlernte, vertraut waren. Tahtawi sichert sich dadurch ab, indem er die bereits zitierte Formulierung wiederholt, daß die Muslime durch ihre kulturellen Anleihen bei Europa nur das zurücknähmen, was die Europäer einst von ihnen genommen hätten. Die Zweideutigkeit, aber auch der Glaube an die Überlegenheit der Muslime bleiben erhalten.

Bei Tahtawi kommt schon in einem Dokument des frühen 19. Jahrhunderts das islamische Dilemma kristallklar zum Ausdruck, mit dem die Muslime, und zwar leider ohne den geringsten Erfolg, auch in unserer Zeit gegen Ende des 20. Jahrhunderts, immer noch ringen müssen. Der aufgeklärte Muslim Tahtawi des frühen 19. Jahrhunderts war sicherlich naiv in seiner Bewunderung für Europa. Der deutsch-amerikanische Tahtawi-Herausgeber Karl Stowasser hat Recht, wenn er in seinem Nachwort anmerkt, daß Tahtawis »Vertrauen in die ›Allmacht‹ und ›Allwissenheit‹ der Europäer scheinbar unbegrenzt war« (ebd., S. 324). Doch war Tahtawis Denken mit den angezeigten Einschränkungen von den Belastungen frei, die dem heutigen fundamentalistischen Denken Fesseln auferlegen.

Tahtawi hat trotz aller Mängel und Inkonsistenzen in seinem politischen Denken intellektuell viel mehr anzubieten als die heutigen öden und geistesarmen apologetischen Traktate islamisch-fundamentalistischer Schriftsteller, die trotz Papiermangels im islamischen Orient, mit saudischen Petro-Dollars gefördert, massenhaft auf dem Markt angeboten werden. Diese geisttötende Schriftgläubigkeit und mangelnde Bereitschaft, von anderen zu lernen, veranlaßt den Zivilisationstheoretiker Leslie Lipson zu vermuten, daß der in eine Krise geratene Westen in seiner Führung zwar von anderen, vorrangig ostasiatischen, Zivilisationen abgelöst werden könnte; die islamische Zivilisation in ihrer gegenwärtigen Verfassung sei aus den angeführten Gründen hierzu allerdings nicht gerade geeignet.[18]

Islamische Fundamentalisten unserer Gegenwart lehnen den Liberalismus Tahtawis vehement ab. In einem heute weit verbreiteten islamisch-fundamentalistischen Pamphlet lesen wir über Tahtawi:

> »... eine der großen Gefahren für den Islam resultiert aus der Entsendung islamischer Studenten in die christlich-westlichen Länder. Das hervorstechendste Beispiel hierfür ist, was Rifa'a R. al-Tahtawi geschah. Nachdem dieser Scheich die Jahre 1826–1831 in Paris verbracht hatte, kam er mit einer anderen Denkweise zurück als der, die zum Geist gehört, den er hatte, ehe er nach Paris ging.«[19]

Islamische Fundamentalisten sehen in ihrer antiwestlichen Orientierung den Prüfstein für ihre positive Haltung zum Islam als Ausdruck der kulturellen Einstellung eines islamischen Kollektivs. Wir finden diese antiwestlichen Einstellungen bereits in der zweiten Hälfte des 19. Jahrhunderts, vor allem bei al-Afghani, der den islamischen *Djihad*-Antikolonialismus geprägt hat. Doch hat Afghani in seinem politischen Denken weit mehr Substanz zu bieten als zeitgenössische islamische Fundamentalisten, wie wir sehen werden. Antiwestlich bedeutet bei Afghani eher antikolonialistisch. Er hat keine positiven Worte über seine Mit-Muslime gefunden, denen er »Ignoranz« (vgl. das Motto S. 213) vorwirft. Afghani lehnt den Westen ab, bewundert aber sein »Wissen und seine Macht« und wünscht diese den Muslimen, um wieder zu dominieren.

Afghani als Imam des Djihad gegen den europäischen Kolonialismus

Die islamische Welt im Zeitalter des Kolonialismus stand unter dem Zwang, die Suche nach dem »wahren Imam« an veränderte Bedingungen anzupassen. Während der zweiten Hälfte des 19. Jahrhunderts war die koloniale Durchdringung der islamischen Welt durch Europa so weit fortgeschritten, daß islamische politische Denker Europa nicht mehr – wie noch Tahtawi in den frühen Dekaden jenes Jahrhunderts – bewundern konnten. Zwar bestand die islamische Ordnung des Kalifats in Gestalt des Osmanischen Reiches immer noch, jedoch nur noch als »kranker Mann am Bosporus« im Rahmen der sogenannten »orientalischen Frage« (vgl. Anm. 7 zur Einführung von Teil III). Ein Großteil der Provinzen des Reiches waren bereits europäische Kolonien unterschiedlicher Formen, sei es als Mandate oder als Protektorate. Die Auflösung des Osmanischen Reiches wurde verzögert, weil die europäischen Kolonialmächte sich über die Aufteilung der Beute nicht einigen konnten. Wie zu Zeiten Tahtawis blieb jedoch Paris das Zentrum der Aktivitäten islamischer Denker im Exil, gleich ob sie nun den Modernismus oder später den säkularen Nationalismus propagierten. Heute sind europäische Metropolen Zentren des Diaspora-Islam.

Der Reformer Mohammed Abduh und sein Freund und Lehrer Djamal al-Din al-Afghani gaben in Paris ihre arabische Zeitschrift *al-'Urwa al-Wuthqa* (Das unzerbrechliche Band) heraus. Während Abduh durch eine modernistische Reform des Islam seine Zivilisation an europäische Standards anpassen wollte[20], griff Afghani zu der klassischen islamischen Waffe des *Djihad* (vgl. Kap. 2) gegen den europäischen Kolonialismus.[21] Predigt der Islam, daß die *Djahiliyya*/Ignoranz Nicht-Muslime kennzeichnet, so bezeichnet al-Afghani die Muslime selbst als *al-Djuhala'*/Ignoranten, weil sie nicht über modernes Wissen (Wissenschaft und Technologie) verfügen und deshalb schwach sind (vgl. Motto S. 213). Für ihn ist das die Erklärung dafür, daß Europäer als Kolonisatoren die Welt des Islam erobern konnten. Mit anderen Worten: al-Afghani lastet den Muslimen ihre Schwäche als selbst verschuldet an; er sucht keine Schuldzuweisungen.

Die Ideen Afghanis verliehen dem islamischen Antikolonialismus einen religio-politischen Charakter. Die islamischen Widerstandsbewegungen gegen die europäische Kolonialherrschaft griffen auf diese politischen Ideen zurück und haben ihren Antikolonialismus als einen islamischen *Djihad* gegen den ungläubigen, aber mittels Wissen und Technologie überlegenen Westen legitimiert.

Die amerikanische Herausgeberin der ausgewählten politischen Schriften Afghanis, Nikki Keddie, die auch die bisher umfassendste Afghani-Biographie geschrieben hat, gab ihrer Textauswahl den Titel *»Eine islamische Antwort auf den Imperialismus«*.[22] Afghani hat keine größeren politischen Schriften verfaßt, da er in erster Linie ein Agitator war und sich niemals länger zurückzog, als nötig war, um eine Flugschrift zu schreiben. Sein in einem Band zusammengefaßtes, in Kairo erschienenes Gesamtwerk umfaßt nicht mehr als 550 Seiten.[23] Unvergleichlich größer ist jedoch seine überregionale politische, bis heute anhaltende Wirkung.

Djamal al-Din wurde 1839 in Asad-Abad in der Nähe Kabuls als Sohn einer Notabelnfamilie geboren, deren Stammbaum bis auf den dritten Imam des Schi'a-Islam (Hussein) zurückgeht; er starb, vermutlich nach einer Vergiftung durch Sultan Abdulhamid II., im Jahre 1897 in Istanbul nach einem wirkungsreichen Leben, das er in Afghanistan, Indien, Iran (Tabak-Aufstand), Ägypten (Orabi-Revolte), Rußland sowie auch im westlichen Europa verbrachte. Er lebte drei Jahre in Paris, wo er die angeführte panislamisch-antikolonialistische Zeitschrift *al-Urwa al-Wuthqa* herausgab. Seinen Namen verdankt al-Afghani seiner Herkunft; denn vor der Europäisierung gab es keine islamischen Nachnamen. Seinerzeit wurden Personen nach ihrem Vater (Ben oder Ibn = Sohn von ...) benannt, oder sie erhielten den Nachnamen nach ihrer örtlichen Herkunft. al-Afghani heißt demnach: der Afghane.

Das islamische Denken seit al-Afghani ist, sosehr es sich auch überlegen gibt, durch die »koloniale Situation« geprägt. Afghanis Ideen sind daher als eine antikoloniale islamische Reaktion zu verstehen; in ihrem Zentrum stehen zwei politische Begriffe: der des *Djihad* sowie der der islamischen *Umma*. Im Zeitalter der europäischen Kolonialherrschaft bekommen diese beiden Begriffe einen völlig neuen Inhalt. Afghani belebt die klassisch-islamische Zweiteilung in *Dar al-Islam* (Haus des Islam) und in *Dar al-harb* (Haus des Krieges), d. h. islamischer und außerislamischer Territorialität, neu (vgl. Kap. 1 und 2). Allerdings wird der Inhalt dieser Begriffe im kolonialen Kontext neu bestimmt, und Afghani verwendet anstelle des zitierten klassisch-islamischen Dualismus vorzugsweise die Dichotomie Orient/Okzident, ein Sprachgebrauch, der sich bis in unsere Gegenwart erhalten hat. Entsprechend führt der islamische Imam den *Djihad* der islamischen *Umma* als einen gegen den Okzident gerichteten Antikolonialismus.

Bei Orient und Okzident handelt es sich um zwei verfeindete historische Größen; beide haben historische Erfahrungen der Expansion gemacht, der Orient im Rahmen der Verbreitung des Islam und der Okzident zunächst durch die Kreuzzüge und später durch die europäische Expansion. Die europäischen kolonialen Eroberungen der Welt stehen für die Muslime in Kontinuität zu den Kreuzzügen. Afghani behauptet jedoch, daß es einen großen Unterschied zwischen den von Europa getragenen »heutigen Kriegen« und dem islamischen *Djihad*, d. h. dem heiligen »Kampf für die religiöse Botschaft« (Afghani, arab. Text, S. 437), gebe. Denn die Verbreitung des Islam, so Afghani, habe der

> »Schaffung des Friedens, der Etablierung der absoluten Gerechtigkeit und der Sicherheit (gedient) ... Die Verbreitung des Islam in der Welt war nicht durch die Gewaltanwendung, durch das Schwert oder durch eine militärische Dominanz erfolgt« (ebd., S. 439 f.).

Gewiß, die Ergebnisse historischer Forschung stehen im Widerspruch zu Afghanis Argument, daß materielle Gewalt in der Geschichte islamischer Eroberungen nur eine Abschreckungsfunktion gehabt habe (vgl. Kap. 2). Doch geht es hier primär um die Rekonstruktion des politischen Denkens Afghanis und nicht um die Überprüfung seines Wahrheitsgehalts.

Bei Afghani wird der islamische Orient als ein Bereich des Friedens begriffen, weil der Islam den Orient bestimmt, während der Okzident kriegerisch ist. Die ursprüngliche islamische Wahrnehmung der nicht-islamischen Territorialität als *Dar al-harb* (Haus des Krieges) ist – wie wir in Kapitel 2 gesehen haben – mit der Auferlegung der religiösen Pflicht verbunden, diese zu erobern und zu islamisieren, d. h. zu befrieden. Zwar besteht Afghani darauf, daß die Dominanz (*al-Taghallub*) ein Wesenszug des Islam bleibt, weil diese Eigenschaft für die islamische Zivilisation »wie die Nahrung für das menschliche Leben ist. Bleibt ein Körper ohne Nahrung, dann verfällt er, um dann zu sterben« (ebd., S. 353). Doch ist Afghani realistisch genug zu erkennen, daß unter den veränderten Bedingungen der Auftrag zur Dominanz nicht mehr eine islamische Eroberung der Welt bedeuten kann. Diese steht auch in der neueren Geschichte gar nicht an, da der islamische Orient zu Afghanis Zeit bereits unter dem kolonialen Einfluß Europas stand.

Wie bereits ausgeführt, hat Afghani keine großen Entwürfe, sondern nur kleine Flugschriften und Artikel geschrieben. Stets geht es ihm um eine bestimmte realpolitische Zielsetzung. Das erklärt auch die Widersprüchlichkeit seiner politischen Ideen. Die amerikanische Afghani-Interpretin Keddie schreibt hierauf anspielend:

> »Man kann Afghanis widersprüchliche Schriften nur im Kontext seiner pragmatischen antiimperialistischen und gegen fremde Einflüsse gerichteten Ziele verstehen.«[24]

Obwohl es stets auf Aktualitäten bezogen und daher oft inkonsistent, ja widersprüchlich war, läßt sich eine inhaltliche Entwicklung des politischen Denkens Afghanis im Bereiche der Anpassung des Islam an das moderne nationalstaatliche Zeitalter verfolgen. Afghani will die Muslime gegen den Kolonialismus vereinigen und entwirft hierfür ein Konzept des Panislamismus (*al-Wihda al-Islamiyya*, Afghani, S. 340 ff.). Der Islam ist ein Universalismus, der keine Grenzen kennt, also keine Pan-Ideologie, die benachbarte Territorien und Völker vereinigen will. Aber eben eine solche Pan-Ideologie führt Afghani in den Islam ein. Es liegt auf der Hand, daß es sich bei Afghanis Version um eine moderne Deutung handelt, die von der klassischen Doktrin erheblich abweicht. Mit Afghanis Bestreben, die Muslime gegen Europa als Kolonialmacht zu vereinigen, ist nicht die Absicht verbunden, Europa selbst zu erobern. Afghani war kein Phantast wie heutige Fundamentalisten, die Europa islamisieren wollen.

Wie bei allen außereuropäischen politischen Denkern, so bildet die europäische Expansion den Ausgangspunkt aller Überlegungen Afghanis. Hier greift er auf seine eingangs schon zitierte Bestimmung des Verhältnisses von Orient/Okzident zurück, um hervorzuheben, daß »der Wille zur Dominanz« zwar den Lebenstrieb jeder Zivilisation ausmacht, besonders aber den des Islam. Afghanis wertende Unterscheidung besteht darin, daß der Islam – seiner Auffassung zufolge – nach Dominanz strebe, um unter seinem Banner globalen Frieden herzustellen, während der Okzident mit seinem Kolonialismus ein Gewaltsystem sei, das alleine der Bereicherung diene:

> »Die Kolonialmächte richten ihre Blicke nur auf die Länder, die reich an Bodenschätzen und fruchtbarem Boden sind, deren Bevölkerung sich aber auf der höchsten Stufe der Ignoranz befindet und so faul geworden ist, daß sie keinen Handstreich mehr tut und keinen Konflikt mehr wagt ... Kurzum, der Kolonialismus bedeutet ... die Dominanz von starken, mit Wissen ausgestatteten Völkern und Staaten über ignorante und schwache Völker« (Afghani, S. 447 f.).

An dieser Stelle baut Afghani seine Antwort auf den Kolonialismus ein; sie lautet, daß nur der Islam den islamischen Orient zum Erwachen (*Yaqadhat al-Scharq*) führen und aus der kolonialen Unterdrückung befreien könne. Das aber ist eine neue Aufgabe für den islamischen Imam. Die orientalischen Völker konnten – nach Afghani – nur deshalb kolonisiert werden, weil sie von ihrem Islam und seinem Herrschaftsauftrag abgewichen seien; weder treiben sie *Djihad*, noch haben sie einen »wahren Imam«. Wahrhaftiger Antikolonialismus heißt daher für ihn, zum Islam als »Heilmittel« (*Dawa'*) für die Muslime zurückzukehren und in seinem genuinen Sinne eine neue Generation zu erziehen. Für Afghani ist

> »jeder Muslim ein Kranker, und sein Heilmittel ist allein der Koran, der allerdings nur dann wirken kann, wenn sein Sinn richtig verstanden wird und die Muslime nach den koranischen Anweisungen handeln« (ebd., S. 535).

Folgten die Muslime dem Koran unter der Führung eines »wahren Imam«, dann könnten sie ihre Energien im *Djihad* gegen das koloniale Europa vereinigt einsetzen. Die zwischen ihnen aufzubauende Solidarität könne ihnen helfen, ihren Anspruch auf Dominanz im *Djihad* gegen den Kolonialismus zu realisieren. Afghani gilt durch diese Ideen als der Begründer der modernen Interpretation der islamischen Doktrin vom *Djihad* als Antikolonialismus. Somit bekommt der klassisch-islamische *Djihad*-Begriff, der in der ersten Phase der islamischen Religionsstiftung eine rein militärische Bedeutung hatte (islamische Expansion), bei Afghani eine neue Bedeutung. In Kapitel 2 lernten wir, daß *Djihad* auch »Anstrengung« sowie »Einsatz der eigenen Energie für ein höheres Ziel« bedeutet. Afghani verbindet den militärischen Inhalt mit diesem Sinn des *Djihad*, um beide als *Antikolonialismus* im Kampf zwischen kolonisiertem Orient und kolonisierendem Okzident zu vereinigen.

Auch ein anderer zentraler islamischer Begriff, der der *Umma*, erfährt bei Afghani eine neue Inhaltsbestimmung.

Neue Deutung der Umma und ihres Djihad als antikolonialer Panislamismus

Während der islamischen Religionsstiftung predigte der Prophet Mohammed die Überwindung der tribalen Bindungen der damaligen Araber im Rahmen seines Kampfes für die Bildung einer zunächst transtribalen, dann universellen *islamischen Gemeinschaft*, deren Angehörige sich alleine durch das Bekenntnis zum Islam definieren (vgl.

Kap. 1). Der Islam ist demnach ein gegen die arabischen Stämme gerichteter Universalismus; entsprechend ist die *Umma* eine universelle Gesellschaft, deren Kern die Araber bilden, weil der Koran auf Arabisch offenbart wurde und weil der Gesandte Allahs, der Prophet Mohammed, ein Araber war.

Als in der neueren Geschichte der europäische Begriff der *Nation* im Kontext der nationalstaatlichen, europäisch dominierten Umstrukturierung der Welt in den islamischen Orient eindrang (vgl. Kap. 8), wurde er – bis heute noch gültig – mit *Umma* übersetzt. Als Afghani wirkte, befand sich das auf der Basis des islamischen Universalismus aufgebaute Osmanische Reich bereits in einem Zerfallsprozeß (vgl. Einführung zu Teil III). Afghani hoffte zunächst, daß der damalige Sultan Abdulhamid II. (1842–1918) als Imam der Muslime das islamische Reich während seiner Herrschaft (1876–1909) gegen die koloniale Durchdringung zusammenhalten könnte. Nationalbewegungen mit nationalstaatlichen Ansprüchen waren seinerzeit innerhalb des islamischen Vielvölkerreiches bereits am Werke. Afghani deutete den Islam als eine Pan-Ideologie (Vereinigung der islamischen Völker) und setzte sich in diesem Sinne für einen Panislamismus ein. Die Enttäuschung durch Sultan Abdulhamid und die Abwendung von ihm führten zur Aufgabe der staatlichen Version vom Panislamismus, d.h. vom Osmanischen Reich als Ausdruck der einheitlichen *Umma*. Die bewußtseinsmäßige Solidarität der Muslime gegen die Kolonialherrschaft war von nun an für Afghani der wahrhafte Panislamismus. Die Muslime sollten sich als eine *Umma* vereinigen,

> »so daß sie mit ihrer Einheit einen Damm errichten, der sie vor allen Fluten, die auf sie zuströmen, schützt! Mit dieser Aussage meine ich nicht, daß alle Muslime einen einzigen Imam haben sollen, denn dies läßt sich wahrscheinlich schwer realisieren. Allein fordere ich, daß ihr oberster Herr der Koran und die Religion die Grundlage ihrer Einheit wird« (Afghani, S. 345).

Nach dieser wiederholt revidierten Deutung zielt der Panislamismus weder auf die Vereinigung der Menschheit unter dem Banner des Islam noch auf die Errichtung eines institutionell-staatlichen Verbandes für alle Muslime ab; Panislamismus stellt nun eine bewußtseinsmäßige Grundlage für eine exklusiv islamische Solidarität gegen den Kolonialismus dar. »Es wird nicht sehr lange dauern, bis dieser Orient, bis dieser Orientale sich aus dem Schlaf erheben wird« (ebd., S. 243). Nun ist Afghani selbst der Imam, der in dieser neuen Funktion den *Djihad* der *Umma* gegen den kolonialen Okzident führt.

Afghani wirkte während der zweiten Hälfte des 19. Jahrhunderts. Dennoch üben seine Ideen in unserer Gegenwart erneut einen großen Einfluß aus. Seine schon zitierte Biographin Nikkie Keddie schreibt in ihrer Einleitung zu der neuen Auflage der von ihr herausgegebenen Textauswahl:

> »Heute fühlen sich liberale und islamische Revivalisten gleichermaßen von Afghani angezogen ... Es ist wichtig, sich klarzumachen, wie weit in die Vergangenheit viele Themen zeitgenössischer Autoren und Führer zurückreichen – mindestens bis zu Afghani. Seine Betonung des Islam als einer Kraft zur Abwehr des Westens und zur Stärkung der Muslime durch ihre Einheit, sein Ruf nach Reformen und Veränderung unter dem Banner des Islam ... sind Themen, die eine lange und kontinuierliche Nachfolge nach seinem Tod fanden.«[25]

Ein führender ägyptischer Fundamentalist, Mohammed 'Imara, der die Schriften Afghanis herausgegeben hat, veröffentlichte eine Schrift über »*Revolutionäre Muslime*«, in der Afghani einen hohen Rang einnimmt.[26] »Revolutionär« (ein neu-arabischer Ausdruck) sei al-Afghani deshalb, weil er es gewagt hatte, dem Imam der Muslime, Sultan Abdulhamid, die Loyalität aufzukündigen. In Kapitel 1 habe ich den islamischen Begriff der *Bay'a*/Treueschwur (bzw. Gelübde der politischen Loyalität) erklärt. Muslime leisten dem Imam die *Bay'a*, wenn er die Macht übernimmt. In jenem einführenden Kapitel haben wir gesehen, daß die Kündigung oder Verweigerung dieser *Bay'a* zur *Fitna*, d.h. zum innerislamischen, gewaltförmigen Konflikt geführt hat. Die Zeit Afghanis war jedoch eine andere. Wie der Fundamentalist 'Imara anführt, ging es um die »Erhebung des islamischen Orients gegen den kolonialen Okzident«. Unter dieser Voraussetzung, nämlich daß der osmanische Sultan-Kalif die *Umma* zu diesem Zweck führt, leistete Afghani Abdulhamid die *Bay'a* und unterstützte dessen Auffassung vom Osmanischen Reich als panislamische Vereinigung der Muslime. Als Afghani jedoch erkannte, daß Abdulhamid diese Aufgabe nicht erfüllt, kündigte er die *Bay'a* und änderte den gesamten Rahmen seines Denkens. Der Imam mußte nun nicht mehr unbedingt ein Inhaber der Macht sein, er konnte auch ein »Revolutionär« sein, der *Djihad* gegen die Herrschenden führte. Afghani verfügte bereits über Erfahrungen auf diesem Gebiet, insofern er am Tabak-Aufstand im Iran und an der Orabi-Revolte in Ägypten als Agitator mitgewirkt hatte. Diese neue Deutung des *Djihad* ist demnach nicht nur auf einen antiwestlichen Kampf beschränkt. Auch ein nicht über die politische Macht verfügender Muslim kann als Imam den *Djihad* anführen; das erklärt die Aktualität Afghanis und seine Anziehungskraft für die Fundamentalisten unserer Zeit. Damit will ich aber Afghani nicht in die Nähe des Fundamentalismus rücken; als Antikolonialist hatte Afghani eine Legitimität, die ich dem Terrorismus der zeitgenössischen Fundamentalisten abspreche.

Islamische Dominanz contra westliche Hegemonie

Gibt es über die aktuellen Belange der jeweiligen Zeit hinaus überzeitliche islamische Belange? Wir haben in den ersten sieben Kapiteln eine Wanderung durch die islamische Geschichte vom siebenten bis zum neunzehnten Jahrhundert gemacht und gesehen, daß alle islamischen Begriffe – von der *Umma* bis zum *Djihad* –, je nachdem, in welchem zeitlichen Rahmen sie stehen, eine neue Prägung bekommen. In den islamischen Schriften selbst wird diese historische Dimension jedoch verleugnet. Der in Rabat lehrende islamische aufklärerische Philosoph unserer Zeit, der Marokkaner Abdallah Laroui, ermahnt die Muslime zum historisierenden Denken und hält ihnen vor, daß sie die Probleme ihrer Zeit ohne diese Historisierung gar nicht bewältigen können.[27] Obwohl ich als Muslim auf Larouis Seite stehe, möchte ich behaupten, daß im islamischen Denken eine überhistorische Dimension dominiert. Ich meine damit die islamische Weltanschauung, daß die Muslime über die einzig wahre Botschaft für die gesamte Menschheit zu verfügen glauben und hieraus ein missionarisch-universelles Bewußtsein ableiten. Analog zu dem, was Marx »*Die deutsche Ideologie*« genannt hat, möchte ich hier von der *Islamischen Ideologie* sprechen, die Afghani in seinem Wirken neu belebt hat. Obwohl Afghani den islamischen Universalismus in einen Panislamismus und den islamischen *Djihad* von einer offensiven zu einer defensiven Handlung verwandelt, hält er an der islamischen Idee des *Taghallub* fest, die gleichermaßen Dominanz und Überlegenheit bedeutet (Afghani, S. 353 ff.). Auch wenn sich Afghani in vielen Fragen von den islamischen Fundamentalisten abhebt, ist nicht zu übersehen, daß er auch mit ihnen diese islamische Ideologie des *Taghallub* teilt.

In der Tat dokumentiert Afghanis politisches Denken ohne zeitliche Begrenzung die zentralen Probleme des modernen Islam. Nach eigenem Selbstverständnis stellt der Islam die letzte und abschließende Offenbarung für die gesamte Menschheit dar. In diesem Sinne ist das islamische Geschichtsverständnis auf der Doktrin aufgebaut, daß die schriftliche Fixierung dieser Offenbarung, der Koran, die unveränderbare und abschließende Wahrheit für alle Zeiten und für die gesamte Menschheit sei. Auf dieser theologischen Bestimmung basiert die angesprochene Lehre von der islamischen Dominanz, auf die Afghani zurückgreift und der er eine neue Prägung verleiht.

Seit seiner Stiftung im 7. Jahrhundert und bis zum Beginn der modernen europäischen Welteroberung konnte der Islam in seinen verschiedenen Reichen eine realhistorische Entsprechung zu seinem Dominanzanspruch vorweisen. Das moderne Zeitalter bringt die Muslime in eine Krise. Während ihrer Sozialisation verinnerlichen Muslime, sie seien per Offenbarung allen anderen überlegen, in den Realitäten ihrer Gegenwart erfahren sie jedoch stets den Widerspruch zu diesem Selbstbild. In seinem politischen Denken versucht Afghani durch die Stärkung der Muslime und ihrer Gemeinschaft (*Umma*) einen Ausweg aus dieser Krise zu finden.

Afghani greift selektiv auf Produkte der europäischen Zivilisation zurück, um sie in die eigene Zivilisation einzubauen und um dann Europa, als erobernder Okzident, mit seinen eigenen Waffen zu bekämpfen. Diese Dimension kann an dem Versuch demonstriert werden, mit jener Intention eine Synthese aus europäischem und islamischem Denken anzustreben. Das ist der Inhalt des islamischen Modernismus.

Während seiner Pariser Jahre hat Afghani einen zentralen Gedanken in Guizots Werk *Histoire de la civilisation en Europe* gefunden, welcher seine »islamische Ideologie« stützte. Guizot argumentiert, daß die moralische Verfassung der Subjekte für die Entwicklung jeder Zivilisation ausschlaggebend sei. Das faszinierte Afghani, der gerade die innere Moral der islamischen *Umma* stärken wollte. Afghani übernimmt dieses Guizotsche Erklärungsmuster und verbindet es mit dem *Asabiyya*-Begriff des großen islamischen Sozialphilosophen aus dem 14. Jahrhundert Ibn Khaldun (vgl. Kap. 6). *Asabiyya* kann (vgl. oben S. 194 ff.) verschiedentlich gedeutet werden. Für Afghani war *Asabiyya* ein Ausdruck der »Gruppensolidarität«. Ibn Khaldun hatte ein zyklisches Geschichtsverständnis vom Aufstieg sozialer Gruppen und deren Verfall, je nach dem zyklischen Zustand ihrer *Asabiyya*, entwickelt. Die europäisch-islamische Synthese von Guizot und Ibn Khaldun mündet in Afghanis Plädoyer für eine Stärkung der moralischen Verfassung der islamischen *Umma* als eine »Antwort auf den Imperialismus« und als Voraussetzung für die Wiederherstellung der »islamischen *Taghallub*/ Dominanz«.

Der Islam ist nicht nur eine Religion; er ist auch – im anthropologischen Sinne – ein kulturelles System, das ein Modell für die Realität, wie diese beschaffen sein sollte, enthält.[28] Das Modell steht jedoch oft im Widerspruch zu der erlebten Realität. Das moderne politische Denken im Islam, das von Afghani eingeleitet und von ihm bis heute noch geprägt wird, ist mit den Problemen des modernen Zeitalters – Nationalstaat, Demokratie und Volkssouveränität, Sozialismus u. a. – konfrontiert. Islamische politische Denker versuchen ihr überzeitliches Geschichtsverständnis mit der Realität der Gegenwart in Einklang zu bringen. Die Politisierung des islamischen kulturellen Systems mündet in eine religio-politische Ideologie, mit der Muslime in der neueren Geschichte den spezifisch islamischen Versuch einer »kulturellen Bewältigung sozialen Wandels« unternehmen, um den veränderten Realitäten gerecht zu werden. Ich möchte dieses Kapitel deshalb mit einem Exkurs über die Frage beenden, ob es sich bei dem Begriff *homo islamicus* um einen Ausdruck der »islamischen Ideologie« handelt oder ob er eine Ausgeburt des westlichen Geistes, in Gestalt des Orientalismus als westlicher Betrachtungsweise des Orients, ist.

Eine islamische Denkweise? Gibt es einen »homo islamicus«?

Die Unterstellung, daß der Orient und seine Menschen anders seien als der Okzident und seine Bewohner, wird als westlicher Orientalismus bezeichnet. Hierüber hat es eine Diskussion gegeben, die als Orientalismus-Debatte[29] bekannt geworden ist. Worum geht es?

In den großen angelsächsischen Zeitungen *New York Times* und *New York Review of Books*, aber auch in Frankreich wurde über ein von dem palästinensisch-amerikanischen New Yorker Edward Said verfaßtes Buch – unter dem Titel »Orientalismus«[30] erschienen – ausgiebig diskutiert. Diese Debatte überschritt bei weitem den kleinen Kreis von Wissenschaftlern und erfaßte eine breite Öffentlichkeit. Der in Jerusalem geborene Araber Said, der heute an der Columbia University in New York lehrt, fand nicht nur Zustimmung, sondern stieß auch auf herbe Kritik. Der Orientalismus-Vorwurf, den Said erhebt, bezieht sich auf eine eurozentrische Sichtweise des Orients, die in der Behauptung gipfelt, es gebe einen *homo islamicus*, d. h. einen Menschentyp, der in allen Zügen durch den Islam geprägt sei und unter dem sich alle eineinviertel Milliarden Muslime der Welt subsumieren ließen.

Ohne zu bestreiten, daß der Islam als Religion seine Gläubigen in ähnlicher Weise prägt, läßt sich der Islam als kulturelles System nicht einfach auf eine Formel bringen. Der Islam im Senegal ist ganz anders als der Indo-Islam, obwohl der arabische Islam als Ur-Islam auf beide seinen Einfluß ausübt. Edward Said meint, daß Max Weber eine der Quellen der Idee vom »islamischen Typus« sei. Said hebt hervor,

> »daß Webers Studien ... ihn (vielleicht unbewußt) genau in das Gebiet trieben, das ursprünglich von dem Orientalismus ausgemessen und beansprucht wurde ... Obwohl er den Islam niemals gründlich studierte, beeinflußte Weber das Gebiet beträchtlich« (Said, ebd., dt. S. 291).

Ist dieses westliche Bild vom Islam ein Zerrbild, oder gibt es eine spezifisch islamische Denkweise, die das islamische politische Denken prägt?

Obwohl Weber, dem der deutsche Soziologe Wolfgang Schluchter einen Band »Max Webers Sicht des Islam« widmet, eindeutig nur oberflächliche Islam-Studien betrieb oder – wie Schluchter schreibt – »zweifellos viele Lücken« aufweist, gilt er als Autorität auf dem Gebiete des Islam. Aus diesem Grunde ist das Stereotyp vom *homo islamicus* und somit auch die Deutung der islamischen Religionsstiftung als »Umschlag ... in eine national-arabische Kriegerreligion«[31] auch in Deutschland verbreitet. Indem ich die Gültigkeit des Stereotyps »*homo islamicus*« bestreite, will ich nicht den Islam gegenüber meinen europäischen Lesern verteidigen; vielmehr geht es mir darum, die Komplexität des historischen Phänomens »Islam« hervorzuheben und darauf zu bestehen, daß seine heutigen politischen und sozialen Konfigurationen ebenso komplex zu verstehen sind. Edward Said hat das Orientalismus-Argument in einer höchst problematischen Weise so weit überzogen, daß ein bekannter Damaszener Philosoph, Sadiq Djalal al-'Azm, berechtigterweise gegen ihn den Vorwurf der »Umkehrung des Orientalismus«[32] erhob. Doch kann man an Saids Diskussion über den problematischen Charakter des Arguments vom *homo islamicus* nicht mehr vorbeigehen.

Zweifellos gibt es eine spezifisch islamische Denkweise, die mit einer theozentrischen Weltsicht korrespondiert. Die »islamische Ideologie« ist ein Produkt dieser Denkweise. Vielleicht handelt es sich um eine Illusion von mir, wenn ich als Aufklärer und Rationalist glaube, daß die islamische Ideologie von Muslimen überwunden werden kann, wenn sie sich einmal dazu durchringen würden, religiöse Reformen in ihr kulturelles System einzuführen und Reflexivität sowie Kritik zuzulassen. Solange sie dies nicht tun, werden sie weiterhin daran scheitern, den sozialen Wandel kulturell und reflexiv zu bewältigen. Der islamische Fundamentalismus ist eine der Früchte dieses Scheiterns, welches bedauerlicherweise den zeitgenössischen Islam prägt. Ein anderer, ebenso in Rabat lehrender zeitgenössischer Rationalist, Mohammed Abid al-Djabiri, hat über die »Beschaffenheit des arabischen Geistes/*Takwin al-'Aql al-Arabi*«[33] nachgedacht und gleichfalls die Fähigkeit zur Historizität vermißt, die von der kontextfreien Schriftgläubigkeit behindert wird.

Afghani war je nach Sichtweise ein »Revolutionär« oder ein Reformer in der Welt des Islam; er wollte den Islam erneuern, was einen Fortschritt bedeutete. Historisch können wir von einem Prozeß des Übergangs vom Liberalismus (Tahtawi) und kulturellen Reformismus (Abduh und Afghani) zu einem militanten Fundamentalismus (in der Gegenwart) in jenem Zivilisationskreis sprechen. Aber zwischen beiden gab es den Intervall des säkularen Nationalismus, den wir im folgenden Kapitel kennenlernen werden. Er war leider nicht nur ein Intermezzo, sondern stand auch auf sehr wackligen Füßen und war von äußerst fragiler Gestalt. Denn er war nicht mehr als das Produkt einer oberflächlichen Säkularisierung.

Kapitel 8
Die oberflächliche Säkularisierung: Das Pendeln zwischen dem »arabischen Bismarck« und dem islamischen Imam

Der säkulare panarabische Nationalismus im Wettstreit mit dem Islam

Wie kommt es, daß arabische Muslime zu Beginn des 20. Jahrhunderts, direkt nach Auflösung der islamischen Ordnung des Osmanen-Reiches 1924, das deutsche Modell der Nation als Richtschnur für ihre Politik wählten und nach einem »arabischen Bismarck« suchten?

Der Übergang vom Mittelalter zur Moderne versetzt alle Muslime bei ihrer immerwährenden Suche nach dem »wahren Imam« in einen Zustand tiefer Verunsicherung. Das ist die diesem dritten Teil zugrundeliegende Beobachtung. Die Antworten auf die Herausforderung der Moderne sind verschieden. Die Muslime, die im 19. Jahrhundert Europa aus der Nähe erlebten, waren von den liberalen Freiheiten beeindruckt. Stellvertretend für sie steht Tahtawi (vgl. Kap. 7). In Paris erfuhr er, daß der König nicht schalten und walten kann, wie etwa der Imam seines Landes, Mohammed Ali, dies vermochte. Dieser Imam hatte Tahtawi nach Paris entsandt, um von Europa zu lernen. Es liegt auf der Hand, daß der Schützling seinen Imam nicht verdammte und auch nicht verlangte, daß er durch einen demokratischen Politiker abgelöst werden sollte. Das westliche Europa blieb für islamische Liberale ein Vorbild, von dem sie lernen konnten, ist aber *kein* Modell für die islamische Gesellschaft. Der Islam bleibt für sie die unreflektierte und verbindliche Leitlinie, wenngleich in reformierter Gestalt.

Nach der Auflösung des Osmanischen Reiches als der letzten islamischen Ordnung, die parallel zur Verschwörung der britischen und der französischen Kolonialmächte im Sykes-Picot-Abkommen zur kolonialen Aufteilung des islamischen Orients verlief, änderten sich die Verhältnisse. Die Araber haben zunächst den Islam als politischen Bezugsrahmen im Rahmen ihrer Hinwendung zur »Nation« als Ordnungsvorstellung aufgegeben; noch vor dem Kongreß der arabischen Nationalisten in Paris im Jahre 1913 konnten sie Frankreich und seine liberale Demokratie nun als Modell bewundern. Nach dem Ersten Weltkrieg lernten sie dieses Land als Kolonialmacht kennen, und entsprechend änderten sich ihre Einstellungen. Dagegen war Deutschland aus arabischer Sicht nicht nur keine Kolonialmacht; auch ähnelte die Lage der zersplitterten deutschen Nation vor 1871 – d. h. vor der deutschen Reichsgründung durch Bismarck – der der Araber: Die Deutschen waren wie die Araber eine Kulturnation, hatten aber keinen gemeinsamen Staat. Auch die Deutschen waren in doppelter Hinsicht mit Frankreich konfrontiert: einmal mit dem Frankreich der Französischen Revolution und dann mit dem Frankreich der Armeen Napoleons, die das zersplitterte Deutschland besetzten.[1] Die Folge dieser beiden Begegnungen war eine Haßliebe, die sich in einer gleichzeitigen Bewunderung und Ablehnung Frankreichs äußerte. Der deutsche Philosoph des 19. Jahrhunderts Fichte war hierfür ein Paradebeispiel. Es ist nicht verwunderlich, daß Fichtes Ausstrahlung auf die Araber unermeßlich war. Nur im Krieg gegen Frankreich (1871) konnten sich die deutschen Teilstaaten vereinigen und ihren gemeinsamen Staat bilden.

Diese deutsche Entwicklung faszinierte die verwestlichten arabischen Eliten. Statt der Suche nach dem gewählten Politiker als islamischem Imam wendeten sie sich nunmehr dem säkularen Konzept der Nation zu. Das deutsche Modell und seine Leitfigur Bismarck wurden zu ihrem Vorbild.

Sati' al-Husri, der geistige Vater des arabischen Nationalismus zwischen den beiden Weltkriegen und weit hinaus über seinen Tod im Alter von 86 Jahren im Jahre 1968, legte den intellektuellen Grundstein für die arabische Bewunderung Deutschlands, die ich als Germanophilie bezeichne. Er wiederholte immer wieder, daß die Araber ihre Befreiung nur in einem »arabischen 1871« unter der Führung eines »arabischen Bismarck« erreichen können. Diese Ansichten sind sogar in die Schulbücher eingegangen. Als ein 1944 in Damaskus zur Welt gekommener Araber bin ich in dieser nationalen Tradition erzogen worden und in ihrem Geist aufgewachsen; ich habe mich als Jugendlicher für die panarabische Heldenfigur, das Idol Nasser[2], als »unseren Bismarck« begeistert, und so führte mich mein Weg als achtzehnjähriger Student selbstverständlich nach Deutschland, von dessen wilhelminischem Geist ich mich erst mit Hilfe meiner jüdischen Lehrer Adorno und Horkheimer gelöst habe. Mein Weg verlief von Bismarck und Nasser zu Demokratie und Menschenrechten. Andere Muslime trafen eine andere Wahl: Sie entschieden sich für den Weg vom »arabischen Bismarck« zurück zum islamischen Imam. Das Verständnis dieser politischen Entwicklung erfordert einen Rückblick auf die Geschichte.

Die Anfänge des arabischen Nationalismus gehen bis auf die zweite Hälfte des 19. Jahrhunderts zurück. Die Verbreitung westlicher Bildung durch die christlichen Missionen sowie durch das Auslandsstudium von Muslimen ermöglichte die islamische Begegnung mit den europäischen Weltnationen. Als Tahtawi in Paris studierte, konnte er im Arabischen kein sprachliches Äquivalent für »*Nation*« bzw. »*Patrie*/Vaterland« finden; Tahtawi war im Dorf Tahta geboren, und somit war es sein »*Watan*«, wofür die Franzosen »*Patrie*« verwenden. In Paris war er erstaunt zu sehen, daß für die Franzosen ganz Frankreich »*Patrie*/Vaterland« ist. Weil der Begriff »*Nation*« in orientalische Sprachen zunächst nicht übersetzt werden konnte, haben verwestlichte muslimische Intellektuelle aus Not auf den Begriff *Umma* zurückgegriffen, und dabei ist es geblieben. Aber beide Begriffe haben je eine unterschiedliche Bedeutung: Die islamische *Umma* ist übergreifend, ja universell angelegt, eine *Nation* beschränkt sich aber politisch und kulturell auf eine Gemeinschaft und ein dazugehöriges Territorium. Die frühen arabischen verwestlichten Intellektuellen übernahmen vor 1913, d. h. in der Frühperiode des arabischen Nationalismus (1913 Pariser Kongreß der arabischen Nationalisten) zunächst das französische Modell der Nation; sie traten für die darin enthaltene *laïcité* als Trennung zwischen Religion und Politik, d. h. für eine politische Säkularisierung ein, ohne dies explizit auszusprechen.

Zu den Auswirkungen der Übernahme der europäischen Nationsidee gehörte der Abstand, den die Araber dadurch zu den Türken gewannen. Der geistige Vater des arabischen Nationalismus, Sati' al-Husri[3], der selbst ein hoher Beamter war, betrachtete nun die osmanische Herrschaft über die Araber als eine Art Fremdherrschaft. Der Tatbestand, daß diese islamisch legitimiert wurde, änderte nichts an dieser Einstellung. Sati'al-Husri bemängelte bei den muslimischen Arabern, daß sie »Religion und Politik vermischen«.[4] Als Alternative trug er ihnen die säkulare Nationsidee vor und lehrte, die Angehörigen einer Nation seien miteinander auf der Basis einer gemeinsamen Sprache und Geschichte, nicht aber einer gemeinsamen Religion verbunden. Ein arabischer Christ gehöre demnach wie ein arabischer Muslim zur arabischen Nation, während ein muslimischer Türke oder ein Perser »Ausländer« seien.

Bis zur arabischen Revolte von 1916 hatten sich arabische Nationalisten mit England und Frankreich gegen das Osmanische Reich politisch und militärisch verbündet; diese Kolonialmächte einigten sich in dem bereits angeführten Sykes-Picot-Abkommen hinter dem Rücken der Araber auf eine koloniale Teilung des arabischen Orients nach der Vertreibung der Türken. Mit diesem Betrug an den Arabern begann das arabische Verschwörungssyndrom[5]; in der Tat war eine anglo-französische Verschwörung gegen die Araber am Werk.

Enttäuscht wandten sich die Araber daraufhin Deutschland zu; nicht nur aus politischen Gründen, sondern auch, weil das deutsche Modell – wie angeführt – der arabischen Situation eher entsprach. Sati' al-Husri lehnte die französische Nationsidee ab, die das Vorhandensein eines Staates für die Bestimmung der Nation voraussetzte; denn es gab zu dieser Zeit keinen arabischen Staat.[6] Die deutsche Nationsidee von Herder und Fichte lehrt dagegen, daß Nation primär eine Sprachgemeinschaft sei. Husri spricht von der »Führungsrolle der deutschen

Schule« und verweist darauf, daß die Araber eine gemeinsame Sprache hätten, also folglich eine Nation bildeten.[7] Nun wollte Husri die Araber aber auch in einem Staat vereinigen, und für dieses Ziel war die deutsche Einigung von 1871 unter Bismarck das geeignete Modell. Nach dem Ersten Weltkrieg und im Verlaufe der ersten Hälfte dieses Jahrhunderts dominierte die von Husri geprägte germanophile Ideologie des arabischen Nationalismus, die nach einem arabischen Führer in der Rolle eines »arabischen Bismarck« als Ersatz für den islamischen Imam der Araber suchte. Der ägyptische Präsident Gamal Abdel Nasser schien zunächst dieser arabische Bismarck zu sein. Die deprimierende Niederlage im Sechs-Tage-Krieg 1967 bedingte den Zusammenbruch des von den Deutschen übernommenen säkularistischen Imam-Modells von einem »arabischen Bismarck«.

Husri (1882–1968) hatte als hoher osmanischer Beamter den Übergang vom 19. zum 20. Jahrhundert erlebt. In einer sehr aktiven Weise und mit Erfolg konnte er durch seine zahlreichen systematisch argumentierenden Schriften und durch seine institutionelle Tätigkeit im bildungspolitischen Bereich in verschiedenen arabischen Ländern die Entwicklung des arabischen Nationalismus nach dem Ersten Weltkrieg entscheidend beeinflussen.[8] Seine Übertragung des deutschen Modells auf spezifisch arabische Verhältnisse geschah einmal in Form systematischer historischer Werke über die Ursprünge der arabischen Nationalbewegung und zum anderen im Rahmen von Polemiken und Kontroversen mit Vertretern anderer politischer Richtungen in den arabischen Ländern. In diesem Kapitel möchte ich mich auf seine Kontroversen mit Vertretern des Islam beschränken, um zu zeigen, welche Art von Säkularisierung der *Umma* er in den Islam des 20. Jahrhunderts einführte.

Die Araber lösen sich vom Osmanischen Reich

Zu den systematischen Darstellungen Husris gehört vor allem seine als klassisches historisches Werk anerkannte Geschichte der arabischen

Länder unter osmanischer Herrschaft.[9] Darin beschreibt er im einzelnen, wie das arabische Gebiet zu einem Teil des Osmanischen Reiches wurde. Auch schildert er die umfassende, aus der Struktur der osmanischen Gesellschaftsordnung resultierende Stagnation, in die die arabischen Regionen unter osmanischer Herrschaft fielen.[10] Die *Tanzimat*/Reform-Periode während der Jahre 1839–1856 im Osmanischen Reich hat die Entwicklung seiner arabischen Regionen insofern beeinflußt, als die Osmanen erstmals begonnen hatten, die Autonomie der Reichsprovinzen einzuschränken. Zu Beginn des 20. Jahrhunderts mündete diese Politik in eine systematischere und stärkere Türkisierung der beherrschten Gebiete ein. Im Anschluß daran haben die Jungtürken eine am turanischen Nationalismus orientierte Politik zur Neugestaltung des Reiches eingeleitet. Turan gilt nach dieser Ideologie als Urvater aller Türken. Diese Politik rief den nationalen Widerstand der beherrschten arabischen Bevölkerung hervor. Die im Osmanischen Reich zusammengefaßten Völker hatten sich bisher gegenüber der islamischen osmanischen Herrschaft, die in Kontinuität zu dem klassischen islamischen Kalifat zu stehen vorgab, loyal verhalten; nun aber nahmen sie in Reaktion auf das Auftreten des Turanismus eine kritische Haltung gegenüber dieser Herrschaft ein, die ihnen nicht länger als eine islamische erschien. Die osmanische Identität war nicht mehr islamisch, sondern türkisch-nationalistisch. Die Araber antworteten mit ihrem eigenen nationalen Erwachen; aber beide, arabische und türkische Muslime, standen unter dem Einfluß der europäischen Nationsidee.

Die arabische Revolte gegen das Osmanische Reich 1916 bildete den Höhepunkt der Bildung eines Bewußtseins von der »arabischen Nation«. Die europäischen Mächte, die die arabische Revolte mit dem Versprechen der Förderung eines großen und modernen arabischen Nationalstaats in den ehemaligen Reichsprovinzen anstifteten, erwiesen sich als Betrüger (vgl. Anm. 5). Der Einmarsch der französischen Kolonialtruppen 1920 in Syrien, nachdem sie 1918 die libanesische Küste besetzt und am 24. Juli 1920 in der Schlacht von Maysalun über die syrische Armee gesiegt hatten, hat die Araber nicht nur ernüchtert, sondern auch antiwestlich gestimmt. Diesen Tag der Niederlage bezeichnet Husri als einen »der wichtigsten Tage in der neueren Geschichte der arabischen Nation«[11], denn der »Tag von Maysalun«, den Husri als Zeitgenosse erlebte, war nicht nur für seine Biographie, sondern auch für die gesamte arabische nationale Bewegung von entscheidender Bedeutung. An jenem Tag trat diese Bewegung in eine neue Phase ein: die der antifranzösischen Einstellung, der Frankophobie, die einherging mit einer Germanophilie als Ausdruck der arabisch-islamischen Begeisterung für Deutschland.

Das Erwachen der arabischen Nationalbewegung geht jedoch nicht allein auf den Widerstand gegen die Türkisierungstendenzen zurück. Das Aufblühen des arabischen Nationalismus hängt auch und vor allem mit der Neubelebung der arabischen Sprache und Kultur durch die christlichen Missionen zusammen. Der schon in Kapitel 7 angeführte Statthalter von Ägypten, Mohammed Ali, versuchte, sich von den Osmanen abzukoppeln, eroberte mit seiner Armee 1831 Syrien und vereinigte es mit Ägypten. Die Intervention der Kolonialmächte Großbritannien und Frankreich beendete 1840 diese Vereinigung.[12] Aus machtpolitischen Interessen, und um das Reich zu schwächen, förderte Mohammed Ali das arabische Element und ebenso die nationalen Bestrebungen. Nach Husri »leistete Mohammed Ali dem arabischen Nationalismus einen großen Dienst ..., weil seine Erhebung einen modernen Staat in einem arabischen Land ermöglichte, in dem es zu einer arabischen literarischen intellektuellen *Nahda*/Renaissance kam«.[13] Der entscheidende Beitrag zur arabischen *Nahda* des 19. Jahrhunderts, die als Renaissance gedeutet wird, kam allerdings von den syro-libanesischen Intellektuellen in der zweiten Hälfte des 19. Jahrhunderts, besonders von den Christen unter ihnen, denn aufgrund ihrer Religionszugehörigkeit fühlten sie sich nicht zur Loyalität gegenüber dem Osmanischen Reich verpflichtet; um so leichter fiel es ihnen, für einen säkularen, vom Osmanischen Reich unabhängigen arabischen Nationalstaat zu plädieren. Bis zum Ersten Weltkrieg konnten sich die arabischen Nationalisten muslimischer Herkunft dagegen nur in einem schweren Bewußtseinskonflikt vom Osmanischen Reich und dem islamisch-religiösen Denken lösen. So versuchten sie anfänglich noch, die Nationsidee mit dem Islam zu harmonisieren, indem sie für ein *arabisches* Kalifat eintraten. Der Syrer Kawakibi, den wir unten (vgl. S. 268 ff.) kennenlernen werden, forderte, daß der Kalif als ein Imam ein Araber sein müsse. Andere verlangten lediglich eine national-kulturelle Autonomie für die Araber innerhalb des islamisch legitimierten Osmanischen Reiches. Den arabischen Christen wurde der Zugang zum säkular orientierten, nationalistischen Denken nicht nur durch ihre Zugehörigkeit zu einer anderen Religion als der, die als Staatsideologie fungierte, erleichtert. Durch die Bildung, die sie in den christlichen, vor allem protestantischen europäischen und amerikanischen Missionen erfahren hatten, lernten sie säkulare Anschauungen kennen. Von diesen Missionen muß ich die der französischen Katholiken ausnehmen, die zunächst nur in französischer Sprache unterrichteten und die die syro-libanesischen Katholiken lehrten, sie benötigten den Schutz Frankreichs vor den Muslimen. Damit haben diese Missionen praktisch im voraus die Loyalität ihrer Zöglinge zur französischen Kolonialherrschaft sichergestellt. Die russisch-orthodoxen und die amerikanischen protestantischen Missionen[14] hingegen dachten langfristiger. Sie wendeten sich an alle Araber, die sie durch Belebung der arabischen Sprache und Kultur zu gewinnen gedachten; darin waren sie schließlich so erfolgreich, daß selbst die jesuitischen Missionen zeitweise dazu übergingen, in arabischer Sprache zu unterrichten.

Erstaunlich ist die auch heute noch gültige zentrale Lage von Paris als kulturell-politischer Knotenpunkt zwischen Orient und Okzident und die Tatsache, wie dort die Kontinuität bewahrt wird: von Tahtawi im 19. zu Khomeini im 20. Jahrhundert. In Paris fand im Jahre 1913 auch die erste Versammlung arabischer Nationalisten christlicher und muslimischer Herkunft statt, auf der diese ihren Willen zur nationalen Selbständigkeit artikulierten, wenngleich sie sich für die kurzfristige Realisierung dieser Autonomie im Rahmen des Osmanischen Reiches entschieden. Die Jungtürken[15] gingen zunächst auf ihre Forderungen ein, jedoch nur, um sich eine Atempause zu verschaffen, wie die spätere Hinrichtung jener Führer der arabischen Nationalbewegung, die den Kongreß in Paris organisiert hatten, zeigt. Nach der »Befreiung« von der türkisch-osmanischen Herrschaft haben die Araber nicht ihr ersehntes nationales Gebilde bekommen. Die arabischen Gebiete Asiens – ausgenommen die Arabische Halbinsel – wurden nach dem Ersten Weltkrieg europäische Kolonien. Die nordafrikanischen Provinzen des Reiches erhielten schon im 19. Jahrhundert stufenweise einen kolonialen Status. Unter der Kolonialherrschaft entwickelten sich politisch unterschiedliche Richtungen. So entstand in jeder der ehemaligen Provinzen des Osmanischen Reiches ein lokal beschränkter Nationalismus; der ägyptische Nationalismus ist ein Beispiel dafür. Der panarabisch orientierte, säkulare Nationalismus war zunächst auf Syrien und Irak beschränkt. Der Panarabist al-Husri warf den nicht gerade panarabisch orientierten Lokal-Nationalisten vor, die Grenzen, die vom Kolonialismus gezogen worden sind, zu verteidigen:

> »Wir rebellieren gegen die Engländer und die Franzosen; wir rebellieren gegen diejenigen, die unser Vaterland eroberten und versuchten, es zu verknechten ... als wir uns aber von ihnen befreit hatten, begannen wir, die von ihnen gesetzten Grenzen in unserem Land zu heiligen ...«[16]

Der Panarabismus im Stile Bismarcks hatte seine Feinde nicht nur unter den Lokal-Nationalisten. Auch nach seiner Auflösung behielt das Osmanische Reich seine Anhänger, die als Panislamisten auftraten. Dennoch läßt sich leicht feststellen, daß seit der Auflösung des Osmanischen Reiches 1924 und bis zur arabischen Niederlage im Sechs-Tage-Krieg 1967 der panarabische Nationalismus die Hauptströmung in der nahöstlichen Politik darstellte. Die Ideologie einer allumfassenden arabischen Nation, die alle Araber in einem Nationalstaat vereinigt, war die vorherrschende Ideologie. Mehr als ein halbes Jahrhundert dauerte dieses Intervall einer oberflächlichen Säkularisierung; während jener Zeit wurden der politische Islam sowie seine Ordnungsvorstellungen zurückgedrängt; sie existierten nur in unbedeutenden Nischen fort. Ein neu politisierter Islam kehrte erst in den 70er Jahren zurück und entwickelt sich seither zur Hauptströmung politischen Denkens in der islamischen Zivilisation.

Der Panislamismus – eine Versöhnung zwischen Islam und Nationalismus?

Wenn hier von einem Wettstreit zwischen Panarabismus und Panislamismus die Rede ist, so muß unterstrichen werden, daß islamischer Universalismus und Panislamismus zweierlei sind. Ich hoffe, daß die obigen Ausführungen in dem Abschnitt über Afghani (vgl. S. 238 ff.) verdeutlicht haben, daß auch der Panislamismus auf europäische Einflüsse zurückzuführen ist. Denn eine panislamische Einheit strebt – sozusagen unter nationalstaatlicher Orientierung – nur die Vereinigung des islamischen Teils der Welt an, nicht der Welt in ihrer Gesamtheit. Islamischer Universalismus ist dagegen eine Vision von der Verwandlung der gesamten Welt in ein *Dar al-Islam*/Haus des Islam. Bis zum Aufstieg des Fundamentalismus waren die islamistischen Bestrebungen im wesentlichen panislamisch orientiert.

Der Panislamismus, wie Afghani ihn als Antwort auf den Kolonialismus politisch und religiös begründete, dient zunächst als eine ideologische Waffe des islamischen Modernismus gleichermaßen gegen den Westen und den islamischen Traditionalismus. In Kapitel 7 führte ich jedoch aus, daß Afghani den nationalstaatlich beeinflußten Panislamismus preisgab, sobald ihm klar geworden war, daß der osmanische Sultan-Kalif Abdulhamid II. die panislamische Ideologie angesichts der aufstrebenden nationalen Bewegungen im osmanischen Herrschaftsbereich zur Konsolidierung seiner despotischen Herrschaft mißbrauchte. In seinen späteren Schriften verzichtete Afghani darauf, einen institutionellen Rahmen für die islamische *Umma*/Gemeinschaft, d. h. ein panislamisches Staatsgebilde, zu fordern. Der Panislamismus wurde seitdem zum Ausdruck einer antiimperialistischen Solidarität der Muslime. Aber nicht nur daß Afghani in seinen späteren Schriften den Panislamismus auf diese Formel reduziert hatte, sondern er erkannte fortan auch die nationalen Einheiten innerhalb der *Umma*, z. B. der Perser, der islamischen Inder und der Araber, an. Diese Entwicklung Afghanis wurde von den Anhängern des späteren Panislamismus systematisch ignoriert. Die panislamische Kalifat-Bewegung[17] vereinte nach dem Zusammenbruch des Osmanischen Reiches alle konservativen Kräfte in sich. Diese panislamische Bewegung machte die arabische nationale Bewegung für den Untergang des Reiches verantwortlich. Panislamisten berufen sich auf die Autorität Afghanis und unterschlagen hierbei nicht nur Afghanis spätere Entwicklung, sondern auch die wichtige Tatsache, daß er seinen Aufruf zum *Djihad* als Bekämpfung des Kolonialismus im islamischen Orient verstand. Im Gegensatz zu dem durchaus revolutionär gesinnten Afghani war die panislamische Bewegung nach dem Ersten Weltkrieg eine restaurative Ansammlung von Kräften der Reaktion. Doch war jene Kalifat-Bewegung bedeutungslos im Vergleich zum universalistischen Fundamentalismus unserer Gegenwart.

Husri führte für die Panarabisten die Auseinandersetzung mit dem Panislamismus als die Gegenbewegung. Diese findet auf zwei Ebenen statt: *Einmal* geht Husri auf die geistigen Quellen des Panislamismus zurück. In seiner Auseinandersetzung mit Afghani deutet er zwar die verschiedenen Etappen in dessen politischem Denken an, verfährt jedoch ähnlich verfälschend und selektiv wie die Panislamisten selbst. Vom Standpunkt des säkularen Nationalismus setzt sich Husri mit den Panislamisten *zum anderen* auf einer allgemeinen Ebene auseinander, um ihre Ansichten zu widerlegen.

Mir scheint es aufschlußreich zu sein, beide Positionen einander gegenüberzustellen. Für den Panislamisten Afghani besteht die Menschheit aus verschiedenen Gemeinschaften, deren Existenz durch den göttlichen Willen begründet ist. Das Individuum kann nur im Kollektiv der Gemeinschaft fortleben. Jede Gemeinschaft (*Umma*) ist dabei

> »wie ein lebender Organismus, der eigene Glieder hat, die von einer einzigen Seele dirigiert werden, so daß jede Gemeinschaft wie ein Mensch ist, der sich in seinen Lebensetappen, in seinen Angelegenheiten, in seinem Glück und Elend von allen anderen Menschen unterscheidet«.[18]

Afghani unterscheidet zwischen zwei Formen sozialer Verbindlichkeit, die ein solches Kollektiv zusammenhalten: dem nationalen Band und dem religiösen. Im Gegensatz zu dem Philosophen Ibn Khaldun spricht er dem religiösen Band Priorität zu: Der Islam sei weit integrativer und kulturträchtiger als die nationale Verbindlichkeit:

»Die Geschichte der Muslime zeigt, daß diese seit der Entstehung ihrer Religion bis in unsere Tage hinein sich nicht zum völkischen Band und zur nationalen Gruppensolidarität bekennen, sondern zum Band ihrer Religion. Daher lehnen der Türke und der Perser nicht die Herrschaft der Araber über sich ab, und der Inder unterwirft sich dem Afghanen..., solange nur der Herrscher sich an der *Schari'a* orientiert« (ebd., S. 349 f.).

Der Panislamist Afghani erkennt somit die Existenz von Nationalitäten an, jedoch innerhalb der *Umma*. Er betont aber stets, daß für die Muslime nur der Islam Grundlage einer Nationalität sein könne, weil er sich gegenüber anderen Zugehörigkeitsformen als überlegen erwiesen habe. So hätten nach Afghani die Araber in der vorislamischen Zeit keine großen kulturellen Errungenschaften hervorgebracht, ja sie konnten sich als Stämme noch nicht einmal auf der Basis des gemeinsamen Arabertums vereinigen: die wilden Stämme Arabiens lebten untereinander in Streit. Erst der Islam

»konnte eine in Wildheit (*Tawahhusch*) und Unzivilisiertheit tief verwurzelte Nation (*Umma*): die arabische, in kurzer Zeit zu den höchsten Rängen der Weisheit und Zivilisation emporheben« (ebd., S. 305 f.).

Diese Ideen bilden den allgemeinen Rahmen des politischen Denkens von Afghani, der je nach der historischen Situation eine andere Substanz erhält. In der Phase der Zusammenarbeit mit dem Sultan Abdulhamid II. tritt Afghani für die islamische *Umma* als ein staatliches Gebilde ein und anerkennt das islamisch legitimierte Osmanische Reich als dessen Ausdruck. Nach seiner Enttäuschung über Abdulhamids despotische Politik sagt er dem Osmanismus ab; er relativierte dann seine Vorstellung von einer staatlichen Ordnung für die islamische *Umma* beträchtlich: Die Gläubigen, die Gott als »Brüder« (die Schwestern bleiben stets unerwähnt) bestimmt habe, sollten sich vereinigen. Damit meint Afghani nicht,

»daß alle Muslime einen einzigen Imam haben sollen, denn *dies läßt sich wahrscheinlich schwer realisieren.* Allein fordere ich, daß ihr oberster Herr der Koran und die Religion die Grundlage ihrer Einheit wird« (ebd., S. 345).

Als Modernist erkennt Afghani, daß die islamische Einheit nur im Rahmen eines reformierten Islam, der auf den Errungenschaften der modernen Wissenschaft und Technik basiert, die Muslime vor dem Kolonialsystem schützen und ihnen den Sieg über die sie unterdrückenden Kolonialherren ermöglichen kann. Afghani bedauert, daß die Muslime der neueren Geschichte sich

»auf der höchsten Stufe der Ignoranz befinden und so faul geworden sind« (ebd., S. 447).

Afghani war ein Wegbereiter des politischen Islam, aber kein Fundamentalist. Auch hatte er, obwohl ein Panislamist, niemals versucht, Islam und Nationalismus zu harmonisieren. Pan-Ideologien sind eine höhere Stufe des Nationalismus. Man könnte in diesem Sinne den Panislamismus als islamischen Nationalismus deuten. Es gibt Fundamentalisten, die arabo-zentrisch orientiert sind und deshalb den arabischen Nationalismus nicht pauschal zurückweisen. Deshalb wird ihnen unterstellt, daß sie den Nationalismus bejahen. Zu ihnen gehört der Ägypter Mohammed 'Imara. Diese Auslegung steht jedoch im Widerspruch zum Panislamismus. Der politische Islam blieb für Afghani auf allen Stationen seines Lebens wegweisend. Nur wenn islamische Fundamentalisten unserer Gegenwart unter Berufung auf Afghani den säkularen Nationalismus abweisen, können sie mit Recht Afghani als ihren Vorläufer angeben. Die Afghani-Interpretin Nikki Keddie sagt, sein Panislamismus habe als

»Brennpunkt von Identität und Solidaritätsgefühlen bei den Angriffen gegen den christlichen Westen dienen sollen; der Islam sollte ein Sammelpunkt sein, von dem aus die westlichen Eroberer zurückzudrängen sind«.[19]

Die arabische Umma – eine säkularisierte Verkleidung der islamischen Umma?

Der Panarabist Husri führte eine Schlammschlacht gegen Afghani, um die Forderung nach einem staatlichen Rahmen für den Panislamismus zurückzuweisen. Husri hat nichts gegen einen Panislamismus, der sich auf »Bekanntschaften, Solidarität, Übereinkunft und Botschafteraustausch«[20] beschränkt.

Der Kern des Streits zwischen Panarabisten und Panislamisten besteht in dem Unterschied zwischen der nationalen und der religiösen Gemeinschaft. Afghani leugnet die Existenz von Nationalitäten im allgemeinen nicht. Doch glauben Panislamisten, daß das nationale Band den Grundsätzen der islamischen *Schari'a* widerspricht. Der Muslim und Säkularist Husri führt den Christen Herder gegen Afghani ins Feld, um zu bezeugen, daß die Sprache und nicht die Religion für den Zusammenhalt jeder sozialen Gruppe entscheidend sei.

Husri glaubt an die deutsche organische Nationsidee, derzufolge die Sprache die Basis der Nationalität sei und somit eine stärkere soziale Verbindlichkeit als die Religion habe. Denn es gebe viele Völker, die ihre Religion wechselten, ohne dabei ihre Identität aufzugeben, was bei Preisgabe der nationalen Sprache nicht möglich sei. Husri lastet den Panislamisten an, daß sie nicht zwischen Realität und Wunschdenken unterschieden. Realität ist für Husri die Existenz von Nationalitäten; das Wunschdenken bezieht sich auf das Vorhandensein einer im Glauben homogenen universellen oder nur panislamischen *Umma*.

So unterschiedlich der Panarabist Husri und der Panislamist Afghani sind, so sehr fällt auf, daß beide das Individuum nur als ein organisches Glied der *Umma*/Gemeinschaft anerkennen. Bei Afghani handelt es sich beim Kollektiv der *Umma* um eine Religionsgemeinschaft, bei Husri dagegen um eine als Nation definierte Kulturgemeinschaft in der Tradition der deutschen Romantik. Bei der Ähnlichkeit des Kollektivdenkens von Husri und Afghani, die die Gemeinschaft jeweils auf ihre eigene Art, säkular oder religiös, deuten, drängt sich die Frage auf, ob Husris Gemeinschaftsbegriff doch nichts anderes ist als eine säkulare

Umwandlung der islamischen *Umma*. Die von den Deutschen übernommene Volksgeist-Theorie bewegt sich nur an der Oberfläche.

Sylvia Haim, eine Kennerin der arabischen Nationalbewegung, hat eine Untersuchung des Gemeinschaftsbegriffes bei Afghani und Husri vorgelegt. Nach ihr kann man Husris Begriff der *Umma* ohne Bedenken mit »Nation« im europäischen Sinne übersetzen, während der Begriff *Umma* bei Afghani sich nicht vorbehaltlos in moderne europäische Ausdrücke übertragen läßt.[21] Haim weist nach, daß in der klassischen islamischen politischen Philosophie bereits ähnliche Ideen wie die von Afghani hervorgebrachten existieren. Schon Ibn Taimiyya (vgl. Kap. 5) leugnete die Subjektivität des Individuums, um die Gruppe der Muslime als ein Kollektiv, d. h. als »islamische *Umma*« darzustellen. Afghanis *Umma*-Begriff ist islamisch geprägt, obwohl sein Denken durchaus starke europäische Züge aufweist. Diese europäischen Einflüsse finden sich bei Afghani, wie ich in Kapitel 7 gezeigt habe (vgl. S. 247 f.), z. B. bei seiner Rezeption von Guizots Ausführungen über Aufstieg und Niedergang der Zivilisationen. Afghani übernimmt von Europa selektiv nur das, was ihm mit dem Islam vereinbar erscheint. Dagegen ist Husris Nationaldenken, sieht man von den Ibn Khaldunschen – keineswegs islamisch-traditionellen – Zügen ab, kaum islamisch inspiriert. Die Nationalismus-Expertin Haim betont zu Recht, daß Husris Ideen

> »nur im Lichte romantischen europäischen Denkens zu verstehen sind ..., aber die islamische Tradition ... hat noch solch tiefe Wurzeln, daß es nicht möglich ist, für die arabischen Begriffe, die uns hier begegnen, festgefaßte europäische Kategorien zu finden, die jenen entsprächen« (ebd., S. 130 f.).

Bei einem näheren Vergleich des panislamischen *Umma*-Begriffs mit dem der Panarabisten kann man als wichtigste Differenz beider Begriffe feststellen, daß die *Umma* bei den Säkularisten in der Bedeutung von Nation eine selbständige Größe meint, während sie bei den Panislamisten stets von Allahs Willen abgeleitet wird. Eine moderne Nation hat jedoch mit Allah nichts zu tun, und wenn Husri von Nation spricht, dann ist er »von Fichte und nicht vom Koran inspiriert« (ebd., S. 137).

Weil der Nationsbegriff – auch in seiner Herderschen Version – der islamischen Zivilisation fremd ist, konnte Husris *Umma*-Begriff, als Resultat einer oberflächlichen Säkularisierung des orthodox-islamischen *Umma*-Begriffs, keine geistigen Wurzeln schlagen. Die aus der Betonung des Kollektivs resultierende Nähe zum islamischen *Umma*-Begriff ermöglichte eine Kontinuität in der Verleugnung des Individuums auch dann, als die säkularen Nationalisten das Ruder hielten.

Der Imam – ein Araber und ein gewählter Kalif

Die Araber haben sich der türkischen Osmanen-Herrschaft mehr als vier Jahrhunderte unterworfen, obwohl ihre Religion lehrt, daß der Koran auf Arabisch geoffenbart worden ist und ihnen die Führung der *Umma* obliegt. Vor dem Aufstieg des Nationalismus wurden arabische Stimmen laut, daß der Imam der Muslime ein Araber sein müsse. Dies geschah lange, bevor der Begriff der *Umma* im europäischen Sinne als Nation verwendet wurde. 'Abdarrahman Kawakibi (1849–1902) war ein Schüler Afghanis und 'Abduhs, der den islamischen *Umma*-Begriff neu interpretierte. Kawakibi behauptete neben der Existenz einer islamischen *Umma* das Vorhandensein einer arabischen *Umma* als selbständiger Gemeinschaft.

Kawakibi, ein gebürtiger Aleppiner, erhielt in seiner Heimatstadt eine durchaus orthodox-islamische Bildung. In seiner frühen Jugend kämpfte er gegen die despotische Herrschaft des osmanischen Sultans Abdulhamid II., unter deren Repressionen er litt. Schließlich floh er nach Kairo, wo er bis zu seinem Tod im Kreise Mohammed 'Abduhs und dessen Schülers Raschid Rida wirkte.[22] Kawakibi veröffenlichte seine Arbeiten unter anderem in der Zeitschrift *al Manar* (Das Minarett), die von Rida herausgegeben wurde und die als Zentrum der islamischen Erneuerung jener Zeit galt. Später sammelte Kawakibi seine Aufsätze in zwei Buchbänden unter dem Titel *Umm al-qura* (Mutter der Dörfer)[23] und *Tabai' al-istibdad* (Wesensmerkmale der Tyrannei)[24]. In der ersten Schrift kritisiert Kawakibi die Osmanen so weitgehend, daß er ihre Fähigkeit, das islamische Kalifat zu führen, anficht und dafür plädiert, daß der Imam der Muslime ein Araber vom Stamm Quraisch, dem Stamm des Propheten Mohammed, sein müsse.

Neben dem nationalen Charakter der Bestimmung des Imam gewinnt das Kalifat in der Konzeption Kawakibis weitere moderne Züge: Kawakibi tritt dafür ein, daß der Kalif fortan gewählt werde, und zwar zeitlich begrenzt auf jeweils drei Jahre. Seine Macht soll eingeschränkt werden: weder soll er eine Armee unterhalten, noch sich in die Angelegenheiten der künftig autonomen Sultanate einmischen dürfen. Ein solcher Imam erscheint westlich, auch wenn er aus dem arabischen Stamm des Propheten kommt.

Sylvia Haim weist auf die säkularistischen, nationalen Implikationen der beschriebenen Kalifat-Interpretation hin:

> »Als frommer Muslim, der er zweifellos war, übernahm Kawakibi unbewußt alle westlichen Bestimmungen über die geistliche und weltliche Macht des Souveräns, wobei er die Unterscheidung so weit trieb, daß er die Errichtung eines arabischen Kalifats rechtfertigen konnte.«[25]

Die nicht beabsichtigte Konsequenz war, daß arabische Nationalisten sich auf Kawakibis Argumente beriefen, um die Priorität der Araber im Islam als eine selbständige Nation zu begründen.

In seiner anderen Schrift *Tabai' al-istibdad* formuliert Kawakibi eine pointierte Kritik an der despotischen Herrschaft in Anspielung auf den osmanischen Despotismus Abdulhamids II. Er zeigt, inwieweit eine solche Herrschaft die Menschen verdirbt. Allerdings plädiert er nicht für eine gewaltsame Bekämpfung des Despotismus, weil dieser Weg ihm nicht die Aufhebung der Basis des Despotismus, nämlich die Ignoranz der Untertanen, zu garantieren scheint. Despotische Herrschaft eines Imam sei nur durch die Erziehung und Aufklärung zu beseitigen, wie langwierig auch immer dieser Prozeß sein möge. Diese Aufklärung ist für Kawakibi ebenso wichtig wie die Begrenzung der Macht des Imam.

Arabische Nationalisten greifen auf Kawakibis Werk zurück, um sich bei ihrer Kritik am osmanischen Kalifat auf einen orthodoxen Muslim zu berufen. Selbst die Idee einer unitären arabischen Nation läßt sich bei Kawakibi finden. Kawakibis Kritik an der orientalischen Despotie ist heute mehr als aktuell. Ein Chefredakteur der in Damaskus erscheinenden Zeitung *al-Ma'rifa* verlor seinen Posten und auch seine Freiheit, weil er ein Zitat aus Kawakibis Schrift »Wesensmerkmale der Tyrannei« als Motto für eine Ausgabe jener Zeitschrift heranzog.

Wie Panarabisten mit den Ulema debattieren

Der Panarabist Husri will in seiner Auseinandersetzung mit den Panislamisten und ihrem geistigen Vater Afghani nachweisen, daß die Idee einer islamischen *Umma* Solidarität bedeuten könne, aber keinen staatlichen Rahmen erfordere. Kurzum, er ist gegen einen islamischen Staat. Er schlußfolgert daraus, daß eine Religionsgemeinschaft nicht eine nationale Gemeinschaft sein könne. Das ist eine Säkularisierung des islamischen *Umma*-Begriffes.

In seiner an die deutsche Nationsidee anschließenden Bestimmung der Nation räumt Husri der Religion – in Anlehnung an Ibn Khaldun (vgl. Kap. 6) – allenfalls eine sekundäre Rolle ein. Wie in den Konzepten der deutschen Romantiker des 19. Jahrhunderts kann Religion bei ihm überhaupt nur als Nationalreligion einen Stellenwert haben. Sowohl diese systematische Argumentation als auch die pragmatische, daß das panarabische Ziel leichter zu realisieren sei als das panislamische[26], bilden die Grundlage der Husrischen Auseinandersetzung mit den Panislamisten.

Husri hebt hervor, daß die Universalreligionen, d. h. das Christentum und der Islam, nicht in der Lage gewesen seien, Völker politisch zu vereinigen, die verschiedene Sprachen sprechen, und wenn sie dies vermochten, dann nur für kurze historische Perioden und in einem sehr begrenzten Rahmen (ebd., S. 102). Daraus schlußfolgert er, daß politische Bewegungen, die verwandte Völker vereinigen wollen, nicht auf der Basis der Religion, sondern nur auf der Basis einer gemeinsamen Kultur, d. h. einer gemeinsamen Sprache und eines gemeinsamen geschichtlichen Erbes, erfolgreich sein können. Solche säkularen Ideen, das weiß Husri, würden die einflußreichen islamischen Schriftgelehrten/*Ulema* als Ketzerei bekämpfen.

Um einen offenen Konflikt mit den *Ulema* zu vermeiden, argumentiert er zunächst taktisch. Er versucht eine Interpretation des Panislamismus zu geben, die den politischen Postulaten seiner Theorie nicht im Wege steht. Mit Einheit, so führt er aus, meine er stets die nationalstaatliche Einheit, und nur, insofern die muslimische Einheit als nationalstaatliche verstanden werde, wende er sich gegen sie, nicht aber stelle er sich gegen die islamische Solidarität und Verbrüderung schlechthin (ebd., S. 100 f.). Er schlägt vor, streng zwischen Panislamismus und islamischer Solidarität zu differenzieren und den ersten Begriff zugunsten des zweiten preiszugeben, zumal die islamische nationalstaatliche Einheit, die der Panislamismus impliziere, nicht zu verwirklichen sei. Diesen Gedanken will Husri den islamischen *Ulema* jedoch nicht aufzwingen:

> »Ich weiß, daß meine Ausführungen vielen islamischen Schriftgelehrten nicht behagen. Ich weiß sehr gut, daß die historischen Tatsachen, die ich anführte, nicht an dem Glauben der *Ulema* rütteln können, weil die *Ulema* der Manier folgen, ohne historische und geographische Kenntnisse zu argumentieren. Auch vermochten sie bisher nicht zwischen den Implikaten der ›religiösen Verbrüderung‹ und denen des ›politischen Bandes‹ zu unterscheiden, ja, sie haben sich daran gewöhnt, die ›islamische Solidarität‹, diese moralische Kategorie, mit dem Panislamismus, einer politischen Kategorie, zu vermengen. Allerdings sehe ich keinen Grund dafür, die *Ulema* zu überzeugen, ihr Glaube sei falsch. Aber ich halte es für notwendig, sie aufzufordern, der Vernunft und der Logik in dieser Angelegenheit Rechnung zu tragen. Meinethalben mögen sie ihren Glauben an den Panislamismus bewahren, wenn sie zugleich begreifen, daß der Panarabismus verwirklicht werden muß, zumindest als Stufe zur Realisierung des Panislamismus, an den sie ja glauben. Es geht nicht an, daß die *Ulema* unter panislamischen Vorwänden gegen die panarabischen Bemühungen opponieren« (ebd.).

Diese Argumentation wiederholt Husri in seinem Dialog mit dem damaligen Rektor der islamischen Azhar-Universität in Kairo,

Scheich Mohammed Mustafa Maraghi, der auf eine Frage Husris hin erklärte:

»Ich habe über den Panarabismus nichts zu sagen ... Ich befasse mich damit nicht ... Ich bin weder für noch gegen ihn« (nach Husri, ebd., S. 169).

Husri kommentiert diese Aussagen ironisch so:

»Wenn mir jemand diese Worte übermittelt und mich gebeten hätte zu raten, welcher Nationalität derjenige sei, der sie ausgesprochen habe, dann hätte ich angenommen, er gehöre einer jener Nationen an, die weit entfernt von der großen arabischen Welt liegen, ... zwischen Schweden und Transvaal, Tibet und Alaska ... Daß diese Worte von Scheich Mohammed Mustafa Maraghi stammen, dem die älteste wissenschaftliche Einrichtung der arabischen Länder untersteht, in deren Verantwortung die historische Aufgabe liegt, die arabische Kultur zu pflegen, erstaunt mich indes sehr ...« (ebd., S. 169 f.).

Nach Kenntnisnahme dieser Kontroverse zwischen dem geistigen Vater des säkularistischen Panarabismus, Husri, und dem Gegner desselben, dem Azhar-Scheich al-Maraghi, kann man nur mit dem Kopf schütteln, wenn der israelische »Experte« für den arabischen Nationalismus, Porath[27], den Scheich Maraghi seinem westlichen Publikum als Parteigänger des Panarabismus präsentiert. Im Rahmen einer neuen Spielart von Paternalismus im Westen haben sich einige israelische Schriftsteller und Wissenschaftler – so z. B. der israelische Journalist Joseph Croittoru in der *Frankfurter Allgemeinen Zeitung*[28] – den Rang von »Araber-Kennern« bzw. Experten in kolonialer Tradition zugesprochen; diese Experten maßen sich an, die »arabische Seele« zu durchschauen.

Der prominente Scheich Maraghi hat Husri seinerzeit verteufelt. Es gelang Husri also nicht, eine offene Feindschaft mit den islamischen *Ulema* zu umgehen, zumal er nie einen Hehl daraus gemacht hatte, daß er ihnen nicht freundlich gesinnt war. Er betrachtete sie als wesentlichen Störfaktor im Reifeprozeß der arabischen Nationalbewegung. In seiner Sicht hatten sie sich mit ihrer Behauptung, der Nationalismus widerspreche der islamischen Lehre, und der Gehorsam gegenüber dem osmanischen Sultan-Kalifen sei eine Pflicht für jeden Muslim, zu Instrumenten des Osmanischen Reiches bei dessen Bekämpfung der arabischen nationalen Bewegung gemacht.

Der Scheich 'Abdelraziq und Ibn Khaldun im Dienste des säkularen arabischen Nationalismus

Es fällt auf, daß Husri sich in seiner Auseinandersetzung mit den *Ulema* aus taktischen Gründen solcher Argumente bedient, die entweder islamisch-immanent oder implizit säkular sind; letzterer jedoch nur, wenn sie von muslimischen Gelehrten stammen. Zunächst versucht er zu belegen, daß osmanische Historiker die Geschichte verfälschten: Sie behaupteten, der letzte Abbasiden-Kalif in Ägypten, Mutawakkil, habe das Kalifat den Osmanen übertragen, woraus sie das Recht der Osmanen ableiteten, Träger des Kalifats zu sein. Diese Manipulation der Geschichte durch osmanische Hofhistoriker hat Husri zufolge wesentlich dazu beigetragen, die Loyalität der Araber zum Osmanischen Reich zu sichern und das Aufblühen der arabischen Nationalbewegung zu verzögern. Es kommt Husri indes nicht allein darauf an, die Rechtmäßigkeit des osmanischen Kalifats, sondern das Kalifat als islamische politische Grundordnung überhaupt in Frage zu stellen. Dabei beruft er sich auf den – in diesem Buch mehrfach zitierten – Azhar-Professor 'Ali 'Abdelraziq (vgl. oben S. 27), der sich gegen den Mißbrauch des Islam im Namen des Kalifats gestellt hat.

Meine aufmerksamen Leser erinnern sich aus der Lektüre der Einleitung, daß 'Abdelraziq einer der gelehrtesten Islamwissenschaftler der zwanziger Jahre dieses Jahrhunderts war. Als islamischer Reformist vereinte er traditionelles Wissen mit modernen europäischen Gedanken. Ein Studienaufenthalt in Oxford verhalf ihm zu der Einsicht, daß es darauf ankomme, nicht nur wie die meisten zeitgenössischen *Ulema* die Koran- und *Hadith*-Wissenschaften zu studieren. Vor allem war 'Abdelraziq auch mit der Tradition der islamischen politischen Philosophie (vgl. Kap. 4) vertraut. In seinem epochalen, mehrfach zitierten Werk bemerkt er vorwurfsvoll, daß die Lehre von der Politik im Islam bisher stark vernachlässigt worden sei. Er reduziert dies auf die Furcht der Herrscher vor den Aussagen dieser Wissenschaftsdisziplin:

> »Denn die Lehre von der Politik ist die für die Herrschaft gefährlichste Wissenschaft, da sie die Formen, die Wesensmerkmale und die Systeme der Macht aufzeigt. Die Souveräne verfeindeten sich daher stets mit dieser Wissenschaft und versperrten ihren Untertanen den Zugang zu ihr.«[29]

'Abdelraziq begriff sein erwähntes Werk als islamischen Beitrag zur Lehre von der Politik, der reflexiv, also nicht schriftgläubig die Frage des Kalifats beleuchten sollte. Der Inhalt seines Werkes war für die *Ulema* so revolutionär, daß sie ihn in einer *Fetwa* verketzerten[30] und seine materielle Existenz zerstörten. Selbst seine Reue unter dem Druck der Verhältnisse hat nicht genügt, um ihn zu rehabilitieren. Die ägyptische Regierung – das habe ich schon angeführt – verbreitet heute seine Schrift von 1925 als eine Aufklärungsarbeit im Kampf gegen die Fundamentalisten.

Das Kernstück in 'Abdelraziqs Schrift ist der Gedanke, daß das Kalifat eine Regierungsform ist. Mit dieser Idee knüpft er an Ibn Khaldun an, der in seiner *Muqaddima* klarstellte, daß jede Regierungsform ein Ausdruck von Herrschaft sei und daß diese auf Macht beruhe. Wir haben in Kapitel 6 gesehen, daß auch das Kalifat für Ibn Khaldun keine Ausnahme bildet; jedes Kalifat mündet in ein Königtum ein. Im Anschluß an Ibn Khaldun argumentiert 'Abdelraziq, daß

> »das Kalifat im Islam stets auf der brutalen Macht beruhte und daß diese Macht immer – außer in ganz seltenen Fällen – eine materielle war. Der Kalif festigte seine Position mit Speeren und Schwertern, mit einer schwer bewaffneten Armee und deren Stärke. Allein auf dieser Basis legitimierte er seine Herrschaft und erlangte er seine Sicherheit«.[31]

'Abdelraziq definiert Ibn Taimiyyas Begriff der Gehorsamkeit (vgl. Kap. 5) im Rahmen einer Privatisierung des religiösen Glaubens. Während nach Ibn Taimiyya Gehorsamkeit auch dem politischen Herrscher entgegenzubringen ist, beschränkt 'Abdelraziq die Gehorsamspflicht – ähnlich wie in der christlichen Reformation – auf das Verhältnis Mensch–Gott; so

> »ist es natürlich, daß jene Muslime, die sich im Denken und Handeln zur Freiheit bekennen und sich allein Gott unterordnen, sich weigern, sich einem menschlichen Wesen zu unterwerfen in einer Weise, wie die Souveräne es von ihren Untertanen verlangen ...« (ebd., S. 73).

Letztlich zielen 'Abdelraziqs Ausführungen daraufhin, den Islam als religiösen Glauben von allen Missetaten des Kalifats als Herrschaft des Imam freizusprechen. Er will davon überzeugen, daß die Schandtaten, die im Namen der Religion erfolgten, allein den Herrschern und Machthabern, nicht aber dem Islam anzulasten seien, denn daß das »Kalifat auf Macht beruht, ist ein wirklicher Tatbestand« (ebd., S. 73).

Das mächtige Imperium, das die arabischen Muslime im Rahmen der Verbreitung des Islam aufbauten, ist für 'Abdelraziq ein Staat der Araber: Sie haben dieses Reich errichtet, sie waren dort »die Herrscher und die Kolonisatoren« (ebd., S. 182):

> »Jener neue Staat, der von den Arabern gegründet und arabisch regiert wurde, war ein arabischer Staat. Dagegen ist der Islam, wie ich ihn kenne, eine Religion für die gesamte Menschheit. Er ist weder arabisch noch ausländisch« (ebd., S. 184).

Und abschließend bemerkt 'Abdelraziq:

> »In Wirklichkeit ist der Islam nicht verantwortlich für das, was die Muslime unter dem Kalifat erfuhren; er ist nicht verantwortlich für all die Triebe, die Tyrannei und das Machtstreben, die mit jenem zusammenhängen« (ebd., S. 201).

Dieser Gedankengang ist freilich potentiell säkularistisch. Der Islam wird von 'Abdelraziq von der Politik losgelöst und als eine spirituelle Größe begriffen. Hierdurch bezieht sich der religiöse Glaube auf ein direktes Verhältnis Mensch–Gott. Ein Imam als Vermittler erübrigt sich. Aber ebenso wie Kawakibi, der die Araber für selbständig innerhalb der *Umma* erklärte und für sie ein arabisch-islamisches Kalifat verlangte, blieb 'Abdelraziq subjektiv ein orthodoxer Muslim. Die Trennung zwischen Religion und Politik resultiert bei ihm lediglich aus dem reflexiven Denken, erfolgt also nicht, wie bei Husri, innerhalb einer politischen Zielsetzung. Husri steht der politisch-theologischen Argumentation 'Abdelraziqs fern. Für ihn ist Gehorsam nicht gegenüber Gott, sondern einzig gegenüber der von einem »arabischen Bismarck« als Ersatz-Imam angeführten Nation gefordert. Dennoch zögert Husri nicht, die Ideen 'Abdelraziqs und dessen hohes Ansehen als islamischer Gelehrter für seine Zwecke heranzuziehen. Den Panislamisten, die den Untergang des Osmanischen Reiches beklagen, hält er – im Anschluß an Kawakibi – zunächst vor, daß die Osmanen keine rechtmäßigen Träger des islamischen Kalifats seien, zumal das Kalifat nach der Doktrin den Arabern zusteht. Im nächsten Schritt beruft er sich auf 'Abdelraziq, wonach der orthodoxe, unverfälschte Islam kein Kalifat, ja überhaupt keine irdische, religiös legitimierte Regierungsform anerkenne. Dabei verkennt Husri die Bedeutung des Islam für das Arabertum durchaus nicht. Er räumt ein, daß ohne den Koran die arabische Sprache das Schicksal der lateinischen geteilt hätte, betont aber zugleich, daß auch das arabische Christentum zur Rettung des klassischen Arabischen beigetragen habe, da die arabischen Christen die Bibel auf Arabisch rezitierten. Grundsätzlich akzeptiert Husri den Islam als Teil der arabischen im Herderschen Sinne bestimmten Nationalkultur; er lehrt die Identifikation des Arabertums mit dem Islam. In diesem Rahmen wendet er sich mit starken Worten gegen die Behauptung der Panislamisten und der islamischen Historiker, daß die arabische Geschichte erst mit dem Aufkommen des Islam begonnen habe und die Araber zuvor in primitiven, zerstrittenen Stämmen gelebt hätten. Dagegen spreche die vorislamische, literarisch hoch kultivierte arabische Dichtung, schreibt er und führt dann aus:

»Gewiß, die Geschichte der Araber tritt mit dem Islam in eine neue und wichtige Phase ein. Es ist aber falsch zu unterstellen, daß die Araber vor dem Auftreten des Islam ein unzivilisiertes, primitives Volk gewesen seien. Die historische Forschung widerlegt diese Version eindeutig. Aber selbst wenn wir die Resultate dieser Forschung beiseite lassen und uns nur die arabische Sprache in der vorislamischen Zeit näher anschauen, wird uns klar, daß es sich nicht um die Sprache eines primitiven Volkes handelt, ... sondern um eine Sprache, deren Begriffe ein hohes Abstraktionsvermögen beweisen, das nicht hätte erreicht werden können, wenn dahinter nicht eine intellektuelle Tradition gestanden hätte. Auch von daher müssen wir emphatisch darauf bestehen, daß die Verleugnung einer vorislamischen Kultur und geistigen Tradition bei den Arabern in allen Aspekten nicht mit den wissenschaftlichen Befunden übereinstimmt.«[32]

Wir können zusammenfassend sagen, daß Husris Nationstheorie eine säkularistische im europäischen Sinne ist. Der Nationsbegriff von Husri ist aber deutsch und nicht westlich, weil er vom Kollektiv, nicht vom Individuum als *Citoyen/Citizen* ausgeht. Dieses Kollektivdenken ermöglicht es den säkularistischen arabischen Nationalisten, sich die deutsche Nationsidee anzueignen. Diese Nationalisten waren subjektiv orthodoxe arabische Muslime. Es fiel ihnen leicht, das islamische *Umma*-Kollektiv durch das andere Kollektiv der Nation auszutauschen; damit haben sie jedoch nur oberflächlich säkularisiert. Die Nähe zwischen der »islamischen Ideologie« und der »deutschen Ideologie« hat die Verbreitung der Husrischen Theorie in einer zutiefst islamischen Gesellschaft erleichtert.

Die im Westen verbreitete Auffassung, der Panarabismus sei die historische Fortsetzung des Panislamismus, ist grundfalsch.[33] Ich möchte dagegen die mannigfach zu belegende These aufstellen, daß der Panarabismus und der Panislamismus zwei rivalisierende politische Bewegungen sind. Davon zeugt unter anderem die heftige Feindschaft der islamischen Fundamentalisten zur arabischen nationalen Bewegung.

Die arabische Niederlage im Sechs-Tage-Krieg 1967 war zugleich eine Niederlage des politischen Regimes des säkularen Nationalismus.[34] Der arabische Führer/*Za'im* Gamal Abdel Nasser, der die Rolle eines arabischen Bismarck als Ersatz-Imam spielen wollte, verlor bei jener Niederlage seine Legitimität. Bei einem anderen Krieg, dem Golfkrieg von 1991, maß sich ein anderer Möchtegern-Führer, Saddam Hussein, an, die Legitimität des »arabischen Bismarck« mit der des Kalifen-Imam der Muslime zu verbinden. Unter diesem Deckmantel rief er sogar zum *Djihad* auf, welcher dann jedoch jämmerlich endete. In seiner Schrift »Der 18. Brumaire des Louis Bonaparte« erwähnt Marx, daß historische Ereignisse zweimal stattfinden: einmal als Tragödie und dann als Farce. Nasser war die Tragödie im Intervall der oberflächlichen Säkularisierung des arabischen Nationalismus; Nassers Nachahmer Saddam war das Ende des Intervalls und seine Farce. Auf den Trümmern beider gedeiht im Übergang zum 21. Jahrhundert der politische Islam in seiner neuen Form des Fundamentalismus. Die Säkularisierung wird zurückgewiesen; aber die Annahme moderner Wissenschaft und Technologie gehört zum Bestandteil des fundamentalistischen Traums von der »halben Moderne«.[35]

Der neue Typ des fundamentalistischen, oft noch vom Untergrund aus agierenden Imam verfügt über einen Doktorgrad von der Pariser Sorbonne, so wie der sudanesische, jedoch schon zu Herrschaft gelangte Fundamentalisten-Imam Hassan al-Turabi, oder von der Londoner Universität, wie der inhaftierte algerische FIS-Imam Abbasi Madani; der neue Imam ist mit dem Westen gut vertraut, haßt ihn aber zugleich zutiefst. Der Haß ist nicht alleine auf die Dominanz des Westens gerichtet; er sitzt viel tiefer und hängt mit einer seelischen Kränkung zusammen, die aus dem Verlust der islamischen Überlegenheit resultiert. Der Pariser Psychoanalytiker Josef Ludin kommt dieser Mentalität des verwestlichten Imam ein Stück näher in seiner Feststellung:

> »Eine Kränkung, die nicht durch Trauerarbeit überwunden wird, kann in Haß enden, und der fundamentalistische Haß auf den Okzident ist viel tiefer im Orient verwurzelt, als es den Anschein hat.«[36]

Der neue Imam kennt die seit den 60er Jahren verbreitete kulturrelativistische Selbsthinterfragung im Westen und begrüßt sie, weil sie nach seiner Ansicht ein Zeichen des Niedergangs des Feindes ist. Die durch die europäische Expansion beendete islamische Dominanz ist die Quelle der Kränkung der islamischen *Umma*. Die Trauerarbeit kann nicht etwa darin bestehen, eine pluralistische Welt ohne die Vorherrschaft einer Zivilisation anzustreben. Die Kränkung kann nur durch die Wiederherstellung der islamischen Überlegenheit geheilt werden, und eben dies ist das Ziel des neuen Imam.

Europäische Kulturrelativisten verstehen den Neo-Absolutismus der fundamentalistischen Imame nicht[37], setzen die Infragestellung ihrer Zivilisation fort und enden ungewollt dabei, den Anspruch anderer vormoderner Kulturen auf Absolutheit anzuerkennen, während sie diesen der eigenen Zivilisation verweigern. Für islamische Fundamentalisten ist dieser Verlust der *Asabiyya* im Westen (vgl. Ibn Khaldun oben S. 194 ff.) ein Symptom der kranken westlichen Zivilisation; möglicherweise haben diese Islamisten recht. Der Zusammenprall der Zivilisationen bestimmt unser Schicksal[38].

Kapitel 9
Von der islamischen Umma zur säkularen Nation und zurück: Zwischen islamischem Universalismus und säkularem Nationalismus im Zeitalter der globalen Unordnung

Die islamische Umma – ein historischer Rückblick

Das historische Intervall der im vorangegangenen Kapitel beschriebenen oberflächlichen Säkularisierung basierte auf keinem radikalen Wandel. Das Weltbild der Muslime blieb unverändert und der traditionelle islamische Begriff des Politischen wurde nur modifiziert. Die Universalität des traditionellen *Umma*-Begriffs korrespondiert mit der Einheit Gottes, der eine politische Einheit auf der Erde entsprechen muß. Diese ist die vom Propheten Mohammed gegründete islamische *Umma*, die alle Muslime vereint (vgl. Kap. 1). Das Modell einer einheitlichen islamischen *Umma* und die historische Realität des Islam sind jedoch zweierlei. Die *Umma* ist ein Modell für die Realität, nicht aber diese selbst.[1]

Im ersten Kapitel haben wir erfahren, daß mit der *Großen Fitna* (innerislamischer Krieg von 656 bis 661) die islamische *Umma* sich irreversibel spaltete. Seitdem wurden die Stammeszugehörigkeiten neu belebt. Der Übertritt nicht-arabischer Völker zum Islam brachte ein neues Element in die, ursprünglich nur Araber umfassende, islamische *Umma*. Das führte zu einer weiteren Komplikation, zusätzlich zu den innerarabischen Stammesfehden. Denn der Konflikt zwischen *Mawali* (nicht-arabische Muslime) und muslimischen Arabern war eine weitere Belastung für das Postulat einer einheitlichen *Umma*. Selbst der

Stamm des Propheten, Quraisch, blieb nicht einig; er spaltete sich – wie wir gesehen haben – in zwei miteinander verfeindete Sippen, die Umaiyyaden (Banu-Umaiyya) und die aus der Sippe der Banu-Haschim kommende Ali-Familie (*Al al-Bait*/Prophetenfamilie). Das islamische Schisma in Sunna und Schi'a ging ursprünglich aus diesem Konflikt hervor.

Das erste dynastische islamische Kalifat der Umaiyyaden (661–750) war von dem Blut einer zweiten *Fitna* (680–692) befleckt, in deren Verlauf die Armee des Kalifen von Damaskus noch nicht einmal vor den heiligen Schreinen von Mekka haltmachte. Die Ka'ba (der schwarze Stein, zu dem Muslime pilgern) wurde zerstört und mußte später neu errichtet werden. Ebenso blutig kamen die Abbasiden im Jahre 750 an die Macht, als sie die Umaiyyaden buchstäblich massakrierten und viel Blut haben fließen lassen. Aber auch die Abbasiden vermochten es nicht, die islamische *Umma* zu vereinigen.[2] Auf einem Höhepunkt der islamischen Zivilisation, im zehnten Jahrhundert, gab es drei islamische Kalifate: in Bagdad (Abbasiden), in Kairo (Fatimiden) und in Córdoba (arabisch-spanisches Kalifat). Alle drei Kalifen beanspruchten für sich, die *Umma* als Imam zu leiten. Parallel dazu bildeten sich zahlreiche Territorialstaaten sich verselbständigender Kleindynastien innerhalb des Herrschaftsbereichs der Abbasiden-Dynastie, dem islamischen Hauptkalifat. Das Gesamtbild zeigte eine religiöse Zersplitterung der *Umma* in Sekten und politisch ihre Spaltung in viele Territorialeinheiten von miteinander konkurrierenden Dynastien.

Dem Untergang des Abbasiden-Kalifats nach der Mongolen-Invasion in Bagdad im Jahre 1258 folgte die Bildung zahlreicher Territorialstaaten. Durch militärische Eroberungen gelang es den türkischen Osmanen, die ihr Reich zu Beginn des 14. Jahrhunderts zunächst als osmanisches Sultanat zu gründen vermochten, im Verlaufe des 15. Jahrhunderts die relative Einheit der *Umma* wiederherzustellen. Im Jahre 1517 ist das expandierende Osmanen-Reich in ein Kalifat verwandelt worden, als der letzte überlebende Abbasiden-Kalif nach der Eroberung Ägyptens seinen Titel auf Sultan Selim übertrug. Die Schi'iten hatten im Iran ihre selbständige Safawiden-Dynastie und ihren

Staat. Neben dem osmanischen Kalifat gab es jedoch noch weitere islamische Imperien: das Timuriden-Reich in Zentralasien und später im 16. Jahrhundert das Großmogulen-Reich auf dem indischen Subkontinent. Letzteres wurde im 19. Jahrhundert durch die britische Kolonialherrschaft beendet. Die letzte islamische Ordnung, das islamische Osmanische Reich, zerfiel bereits im 19. Jahrhundert und brach zusammen im Oktober 1918. Nach der Revolution Kemal Paschas (1919–1922, genannt Atatürk, Vater der Türken) wurde es formell aufgelöst. Seitdem übernahmen die Muslime die Idee der Nation als Alternative zur Einheit der islamischen *Umma.*

Nach der Abschaffung des Kalifats 1924 löste sich die islamische *Umma* in zahlreiche islamische Nationen auf. Die Araber übernahmen hierbei von Europa die Idee der Nation und vollzogen ideologisch und politisch einen Wandel, den ich »Vom Gottesreich zum Nationalstaat«[3] nenne. In unserer Zeit, am Ende des 20. Jahrhunderts, wird der politische Islam neu belebt, und die Medien reden von einem »neuen Nationalismus«. Welche Merkmale liegen dem neuen Phänomen zugrunde? Und was hat dieser neue Nationalismus mit dem aufblühenden politischen Islam zu tun, der in einer Tradition des Universalismus steht?

Das Umma-Bewußtsein ist kein »neuer Nationalismus«!

Im Übergang zum 21. Jahrhundert erleben wir, parallel zur Auflösung oder zumindest Infragestellung bisher dominierender Strukturen der Weltpolitik, die Zersplitterung der Menschheit in größere und kleinere Wir-Gruppen, die jeweils für sich Exklusivität beanspruchen. Es handelt sich hierbei um ethnische Gruppen, wie etwa die Kurden oder Berber, um Quasi-Stämme, wie die Tutsi und Hutu in Ruanda, die keine Nationen sind. Dennoch werden sie im Rahmen der Thematik »Der neue Nationalismus«[4] abgehandelt. Komplizierend wirkt auf dieses Phänomen der Umstand, daß parallel zur Zersplitterung der Menschheit in exklusive Wir-Gruppen im Zeichen des neuen Nationalismus ein anderer, entschieden gegenläufiger Prozeß der Globalisierung stattfindet. Dieser Prozeß bringt die Menschheit näher zueinander, so daß unsere Welt, wie man heute zu sagen pflegt, ein »*Global Village*« wird.

In meinen Arbeiten spreche ich von der *Gleichzeitigkeit einer kulturellen Fragmentation der Menschheit und einer strukturellen Globalisierung*[5] im Bereich von Wirtschaft, Politik, Transport und Kommunikation. Diese Gleichzeitigkeit von Ungleichzeitigem gilt auch für den Islam in einer Zeit, in der Muslime sich von der Weltgemeinschaft absondern. Sie beanspruchen für sich islamisches Recht und islamische Ordnungsvorstellungen, auch wenn sie parallel dazu immer mehr in globale, der Moderne entsprungenen, also nicht-islamische Strukturen eingebettet werden.

Die bisherigen Ausführungen in diesem Buch dürften klar vermittelt haben, daß der Islam ein klassischer Universalismus ist; er richtete sich zwar zunächst als Offenbarung an die Araber, wendet sich jedoch an die gesamte Menschheit. Nun stellt sich die Frage, ob wir das sich im kulturell-ideologischen Bereich entfaltende exklusive Wir-Gruppen-Bewußtsein unter den Muslimen – sozusagen das islamische Bewußtsein von der eigenen Zivilisation – als einen neuen Nationalismus bezeichnen können. Der amerikanische Politikwissenschaftler Mark Juergensmeyer tut dies in seinem bemerkenswerten Buch, das in seinem Titel die Frage stellt: *»Der neue Kalte Krieg? Der religiöse Nationalismus konfrontiert den säkularen Staat«.*[6] Obwohl Juergensmeyer in seiner Fragestellung den tatsächlichen Zeittrend unserer kritischsten Epoche der neueren Geschichte erfaßt, liegt er mit der Bezeichnung der Neubelebung islamischer Ordnungsvorstellungen als einem religiösen Nationalismus nicht richtig.

Es trifft zu, daß im globalen Trend des Zusammenpralls der Zivilisationen gegenwärtig verschiedene politische Bemühungen bestehen, alle 1,3 Milliarden Muslime der Welt in einer einheitlichen islamischen *Umma*/Gemeinschaft gegen den Westen zu organisieren. Im Gegensatz zum blutigen Milošević-Projekt von einem Großserbien oder dem Hindu-Traum vom religiös definierten Hindu-Staat in Indien (Hindustan) beschränkt sich das Bewußtsein von einer islamischen Zivilisation und deren politischer Anspruch nicht auf eine spezifische Gruppe, wie dies im neuen ethnisch-religiösen Nationalismus der Fall ist. Der durch islamische Fundamentalisten neu belebte *Umma*-Begriff bezieht sich auf die gesamte Menschheit. Kurzum: Der islamische Begriff vom Politischen ist von seiner Substanz her ein Universalismus, wenngleich er von der Wirkung her gesehen, ähnlich wie der neue Nationalismus, eine Großgruppe anspricht. Die Wir-Gruppe der islamischen Zivilisation wird zwar gegen die anderen mobilisiert, hat aber einen universellen Anspruch. Die bisherigen Nationalismen in der Welt des Islam, die den islamischen *Umma*-Begriff praktisch aufgaben, waren ethnisch und säkular, d. h. sie waren arabisch, türkisch, persisch oder indonesisch; sie bezogen sich auf die eigene ethnische Gruppe, nicht mehr auf die universelle islamische *Umma*. Um diesen Konflikt zwischen dem säkularen Nationalismus der Völker und dem Universalismus der islamischen *Umma* besser zu verstehen, müssen wir uns den historischen Kontext vergegenwärtigen.

Die Umma als Nation im Konflikt mit der universellen islamischen Umma

Im Übergang zur Moderne stand der Islam vor zwei einander widersprechenden und sich ausschließenden Alternativen: den modernen säkularen Nationalismus aus dem Westen zu übernehmen oder an der klassischen islamischen Legitimität einer universalen *Umma*/Gemeinschaft der Gläubigen festzuhalten. Untersucht man diesen Zielkonflikt im Wettstreit universalistischer und säkularer Ideologien im Zeitalter der Bestimmung der Völker als Nationen, dann stößt man auf die zentralen Probleme des modernen Islam. Diese kann man nicht auf der Basis einer Textanalyse der islamischen Quellen verstehen – der üblichen Methode für die meisten europäischen Orientalisten, Islamstudien zu betreiben. Es ist eigenartig zu beobachten, daß sowohl traditionell arbeitende westliche Islamwissenschaftler als auch islamische Fundamentalisten eine »islamische Essenz« unterstellen, die sie in den Texten der islamischen Offenbarung zu finden glauben; sie leugnen hierbei die Notwendigkeit einer Untersuchung des historischen Kontextes, in dem der Islam in der jeweiligen gesellschaftlichen Wirklichkeit Gestalt annimmt, sei dies in seiner klassischen Vergangenheit, in der neueren Geschichte oder in der Gegenwart (vgl. Vorwort, S. 15 ff.).

Die Denkweise der islamischen Orthodoxie kommt in einer Schriftgläubigkeit zum Ausdruck. Das Auseinanderklaffen zwischen der islamischen Wirklichkeit und den Inhalten der offenbarten Schrift wird als ein Abweichen oder Abfallen von der oben genannten »Essenz« wahrgenommen. Im Gegensatz zu dieser Anschauung richtet sich der Brennpunkt meiner folgenden Überlegungen auf soziopolitische Realitäten in der islamischen Zivilisation.[7] In diesem Zusammenhang ist zu bemerken, daß die traditionalistische Annahme der Unveränderlichkeit und der monolithischen Universalität des Islam einer genaueren Untersuchung nicht standhält, da die Geschichte des Islam durch kulturelle Vielfalt, religiöse Binnendifferenzierung und historische Variation gekennzeichnet ist. Die kulturell und ethnisch sowie konfessionell unterschiedlichen Teile der islamischen *Umma* formieren sich im Übergang der Welt des Islam zur Moderne neu und beanspruchen für sich, unabhängig von der Zugehörigkeit zur übergeordneten *Umma*, Nationen im modernen Sinne zu sein. So treten u.a. die Araber, Türken und Perser jeweils als eine Nation auf.

Der Ausgangspunkt meiner Fragestellung ist das 19. Jahrhundert als das Zeitalter der Nationen in Europa. Im 20. Jahrhundert bildet sich eine globale Interdependenz heraus, auf deren Basis die, zunächst auf Europa beschränkte, internationale Gesellschaft alle Völker der Welt politisch, nicht jedoch kulturell, verbindet. Diese internationale Gesellschaft[8] ist ein Resultat der europäischen Expansion. Im Verlaufe der Eroberung der Welt verwandelte sich der europäische Markt in einen Weltmarkt, die bürgerliche Gesellschaft der entwickelten Teile Europas in eine internationale Gesellschaft. Die politischen Handlungseinheiten in diesem neuen Gebilde sind die Nationalstaaten. Auch die Welt des Islam gruppiert sich in diesem historischen Rahmen neu: Die islamische *Umma* löst sich in Nationen auf. Eine Nation findet ihren substantiellen Ausdruck in einem Nationalstaat. In der Welt des Islam gibt es jedoch nur nominelle Nationalstaaten.

Die neue nationalstaatliche Struktur der Weltpolitik wird von den industrialisierten Ländern dominiert. Die vielfältigen islamischen Völker – nunmehr in Nationalstaaten lebend – werden in diese einbezogen oder genauer, gewaltsam integriert. Um diese globalen Gegebenheiten angemessen zu verstehen, müssen wir zwei Aspekte der Nationsbildung in der Welt des Islam beleuchten:

Erstens müssen wir uns fragen, in welchem Maße sich traditionelle islamische Gesellschaften durch die Verwandlung in Nationen strukturell verändert haben und ob das Vorhandensein einer internationalen Gesellschaft wirklich die Globalisierung moderner, auch in der Welt des Islam vorhandener, sozialer Strukturen bedeutet.

Zweitens schließt das Studium des islamischen politischen Denkens in der neuen Geschichtsepoche der Nationen ein, daß wir überprüfen, wie Muslime veränderte soziale Realitäten aufnehmen und welche Denkmuster zur Deutung und Legitimation dieser neuen sozialen Strukturen herangezogen werden. Mit anderen Worten: Welche Wandlungen erfährt die *islamische Ideologie* durch die Auflösung der *Umma* in Nationen?

Die Nationalstaaten in Asien und Afrika gehören zu den Realitäten der Welt unserer Gegenwart; sie bilden die Handlungseinheiten im Weltgeschehen unserer Zeit. Bezogen auf den Islam folgt aus dieser Beobachtung, daß es in Wirklichkeit keine islamische *Umma*, sondern mehr als fünfzig islamische, jedoch nur nominelle Nationalstaaten gibt. Die Tatsache, daß sie alle Mitglieder der *Organization of the Islamic Conference (OIC)* sind, ändert an ihrem völkerrechtlichen Status als Nationalstaaten nichts. Dennoch können wir drei politische Strömungen, die der Souveränität des Nationalstaats entgegenwirken, nicht übersehen. Hierbei handelt es sich um

1.) die Forderung nach einem Universalismus, der die Grenzen der bestehenden Nationalstaaten sprengt,

2.) das Eintreten für einen nationalen »Irredentismus« (z. B. Pan-Ideologien). Der Panarabismus ist ein Beispiel hierfür; ähnlich wie der Uni-

versalismus will er die bestehenden Grenzen gewisser Nationalstaaten in Frage stellen, jedoch nur im nationalen Rahmen, und
3.) die Verteidigung der Ethnizität, deren Verfechter sich, wie in dem bekannten Fall der Kurden, zu separatistischen Forderungen bekennen.

Die Politisierung der Vorstellung von einer islamischen *Umma* bringt die Spannung zwischen dem Universalismus des islamischen Glaubens und der tatsächlich bestehenden Nationalstaatlichkeit zum Ausdruck. Der nationale Irredentismus ist die zweite Strömung gegen den bestehenden Nationalstaat; er manifestiert sich am Beispiel der Araber im Ideal der arabischen Einheit. Panarabisten unterscheiden zwischen der islamischen religiösen *Umma* und der arabischen säkularen *Umma*. Die meisten arabischen Politiker legen nur noch Lippenbekenntnisse zum Panarabismus[9] ab. Der Separatismus ist die dritte Strömung; er resultiert aus den ethnischen Konflikten innerhalb der bestehenden Nationalstaaten, z.B. die Kollision zwischen Berbern und Arabern in Marokko und Algerien, die Kurdenfrage im Nahen Osten oder die Dinka im Südsudan u.a.

Der Nationalstaat ist eine europäische Erscheinung, die dem Islam fremd ist und die die Muslime in der neueren Geschichte im Rahmen der Globalisierung des europäischen Modells übernommen haben. Die islamische Geschichte kennt unterschiedliche Staatstypen, wie z. B. den Stadtstaat (das Modell Medina), den mittelalterlichen universellen Staat (die Herrschaft durch das Kalifat), den Dynastienstaat (die Territorialstaaten, z. B. die Aiyyubiden), nicht aber den modernen Nationalstaat. Im Islam gibt es unterschiedliche Vorstellungen von der Legitimität des Staates, die alle das Phänomen der Nation nicht kennen. Der moderne Nationalstaat[10] ist naturrechtlich begründet, ebenso wie die Idee der Volkssouveränität; beides gibt es im Islam nicht. Die Idee der Nation ist eine besondere Vorstellung von Legitimität, die der Moderne entspringt.[11]

Die nicht-westlichen Zivilisationen untergliedern sich in nationalstaatliche Gebilde; die ihnen zugrundeliegende Idee der Nationalität gewinnt einen globalen Charakter. Im Islam wird der Glaube der Muslime, daß nur Allah der Souverän sei, im Zeitalter des Fundamentalismus zu einem politischen Credo; aus ihm folgt, daß ein Volk niemals über eine Souveränität verfügen kann. Hier liegen die Wurzeln des Konflikts. Im Übergang zur Moderne übernehmen Muslime die europäische, im Widerspruch zur Vorstellung vom Imam stehende Idee der Volkssouveränität; das Modell der arabischen *Umma* ist ein prominentes Beispiel hierfür. Im Zeitalter des Fundamentalismus wenden sie sich davon ab und verwerfen die Nationsidee; die Vorstellung von der islamischen *Umma*, und mit ihr die vom Imam, wird neu geboren.

Vom arabischen Islam zum arabischen Nationalismus

Um ein Verständnis des Islam und des arabischen säkularen Nationalismus als miteinander in Konflikt stehende politische Vorstellungen von Legitimität zu gewinnen, will ich drei Ebenen berücksichtigen: 1.) die Ebene des politischen Denkens, 2.) den lokal-regionalen Kontext und 3.) die islamische *Umma* in Beziehung zum internationalen Umfeld.

Um den ersten dieser Schritte ausführen zu können, ist es erforderlich, auf das politische Konzept des Islam und auf die arabische Gemeinschaft als islamische Urgemeinschaft (vgl. Kap. 1) zurückzugreifen. Es ist wichtig, daran zu erinnern, daß die arabische Übersetzung des Wortes »Nation« *Umma* ist. Sowohl Anhänger des politischen Islam als auch säkular denkende arabische Nationalisten sprechen von der *Umma*, wobei sie jeweils etwas gänzlich Verschiedenes meinen. Der Gebrauch dieses Ausdrucks zur Umschreibung für »Nation« geht auf europäische Einflüsse zurück. Wir wissen bereits: Der traditionelle Begriff der *Umma* hat eine vollkommen andere Bedeutung als die dem westlichen Leser vertraute Vorstellung von Nation. Ebenso hat die Entstehung der *Umma* einen anderen historischen Hintergrund, den wir im ersten Kapitel kennengelernt haben. Vor der Geburt des Islam waren die Araber überall stammesmäßig als *Qawm*/Volk im Sinne von Stammesgemeinschaft organisiert; die islamische Religionsstiftung erfolgte im Kampf gegen die arabischen Stämme. Die Vereinigung der Araber und anderer Völker innerhalb des Gebildes der islamischen *Umma* war eine große zivilisatorische Leistung des Islam. Diese *Umma* sprengt die Stammesgrenzen und ist universell, also weder ethnisch noch national bestimmt.

Nach der islamischen Doktrin ist Ergebenheit gegenüber Allah das einzige Unterscheidungskriterium zwischen Arabern und Nicht-Arabern. Der Prophet sagt: »*la farq bayn 'Arabi wa 'adjami illa bi-al-taqwa*/Es gibt keinen Unterschied zwischen einem Araber und einem Perser außer in der Frömmigkeit«. Die innerhalb der islamischen Geschichte bekannten Konflikte zwischen Arabern und nicht-arabischen Muslimen (*Mawali*) können am besten als ethnische und nicht als nationale Konflikte interpretiert werden, allerdings werden sie in zeitgenössischen Pamphleten (z. B. in der Kriegspropaganda des Irak und Iran während des ersten Golfkriegs 1980–88) und in einigen alten Quellen fälschlich als nationale Konflikte dargestellt. Dieses kann deshalb nicht zutreffen, weil die Muslime seinerzeit keine »Nation« kannten.

Im Stadtstaat Medina gründete der Prophet Mohammed nicht eine Nation, sondern eine Föderation von Stämmen, die den Charakter einer *Umma* hatte. Er war nicht nur ein religiöser Führer, sondern auch ein kluger Politiker und Militärstratege.[12] Von der Zeit des Stadtstaats Medina bis zum Zusammenbruch des Abbasiden-Reiches im 13. Jahrhundert wurde das Erbe Mohammeds von den Arabern getragen. Mit dem Osmanischen Reich wurde eine islamische Ordnung gegründet, in der die Türken die Araber als Imame der islamischen *Umma* ablösten. Das feudal-militärisch ausgerichtete Reich vertrat die Muslime, als Europa seine Expansion weltweit austrug; technisch-wissenschaftlich unterlegen, bestand es jedoch die Konfrontation mit Europa nicht und wurde schließlich nach einem langen Desintegrationsprozeß im Jahre 1924 aufgelöst. Sein Kerngebiet, das Türkenland, wurde in eine säkulare Türkei unter der Führung von Kemal Atatürk, dem Vater und Imam der Türken, verwandelt. Die Türkei[13] ist bis zum heutigen Tage das einzige laizistische Land in der Welt des Islam.

Die heutigen Araber betrachten die Phase der Osmanen-Herrschaft als einen leidvollen Bruch zwischen dem arabisch geführten Islam und dem Aufstieg des arabischen Nationalismus. Als Erbe dieser Vergangenheit nimmt der arabische Islam heute die Rolle einer Defensivkultur[14] ein. Die dreifache Kombination der europäischen kolonialen Eroberungen, des Niedergangs des Osmanischen Reiches und der Verbreitung der techno-wissenschaftlichen Zivilisation über die ganz Welt wird von muslimischen Arabern als reale Bedrohung wahrgenommen. Die erste Reaktion auf diese Bedrohung manifestierte sich in der Mobilisierung des Islam gegen die westlichen Eindringlinge. Der Nicht-Araber Djamal al-Din al-Afghani, der führende islamische Denker des 19. Jahrhunderts, rief, wie wir in Kapitel 7 sahen, zum islamischen *Djihad* im Kampf gegen Europa auf.

Die hier skizzierte historische Entwicklung ist nicht nur für den arabischen Islam von Bedeutung; sie betrifft alle Muslime. Auch die nichtarabischen Muslime begannen, parallel zur Entkolonialisierung, die islamische *Umma* zu säkularisieren.

Eine Säkularisierung der islamischen Umma?

Bereits in der Einleitung zu diesem Buch habe ich gezeigt, daß in der klassischen islamischen Ideengeschichte die Politik nur im Rahmen der Religion abgehandelt wird. Die zentralen thematischen Schwerpunkte des islamischen politischen Denkens kreisen um die Qualifizierung des Herrschers als Imam; im Ideal ist seine Macht nach den Vorgaben der *Schari'a* begrenzt, was jedoch nie in die Realität umgesetzt wurde. Die Leser sind bereits mit der historischen Tatsache vertraut, daß – bis auf die Ausnahme der hellenisierten Philosophen – die islamischen Schriftgelehrten/*Faqihs*, die im Grunde die politischen Denker im Islam waren, jeweils die bestehende politische Macht im nachhinein (*post eventum*) für gesetzmäßig, d. h. im Einklang mit der *Schari'a* stehend erklärten (vgl. Kap. 3). Diese Denkweise wird im Übergang zur Moderne erschüttert.

Zu den Prinzipien der kulturellen Moderne gehört die Denkweise, daß alles reflexiv ist, d. h. der Vernunft unterworfen werden kann und somit revidierbar ist. Schon lange vor dem Erstarken des Fundamentalismus in unserer Gegenwart waren Muslime mit der Frage konfrontiert, wie sie die Vorschriften des Koran mit den Erfordernissen des modernen Zeitalters in Einklang bringen können. Mit anderen Worten: Wie können sie die koranische Doktrin neu deuten?

Eine der auffallendsten Antworten auf den Konflikt zwischen Islam und dem politischen Denken der Moderne lieferte der ägyptische Azhar-Gelehrte 'Ali 'Abdelraziq (gest. 1966). Ich habe bereits gezeigt, wie er versucht hat, den Islam als ein rein religiöses Gedankensystem, das wiederholt und unangemessenerweise für politische Ziele benutzt wurde, zu interpretieren (vgl. Kap. 7). In seinem 1925 erschienenen, wichtigen und mehrfach zitierten Werk »*Der Islam und die Grundlagen der Herrschaft*« unterstrich er kampfesmutig, daß der Islam weder eine politische Ideologie noch eine Staatsform sei; so konnte er argumentieren, daß der Islam als Legitimationsbasis für die angeblich islamische Regierungsform mißbraucht worden sei. Das von 'Abdelraziq teuer bezahlte Wagnis, so zu denken, war der Beginn einer Säkularisierung im modernen Islam im Sinne der Trennung zwischen Religion und Politik. Dies entsprach dem Zeitgeist und der Realität der Auflösung der islamischen *Umma* in säkulare Nationen.

Im Juni 1993 war ich zu Forschungszwecken in Kairo und konnte sehr erstaunt beobachten, daß die ägyptische Regierung das zitierte, einst auf den Index gesetzte Buch von 'Abdelraziq heute in Inseraten in den großen Tageszeitungen als eine »Quelle der islamischen Aufklärung« preist. Das Buch wird in einer Massenauflage des ägyptischen Kultusministeriums für den unglaublichen Preis von 25 Piaster (entspricht 10 Pfennigen) verkauft und als geistige Waffe gegen die islamischen Fundamentalisten instrumentalisiert, die im Namen Allahs ihre Bomben in Kairo und Alexandrien als Waffen des Terrors werfen.

Im Gefolge des Buches von 'Abdelraziq wurde voreilig allgemein die Ansicht vertreten, daß der Konflikt zwischen den nach Macht strebenden Vertretern des politischen Islam und den Vertretern der säkularen Nationsidee ein für allemal zugunsten der letzteren entschieden worden sei. Tatsächlich wurde zu dieser Zeit der politische Islam in den Hintergrund gedrängt. Der Weg für den säkularen arabischen Nationalismus, der die Mitgliedschaft in der Nation als maßgeblich für ein kollektives Zugehörigkeitsgefühl bestimmte, war somit frei.

Der im vorangegangenen Kapitel näher vorgestellte geistige Vater des arabischen Nationalismus, Sati' al-Husri, übernahm von den Philosophen Herder und Fichte[15] das spezifisch deutsche Konzept des kulturellen Nationalismus, wonach jede Nation als eine kulturelle Gemeinschaft gedeutet wird. Eine Nation – in orientalischen Sprachen *Umma* – wird demnach nicht durch das einigende Band der gemeinsamen Religion, sondern durch die gemeinsame Sprache zusammengehalten. Der Imam der *Umma* wird ebenso säkularisiert. Bismarck gilt nunmehr als Vorbild für einen arabischen Imam, der die arabische Nation nach dem deutschen Modell von 1871 vereinigen soll.

Das französische Konzept der Nation, das einen Nationalstaat voraussetzt, war für die säkularen arabischen Nationalisten unpraktikabel, eben weil es einen solchen Staat im Orient nicht gab. Arabische Nationalisten versuchten in diesem Kontext, den Islam auf ein kulturelles Phänomen zu reduzieren. Ihren Ausführungen nach waren arabische Christen und Muslime durch eine gemeinsame Sprache verbunden, so daß sie eine Nation konstituierten. Völker wie die Iraner und Türken hingegen, die mit den Arabern nur die islamische Religion gemeinsam haben, sollten als Fremde, d. h. als andere Nationen, betrachtet werden. Damit wurde der Prozeß der nationalstaatlichen Auflösung der universell konzipierten islamischen *Umma* eingeleitet.

Während der ersten Hälfte des 20. Jahrhunderts schrumpft die islamische *Umma* im politischen Denken der arabischen Nationalisten auf eine säkularisierte, weit kleinere arabische *Umma* zusammen. Diese Säkularisierung der islamischen *Umma* in Gestalt ihrer Aufteilung in zahlreiche Nationen war aber – wie ich in Kapitel 8 ausführte – oberflächlich und markierte lediglich ein Intervall. Islamische Fundamentalisten versuchen heute, jene Auflösung der *Umma* als »eine westliche Verschwörung gegen den Islam«[16] rückgängig zu machen. Vorrang hat ein Bewußtsein von der islamischen Zivilisation.

Die angestrebte, aber oberflächlich gebliebene Säkularisierung vermochte es mit ihrer Trennung von Staat und Religion nicht, dauerhafte Grundlagen für säkular bestimmte Nationen zu errichten. Gegen Ende des 20. Jahrhunderts wird der politische Islam neu ins Leben gerufen und nimmt die Form des Fundamentalismus/*Usuliyya* als militante politische Ideologie an. Das Intervall der oberflächlichen Säkularisierung scheint dem Ende zuzugehen.

Nun erhebt sich die Frage, ob die erfolgte Aufsplitterung der islamischen *Umma* in mehrere Nationen rein ideologisch geblieben ist, ohne eine tiefere Bedeutung in der Welt des Islam zu erlangen. Obwohl ich einigen Schlußfolgerungen des amerikanischen Politikwissenschaftlers Leonard Binder nicht zustimme, sehe ich den Wahrheitsgehalt seiner Feststellung, daß die tiefe psychologische und soziale Bindung der Muslime an den Islam und an die muslimische *Umma*/Gemeinschaft immer eine

> »geringe politische Aussagekraft hatte, d. h. sie legte nicht die Grenzen der politischen Gemeinschaft fest... Das Konzept der *Umma* diente den Muslimen als Angelpunkt für die Bestimmung der Identitätsfrage ... innerhalb der islamischen Geschichte«.[17]

Mit anderen Worten: Das *Umma*-Bewußtsein war eher ein religiöses Solidaritätsgefühl als ein Rahmen für ein politisches Gemeinwesen. In diesem Zusammenhang scheint es nützlich, den Sprachgebrauch ins Gedächtnis zu rufen, der einst von einer Autorität im Islam, von Mohammed al-Mubarak, einem ehemaligen Dekan der *Schari'a*-Fakultät an der Universität Damaskus, eingebürgert wurde. Er gebrauchte den Begriff der *Umma* im Zusammenhang mit der, wie er es nannte, *Umma 'Arabiyya*/arabischen Nation, während er mit dem Ausdruck *Schu'ub Islamiyya* die islamischen Völker bezeichnete, mit denen die Araber, seiner Meinung nach, auf der Ebene der internationalen Beziehungen solidarisch kooperieren sollten. Die von ihm als Einheit betrachteten arabischen Muslime und arabischen Christen benannte er *Abna' 'al-*

Arabiyya/Söhne des Arabismus (leider bleiben »die Töchter« außerhalb seiner Betrachtung). In der Gegenwart wollen islamische Fundamentalisten in Ägypten und anderswo das Gegenteil erreichen. Die Terroraktionen gegen die christlichen Kopten in Ägypten sollen ihrer Ausgrenzung dienen. Ähnlich wie bei den Schi'iten gilt auch für die sunnitischen Fundamentalisten unserer Gegenwart eine Untergrund-Autorität als Imam und nicht mehr der Herrscher.

Seit dem Beginn der 70er Jahre, als der politische Islam in verstärktem Maße auftrat, befindet sich der säkulare Nationalismus auf dem Rückzug. Die islamische Revolution im Iran hat zur Neubelebung der islamischen Ordnungsvorstellungen beigetragen. Sogar einige sunnitische Muslime sehen die schi'itische Revolution im Iran als nachahmenswertes Modell, betonen also mehr die islamische als die arabische Verbindungslinie. Für einige Beobachter der politischen Szene im Nahen Osten scheint dieses Phänomen den aktuellen Stand der Dinge in bezug auf den Islam und den arabischen Nationalismus widerzuspiegeln. Ist das die richtige Lesart des islamischen politischen Denkens in unserer Gegenwart?

Mein Argument in diesem Kapitel ist: Im Verlauf der politischen und sozialen Transformation im Nahen Osten seit dem 19. Jahrhundert wurde der Islam zwar als eine politische Ideologie zurückgedrängt und die Suche nach dem »wahren Imam« entweder zurückgestellt, oder in oberflächlich säkularisierter Form (der »arabische Bismarck«) fortgesetzt. Als Glaubenssystem lebte der Islam jedoch unbefragt fort. Das Wiedererstarken der Religion umfaßt ausschließlich die Repolitisierung des Islam und die Übertragung islamischer Symbole auf die politische Sphäre. Der Beobachter kann nicht übersehen, daß der Islam als Medium für politische und ökonomische Forderungen dienen kann, wenngleich er selbst nicht den Impuls für diese Forderungen gibt. Die Anfechtung der politischen Herrschaft der islamischen Diktatoren ruft die Suche nach dem »wahren Imam« wieder ins Leben.

Als eine Erklärung für das Wiedererstarken des politischen Islam und der erneuten Suche nach dem »wahren Imam«, sowohl in der Realität als auch im islamischen Denken, scheint mir zuzutreffen, daß er am besten sofort verfügbare religiöse Symbole für den Gebrauch als ideologische Instrumente bietet. Ich habe mit vielen Anhängern des islamischen Erwachens (*al-Sahwa al-Islamiyya*) vor Ort gesprochen, die nur ein sehr begrenztes Wissen über den Islam besitzen. Sie sind vornehmlich darauf bedacht, ihre politischen, sozialen und ökonomischen Forderungen in einem politisierten islamischen Vokabular für die Suche nach dem gerechten Imam (*al-Imam al-'adil*) zu artikulieren. Seit der iranischen Revolution sind viele säkularistische arabische Intellektuelle, sobald sie den Islam als politische Oppositionsideologie wiederentdeckt hatten, vom säkularen arabischen Nationalismus und in einigen Fällen sogar vom Marxismus abgerückt. Führende Fundamentalisten, die ich in Ägypten und Tunesien kenne, sind ehemalige Kommunisten. Nicht mehr Lenin ist ihr »Imam«, sondern – fast messianisch-schi'itisch – der »erwartete Imam«, der die Muslime von ihrer Misere befreien wird. Die iranische Revolution war seit der Entkolonialisierung die erste im Nahen Osten, die nicht von Armeeoffizieren, sondern von den Massen, wenn auch nicht geleitet, so doch durchgeführt wurde.[18] Als scheinbare Massenbewegung hat sie vor den beiden Golfkriegen die frustrierten arabischen Intellektuellen als Hoffnungsschimmer fasziniert. Für diese Intellektuellen ist bezeichnend, daß sie einerseits die Sektentradition des Islam als eine politische Oppositionsideologie entdecken, andererseits aber – obwohl sie die iranische Revolution als stimulierendes Beispiel anerkennen – den Arabismus als ihre ethnische Identität nicht verwerfen.

Mit der neuen Welle des politischen Islam erfolgte eine Gewichtsverlagerung von der gewöhnlichen nationalistischen Rhetorik zugunsten einer in einigen Koran-Versen implizierten sozialen Kritik. Trotzdem wird der arabische Charakter des Islam weiterhin hervorgehoben und daran erinnert, daß seine Offenbarung an einen arabischen Propheten in der arabischen Sprache erfolgt ist. Es scheint mir aufschlußreich, aus einem einflußreichen arabischen Artikel über »Die Araber, der Islam und die Iranische Revolution« des Libanesen Nasif Nasser zu zitieren, in dem er die Verbindung zwischen Islam und Arabismus hervorhebt:

»Die Araber... können nicht nachempfinden, daß sie die iranische Revolution als ein Modell für ihr politisches und zivilisatorisches Handeln zu akzeptieren hätten, obwohl sie bis zu einem gewissen Grade mit ihr sympathisieren... Der Islam ist ursprünglich arabisch. Einige werden sogar sagen, der Islam habe ein arabisches Gesicht und eine arabische Seele. Diese Realität untermauert die Überzeugung der Araber, daß die nicht-arabischen Völker, die den Islam übernommen haben, nie fähig sein würden, ihn angemessen zu verstehen, ihn zu interpretieren oder gar, besser als die Araber es könnten, anzuwenden.«[19]

Diese Verbindung von politischem Islam und Arabismus ist eine interessante Komponente der islamischen Wiedergeburt, wenngleich sie nicht für die ganze Bewegung innerhalb der arabischen Region repräsentativ ist; sie ist aber sehr einflußreich. Die Botschaft ist klar und lautet: *Der Imam der Muslime kann nur ein Araber sein.*

In Ägypten und Tunesien, aber auch in den arabischen Golfstaaten, kann man beispielsweise ein Abdriften vom arabischen Nationalismus hin zum Regionalismus oder auch Lokal-Nationalismus beobachten. Konkret können die universalistischen Forderungen der islamischen Fundamentalisten, die sich in Rhetorik erschöpfen, nicht als politisches Programm überzeugen. Die spezifische Natur des politischen Islam ist es, gegen die kulturelle Moderne gerichtet und ihr gleichwohl verhaftet zu sein. Aber die Realität der Abkehr von der säkularen Vergangenheit vermag die Muslime nicht darin zu einigen, einen für alle Muslime autoritativen Imam zu finden und anzuerkennen.

Durch das Scheitern an der Erfüllung seiner Entwicklungsaufgaben im islamischen Orient gerät der säkulare Staat in eine Legitimitätskrise. Die Ursache hierfür ist die eigentliche, viel fundamentalere soziopolitische und ökonomische Krise in der Welt des Islam. Der immer tiefer werdende Graben im Nord-Süd-Gefälle nimmt im südlichen Mittelmeerraum konkret die Form eines Konflikts zwischen dem verhaßten Westen und dem Kerngebiet des *Dar al-Islam*/Haus des Islam an; es sieht wie ein »Zusammenprall der Zivilisationen«[20] aus, in dessen Rahmen die populären antiwestlichen Haltungen gedeihen. Säkularistische Ideologien, denen sich westlich gebildete und relativ privilegierte Eliten angeschlossen hatten, haben ihren Ursprung letztlich in der international dominanten, säkularen techno-wissenschaftlichen Zivilisation; sie können nicht länger von Völkern anerkannt werden, die diesen Ursprung zurückweisen.

Diese große Krise prägt das politische Denken im Islam und kennzeichnet das wahre Problem. Die Muslime brauchen keine fremden Vorbilder wie Bismarck, sondern einen authentischen islamischen Imam. Das bedeutet das Ende des säkularen Nationalismus.[21] Ich habe einleitend Mark Juergensmeyer (Anm. 6) zitiert, der vom »neuen Kalten Krieg« zwischen dem Gottesstaat der Muslime, Hindus u. a. gegen den säkularen Staat des Westens spricht. Das ist ein Merkmal des weltanschaulichen Krieges der Zivilisationen (vgl. Anm. 20).

Wenn im Rahmen des Zusammenpralls der Zivilisationen von Feindbildern geredet wird, dann ist der islamische Universalismus gerade in seiner politisierten Form, wie sie heute von islamischen Fundamentalisten gepredigt wird, nicht zu übersehen. Ebenso wie der Westen und der orthodox-slawische Osten Europas Feindbilder vom Islam entwickeln, trägt der politische Islam zur Schaffung eines Feindbilds von »Kreuzzüglern« bei. Ähnlich wie der neue ethnische Nationalismus ist der islamische Fundamentalismus hier einer der Motoren zur Beschleunigung der kulturellen Fragmentation und trägt somit zum Konsensverlust in der internationalen Gesellschaft bei. Aber wie der neue Nationalismus fördert auch die islamische Variante des religiösen Fundamentalismus nicht den ersehnten Weltfrieden zwischen den verfeindeten Zivilisationen. In den folgenden Kapiteln des abschließenden vierten Teils möchte ich das politische Denken des Fundamentalismus aus der Perspektive seiner Vereinbarkeit mit Demokratie vorstellen.

Vierter Teil

DIE ISLAMISCHE GEGENWART: DIE KRISE

Der Imam agiert im Untergrund und präsentiert
die islamische Lösung.
Ein islamischer Weg der Demokratisierung?

»In unserer Welt des Islam ... ist die islamische Lösung nach dem Scheitern aller importierten Lösungen, seien sie liberal oder sozialistisch, determiniert ... Nach der Niederlage im Juni-Krieg 1967 ist deutlich geworden, daß nur die Rückkehr zum Islam das Heilmittel ist und die Lösung bietet ... Ich will das Verbrechen der importierten Lösungen an unserer islamischen *Umma* erläutern und zeigen, daß einzig die islamische Lösung diese *Umma* retten kann.«[1]

Yusuf al-Qaradawi,
Erfinder der Formel
al-Hall al-Islami/Die islamische Lösung.

»Der Aufruf zum Islam/*Da'wa* richtet sich an die gesamte Menschheit ... Der Islam ist eine umfassende und universelle Revolution ... Deshalb ist der *Djihad* eine Pflicht für alle Muslime, um diese Revolution zum Sieg zu führen und ihr Ziel, die *Hakimiyyat Allah*/Gottesherrschaft, für die Rettung der Menschheit zu verwirklichen ... Der *Djihad* ist das Mittel für die Durchführung dieser Weltrevolution ..., die den Frieden verwirklicht ... Das ist die islamische Sicht des Weltfriedens.«[2]

Sayyid Qutb,
der geistige Vater des islamischen Fundamentalismus
(gehenkt in Kairo 1966).

Einführung

Der Islam hat seit seiner Religionsstiftung in Arabien und eben aus dem Grunde, weil die Offenbarung des Koran in arabischer Sprache erfolgte, ein arabisches Gesicht. Dennoch ist seine Botschaft universell. Die Frühgeschichte des Islam war eine arabische Geschichte, aber im Verlaufe der historischen Entwicklung erweiterte sich die islamische Zivilisation auf ein geographisches Gebiet, das sich heute von Südostasien bis zum Atlantik erstreckt. Die Araber stellen hierbei nur einen Anteil von ca. 240 Millionen der 1,3 Milliarden Menschen umfassenden islamischen *Umma*/Gemeinschaft dar. Die Säkularisierung im Islam im 20. Jahrhundert ist zwar von einem Türken, ja von einem »Atatürk/Vater der Türken«, getragen worden, aber die Rückkehr zum Islam geht vom Zentrum der islamischen Zivilisation, also von der arabischen Welt aus; sie hat lange vor Khomeini begonnen. Die islamisch legitimierte iranische Revolution hat den politischen Islam gefördert, nicht aber ins Leben gerufen. Historischer Ausgangspunkt des politischen Islam unserer Gegenwart war die umfassende arabische Niederlage im Sechs-Tage-Krieg im Juni 1967. Die Muslime, die seitdem zur Rückkehr zum Islam aufrufen, bezeichnen die oberflächlich säkularisierten arabischen politischen Regime als Schuldige an der Niederlage. Ein Pionier dieser Richtung war der im Motto zitierte ägyptische Muslimbruder Yusuf al-Qaradawi, der in einer Buch-Trilogie die Formel »*al-Hall al-Islami*/Die islamische Lösung« geprägt hat; diese drei Bände (vgl. Anm. 1) zirkulieren seitdem in allen islamischen Großstädten in massenhaften, teils illegalen Auflagen und haben den Rang eines Katechismus erlangt. Der führende Fundamentalist al-Qaradawi wird von einigen deutschen

Islamwissenschaftlern, die seine Bücher offensichtlich nicht gelesen haben, als »liberaler Muslim« gepriesen.

Die Periode der oberflächlichen Säkularisierung (vgl. Kap. 8) ging mit der Verbreitung der neuen Strömung des politischen Islam zu Ende. In meinen Arbeiten habe ich in Deutschland gegen den Strom gekämpft, indem ich es ablehnte, für die neue Entwicklung den weit verbreiteten, aber falschen Begriff der »Re-Islamisierung« zu übernehmen. Mein Argument ist, daß der Islam nie das öffentliche und private Leben der Muslime verlassen hat, wohl aber als politische Ideologie verdrängt, also entpolitisiert wurde. Aus diesem Grunde ist es grundfalsch, von einer Wieder(Re)-Islamisierung zu sprechen. Was in unserer Zeit geschieht, ist eine Re-Politisierung des Islam.[3] Liberalismus, Demokratie, Sozialismus und alle anderen, aus dem Westen eingeführten Modelle der politischen Entwicklung werden von Fundamentalisten seitdem – wie im Motto zitiert – als »*Hulul mustaurada*/importierte Lösungen« verächtlich gemacht und vehement zurückgewiesen.

Mit der Verkündung der *Hall al-Islami*/islamischen Lösung fängt die Suche nach dem »wahren Imam« von neuem an. Bereits im Vorwort zum ersten Band seiner erwähnten Trilogie zitiert al-Qaradawi den prominenten britischen Islamwissenschaftler W. M. Watt, wonach dieser für die islamische Zivilisation eine führende Rolle in der Welt prophezeit, sollte sie einmal den richtigen Führer/*Imam* finden. Qaradawi und die Islamisten unter seinen Anhängern, die auch als Fundamentalisten bezeichnet werden, heben hervor, daß nur ein islamischer Imam – also weder ein arabischer Bismarck, noch ein arabischer Marx und noch weniger ein islamischer Thomas Jefferson – die islamische *Umma* zu ihrer, ihr laut Offenbarung zustehenden, Führungsrolle leiten kann. Viele westliche Beobachter verstehen diesen Führungsanspruch des Islam nicht; es ist falsch, ihn als bloße Rhetorik abzutun.

Der – ebenfalls im Motto zitierte – geistige Vater des islamischen Fundamentalismus, Sayyid Qutb, hat jahrzehntelang vor al-Qaradawi militant für den politischen Islam gekämpft und seinen Anspruch auf die Übernahme der Weltführung unterstrichen. Als Untergrund-Kämpfer hat er schließlich auch sein Leben für den politischen Islam geopfert, und so gilt er seitdem als der *al-Imam al-Schahid*/der Märtyrer-Imam.[4] Eben dieser Untergrund-Imam Qutb hat den politischen Islam unserer Gegenwart geprägt und er war es, der die Formel der »islamischen Weltrevolution« erfunden hat. Sayyid Qutb ist der ideologische Vordenker des politischen Islam und seines Strebens nach einer islamischen Weltrevolution. Als Vorbild eines Aktivisten dient dieser neuen Strömung der Ägypter Hasan al-Banna, der 1928 die Bewegung der Muslimbruderschaft/*al-Ikhwan al-muslimum* gegründet hat. Neben Qutb gilt er als die hervorragendste Persönlichkeit bei der Einführung einer politisch-religiösen Untergrund-Tradition in den sunnitischen Islam. Der Aktivist al-Banna war ein Untergrund-Imam, der als Vorbild, ja geradezu als Idol für die vielen Möchtegern-Imame der zersplitterten fundamentalistischen Untergrundgruppen nicht nur in Ägypten verehrt wird. In seinem Streit mit den gemäßigten *Ulema*/Schriftgelehrten der al-Azhar-Universität, die für eine friedliche Deutung des *Djihad*-Begriffes eintreten, unterschied al-Banna streng zwischen dem großen und dem kleinen *Djihad*.[5] Nur Gewalt von Untergrund-Bewegungen, sprich Terrorismus, ist für ihn ein *Djihad Akbar*/großer Djihad. Im *al-Djundiyya*/Soldatentum beweist der aktive Muslim seine Hingebung an den Islam, lehrt al-Banna, der – wie sein ägyptischer Biograph sagt – »eine Verbindung zwischen Koran und Dynamit hergestellt hat«.[6]

In der Geschichte des sunnitischen Islam finden wir keine Tradition von Untergrund-Imamen; und selbst bei den Schi'iten ist der »verborgene Imam« eine eher spirituelle als politische Figur. Khomeini hat als erster Schi'it die Figur des Imam politisiert. Die Rhetorik von dem vom Untergrund aus kämpfenden Imam ist neu. Der islamische Fundamentalismus macht aus dem »verborgenen Imam« der Schi'iten einen politisch aktiven sunnitischen Untergrund-Imam und verbindet dies mit Qutbs Formel der »islamischen Revolution«, die mittels des »großen *Djihad*« durchgeführt werden soll. Der Vergleich mit Lenins Kaderpartei liegt nahe, obwohl islamische Fundamentalisten solche Vergleiche als »ketzerisch« von sich weisen.

Außer dem Fundamentalismus gibt es noch andere Strömungen im zeitgenössischen Islam, vor allem den nicht-fundamentalistischen Modernismus und den wahhabitischen Traditonalismus. Beide Islam-Richtungen pflegen in unserer Gegenwart die klassische sunnitische Imam-Tradition und stellen je einen herrschenden Imam. In Marokko verkörpert König Hassan II. die Kontinuität der ältesten noch bestehenden islamisch-sunnitischen Dynastie der Alawis (nicht zu verwechseln mit den in Syrien herrschenden schi'itischen alawitischen Offizieren). Diese Dynastie herrscht in Marokko seit dem siebzehnten Jahrhundert (seit 1666), und sie hat in König Hassan einen Modernisten gefunden, der mehrere moderne Verfassungen für seine dennoch islamisch legitimierte Monarchie eingeführt hat. Im Gegensatz zu diesem Modernismus beruft sich der Imam der anderen islamisch legitimierten, jedoch traditionalistisch-wahhabitisch ausgerichteten Monarchie Saudi-Arabien, König Fahd, allein auf den Koran als die einzig gültige Verfassung der islamischen Ordnung.[7] Aber selbst der Modernist König Hassan II. besteht auf der herkömmlichen sunnitischen Bestimmung eines Imam, der die politische Macht und religiöse Autorität verkörpert. In einem in der Einleitung bereits zitierten Interview mit der Pariser Zeitung *Le Monde* anläßlich des von ihm quasi-demokratisch zugelassenen Referendums zur Verfassungsreform vom 4. September 1992 äußerte er sich als klassisch-sunnitischer Imam:

> »Der Islam verbietet mir, eine konstitutionelle Monarchie nach westeuropäischem Muster einzuführen. Ich kann einige Kompetenzen anderen übertragen, aber ich habe nicht das Recht, aus eigenem Antrieb meine Vorrechte aufzugeben. Ein islamischer Monarch kann seine Macht nicht delegieren.«

Diese Aussage erinnert in ihrem Wortlaut an die Weigerung des dritten islamischen *Raschidun*/rechtgeleiteten Kalifen aus dem siebenten Jahrhundert (im Jahre 656) kurz vor seiner Ermordung, das Kalifat abzugeben, mit der Begründung, er sei hierzu von Allah nicht befugt (vgl. oben S. 72). Was von Allah kommt, wird als heilig gedeutet, und so wird die Macht als geheiligt sanktioniert; diese Tradition reicht in ungebrochener Folge vom 7. bis zum 20. Jahrhundert.

Immerhin ist der marokkanische König ein *Scharif*, d. h. ein Nachkomme des Propheten; das sind die Saudis nicht. Diese haben sogar die Dynastie der Haschimiten, die ja aus dem Stamm des Propheten, aus Quraisch, kommen und somit dem Gesandten Allahs verwandt sind, aus dem heiligen Land vertrieben, als sie den Emir von Mekka, Hussein (den Urgroßvater von König Hussein von Jordanien) stürzten. Zur Rechtfertigung ihrer Herrschaft berufen sich die Saudis auf den wahhabitisch-traditionell gedeuteten Hanbalismus, der strengsten Rechtsschule im sunnitischen Islam. Der saudische Imam will nicht – wie König Hassan II. – modernisieren, aber er führt reformerisch die traditionelle *Schura* ein. Manche Beobachter sehen darin eine Demokratisierung. Bei den politischen Entscheidungen beider Herrscher-Imame fällt auf, daß es sich immer um präventive Maßnahmen handelt. Ihnen sitzt der vom Untergrund aus wirkende Imam im Nacken, der die bestehende Herrschaft anficht; das ist eine neue Erscheinung im sunnitischen Islam.

Der Untergrund-Imam ist ein Fundamentalist, der nach der Macht strebt; es ist wichtig hervorzuheben, daß es nicht immer richtig ist, ihn mit Extremismus und Terrorismus gleichzusetzen. Der Untergrund-Imam ist sicherlich keine friedliche Person. Dennoch wäre eine Gleichsetzung von Fundamentalismus und Extremismus falsch. Nur unter der Voraussetzung einer solchen Differenzierung möchte ich anmerken, daß der Fundamentalismus gegenwärtig die Hauptströmung im islamischen politischen Denken ist. So einflußreich der Aktivismus eines Scheich Hasan al-Banna auch ist, der Fundamentalismus ist viel mehr als ein gewaltförmiger *Djihad*. Der Fundamentalismus ist die dominierende Weltanschauung unter den Muslimen unserer Gegenwart, oder, wenn man das Phänomen mit den Worten Huntingtons beschreiben will: die islamische Spielart des Erwachens eines Zivilisationsbewußtseins beim Zusammenprall der Zivilisationen.

Die Hauptströmung der politischen Opposition in der Welt des Islam wird von Anhängern des politischen Islam, d. h. von den Fundamentalisten, getragen. Das führt uns zu der Frage, ob die Ablösung der herrschenden Imame, seien sie pseudo-säkular oder echt islamisch wie die Könige Hassan und Fahd, durch »wahre Imame« ein Prozeß der Demokratisierung wäre?

Der algerische Untergrund-Imam Ali Ben-Hadj hat seinen Aufruf zum islamischen Widerstand vom algerischen Gefängnis aus nach Deutschland geschmuggelt, wo er an Menschenrechtsorganisationen übermittelt wurde. In seiner »Rede über den Widerstand gegen die Unterdrückung der Herrscher«[8] beruft er sich auf die politischen Menschenrechte, die er allerdings nicht nur den Europäern, sondern auch seinen islamischen Widersachern verweigert; er ruft auf der ersten Seite der Flugschrift seine Mitstreiter auf, mit »dem Koran in der einen Hand und dem Maschinengewehr in der anderen für Allahs Wort als *Schahid*/Märtyrer im Kampf zu sterben«. Das »Maschinengewehr« ist das modernisierte »Schwert Allahs/*Saif Allah*«. Sind das die Menschenrechte der algerischen Fundamentalisten, die ihre Gegner unter den Muslimen wie bei einer rituellen Hammelschlachtung ermorden? Solche Aufrufe machen es einem schwer, zwischen Fundamentalismus und Terrorismus des Untergrund-Imam zu differenzieren, so wichtig es ist, beide nicht gleichzusetzen.

In einem früheren Buch habe ich argumentiert, daß es im Islam an Rechten des Individuums gegenüber Staat und Gesellschaft im Sinne von legalen, d. h. institutionell abgesicherten Berechtigungen fehlt.[9] Der Begriff »demokratische Rechte« ist praktisch eine vereinfachte Zusammenfassung der soeben vorgetragenen Definition von individuellen Menschenrechten. Diese Überlegung führt mich zu der weit über den Islam hinausgehenden Frage: Sind diese Menschenrechte und die Demokratie für alle Zivilisationen gültig, d. h. sind sie universell? Werden sie von den Bewegungen des Untergrund-Imam anerkannt?

In unserer heutigen globalisierten und dennoch kulturell vielfältigen Welt kann jede lokale Kultur oder regionale Zivilisation im Rahmen der Hervorhebung ihrer Eigenart für sich beanspruchen, eigene politische Normen und Werte zu haben und für diese internationale Geltung zu verlangen. Bisher wurde angenommen, daß die westlichen Vorstellungen von Demokratie und Menschenrechten als allgemeine und universelle Plattform für alle Kulturen und Zivilisationen gelten. Nun ist deutlich geworden, daß das westliche Modell in nicht-westlichen Zivilisationen gescheitert ist. Die in diesem Buch enthaltene Analyse der »oberflächlichen Säkularisierung« (vgl. Kap. 8) diente uns als ein Beispiel hierfür. Folgt daraus, daß für Muslime nur die Imam-Tradition gilt? Oder kann der Imam ein demokratisch gewählter Politiker werden? Diese Frage wird uns im ersten Kapitel dieses vierten Teils zunächst am Beispiel des saudischen, also eines politisch herrschenden Imam beschäftigen.

Die islamische Lösung/*al-Hall al-Islami* wird nicht nur von den Fundamentalisten, sondern auch von den Saudis vertreten[10], die ja Traditionalisten sind; sie haben ihre eigene Imam-Vorstellung. Ist sie mit Demokratie vereinbar? Islamisten behaupten, der islamische Imam sei kein Despot, weil er »*Schura*« mit seinem Gefolge betreibe; nach ihrer Ansicht benötigen Muslime, eben weil sie die »*Schura*« haben, keine Demokratie; weniger radikale Muslime sagen, der Islam kenne eine eigene Form von Demokratie namens *Schura*. Was ist das?

Das einleitende Kapitel dieses abschließenden vierten Teils dient der Vorstellung des *Schura*-Konzepts als einer islamischen Vision oder – je nach Verständnis – als einem Ersatz von Demokratie im klassischen altgriechischen und westlichen Sinne. Die Forderung nach einer Einführung der *Schura* führt zu der Frage, ob dies positiv und als Zeichen der Demokratisierung in der Welt des Islam zu deuten ist. Politikexperten, wie der in Harvard lehrende Samuel Huntington, sprechen seit Beginn der 90er Jahre von einer »Dritten Welle der Demokratisierung«.[11] Ich frage in diesem Kontext erneut: Ist der angeführte Rückgriff auf die *Schura* unter dem Aspekt der kulturellen Vielfalt ein spezifisch islamischer Beitrag zu dieser »globalen Demokratisierung«? Die Überlegung, die sich hier aufdrängt, ist, ob nach dem Scheitern der universellen Übertragung des westlichen Modells jede Zivilisation für ihre jeweils eigenen Anschauungen Geltung beanspruchen kann.

Nach Huntington bilden die Auswirkungen der Französischen Revolution und die politische Entwicklung nach dem Zweiten Weltkrieg, nach dem Sieg über den Faschismus, die beiden ersten Wellen der Demokratisierung. In unserer Zeit folge global die »Dritte Welle«. In einer

1991 in Harvard mit Huntington geführten Diskussion[12] ließ er zunächst meine Bedenken, die die Gültigkeit dieser Welle für die islamische Welt betreffen, nicht gelten; Huntington glaubte damals noch, die »dritte Welle« sei umfassend und global. Zwei Jahre nach jener Diskussion veröffentlichte Huntington 1993 in *Foreign Affairs* seinen berühmt gewordenen Aufsatz, der eine internationale, weit über die Wissenschaft hinausgehende Diskussion auslöste. Darin erkennt Huntington die Existenz unterschiedlicher Weltanschauungen der Zivilisationen, aus denen ebenso unterschiedliche Politikkonzepte hervorgehen, an. In dem neuen Aufsatz räumt er ein, daß Demokratie ein westliches Konzept sei, dessen Universalisierung Konflikte mit anderen Zivilisationen, besonders mit dem Islam, hervorrufe.[13] Es ist ein Ausdruck dieses globalen Konflikts der Zivilisationen, daß die Muslime sich auf ihr *Schura*-Konzept berufen und die Tradition des Imam neu beleben.

Ohne den Ergebnissen des folgenden 10. Kapitels vorzugreifen, müssen wir uns schon hier fragen, ob mit der Einführung der *Schura* auf eine islamische Weise demokratisiert oder ob die orientalische Despotie nur unter einem anderen Namen authentisch fortgeführt werden soll. Diese Frage ist im Übergang zum 21. Jahrhundert deshalb von zentraler Bedeutung, weil unser Zeitalter durch große Umbrüche gekennzeichnet ist, es aber gleichzeitig auch eine Hoffnung auf Aufbrüche gibt. Ich habe diese Problematik am Beispiel des Mittelmeerraumes im Rahmen der Bosch-Vorlesungsreihe »Umbrüche und Aufbrüche. Europa vor neuen Aufgaben« erörtert.[14] Die Umbrüche beziehen sich auf die Herausforderungen an die westliche Dominanz und die Konflikte, die damit zusammenhängen. Eine Hoffnung auf einen Aufbruch wäre im erhofften Sieg der Universalität der Menschenrechte zu sehen. Der Westen hat diese Universalität ideologisch stets gepredigt, die Menschenrechte aber – vor allem in der US-amerikanischen Außenpolitik – stets mit Füßen getreten. Der westliche Universalismus mißbraucht seine Werte für die Etablierung seiner globalen Herrschaft. Wird die Herausforderung des Westens durch nicht-westliche Zivilisationen Hoffnung auf eine Korrektur versprechen?

In dieser weltgeschichtlichen Umbruchsituation bietet die Zuflucht zum Kulturrelativismus keinen Ausweg.[15] Wer im Namen eines Kulturrelativismus die Universalität von Demokratie und Menschenrechten leugnet, der nimmt den weltanschaulichen Krieg der Zivilisationen hin und heißt ihn gut.

Diese Ausführungen führen uns zu der neuen These Huntingtons, die zu seiner zitierten optimistischen Idee von der dritten Welle der Demokratisierung im Widerspruch steht. In einem Interview mit der *Frankfurter Rundschau* führte Huntington ergänzend aus:

> »Im Augenblick hat der Westen ... eine sehr dominante Stellung. Aber dies wird nicht so bleiben ... Ich rede nicht einer westlichen Burg das Wort ... Schwierig wird es, die Hand nach Zivilisationen auszustrecken, die ... wie die islamischen Länder, ihre Position im Gegensatz zu unserer westlichen (Zivilisation) definiert haben ... Die Führer vieler islamischer Länder betrachten den Westen als den Feind, und viele islamische Intellektuelle reden in der Sprache des Konflikts zwischen Islam und Christentum, der dreizehn Jahrhunderte zurückreicht« (*FR* vom 14. 8. 1993).

Als aufgeklärter Muslim betrachte ich den Westen nicht als Feind, wünsche mir aber von Herzen das Ende der westlichen Dominanz, nicht nur im wirtschaftlichen und militärischen, sondern auch im politischen Bereich. Ein unumkehrbares Ende der mit dieser Hegemonie verbundenen unerträglichen, häßlichen kulturellen Arroganz des Westens gegenüber den nicht-westlichen Zivilisationen ist sehr zu wünschen. Als Nicht-Europäer würde ich dem Niedergang der westlichen Dominanz nicht einen Moment nachtrauern, aber auch keine Schadenfreude empfinden. Weil mein Denken an den Ideen der europäischen Aufklärung geschult wurde und ich mir die klassisch-griechische philosophische Tradition des Könnens-Bewußtseins des Menschen (s. S. 360) zu eigen gemacht habe, vermag ich zwischen dem Europa der Aufklärung und einem Europa der kolonialen Expansion zu unterscheiden. Im Fundamentalismus außereuropäischer Zivilisationen sehe ich eine Bedrohung nicht nur für den Weltfrieden, sondern auch für die Kultur der Aufklärung. Die nativistische Neubelebung vormoderner Kulturen als Heimstätten antiwestlicher Einstellungen will unsere Welt mit einem politischen Programm der Entwestlichung beglücken. Die Welt entwestlichen heißt, sie zu entsäkularisieren und jeden Gedanken an eine Aufklärung zu begraben. Das ist eine beängstigende Regression; als Nicht-Europäer würde ich Europa gegen den nicht-westlichen Fundamentalismus verteidigen. In meinem Buch »*Im Schatten Allahs*« habe ich zur Verteidigung von Demokratie und Menschenrechten und gegen vormoderne Zuwanderer-Kulturen aufgerufen. Ich rufe auch auf zu einem Verständnis für den Islam als neue Realität in Europa und wünsche mir einen demokratischen Euro-Islam, aber keine Imame auf dem europäischen Kontinent. In Paris von islamischen Fundamentalisten verteilte, jedoch in Beirut hergestellte Flugblätter beängstigen mich als aufgeklärten Muslim mit ihrer Zukunftsprognose:

> »Ihr Franzosen werdet vielleicht noch nicht in dieser Generation die islamische Republik in Frankreich kennenlernen. Aber eure Kinder oder Enkelkinder werden sie gewiß kennenlernen, *inscha'alla.*«

Solches aggressiv-expansive, für das gesamte Europa gültige Missionsbewußtsein führt jede multikulturelle Gesinnungsethik ad absurdum. Als Alternative biete ich mein Konzept vom Euro-Islam an (zitiert in Anm. 9, dort Kap. 12).

Zwischen der Parteinahme für den Westen und möglichen, von Huntington befürchteten islamisch-konfuzianischen Bündnissen gegen den Westen (wie z. B. bei der UN-Menschenrechts-Konferenz in Wien, 1993) existieren Zwischenstufen. Es gibt nicht nur die »Frontlinien des Konflikts zwischen den Zivilisationen«, sondern auch *Brücken zwischen ihnen* (vgl. Anm. 14).

Um diese allgemeine Diskussion über Demokratie und Menschenrechte auf den Islam und die Suche nach dem »wahren Imam« zu beziehen, meine ich, daß Demokratie stets säkular ist. Der Ruf nach der *Schura* als ein Ersatz für die säkulare Demokratie, den ich in Kapitel 10 erläutern werde, schürt den Zivilisationskonflikt und ist nicht geeignet, Brücken zwischen den Zivilisationen zu schlagen. In Kapitel 11 wende ich mich einer Untersuchung über Fundamentalismus und Demokratie zu. Vorab möchte ich schon an dieser Stelle sagen: Ich stimme nicht jenen für Exotik anfälligen westlichen Autoren und Politikern zu, die in der Machtübernahme der Fundamentalisten in der Welt des Islam eine »islamische Art der Demokratisierung«[16] sehen. Ich wünsche diesen Gesinnungsethikern, daß sie die Gewalt der Fundamentalisten, z.B. durch einen Kurz-Arrest im Sudan oder im Iran oder gar durch die Untergrund-Imame in Algier, einmal sinnlich kennenlernen bzw. daß sie einmal beobachten können, wie die algerischen Fundamentalisten ihren Gegnern die Kehle wie bei einem Hammel durchschneiden, damit sie real erfahren, über welche Dinge sie reden. Wer nie unter der orientalischen Despotie gelitten hat, kann von seinem bequemen westlichen Sessel leicht schreiben, es handele sich hierbei nur um »westliche Vorurteile über den Orient«.

Bei ihrem Versuch, die angeblich verwestlichte Welt des Islam durch die Rückkehr zum Eigenen wieder zu entwestlichen, greifen islamische Fundamentalisten auf die klassische islamische, Jahrhunderte alte Doktrin zurück, daß der Imam durch die *Schura*/Beratung erfährt, was seine Untertanen wollen. Obwohl islamische Fundamentalisten der Revolte gegen die Moderne entsprungen sind, sind sie von ihr – wenngleich ungewollt – beeinflußt. Rhetorisch berufen sie sich auf das politische frühislamische Konzept des Imam und präsentieren es als ihr Ideal. Äußerlich handelt es sich um eine rückwärtsgewandte Utopie vom »wahren«, weil »gerechten Imam«, in der Substanz aber um eine neo-islamische Auflage moderner Diktatur. In diesem Sinne ist die fundamentalistische Vorstellung von *Hakimiyyat Allah*/Gottesstaat sowie die neue Imam-Version eine Spielart des Totalitarismus. Meiner Ansicht nach *gibt es keine Alternative zur Demokratie*. Zwar läßt sich die permissive westliche Demokratie nicht als ein Heilmittel auf den Rest der Welt übertragen, und dennoch ist Demokratie in der schlichten Bedeutung von der institutionell gesicherten Wahrnehmung der individuellen Menschenrechte auch mit nichtwestlichen Kulturen und Zivilisationen vereinbar. Die Welt des Islam ist keine Ausnahme. Ein liberal und reformerisch gedeuteter Islam ist mit Demokratie vereinbar[17], und diese ist für die Muslime keine »importierte Lösung«, wie Fundamentalisten polemisch unterstellen.

Kapitel 10
Schura – eine Beratung des islamischen Imam? Ein islamischer Weg zur Demokratie oder ein Ersatz für sie?

Die arabo-islamische Demokratiedebatte

Der Leser weiß nun zur Genüge, daß der Imam stets im Zentrum der islamischen Politik steht. Alle Variationen des politischen Führers, sei er ein Kalif im traditionellen Sinne, ein Sultan in orientalischer Kleidung oder ein *Ra'is*/Präsident auf Lebenszeit in modernen Zeiten, münden in eine imaginäre Vorstellung vom *al-Imam al-'Adil* (dem gerechten Imam). An diesem Maßstab wird jeder Herrscher gemessen. Als die Muslime die westlichen Demokratievorstellungen kennenlernten[1], haben sie damit begonnen, ihre Vorstellung vom gerechten – wahren – Imam in die adoptierte Idee des demokratischen Politikers hineinzulesen. Wodurch zeichnet sich ein Politiker als Demokrat aus? Im Westen kann man von Demokratie nur sprechen, wenn »gesatzte Regeln« (Max Weber), sprich Verfassung, gelten und Institutionen wirken, die die Einhaltung der Verfassungsnormen überwachen. Muslime könnten argumentieren, daß sie vergleichsweise die *Schari'a* haben, die die »gesatzten Normen« des Islam verkörpert, und daß der Imam verpflichtet ist, nach dieser von Allah vorgegebenen Verfassung zu herrschen. Der »wahre Imam« ist demnach derjenige, der die Einhaltung der *Schari'a* durch seine Untertanen in allen Lebensbereichen überwacht. Aber wer überwacht den Imam? In der Realität niemand außer Gott, und das hilft nur wenig im Diesseits, wo kein Muslim die Entwicklung des Imam vom »gerechten Sultan« zum orientalischen Despoten verhindern kann.

Mit anderen Worten: Demokratie und islamische Imam-Vorstellung sind zwei verschiedene Politiksysteme, die sich wie Feuer und Wasser zueinander verhalten. Seit Tahtawis Begeisterung für die Demokratie nach seinen Beobachtungen in Paris (vgl. Kap. 7) sind Muslime bemüht, sie sich anzueignen, sei dies nun im säkularen Sinne – vor dem Aufkommen des Fundamentalismus –, sei dies heute durch eine demokratische Interpretation der islamischen Normen. Was ist nun Demokratie, und weshalb stößt ihre Einführung in der Welt des Islam nur auf immense Schwierigkeiten und scheinbar unüberbrückbare Hürden?

Die Ursprünge des Demokratiebegriffes sind altgriechisch; Demokratie war, wie Christian Meier in seinem meisterhaft geschriebenen Buch »*Die Entstehung des Politischen bei den Griechen*« gezeigt hat, die Verfassung von Athen. In demselben Buch entwickelt Christian Meier den Begriff vom »Könnens-Bewußtsein«[2], mit dem er das Bewußtsein des Menschen von seiner Fähigkeit, sein Schicksal selbst zu bestimmen, umschreibt. Ansätze zu einem solchen Könnens-Bewußtsein haben islamische Rationalisten in ihrer Rezeption der griechischen Antike entfaltet. Aber diese Tradition konnte im Islam nicht gedeihen (vgl. Kap. 3). Die hellenisierten Philosophen konnten die islamische Weltsicht leider nicht verändern und auch nicht den Fortlauf der islamischen Geschichte nachhaltig bestimmen. In den Kapiteln des zweiten Teils dieses Buches haben wir gesehen, daß die Träger des islamischen Rationalismus bereits im Mittelalter die Schlacht mit der islamischen Orthodoxie verloren hatten. In unserer Gegenwart haben sich islamische Intellektuelle eine rationale westliche Bildung angeeignet, ohne jedoch ihre islamische Weltsicht zu verändern.[3] Wir haben diese Erscheinung in Kapitel 8 als eine »oberflächliche Säkularisierung« kennengelernt. Das Scheitern aller Modelle der Verwestlichung und Modernisierung in der Welt des Islam zwingt die Muslime, zu den Wurzeln, d.h. zum Islam, zurückzukehren. Bedeutet diese Alternative einen islamischen Gottesstaat, oder ist eine islamische Demokratisierung doch möglich? Die arabisch-islamische Debatte über Demokratie dreht sich um diesen Fragenkomplex.

Der prominente irakische, in Amman lehrende Historiker Abdulaziz al-Duri hat in einer wertvollen Arbeit das Vorhandensein von Demokratie-äquivalenten Ideen im arabo-islamischen kulturellen Erbe literarisch, nicht jedoch institutionell nachgewiesen. Obgleich jener arabische Denker in einer strittigen Weise die intellektuellen Wurzeln der modernen Demokratie in den klassischen Islam projiziert, verliert er dennoch nicht seine kritische Sichtweise. Zwar äußert er sich in diesem Rahmen positiv über die islamische Geschichte, er ist sich aber über die Tatsache im klaren, daß die institutionellen Rahmenbedingungen für die Realisierung solcher demokratischer Ideale zu jeder Zeit in ihr gefehlt haben:

> »In Anerkennung der Tatsache, daß das besprochene islamische Kulturerbe ideell viele bemerkenswerte Prinzipien enthält, bleibt das große Problem der islamischen Geschichte darin bestehen, daß nur der Aufbau korrespondierender Institutionen und adäquater Ordnungen eine Garantie für die materielle Verankerung solcher Ideen wie auch für ihre weitere Entwicklung sein kann.«[4]

Es ist jedoch ermutigend, daß die Imam-Tradition zumindest normativ demokratisch gedeutet werden kann. Ein anderer führender arabo-islamischer Autor, Hasan Hanafi, hebt den Tatbestand hervor, daß die Probleme der Gegenwart – d. h. das Fehlen von institutioneller Demokratie –

> »nichts anderes sind als eine kontinuierliche Fortführung der Vergangenheit ... Unsere Gegenwart ist untrennbar mit der Vergangenheit verbunden, die wir geerbt haben. Daraus folgt, daß sich die Probleme von Freiheit und Demokratie nicht einfach auf die zeitgenössische Periode beschränken, sondern vielmehr Ausdruck der mehr als tausendjährigen Kontinuität eines kulturellen Zustandes sind«.[5]

Der Ägypter Hanafi, übrigens ein Islamist, hält fest: »...unsere gegenwärtige Aufgabe ist es, nach einer Alternative zu den bestehenden Optionen zu suchen« (ebd.). Bei der Suche nach dieser Alternative bleibt uns Hanafi jedoch die Antwort auf die Frage schuldig, wie der Rahmen für diese Suche auszusehen hat. In späteren Arbeiten präsentiert er den »Fundamentalismus/*Usuliyya*« als den islamischen Weg, er nennt seine Option den »revolutionären Fundamentalismus«. Warum versteckt sich der rational denkende Muslim Hanafi hinter dieser Verkleidung? Die Erklärung hierfür ist schlicht und einfach: In unserer Gegenwart dominiert in der Welt des Islam der Fundamentalismus gleichermaßen als Ideologie und als Weltsicht der Muslime. Aus dieser Dominanz resultiert die Tatsache, daß keine Idee auf Zuhörer rechnen kann, die nicht mit der Aura des Islamismus umgeben ist. Deshalb ist es verständlich, daß es Hanafi opportun erscheint, sich in das Fahrwasser des Fundamentalismus/*al-Usuliyya* zu begeben, um im islamischen Orient Gehör zu finden. Islam-Experten verweisen auf sein opportunes Verhalten.[6]

Gemäßigt und rational denkende, in der Moderne groß gewordene Islamisten versuchen, auf der Basis zeitgemäßer Koran-Interpretationen moderne Inhalte in die klassischen islamischen Ideen hineinzulesen. In diesem Kreis ist Hanafi führend. Hierzu gehört die Deutung der *Schura* als einer islamischen Demokratie. Verwirrend ist aber, wenn extremistische Islamisten den entgegengesetzten Versuch unternehmen, islamische Ideen als Vehikel für eine Frontstellung gegen den Westen und gegen seine Moderne zu benutzen. Hierzu gehört die Deutung der *Schura* als Alternative zur – also nicht als eine islamische Form der – Demokratie. Die Verwirrung erreicht ihren Höhepunkt, wenn die Saudis, die im Gegensatz zu den Fundamentalisten doch Traditionalisten, also keine Modernisten sind, nun auch noch auf den Plan treten und sich ebenfalls der *Schura* als Instrument bedienen. Bei allen drei Versuchen geht es darum, die Legitimität des Imam durch seine Bindung an die *Schura* zu verstärken. Was ist diese *Schura*? Mein Ausgangspunkt wird die saudische *Schura*-Verordnung sein.

Vorab ist eine Klärung erforderlich: Der saudische *Wahhabismus* ist kein Fundamentalismus, eher eine traditionelle Despotie. Ohne saudische Finanzhilfe könnten allerdings viele fundamentalistische Bewegungen, vor allem in der westlichen Islam-Diaspora, kaum gedeihen. Im saudischen Fall gehen Traditionalismus und Fundamentalismus ineinander.

Der Imam-König Saudi-Arabiens beruft einen Schura-Rat

Ende August 1993 hatten arabische Zeitungen ihren Lesern die Sensation mit der Schlagzeile vermittelt: »König Fahd befiehlt die Veränderung des Regierungssystems.«[7] Die frohe Botschaft lautete, daß auf der Basis eines Dekrets des königlichen Imam ein *Schura*-Rat (*Madjlis al-Schura*) in Saudi-Arabien[8] gegründet worden sei. Lange hat die saudische Opposition, die vorwiegend aus der im Westen ausgebildeten Intelligenz sowie aus Kaufleuten besteht und somit eine neue soziale Mittelklasse bildet[9], ihren Imam gedrängt, die islamische *Schura* anzuwenden. Obwohl islamisch legitimiert, zögerte der traditionalistische König Fahd bisher, dieser von Modernisten vorgebrachten Forderung nachzugeben. Dann stimmte der Imam der Einführung der *Schura* schließlich zu. Ist das eine Demokratisierung oder eher eine Anpassung an die fundamentalistische Forderung nach Anwendung der *Schari'a*, des göttlichen Gesetzes? Denn die *Schura* wird als Teil der *Schari'a* gedeutet.

Die neue saudische Mittelschicht, die bisher die *Schura* forderte, hebt sich von der königlichen, ca. 5000 Prinzen umfassenden Clan-Familie und den anderen Trägern der Macht (*Ulema* und Stammesführer) in jener Wüstenmonarchie, in der der Stamm der Saudis die Macht hat, ab. Wie ich in der Einführung zu diesem Teil ausgeführt habe, sind die Saudis keine Quraischis und somit auch keine Nachkommen des Propheten; sie erfüllen also die klassischen Voraussetzungen für den Imam nicht (vgl. Kap. 1). Dennoch stellen sie den Imam. Von dem herrschenden Stamm des saudischen Imam unterscheidet sich die Mittelschicht einerseits durch ihre moderne, d. h. westliche Bildung, andererseits durch ihre wirtschaftlichen Aktivitäten im modernen, vorwiegend aus der Ölökonomie hervorgegangenen Sektor; ihre Angehörigen fordern seit Jahren – und besonders seit dem Golfkrieg – innerhalb des islamischen Rahmens eine politische Beteiligung an den Entscheidungen in der Ölmonarchie durch »*Power-Sharing*/Teilung der Macht«. Die islamische *Schura* ist das Äußerste, was sie verlangen können; sie deuten diese islamische Doktrin modern im Sinne von Demokratie. Wie wir sehen werden, schließt sich der saudische Imam dieser Auffassung nicht an.

Mit der Einführung der *Schura* scheint ein reformerischer Schritt des bisher, trotz der Erdöl-Ehe mit den verbündeten USA, gegen Demokratie resistenten königlichen Imam erfolgt zu sein. Hierbei stellt sich die Frage, ob diese Handlung sich als ein Ausdruck dessen deuten läßt, wofür der schon zitierte Demokratietheoretiker Samuel Huntington aus Harvard in den 60er Jahren die Formel »*The King's Dilemma*«[10] geprägt hat. Huntington meint damit ein Schwanken traditioneller Herrscher zwischen der Aufrechterhaltung ihrer absoluten Herrschaft und der Durchführung politischer, in der Folgewirkung ihre Macht einschränkender und somit unterhöhlender Reformen. Genau dies ist das zentrale politische Problem in der durch Ölreichtum charakterisierten absoluten, jedoch islamisch legitimierten Monarchie Saudi-Arabiens.[11] Jede demokratische Reform kann die Herrschaft des islamisch legitimierten absoluten Imam erschüttern. Das »Königsdilemma« besteht darin, daß der Imam dennoch keine Wahl hat; er handelt unter Zugzwang.

Die verkündete »Demokratisierung« – ohne daß im königlichen Dekret das Wort Demokratie gefallen wäre – beschränkt sich auf die Einführung des islamischen Prinzips der *Schura* in Saudi-Arabien. In diesem Kapitel will ich dem europäischen Leser dieses ihm fremde islamische Muster allgemein vorstellen und es dann am Beispiel Saudi-Arabiens illustrieren. Die erste Frage, die sich bei diesem Unterfangen stellt, lautet: Was bedeutet *Schura* im Islam? Erst nach der Vorstellung der *Schura* wird das erforderliche Vorverständnis hergestellt sein, auf dessen Basis sich der Text des einleitend angesprochenen königlichen Dekrets angemessen analysieren läßt. In einem ersten Schritt müssen wir den Koran über die *Schura* befragen.

Der Koran verpflichtet zur Schura

Der Koran enthält ausschließlich zwei Textstellen, in denen der islamische Begriff *Schura* vorkommt. Wortwörtlich bedeutet *Schura*

»Konsultation« (vom arabischen Verb »*schawara*/zu Rate ziehen«). In der Sure *al-Schura*, Vers 38, wird den Gläubigen, »welche dem Herrn gehorchen, an den Gebeten teilnehmen und ihre Angelegenheiten im gegenseitigen Einvernehmen/*Wa amruhum schura baynahum* (regeln)« (Koran, 42/38), Lohn von Allah im Paradies versprochen. Die zweite Textstelle enthält einen göttlichen Befehl an den Propheten Mohammed: »*Wa schawirahum bi al-amr*/Berate dich mit ihnen in der Durchführung deiner Angelegenheiten« (Sure *al-'Imran*, Vers 159). Ähnlich wie in der vorislamischen tribalen Tradition, als sich Stammesführer mit den Stammesältesten berieten, etablierte sich im Früh-Islam auf dieser Basis der Brauch, daß der Prophet seine »*Sahaba*/nahestehende Gefolgsleute«, vor allem seine späteren Nachfolger Abu Bakr und Umar, d. h. die Kalifen und Imame der Muslime, zu Rate zog. Diese Gepflogenheit verpflichtete die dem Propheten folgenden Imame. Der größten Zahl von Beratern eines Imam im Rahmen der *Schura* bediente sich der rechtgeleitete zweite Kalif Umar: Es waren insgesamt sechs. Dreizehn Jahrhunderte nach Umar kann sich der saudische Imam Fahd mit seinem zitierten Dekret rühmen, diese Zahl durch die Berufung von sechzig Mitgliedern des *Schura*-Rates (*Madjlis al-Schura*) verzehnfacht zu haben. Ist das eine Form von Demokratisierung? Die Antwort erfordert gleichermaßen eine Kenntnis der Geschichte und eine nähere Betrachtung der Maßnahme des saudischen Imam.

Der Kenner der islamischen Geschichte weiß, daß die im Früh-Islam praktizierte *Schura* im Verlauf der historischen Entwicklung in Vergessenheit geriet. Kein Kalif der Umaiyyaden oder Abbasiden kümmerte sich je um die *Schura*. Erst in der modernen Zeit, in der die Muslime mit der Demokratie als einer ihnen fremden politischen Lebensform konfrontiert werden, entdecken sie die *Schura*-Norm[12] im Rahmen des »islamischen Erwachens/*al-Sahwa al-Islamiyya*« wieder. Diese *Sahwa* wird von einem ihrer Protagonisten als »*Tasaddi li-al-Taghrib*/Frontstellung gegen die Verwestlichung« definiert.[13] Auffallend und merkwürdig ist jedoch, daß diese Selbstentdeckung mit einer von der Vergangenheit abweichenden Interpretation des Islam betrieben wird. Sozialwissenschaftler nennen solche Entdeckungen »die Erfindung der Tradition«.[14] Die *Schura* sowohl der Traditionalisten als auch der Fundamentalisten des späten 20. Jahrhunderts ist eine andere *Schura* als die des Früh-Islam.

Sowohl in vorislamischen Zeiten als auch im Früh-Islam bedeutete *Schura* Beratung des Herrschers bzw. des Stammesführers mit den Ältesten und Weisen seiner Umgebung. Es versteht sich von selbst, daß dies aber nicht gleichbedeutend mit Demokratie ist.

Gemäßigte islamische Fundamentalisten, wie der Autor der autoritativen Schrift über die »Regierungskunst im Islam/*Fan al-hukm fi al-Islam*« (vgl. Anm. 12), der Ägypter Mustafa Abu-Zaid Fahmi, interpretieren die *Schura* nun ausdrücklich als eine spezifisch und authentisch islamische Form der Demokratie. Abu-Zaid Fahmi behauptet apologetisch, daß »der Islam die erste Demokratie auf Erden gewesen« sei. Er richtet sich dann an die islamistischen Aktivisten – die heute mit ihrem Bombenterror diese Form der »Demokratie« in Algerien und Ägypten einführen wollen – und fragt:

> »Könnte irgend jemand es wagen zu behaupten, daß die moderne konstitutionelle Demokratie ... fortschrittlicher ist, als es das islamische Denken von jeher war?« (Ebd.)

Die gemäßigten Vertreter des zeitgenössischen politischen Islam teilen mit Fahmi die Auffassung:

> »Der Islam hat die Demokratie hervorgebracht und mit ihr die *Schura* als deren zentrales Element ... Diese Leistung des Islam ist in der Geschichte der Menschheit ohne Beispiel« (ebd.).

Die Radikalen unter ihnen, wie der Algerier Ali Ben-Hadj, sagen dagegen unverblümt: »*al-Democratiyya kufr*/Die Demokratie ist ein Unglauben«[15]; seltsam wirkt dann allerdings die opportunistische Berufung dieses Kreises auf Menschenrechte!

Kurzum: Es bleibt offen, was unter *Schura* zu verstehen ist. Die beiden zitierten Koran-Stellen sind so allgemein gehalten, daß auch sie diese Unsicherheit nicht beheben. Und so bleibt es der eigenen Interpretation vorbehalten, über den genauen Inhalt der *Schura* zu bestimmen.

Traditionalisten und Fundamentalisten

Schließen sich nun die Saudis mit der Übernahme der *Schura* dem fundamentalistischen Trend an? Sind die an sich traditionalistischen Saudis durch die Einführung der *Schura* Fundamentalisten geworden? Der Leser weiß bereits, daß Traditionalismus und Fundamentalismus im Islam zweierlei sind. Nur die westlichen Medien – und mancher Experte! – beherrschen die Kunst, sie durcheinanderzubringen. Komplizierend wirkt der Umstand, daß die saudischen Traditionalisten die islamischen Fundamentalisten außerhalb ihres Landes – vor allem in Europa – finanziell fördern, obwohl sie sie in ihrer eigenen Monarchie mit aller Gewalt unterdrücken. Und doch stellt sich die Frage, ob der saudisch-wahhabitische Traditionalismus in unserer Zeit fundamentalistische Züge annimmt.

Auch wenn einmal ein hoher, inzwischen pensionierter Beamter des Auswärtigen Amtes auf einer Tagung in Bonn unwissentlich behauptete, in Saudi-Arabien seien die Fundamentalisten bereits an der Macht, behalten sich die saudischen Wahhabis vor, nicht als solche eingestuft zu werden; sie sind ideologisch Traditionalisten, selbst wenn sie moderne Petro-Dollar-Geschäfte betreiben.

Die Lehren des Ibn Abd-al-Wahhab (Wahhabismus[16]), auf denen die politische Legitimität Saudi-Arabiens seit seiner Gründung 1932 basiert, sind der Ausdruck eines islamischen Traditionalismus; sie basieren auf einer neuen Deutung der islamischen Orthodoxie des Ibn Hanbal (Hanbalismus) aus dem Früh-Islam sowie Ibn Taimiyyas (vgl. Kap. 5) aus dem islamischen Mittelalter. Dagegen ist der Fundamentalismus eine zeitgenössische, aus der Konfrontation mit der Moderne hervorgegangene Erscheinung im Islam.[17] Das ist der historische Hintergrund der gestellten Frage, ob die Saudis mit der Einführung der neu interpretierten *Schura* Anschluß an den Fundamentalismus suchen.

Aus opportunistischen Gründen haben sie vor dem Golfkrieg und auch danach islamische Fundamentalisten mit Milliarden von Petro-Dollars unterstützt. Dennoch bestehen bei der Auffassung vom Imam substantielle Unterschiede zwischen den Fundamentalisten und den sunnitischen Traditionalisten, von denen die Wahhabis eine wichtige Spielart darstellen. Die Saudis stehen in der Tradition einer Deutung des Imam als Sultan/Herrscher und lehnen somit die schi'itisch beeinflußte Vorstellung vom Untergrund-Imam strikt ab; ihre Unterstützung der konspirativen Imame der Fundamentalisten ist reine Realpolitik.

Die angesprochenen »königlichen Befehle/*Awamir malakiyya*« des saudischen Imam ordnen die Gründung des *Madjlis al-Schura* (*Schura*-Rates) sowie die Berufung seiner sechzig Mitglieder an. Eine genaue Lektüre dieses Dekrets des Imam ergibt, daß es vorwiegend in traditioneller Sprache verfaßt ist, also nichts Fundamentalistisches enthält. Ein Vergleich dieser »*Awamir*/Befehle« mit der fundamentalistischen modernen Deutung der *Schura* (u. a. in den Schriften von Abu-Zaid Fahmi oder von Salim al-'Awwa[18]) zeigt, daß König Fahd in seinem Dekret die Benutzung des Begriffes »Demokratie« durchgängig vermeidet. Bis auf einige neu-arabische, modern anmutende Wortbildungen wie »*Taswit*/Abstimmung« (Paragraph 19 des Dekrets) ist die Sprache des Dokuments höchst traditionell. Es beginnt schon mit dem Satz: »Mit Beistand Allahs befehlen wir folgendes.« Das ist die traditionelle Sprache des sunnitischen Imam. Dann folgen die Pflichten – und wenigen Rechte – der *Schura*-Berater. Das klingt weder nach Demokratie noch nach einem konspirativen Plan eines fundamentalistischen Untergrund-Imam.

Über die Besoldung und die Finanzen, die ja mit Demokratie nichts Wesentliches zu tun haben, führt der Imam in seinen »königlichen Befehlen« besonders viele Paragraphen an. Das wichtigste Recht der *Madjlis*-Mitglieder in den – wie das Dekret betont – nicht-öffentlichen Sitzungen besteht darin, zu reden (Paragraph 16). Auch dieses Recht wird aber eingegrenzt, denn Paragraph 17 bestimmt, daß jedes männliche Mitglied (Frauen sind nicht vertreten) nicht länger als zehn Minuten reden darf und – noch wichtiger – daß die »*Maslaha*/das Interesse« (nicht näher definiert) es erfordern kann, dieses Rederecht zu beschneiden. Gewissermaßen handelt es sich bei dieser Redezeitbeschränkung um eine moderne Einführung in Saudi-Arabien. Im Orient verweigern moderne Despoten das Rederecht, während arabische Traditionalisten gerne endlose Reden halten.

Ein Blick auf die Namen der sechzig berufenen *Schura*-»Berater« zeigt, daß sie vorwiegend aus folgenden drei Kreisen stammen: den Scheichs (Stammesführer), den *Ulema* (religiöses Establishment) und den loyalen pensionierten Offizieren (Armee). Ein in den USA an der Duke University im Fach Politikwissenschaft promovierter Saudi, Fouad al-Farsy, der heute zum saudischen Informationsminister avanciert ist, beschreibt in seiner mehrfach verlegten Doktorarbeit das saudische Regierungssystem lapidar mit dem Satz:

> »An erster Stelle rangiert die königliche Familie. Dann kommen die *Ulema* (Schriftgelehrten), an dritter Stelle das Militär.«[19]

In dieser Aufreihung fehlen die nicht-saudischen tribalen Scheichs/Stammesführer, die jedoch durch Eheschließungen mit der königlichen Familie verwandt sind und daher als Stütze der Monarchie fungieren. In dem von König Fahd berufenen *Schura*-Rat sitzen keine Prinzen; diese lassen sich lieber von Nicht-Royalen beraten, also von den Scheichs, Offizieren und *Ulema*. Neben ihnen sitzen nur ganz wenige Angehörige der neuen Mittelschicht (Geschäftsleute und Ärzte) in jener islamischen *Schura*-Institution, die als Alternative zum modernen Parlament präsentiert wird.

Die beschriebene Zusammensetzung vermittelt ein Bild des von al-Farsy beschriebenen Regierungssystems der Ölmonarchie. Auch nach den jüngsten »*Awamir*/Befehlen« des Königs Fahd zur Befolgung der *Schura* bleibt die saudische Monarchie weiterhin in der Tradition, in der der Imam uneingeschränkt die Herrschaft ausübt.

Wie der saudische Fall zeigt, ist *Schura* also keine Spielart von Demokratie; sie ist lediglich eine unverbindliche Beratung des Imam als absoluter islamischer Herrscher durch Stammesführer, Militärs und islamische Geistliche, die ihm ohnehin durch die *Bay'a*/Treueschwur ergeben sind. Weder unterliegt der königliche Imam irgendeiner Pflicht, seine Politik gegenüber dem *Schura*-Rat zu begründen, noch kann er von diesem Gremium zur Rechenschaft gezogen werden. Die Ratschläge erfolgen auf der Basis des »*take it or leave it*«, haben also keinerlei Verbindlichkeit.

Um es kurz zu fassen: Eine Demokratisierung Saudi-Arabiens hat mit den zitierten »königlichen Befehlen« vom August 1993 nicht begonnen; *Schura* führt nicht zur Demokratie. Sieht man einmal von Saudi-Arabien ab, dann stößt man überall in der Welt des Islam auf den Ruf nach einer spezifisch islamischen Demokratie. Gibt es sie? Stimmt die Behauptung, daß der Koran die erste Verkündung der Demokratie an die gesamte Menschheit vermittelt? Ich möchte dieser Frage nun auf allgemeiner Ebene unvoreingenommen nachgehen.

Ist der Koran die erste Quelle der Demokratie?

Die Islamisten, die sich auf die *Schura* berufen, ordnen sie in die *Schari'a* ein. Obwohl das Wort *Schari'a* im Koran nur ein einziges Mal mit der Bedeutung »Weg/Richtung« vorkommt (Koran, 45/18), glauben islamische Fundamentalisten, daß der Koran ein umfassendes, für die gesamte Menschheit und für alle Zeiten gültiges Rechtssystem enthalte. Der Kampf für die *Schura* als ein islamischer Rechtsgrundsatz erweitert sich zu einem Kampf um die *Schari'a* als die Rechtsordnung eines spezifisch islamischen Regierungssystems/*al-Nizam al-Islami*.[20] Der Rückgriff auf die *Schura* erfolgt in einer selbstgefälligen Manier mit der apologetischen Versicherung, daß der Islam durch die *Schura* die erste Demokratie in der Menschheitsgeschichte geschaffen hätte. Mehr noch: Islamisten kommen zu dem Schluß, daß im Koran die Grundlegung der ersten, der Menschheit jemals bekannten Demokratietheorie enthalten sei. Diese Auffassung wird mit den zwei bereits zitierten, sehr kurzen Koran-Versen über die *Schura* begründet.

Außer diesen zwei zitierten Textstellen gibt es keine weiteren Aussagen im Koran, in denen das dargelegte *Schura*-Konzept vorkommt. Ich habe schon ausgeführt, daß sich die *Schura*-Vorschrift in historischer Sicht auf die vorislamische Tradition der Beratung zwischen den Ältesten der jeweiligen arabischen Stämme bezieht. Der Prophet Mohammed hat diese Tradition bei der islamischen Religionsstiftung fortgesetzt, als er sich mit seinen engsten Vertrauten und Anhängern aus dem Stamm Quraisch beriet. Unter den Imamen, die dem Propheten folgten, wird nur Umar dafür gerühmt, daß sechs Gefährten ihm zur *Schura*/Beratung zur Seite standen. Aus der islamischen Geschichte kennen wir sonst keinen Imam, der sich im Sinne der *Schura* beraten ließ. Ich wiederhole es: Die *Schura* ist eine »Erfindung der Tradition« in unserer Gegenwart (vgl. Anm. 14).

Es fällt auf, daß islamische Fundamentalisten überzeitlich denken, d. h. für die islamische Geschichte keinen historischen Sinn haben. Bei der Lektüre ihrer politischen Pamphlete stoßen wir parallel zu der stets im Vordergrund stehenden dogmatischen Schriftgläubigkeit auf ein sehr schwach entwickeltes Bewußtsein von historischer Wahrheit. Dies geht einher mit einer Fixierung auf die Vergangenheit im Rahmen einer rückwärts gewandten Utopie. Stets fehlt ihr die Fähigkeit, eine Vision von der Zukunft zu entwickeln. In einer der bedeutendsten Schriften aus dem »islamischen Erwachen«, nämlich der bereits zitierten Arbeit über »Die Regierungskunst im Islam« (Anm. 12), können wir ein umfangreiches Kapitel über die *Schura* lesen. Darin wird ausschließlich eine im höchsten Maße ausschweifende Paraphrasierung der beiden zitierten, die *Schura* betreffenden Koran-Verse geliefert. Die Bedeutung dieses Kapitels für die Diskussion über die *Schura* im Islam ergibt sich nicht aus dem intellektuellen Wert der dort vorgelegten Aussagen, sondern aus dem exemplarischen Charakter der apologetischen Argumentation. Wir werden stets mit einer Projektion moderner Inhalte in den Islam konfrontiert und hierbei unermüdlich belehrt, daß die *Schura*/Konsultation eine spezifisch islamische Regierungsform darstelle; sie sei eine Alternative zur modernen, gleichermaßen säkularen und pluralistischen Demokratie. Dieses *Schura*-System könne – so werden wir weiter belehrt – als Garantie für die

Gewährung aller bekannten Menschenrechte dienen. Selbst gemäßigte islamische Fundamentalisten verneinen die universelle Gültigkeit der säkularen Demokratie und individueller Menschenrechte und lassen sie nur in einer islamischen Bestimmung gelten. Für die Radikalen unter ihnen ist die *Schura* praktisch ein Ersatz für Demokratie in einem islamischen Herrschaftssystem. Iran, wo der schi'itische Klerus ausschließlich unter sich berät, ist hierfür ein Beispiel.

Fundamentalisten und orthodoxe Muslime argumentieren gleichermaßen, daß der Islam, als die abschließende göttliche Offenbarung, per definitionem den intellektuellen Fortschritt auf einer universellen Ebene darstellt. Der Islam überrage alle Formen menschlichen Zusammenlebens in allen Bereichen, einschließlich der demokratischen Herrschaft. In diesem Sinne enthalte der Islam Anleitungen für alle Lebensbereiche und damit auch Regeln für die Politik. Der Fundamentalist Fahmi führt aus:

> »In bezug auf den Fortschritt in jedem Bereich des Lebens kann kein anderes menschliches Denken mit dem Islam wetteifern. Daher garantiert die korrekte Auslegung des Koran, unabhängig von der jeweiligen zeitlichen Epoche, die endgültige Freiheit, die endgültige Würde und die endgültige Sicherheit.«

Mustafa Abu-Zaid Fahmi, der Verfasser dieser politischen Dichtung, setzt seine religiös-politische Poesie dann fort:

> »Wenn politische Demokratie einfach bedeutet, daß politische Herrschaft auf einer Regierung des Volkes basieren soll und daß das Volk die Quelle der Souveränität des Staates und aller seiner Machtbefugnisse ist ... dann muß der Islam die erste auf der Welt etablierte Demokratie gewesen sein ... Ich frage mich, warum Wissenschaftler es bis heute versäumt haben, über diesen Gegenstand zu schreiben, um zu zeigen, daß der Islam den Menschen vor der Tyrannei nicht weniger schützt als irgendeine der entwickeltsten modernen Verfassungen.«[21]

Obwohl die zitierte Aussage ein sehr typisches Beispiel für die apologetische Argumentationsweise der Vertreter des politischen Islam vermittelt, ist sie zitierenswert; es verdient, festgehalten zu werden, daß

Fahmi neue Dimensionen für das islamische politische Denken eröffnet. Mag der Fundamentalist Fahmi auch historisch falsche Charakterisierungen liefern, so erkennt er doch – wie auch der Islamist Fauzi al-Nadjar[22] – das Volk als den Souverän an. Das ist revolutionär im Islam. Denn führende Fundamentalisten (vgl. Kap. 12) akzeptieren nur Allah als Souverän. So besteht keine einheitliche fundamentalistische Antwort auf die Frage: »Wer ist der Souverän?«[23]

Diese Vielfalt darf aber nicht darüber hinwegtäuschen, daß die Mehrheit der islamischen Fundamentalisten den geistigen Vätern des zeitgenössischen islamischen Totalitarismus, Qutb und Maududi[24], im Glauben folgen, daß Allah der einzige Souverän sei. Demnach basiert die Souveränität eines islamischen Staates auf dem Willen Gottes, nicht auf dem Willen des Volkes. Aus diesem Grunde wird die Volkssouveränität als »Unglaube/*Kufr*« zurückgewiesen; es gilt als Anmaßung, die Herrschaft Allahs durch die des Volkes zu ersetzen. Diese theokratische Interpretation von Souveränität bildet die Grundlage für die Herleitung religiöser Pflichten/*Faraid* im politischen Islam an Stelle der Etablierung von Rechten für das Individuum gegenüber Staat und Gesellschaft. Aus dieser Perspektive sind die *Ulema* (Schriftgelehrten) und *Faqihs* (Islam-Juristen), aufgrund ihrer intimen Kenntnis der Doktrin, die geeignetsten Menschen für die Interpretation des Willens Allahs, der als alleiniger Gesetzgeber die Quelle der Pflichten ist. Der Fall Iran belehrt uns, daß die Gottesherrschaft in Wirklichkeit die Herrschaft der Ayatollahs, also die von Menschen ist. Hierfür habe ich den Begriff *Mullahkratie* geprägt.

Fundamentalistische Deutung der Schura

Islamische Fundamentalisten teilen die Auffassung der *Ulema* als Traditionalisten nicht. Fundamentalisten sind halbherzige Modernisten, von denen manche es zulassen, daß die Gesetzgebung vom Menschen selbst gestaltet werden darf. Hierfür bemühen sie das Prinzip der *Schura*, das in einer auffallend modernen Version von Volkssouveränität interpretiert wird, wie die folgende Ausführung von Fahmi illustriert:

> »Die *Schari'a* hat die *Schura* in diesem Feld (dem Regierungssystem, B. T.) als einen zentralen Pfeiler zugelassen, was bedeutet, daß die Legislative in Einklang mit den *Schura*-Bestimmungen eingerichtet werden muß. Das Volk kann die *Schura* nach seinem Gutdünken praktizieren: entweder direkt, falls das Gemeinwesen klein genug ist, um eine direkte Demokratie im Sinne moderner Verfassungstheorien zu ermöglichen, oder indirekt, durch gewählte Abgeordnete wie in parlamentarischen Demokratien ... In der Verkündigung hat der Islam die *Schura* als ein wesentliches Herrschaftsprinzip geoffenbart: Muslime ›regeln ihre Angelegenheiten in gegenseitigem Einvernehmen‹ (Koran, 42/38). Daher muß die legislative Macht auf der Basis der Grundzüge der *Schura* organisiert werden. Keine Minderheit darf zur Herrschaft bevorrechtigt sein – auch dann nicht, wenn diese Minderheit aus Rechtsgelehrten und islamischen Muftis (Rechtsgutachtern) bestünde.«[25]

Nach diesem sehr modernen und reformerischen Verständnis ist eine islamische Verfassung als ein menschliches Produkt der *Schura*-Praxis zulässig; eine solche Verfassung wäre dann nicht länger das Resultat eines göttlichen Schöpfungsaktes. Sie würde von den Menschen entworfen und für gut befunden, wie Fahmi in Anlehnung an die zwei zitierten Verse aus dem Koran erläutert. Ihm zufolge ist die islamische *Schura*-Demokratie in Abgrenzung zur modernen säkularen Demokratie das einzig wahre freiheitliche Regierungssystem auf dem gesamten Globus.

In der Realität sieht es jedoch anders aus. Saudi-Arabien ist unser Beispiel. Dort schließt sich der »Befehl« des saudischen Imam, die *Schura* einzuführen, der zitierten radikal-fundamentalistischen Deutung von Fahmi nicht an. Fahmi rühmt den politischen Islam:

> »Das islamische Regierungssystem ist das entwickeltste System, das die Menschheit jemals gekannt hat. Der Islam etablierte die Demokratie und setzte die *Schura* als ihr Hauptelement ein ... Diese Leistung des Islam stellt eine Errungenschaft dar, die in der Geschichte der Menschheit ohne jedes Beispiel ist« (ebd.).

Die gerühmte Leistung hat aber nirgends in der Realität bestanden.

Nach Vernehmen der zitierten Ausführungen stellt sich für den Vertreter des politischen Islam, Fahmi, die Frage, warum die islamischen Realitäten nicht im Einklang mit dieser angeblichen »Errungenschaft« stehen. In ihrer gesamten Realgeschichte waren die Muslime Opfer von Tyranneien ihrer institutionell von keiner Instanz kontrollierten Imame; islamische Herrscher übten die Macht als orientalische Despoten aus, und so regieren sie auch noch in unserer Gegenwart. Weshalb wurden Muslime in ihrer Geschichte stets ihrer Rechte beraubt? Bekanntlich waren islamische Herrscher – die Frühperiode der rechtgeleiteten Kalifen ausgenommen – oft verhaßte Despoten. Islamische Imame waren, wie Ibn Khaldun (vgl. Kap. 6) uns belehrt, schlicht autokratische Könige.

Fahmi und ähnlich gesinnte vernünftige Fundamentalisten bestreiten gar nicht, daß die meisten islamischen Imame despotische Herrscher waren. Dennoch erhalten wir aus diesem Kreis auf die gestellten Fragen erneut die wohlbekannte alte Antwort: Nicht der Islam, sondern die »verkommenen Muslime« tragen durch ihre Abweichung von der Doktrin des »*Imam al-'Adil*/gerechten Imam« die Schuld an diesem Zustand. Das ist die stereotype Antwort, die wir stets von Vertretern des politischen Islam erhalten; sie konstruieren einen *idealen Islam* des »*wahren Imam*« als ein Modell für die Wirklichkeit und heben ihn von der Realität ab, in der die Muslime leben.

Meine Ausführungen über die *Schura* und den Imam möchte ich mit der folgenden Feststellung abschließen: Die in dem politischen Denken des islamischen Fundamentalismus enthaltene Bezugnahme auf die *Schari'a*[26] als ein Rechtssystem und auf die *Schura* als deren politischer Komponente bleibt Rhetorik; weder wird ihr Ruf nach einem islamischen Regierungssystem spezifiziert, noch wird dieser durch eine Verknüpfung mit konkreten politischen Forderungen näher bestimmt. Bei der Deutung der *Schura* als ein Mittel zur Demokratisierung der Herrschaft des Imam handelt es sich oft um eine Projektion moderner Inhalte in den Islam; diese kann zuweilen interessante Früchte hervorbringen, deren wichtigste mir die Deutung der *Schura* als Demokratie zu sein scheint. Die festgestellte Unbestimmtheit islamischer fundamentalistischer Politikbegriffe kann jedoch durch diese positiven Projektionen nicht behoben werden.

Doch sind selbst jene Fundamentalisten, die ein rhetorisches Lippenbekenntnis zur Demokratie ablegen, nicht weniger zweideutig als die *Schura*-Protagonisten; eine klarere Sprache sprechen nur jene unter ihnen, die die *Schura* offen als Demokratieersatz sehen wollen. Eben dieser fundamentalistischen Opposition hat die ägyptische Organisation für Menschenrechte auf der UN-Konferenz für Menschenrechte in Wien im Juni 1993 vorgeworfen, ebenso viele Menschenrechtsverletzungen wie die ihnen verhaßten despotischen Herrscher zu begehen. In Algerien, Ägypten und in der Türkei geht der Tod Dutzender Schriftsteller und Intellektueller auf das Konto von Untergrund-Imamen, von denen manche in Europa als »politisch verfolgte Asylanten« (vgl. Anm. 8 zur Einführung dieses 4. Teils) leben. Das haben islamische und europäische Schriftsteller auf einem vom Dänischen und International PEN gemeinsam in Kopenhagen veranstalteten islamisch-europäischen Symposium festgestellt und beklagt.[27] Auf diesem sog. Louisiana-Treffen[28] war auch ein führender Untergrund-Imam: Raschid al-Ghannushi, der von seinem Londoner Exil die islamistische *al-Nahda*-Untergrund-Bewegung in Tunesien anführt. Auf meine Frage, wie er zu den Mördern von Intellektuellen stehe, antwortete er: »Wie Sie verurteile ich auch diese Morde.« Und dann fragte ich: Teilen die anderen Islamisten diese Einstellung? Seine Antwort war: »Ich bin wegen dieser Verurteilung zum *Kafir*/Ungläubigen von manchen Islamisten erklärt worden.« Das ist die Toleranz und das Demokratieverständnis islamischer Fundamentalisten, die Andersdenkende noch nicht einmal in ihren eigenen Reihen dulden, von den Europäern aber Asylrecht bekommen und »Toleranz« für sich fordern!

Kapitel 11
Islamischer Fundamentalismus und Demokratie – ein Widerspruch?

Was ist »Fundamentalismus«?

In Iran und Sudan stellen Fundamentalisten seit 1979 bzw. 1989 den Herrscher. In allen anderen islamischen Ländern gehören die Fundamentalisten zu der oft illegalen, im Untergrund wirkenden Opposition. In der Mehrzahl dieser Staaten gibt es nicht nur keine Demokratie, sondern islamische Herrscher respektieren noch nicht einmal ein Minimum an Menschenrechten. In dem arabo-islamischen Kern der Welt des Islam, wo die orientalische Despotie[1] die politische Herrschaft charakterisiert, werden alle Oppositionellen mit äußerster Brutalität verfolgt. Angesichts der Tatsache, daß der Fundamentalismus die Hauptströmung der Opposition in der Welt des Islam darstellt, ist es verständlich, daß seine Anhänger brutalster Repression ausgesetzt werden. Um es klarzustellen: Die fundamentalistische Opposition ist nicht nur politisch, sie schließt auch Gewalt ein, ja oft brutalste Morde. Das Paradoxe an dieser Situation ist, daß radikale Fundamentalisten, die aus eigener Erfahrung bestens wissen, was politische Repression und Verfolgung bedeuten, Gegner der parlamentarischen Demokratie sind, weil diese in ihren Augen eine westliche Schöpfung ist. Es gibt positive Ausnahmen, z. B. in Jordanien, wo Fundamentalisten im Parlament mitwirken und auf Gewaltanwendung verzichten.

Dort, wo Fundamentalisten an die Macht gelangt sind (Sudan, Iran), haben sie den Spieß umgekehrt, indem sie ihrerseits alle Muslime verfolgen, die nicht mit ihren Auffassungen übereinstimmen. In Algerien und in Ägypten sind sie zwar nicht an der Macht; dennoch beseitigen sie liberale Muslime durch Fememorde. Wenn sich Fundamentalisten öffentlich zur Demokratie bekennen, so z. B. im europäischen Asyl, dann tun sie es lediglich aus Opportunität, um ihr westliches Publikum hinters Licht zu führen. Dieselben Fundamentalisten ändern ihren Ton, wenn sie sich orientalischer Sprachen bedienen, die die oft in die Irre geführten westlichen Journalisten in der Regel nicht verstehen. Warum sind islamische Fundamentalisten Gegner der Demokratie und der Menschenrechte? Um diese Frage beantworten zu können, müssen wir zunächst erfahren, was Fundamentalismus ist.

Der Fundamentalismus ist ein globales, nicht allein auf islamische Länder beschränktes Phänomen, das im Kontext der sich verschärfenden Krise unserer Welt am Ende des 20. Jahrhunderts steht. Der religiöse Fundamentalismus aktualisiert in dieser Krisensituation Jahrhunderte alte Konfliktpotentiale zwischen den Zivilisationen.[2] Obwohl der islamische Fundamentalismus diesbezüglich die sich am schnellsten verbreitende Variante darstellt, finden sich auch zahlreiche bedeutende Spielarten dieses Phänomens in anderen Regionen und Religionen der Welt. So gibt es jüdische und protestantische sowie Hindu- und Sikh-Fundamentalisten.[3] Religiöser Fundamentalismus ist ein Ausdruck der Politisierung von Religion in unserer Gegenwart. In diesem Kontext wird die jeweilige religiöse Ideologie zum Vehikel für die Artikulation von sozio-politischen, ökonomischen und kulturellen Forderungen. Fundamentalistische Ideologien sprechen auch und vor allem die Sinnkrise unserer turbulenten Zeit an, so daß diese Erscheinung nicht allein auf die Rahmenbedingungen der wirtschaftlichen Verelendung zurückgeführt werden darf.

Grundsätzlich ist der religiöse Fundamentalismus von der Moderne gleichermaßen beeinflußt, wie er gegen sie gerichtet ist.[4] Dennoch betrachten die meisten religiösen Fundamentalisten ihre Option als eine Alternative zur kulturellen Moderne, welche auf Pluralismus, Säkularität und liberaler Toleranz basiert. Sie greifen auf klassische religiöse Traditionen zurück, um mit ihren Symbolen moderne Belange zum Ausdruck zu bringen. In ihrem politischen Denken heben sie die Bedeutung des religiös-ethnisch definierten Kollektivs gegen das freie und ungebundene Individuum hervor. Es ist von besonderer Wichtigkeit, daß die Fundamentalisten eine klare Grenzziehung zwischen ihrer imaginierten »Wir-Gruppe«[5], als der Gruppe der »Gläubigen«, und den Gruppen der anderen, »den Ungläubigen«, die zu Feinden erklärt werden, vornehmen; sie selbst betrachten sich als »Gotteskämpfer«.[6] Der Fundamentalismus als Ideologie von »Wir-Gruppen« geht daher oft mit Ethnizität einher.[7] Das bedeutet, daß Fundamentalisten dem äußeren Feind gegenüber (in der Regel der Westen) einig, unter sich aber ethnisch zersplittert sind. Mit anderen Worten: Die Ungläubigen befinden sich auch in den eigenen Reihen, das sind die Andersdenkenden.

Im folgenden Kapitel werden wir den Fundamentalismus als die jüngste Variante des Totalitarismus[8] kennenlernen. Hier will ich mich auf die Frage konzentrieren, ob diese neue Ideologie, die gegen bestehende Despotien gerichtet ist, ein Beitrag zur Demokratisierung sein kann. In der Sprache der Kernproblematik dieses Buches lautet diese Frage, ob der Untergrund-Imam mit seiner islamischen Lösung politische Freiheiten glaubhaft versprechen und verwirklichen kann.

Moderner Nationalstaat und Demokratie

Das bereits vorgestellte Argument Samuel Huntingtons vergegenwärtigend und seine früheren Ausführungen über die Demokratie anführend, nämlich daß »moderne Demokratie ... die Demokratie des Nationalstaats ist und daß ihr Entstehungsprozeß mit dem des Nationalstaats eng verknüpft ist«[9], kann ich gleich zu Beginn dieser Ausführungen festhalten, daß islamische Fundamentalisten nicht nur säkulare Demokratie als eine »importierte Lösung« (*Hall mustawrad*) zurückweisen; sie sind auch gegen den Nationalstaat orientiert, den sie als ein von den »Feinden des Islam« gegen die Muslime verwendetes Instrument wahrnehmen. Sie meinen, der Nationalstaat diene dem Westen zur Aufspaltung der einheitlichen islamischen *Umma* (Gemeinschaft aller Muslime) in zahlreiche miteinander rivalisierende Nationalstaaten. Darin sehen sie eine »westliche Verschwörung«[10], die die Etablierung der westlichen Herrschaft über die islamische Territorialität ermöglicht. Anstelle von Demokratie und Nationalstaat des verhaßten Westens präsentieren sie die »islamische Lösung/*al-Hall al-Islami*«.[11]

Bei aller Distanz zu den Fundamentalisten muß ich einräumen: Es ist wahr, daß der Nationalstaat in der Welt des Islam nicht auf lokalen Voraussetzungen basiert. Er war eine von außen auferlegte Institution, welche der Auflösung der islamischen Ordnung des Osmanischen Reiches im Jahre 1924 folgte.[12] Der Nationalstaat ist aber auch ein Produkt der Globalisierung des ursprünglich europäischen internationalen Systems von Nationalstaaten.[13] Aus diesem Grund fehlen der modernen Demokratie, die mit dem säkularen Nationalstaat verbunden ist, in den islamischen Ländern die strukturellen Voraussetzungen. Nahöstliche Nationalstaaten sind nominelle Nationalstaaten ohne institutionelles Gefüge; oder, wie ich es an einer anderen Stelle zugespitzt formuliert habe, sie sind Stämme mit Nationalflaggen.

Die Krise des säkularen Nationalstaats in den islamischen Ländern ist angesichts der Tatsache, daß die bestehenden nominellen Nationalstaaten bei der Bewältigung der anstehenden Entwicklungsaufgaben versagt haben, eine Krise der Entwicklung. Diese Krise begünstigt den Aufstieg des islamischen Fundamentalismus als Ausdruck einer »Revolte gegen den Westen«[14] und folglich auch gegen die am Nationalstaat orientierten, modernen Formen von Demokratie. Der bereits erwähnte globale Konflikt zwischen dem säkularen Staat und ethnoreligiösen Fundamentalismen bezieht sich genau auf diesen Gegenstand; er nimmt den Charakter eines Konflikts zwischen Zivilisationen an – eine Entwestlichung der Welt ist im Gange. Daraus folgt die Frage, ob die islamische Rückkehr zu den Wurzeln, d. h. zur Imam-Tradition, im Widerspruch zur Demokratie steht. Ich möchte dieser Frage am Beispiel des Nahen Ostens nachgehen.

Im Nahen Osten verschärfte der zweite Golfkrieg die bestehende Krise und trug erheblich dazu bei, der Frage der Demokratisierung in diesem Teil der Welt zu neuer Aktualität zu verhelfen. Damit soll nicht gesagt werden, daß diese Fragestellung nicht schon früher Aufmerksamkeit gefunden hätte. Im November 1983 nahm sich eine Gruppe von siebzig arabischen Wissenschaftlern, Journalisten und früheren Politikern, unter ihnen auch der Autor, dieser Frage unter der Problematik der »Krise der Demokratie in der arabischen Welt/*Azmat al-demoqratiyya*«[15] an. Auf jenem gesamtarabischen Kongreß in Limassol war auch die Opposition der islamischen Fundamentalisten vertreten, deren Angehörige auf rein verbaler Ebene in den gegen die existierenden Regime in der muslimischen Welt gerichteten Ruf nach Demokratie einstimmten. Ich schulde meinen Lesern eine Begründung für meine Einschätzung, daß dieses Bekenntnis der Fundamentalisten zur Demokratie nur aus Opportunität geäußert wurde.

Der Schari'a-Staat läßt keine islamische Demokratie zu

Das fundamentalistische Ziel besteht darin, ein System der »*Hakimiyyat Allah*/Gottesherrschaft« zu errichten, in dem der Imam nach den Regeln der *Schari'a* regiert. Dieses Konzept begreifen die Fundamentalisten als eine Alternative zum demokratischen und säkularen Nationalstaat. Daher steht diese Ideologie in der Konsequenz praktisch jedem Versuch einer Demokratisierung entgegen. Manch westlicher Wissenschaftler teilt diese Einschätzung nicht und akzeptiert unhinterfragt die Rhetorik islamischer Aktivisten. Unter diesen Experten ragt der Amerikaner John Esposito heraus, der den totalitären Fundamentalismus als ein Programm zur »Islamisierung der Demokratie« deutet. In diesem Kontext wird das Argument vorgebracht, die negative Einstellung islamischer Fundamentalisten gegenüber der Demokratie solle als »Verteidigung des Islam gegen den ... Westen, und nicht als eine pauschale Ablehnung der Demokratie«[16] aufgefaßt werden, wie Esposito vermeint. Darauf aufbauend empfehlen diese Islam-Experten den westlichen Politikern, die sie beraten, das Konzept einer »Islamisierung der Demokratie« zu akzeptieren, die auf der *Schari'a*/göttliches Recht basiere. Die Annahme dieser Empfehlung läuft auf eine realpolitische Akzeptanz fundamentalistischer Regime und ihrer Imame in der Welt des Islam durch den Westen hinaus.

Im Juni 1992 wurde der ägyptische Schriftsteller Faradj Fuda von islamischen Fundamentalisten heimtückisch ermordet, nur weil er für die säkulare Demokratie eingetreten war. Ein Jahr später, im Juni 1993, trug der prominente Scheikh Mohammed al-Ghazali vor dem obersten ägyptischen Gerichtshof seine *Fetwa* (bindendes religiöses Rechtsgutachten) vor, wonach es »keine Bestrafung desjenigen Muslims, der einen Apostaten tötet«, geben darf.[17] Die Befürwortung der säkularen Demokratie und der Suspendierung der *Schari'a* ist laut dieser islamischen *Fetwa* »schwere Apostasie«. In diesem Licht betrachtet, kann es als sicher gelten: Das zitierte Argument westlicher Islamwissenschaftler, daß Fundamentalisten eine nicht-westliche Version von Demokratie vertreten, ist eine verfehlte, auf ungenügender Kenntnis der Region basierende Auffassung, welche an den Schreibtischen jener Experten entstanden ist. Wer durch eigene Lebenserfahrung in der Welt des Islam den Fundamentalismus und seine Auswirkungen in der Region selbst kennengelernt hat, der weiß, daß Fundamentalismus eine religiöse Spielart des Totalitarismus ist. Ich werde diese Vorstellung von einem »islamischen Regierungssystem« noch im folgenden Kapitel 12 vorstellen.

Ich möchte mich hier auf das Problem konzentrieren, warum die Repression orientalischer Despoten nicht den Ruf nach einer wahrhaft demokratischen Lösung hervorruft; eher bringt sie die Formel »Anwendung der *Schari'a/Tatbiq al-Schari'a*« hervor. Ein *Schari'a*-Staat kann keine demokratischen Freiheiten gewähren. Sein Imam ist niemandem außer Allah rechenschaftspflichtig, und so kann er beliebig mit seinen Untertanen umgehen. Was ist die Erklärung hierfür?

In einem autoritativen Werk über Demokratisierung wird folgende Argumentation vorgetragen: »Ökonomische Entwicklung ... stellte die Basis für Demokratie bereit; eine Krise, die entweder von rapidem Wachstum oder von ökonomischer Rezession produziert wurde, schwächte den Autoritarismus.«[18] Diese Rahmenbedingungen haben – wie Huntington sagt – zu einer »dritten Welle der Demokratisierung«

in der ganzen Welt beigetragen. In der Welt des Islam kann man diese »Welle« jedoch schwerlich feststellen. In den meisten islamischen Staaten haben rapide wirtschaftliche Entwicklung, soziale Verwerfungen und eine sozio-kulturelle Krise statt zur Demokratisierung zum Aufstieg des Fundamentalismus geführt. Warum? Kann sozialer Wandel in den Ländern der islamischen Zivilisation nicht auch politischen und kulturellen Wandel herbeiführen?

Auf diese Frage habe ich in meinem Buch *Der Islam und das Problem der kulturellen Bewältigung sozialen Wandels* versucht, eine Antwort zu geben. Dort habe ich mich mit der kulturellen Beharrlichkeit islamischer Normen vis-à-vis sozialem und politischem Wandel beschäftigt. Der Islam und seine Geschichte bieten ein unübertreffliches Beispiel zur Widerlegung der marxistischen Lehre, derzufolge die ökonomische Basis die Kultur als Überbau bestimmt. Nicht Ökonomie, sondern die Religion bestimmt den Verlauf der islamischen Geschichte. Der große marxistische, aber intellektuell offene Islamwissenschaftler Maxime Rodinson sagt: »Die islamische Gesellschaft ist eine ideologische Gesellschaft.«[19] In der Welt des Islam hat ökonomische Modernisierung bisher weder automatisch zu politischer Entwicklung geführt, noch hat sie zu einem, eine Demokratisierung unterstützenden, kulturellen Wandel beigetragen. In der Realität ist der totalitäre islamische Fundamentalismus unserer Gegenwart das kulturelle und politische Ergebnis der rapiden ökonomischen und politischen Entwicklungen der jüngsten Vergangenheit. Während der Modernisierungsprozesse seit dem 19. Jahrhundert hat sich zwar vieles geändert, nicht jedoch die islamische Weltsicht.

Trotz seiner zugegeben starken Widerstandskraft gegen den Wandel besitzt der Islam jedoch keine übernatürliche Macht, um die islamischen Gesellschaften vor dem Wandel zu bewahren. Aber Wandel ist in der Welt des Islam im Hinblick auf unsere Problematik nicht immer vielversprechend. Mit anderen Worten: In Richtung Demokratisierung werden kaum Fortschritte gemacht. Der Ruf nach dem *Schari'a*-Staat und seinem Imam ist kein Ruf nach politischer Freiheit.

Obwohl die Ideologie der islamischen Fundamentalisten kein Ausdruck von Traditionalismus ist und Einflüsse der Moderne verrät (vgl. Anm. 4), sind diese nicht willens, die erforderlichen Veränderungen in der arabischen politischen Kultur einzuführen. Ein *Schari'a*-Staat ist mit einer offenen, pluralistischen Kultur der Demokratie nicht vereinbar. Schwache liberale Eliten sind die Gegenmacht zum islamischen Fundamentalismus, aber der letztere ist deutlich sichtbarer und stärker als jede liberale Opposition in der Welt des Islam.

Wie betreiben Fundamentalisten Opposition?

Die saudische Regierung fürchtet Fundamentalisten in der eigenen Monarchie weit mehr als die liberalen städtischen Kaufleute. Aber sie geht mit den islamischen Fundamentalisten vorsichtig um – mit der Methode von Zuckerbrot und Peitsche –, während sie die liberale Opposition hart anfaßt. Im Inland werden Fundamentalisten verfolgt, aber im Ausland mit Millionen Petrodollars unterstützt. Im November 1979 hatten islamische Fundamentalisten in Saudi-Arabien versucht, die heiligen Schreine in Mekka zu besetzen, um hiermit den Sturz der Monarchie einzuleiten. Die *Rasa'il*/Abhandlungen[20] des *Djuhaiman al-'Utaibi*/Untergrund-Imam jener anti-saudischen Erhebung versprachen keinen besseren Zustand im Land. Die Saudis erstickten mit französischer Hilfe den Widerstand mit Gewalt. Der wirkliche Imam blieb der saudische König, und der Untergrund-Imam gehörte nach offizieller Lesart in die Hölle. Die islamische Legitimation Saudi-Arabiens schützt dieses Land jedoch nicht vor Fundamentalisten.

Sogar in der säkularen türkischen Republik gewinnen islamische Fundamentalisten an Boden. Nach den Wahlen vom Dezember 1995 bilden sie die stärkste Fraktion im türkischen Parlament. An einem Freitag, dem 2. Juli 1993, steckten Untergrund-Fundamentalisten ein Hotel in der türkischen Stadt Sivas in Brand, wobei 36 säkular orientierte Schriftsteller bei lebendigem Leibe verbrannten.[21] Die fundamentalistischen Mörder entgingen ihrer Bestrafung. Die türkische Regierung, die die Zugehörigkeit der Türkei zu Europa propagiert, möchte durch die Bestrafung der Mörder keinen Aufruhr heraufbeschwören.

In Algerien ermordeten 1993 Fundamentalisten zahlreiche Muslime, darunter 13 führende liberale Intellektuelle (unter ihnen der Soziologe Mohammed Boukhobza) und Schriftsteller. Über ein Jahr lang habe ich erfolglos bei deutschen Zeitungen versucht, Berichte über diese Morde zu veröffentlichen. Die amerikanische Leitartiklerin Flora Lewis sprach in diesem Zusammenhang zu Recht von einem »schrecklichen und beschämenden Schweigen«.[22]

Jordanien bietet ein anderes Beispiel für den islamischen Fundamentalismus; auch dort ist er die gegenwärtige Hauptströmung der Opposition. Aber in Jordanien werden Wahlen abgehalten, bei denen wirklich Parlamente gewählt werden; dort bilden die als eine politische Partei organisierten Fundamentalisten (die »Islamische Aktionsfront«) eine einflußreiche Fraktion im Parlament. Dennoch gibt es auch in Jordanien Gruppen, deren Imame im Untergrund agieren und sich zu Gewalt in der Form des *Djihad*/heiliger Krieg bekennen.

Hätte in Algerien die fundamentalistische *Front Islamique du Salut*/FIS, ähnlich wie in Jordanien, nach den abgehaltenen Parlamentswahlen im Dezember 1991 integriert werden können? Der zweite Wahlgang fand nicht mehr statt. Wenn man jedoch in Rechnung stellt, daß die Wahlbeteiligung nicht mehr als 40 % betrug und daß Männer für ihre Frauen wählen konnten, dann erhielten die FIS-Fundamentalisten nicht mehr als ein Viertel der Stimmen aller Wahlberechtigten. Einige Beobachter sprachen davon, daß es in Algerien eine demokratisch gewählte, fundamentalistische Regierung gegeben hätte, wäre die Armee nicht herangezogen worden, um die Fundamentalisten an der Machtübernahme zu hindern. Hat eine »fundamentalistische Demokratie« des *Schari'a*-Staates eine reelle Perspektive oder ist sie ein Widerspruch in sich selbst? Ich habe mich in meiner Habilitationsschrift sehr kritisch über Militärputsche geäußert und kann daher nicht als Freund des Militärs verdächtigt werden, aber einen Fundamentalistenstaat als eine demokratische Republik vermag ich mir ebensowenig vorzustellen wie ein »demokratisches Militärregime«.[23]

In den folgenden Ausführungen möchte ich mich zwei Fragen zuwenden, die mir für die Aussichten einer Demokratisierung in der Welt des Islam unter den Bedingungen der 90er Jahre, also solchen eines vorherrschenden Fundamentalismus, von entscheidender Bedeutung zu sein scheinen.

Die erste Frage lautet: Würde eine Demokratisierung angesichts der Tatsache, daß der Fundamentalismus zur Zeit die von den Bevölkerungen befürworteten politischen Optionen (*public choice*) repräsentiert, islamische Fundamentalisten an die Macht bringen? Diese Überlegung ist besonders für Algerien von Bedeutung. Tunesien könnte folgen, nicht zu vergessen Syrien und vielleicht sogar ein destabilisiertes Ägypten.[24] Der Irak steht vor der Zukunftsaussicht, in der Ära nach Saddam Hussein eine schi'itische »islamische Republik« nach iranischem Vorbild zu werden.

Die zweite Frage bezieht sich auf Ägypten. Da islamische Fundamentalisten demokratischen politischen Pluralismus (konsensuelles Mehrparteiensystem) als Spaltung der islamischen Gemeinschaft und als der vereinheitlichenden islamischen Kultur fremd betrachten, würde es für die Demokratisierung schädlich sein, sie von dem Prozeß der Machtteilung fernzuhalten? Sind die ägyptischen Demokratisierungsversuche weniger demokratisch, weil die Fundamentalisten nicht im Parlament repräsentiert sind? Man vergegenwärtige sich, daß die bisherigen parlamentarischen Aktivitäten der Fundamentalisten in Kuwait und im Sudan ihr Verständnis von politischer Macht als einem Instrument zur Durchsetzung der *Schari'a* (das islamische Sakralrecht), mitsamt allen Verboten, die sie vorschreibt, einschließlich eines Verbots des Frauenwahlrechts, bezeugen. Das Frauenwahlverbot wurde durch das frühere kuwaitische Parlament beschlossen. Ist dies demokratisch?

Diese Fragen zu stellen, ist nicht im geringsten gleichbedeutend damit, an dem Bedarf an Demokratisierung zu zweifeln. Jedoch scheinen die Machtergreifungen totalitärer Fundamentalisten Demokratisierung nicht zu versprechen. Iran und Sudan, als von Fundamentalisten regierte Staaten, zeigen nicht den geringsten Anschein von Demokratisierung. Bei aller Kritik an der Demokratiefeindlichkeit der Fundamentalisten kann ich aber nicht umhin festzustellen, daß viele orientalische Despoten den Totalitarismus dieser Fundamentalisten ideologisch als Vorwand benutzen, um mit ihrer Despotie fortzufahren.

Kein seriöser Beobachter würde die große Anziehungskraft, die der politische Islam für die Masse der Menschen in der Welt des Islam besitzt, bestreiten. Generell ist der Islam die wichtigste Quelle der politischen Kultur und damit auch der von der Bevölkerung bevorzugten politischen Optionen. Meine eigenen – auf Feldforschung basierenden – Erkenntnisse legen die Einschätzung nahe, daß der Fundamentalismus schon lange vor dem Golfkrieg die vorherrschende politische Hauptströmung war, und daß jener Krieg diese Tendenz erheblich verstärkt hat. Es scheint, als ob westliche Beobachter, ja selbst Nahostexperten ohne die unbedingt notwendigen Kenntnisse lokaler Sprachen, mangels erforderlicher Kommunikation große Schwierigkeiten haben, den islamischen Fundamentalismus adäquat zu verstehen. Die Tatsache, daß islamische Fundamentalisten ihr eigenes islamisches Publikum ebenso manipulieren können wie westliche Journalisten und Diplomaten, trägt zu diesen Schwierigkeiten bei. So sprach beispielsweise der seit 1991 inhaftierte Führer der algerischen *Front Islamique du Salut*, Abassi Madani, vor seiner Verhaftung während des Wahlkampfes von liberalen Rechten und Partizipation, wenn er mit westlichen Journalisten redete. Selbst etablierte Islamwissenschaftler schenken solchen Aussagen Glauben (vgl. Anm. 16).

Solch rhetorischer Enthusiasmus für demokratische Werte legt sich jedoch schnell, wenn islamische Fundamentalisten zu einheimischen Algeriern auf Arabisch sprechen und die Demokratie als »*Kufr*/Unglaube« bezeichnen.[25] Dasselbe kann vom in Teheran lebenden Führer der irakischen schi'itischen Opposition, Ayatollah Mohammed Baqr al-Hakim, gesagt werden. So sprach dieser schi'itische Geistliche in seinen Interviews mit westlichen Medien mit scheinheiliger Verehrung von der Demokratie, indem er die amerikanische Regierung aufforderte, amerikanische Werte, wie das Recht auf Selbstbestimmung, im Nahen Osten auch für Schi'iten ernstzunehmen. Derselbe Ayatollah al-Hakim hat über viele Jahre hinweg die Errichtung einer islamischen Republik im Irak nach iranischem Muster verfolgt und hat diese Absicht nie aufgegeben. Nun gibt es in einer »islamischen Republik« keinen Platz für Opposition und daher auch keinen Platz für Demokratie überhaupt. Ayatollah al-Hakim hält das iranische Modell als eine Vision für den Irak aufrecht. Als Ergebnis hätten wir nach einer möglichen schi'itischen Machtübernahme im Irak ein fundamentalistisches Regime, aber mit Sicherheit keine Demokratie.[26]

Die Schlußfolgerung lautet, daß Demokratisierung der Welt des Islam und ihrer politischen Kultur des Imam dringend erforderlich ist. Besonders im arabischen Nahen Osten als dem politisch-kulturellem Zentrum kann es ohne sie weder Frieden noch Stabilität geben. Jedoch ist dieser Weg nicht nur dornenreich; er enthält auch hohe Risiken. Politische Demokratisierung muß von Verbesserungen in den sozio-ökonomischen Lebensbedingungen der Menschen begleitet sein, um sie durch die Linderung ihres Elends weniger anfällig für den Fundamentalismus zu machen. Nach meiner Ansicht sind die Ursachen für das Entfalten des Fundamentalismus aber nicht allein ökonomischer und sozialer Natur. Sie sind auch ein Ausdruck einer kulturellen Sinnkrise, die mit der Konfrontation mit der Moderne zusammenhängt. Im Westen vermuten Beobachter, daß die Attraktivität des islamischen Fundamentalismus für die Muslime abnehmen würde, wenn eine Verbesserung der Lebensbedingungen einträte. Das stimmt nur bedingt. Die Zugehörigkeit zur islamischen Zivilisation und das Verlangen nach dem ersehnten »wahren Imam« ist weit mehr als das Streben nach wirtschaftlichem Wohlergehen.

Keine Alternative zum Fundamentalismus?

Im Folgenden möchte ich spezifische, mit Fundamentalismus und Demokratisierung zusammenhängende Problembereiche ansprechen: Es geht grundsätzlich darum, daß es unter den gegenwärtigen Bedingungen in der Welt des Islam keine andere nennenswerte politische und soziale Kraft außer dem Islamismus/Fundamentalismus gibt, die eine Alternative zu den herrschenden orientalischen Despoten – gleich ob sie Könige oder Präsidenten heißen – bietet. Die Sehnsucht nach dem »wahren Imam« kann von keiner anderen Ideologie ersetzt werden.

Zunächst muß ich einräumen, daß mein bisher vorgetragenes Argument paradox zu sein scheint: Unter den gegenwärtigen undemokratischen Umständen könnte eine formale Demokratisierung nicht zur Demokratie führen, weil sie dem Fundamentalismus, welcher sich im Grunde antithetisch zur Demokratie verhält, die Chance zur Machtergreifung böte. Der scheinbare Widerspruch wird durch das Kennenlernen der antidemokratischen Standpunkte der beiden ideologischen Stützen des islamischen Fundamentalismus, Sayyid Qutb und Abu al-A'la al-Maududi[27], deutlich; beide treten für die Errichtung der auf der *Schari'a* basierenden Gottesherrschaft ein, die ich im kommenden Kapitel näher erläutern werde. Angesichts der Popularität des von beiden Ideologen geprägten politischen Islam müssen wir uns fragen, wie die Anfälligkeit der Menschen für den islamischen Fundamentalismus verringert werden kann. Demokratie ist ein Ausdruck politischer Kultur. Eine der zentralen Komponenten dieser Kultur ist der Pluralismus. Die Mehrzahl der Fundamentalisten ist noch nicht einmal in der Lage, Pluralität als politische Kultur innerhalb der eigenen fundamentalistischen Szene zu praktizieren; sie sprechen von einer homogenen islamischen Gemeinschaft/*Umma*, die keine innere Vielfalt hat, ohne wahrnehmen zu können, daß die Wirklichkeit dieser Vorstellung nicht entspricht. Wenn Fundamentalisten an die Macht kommen, lassen sie weder individuelle Rechte noch Pluralismus zu und weisen somit die Idee und Praxis demokratischer Machtteilung als »fremd«, d. h. als unislamisch zurück. Die grausamste und zugleich demokratiefeindliche Praxis der Fundamentalisten im Islam ist der Einsatz der Waffe der »*Takfir*/Erklärung zum Ungläubigen«. Ein Muslim, der der *Takfir* ausgesetzt wird, wird ein *Kafir,* und dieser kann ermordet werden. Praktisch ist jeder denkende Muslim ein *Kafir*.[28]

Es ist wichtig, beide Bedingungsfaktoren des islamischen Fundamentalismus zu unterstreichen: die geistige Einstellung, die aus der Sinnkrise resultiert, und die politische und ökonomische Krisensituation. Die meisten der Fundamentalisten, die ich an Ort und Stelle, sei es in Ägypten, Sudan, Tunesien und auch Marokko, beobachten konnte, sind junge Studenten oder arbeitslose Hochschulabgänger. Sie glauben, daß ein islamisches Regierungssystem – wie eine Zauberformel – ihre persönlichen wirtschaftlichen Probleme ein für allemal lösen wird. Keiner der Despoten der bestehenden säkularen Regierungen kann den Erwartungen der Jugend entsprechen; sie suchen daher den »wahren Imam«. Die Bewältigung der ökonomischen und sozialen Probleme wäre zwar ein Beitrag zur Bekämpfung des Fundamentalismus, könnte ihn aber nicht aus der Welt schaffen. Denn der Fundamentalismus ist zugleich ein Ausdruck einer Sinnkrise auf lokaler Ebene und des Zusammenpralls der Zivilisationen auf globaler Ebene.

Nun ist eine Verbesserung der Lebensbedingungen nicht in Sichtweite; sie verschlechtern sich sogar zusehends. Ist die Verbindung zwischen Fundamentalismus und Demokratisierung in diesem Kontext weniger konfliktreich? Manche Beobachter machen geltend, daß die Schlußfolgerung zu einfach wäre, Fundamentalisten trügen auf Grund des Fehlens demokratischer Werte zu einem undemokratischen Ergebnis bei, wenn sie zu Wahlen zugelassen werden. Die öffentlich vorgetragene Ideologie von Gruppen brauche uns nicht notwendigerweise etwas über die Art und Weise zu verraten, wie sie handeln werden, wenn sie einmal an die Macht gelangt sind. Solche den Fundamentalismus verharmlosenden Beobachter kümmern sich beispielsweise wenig um die Ansicht des algerischen Fundamentalisten-Führers Ali Ben-Hadj, daß »*al-Demoqratiyya kufr*/Demokratie ein Unglaube« sei (vgl. Anm. 25). Das Argument, das sie vortragen, lautet: Selbst Gruppen, die sich nicht zur Demokratie bekennen, können in das System integriert werden. Wenn die politischen Eliten mit Feingefühl vorgehen würden, könnten sie fundamentalistische Gruppen spalten, einige von ihnen in das System einbinden und andere als politisch bedeutungslos hinter sich lassen.

Die liberalen Fürsprecher des Regierungswechsels durch Fundamentalisten räumen zwar ein, daß fundamentalistische Anschauungen tatsächlich im Widerspruch zur Etablierung einer Demokratie stehen. Dennoch messen sie dieser Feststellung wenig Gewicht bei; sie lenken die Aufmerksamkeit auf andere, von Fundamentalisten vertretene Werte, von denen sie meinen, sie beförderten indirekt die Entfaltung der für eine Demokratie erforderlichen Grundlagen. So bekennen sich Fundamentalisten im großen und ganzen mehr zur allgemeinen Wohlfahrt als etwa liberale Kaufleute oder säkulare Eliten es tun. Fundamentalisten sind in der Tat Populisten; sie setzen die Abschaffung von Statusunterschieden auf ihr politisches Programm und erlangen dadurch große Attraktivität. Offensichtlich wird hier der Populismus der islamischen Fundamentalisten mit Demokratisierung verwechselt. Das beruht auf einem Denkfehler.

Manch einer argumentiert auch, daß der Fundamentalismus einfach eine Krankheit des gesellschaftlichen Überganges sei. Dem soll nicht widersprochen werden. Doch dann müssen wir fragen: Wohin führt diese Krankheit? Es gibt kein vorbestimmtes Ergebnis. Führt die von Fundamentalisten als eine Alternative zur säkularen Demokratie entwickelte islamische Lösung des »wahren Imam« zu einer »Islamisierung von Demokratie«? Starke Zweifel sind angebracht. Muslimische Fundamentalisten glauben nicht, daß der Mensch im Mittelpunkt der Welt steht, und aus diesem Grund lehnen sie das demokratische Konzept individueller Menschenrechte als Berechtigungen des Individuums ab. Sie glauben nicht an die Freiheit des Menschen. Ihre zentrale Aussage läßt sich so zusammenfassen: »Da rechtliche und politische Souveränität allein Gott zusteht, verstoßen diejenigen, welche sich selbst dieses Recht anmaßen, gegen die grundlegende Autorität des Schöpfers und Herrschers über das Universum.«[29]

Für Fundamentalisten ist die Demokratie die »*Neo-Djahiliyya* des 20. Jahrhunderts« (Qutb). *Djahiliyya* ist der islamische Begriff für die vorislamische Geschichte, das Zeitalter der Ignoranz (vgl. Kap. 1). In der politischen Sprache der islamischen Fundamentalisten wird *Neo-Djahiliyya* zu einem Synonym für »Volkssouveränität« und damit für

Demokratie. Der Unterbau dieser Sichtweise ist ihr Glaube, daß Souveränität »die Aussetzung der Herrschaft Gottes« bedeutet, ein Begriff aus dem Werk des mittelalterlichen Rechtsgelehrten Ibn Taimiyya (vgl. Kap. 5). Die politische Ideologie der islamischen Fundamentalisten basiert auf der Politisierung einer kompromißlosen, Allah-zentrierten Weltsicht (Theozentrismus); sie läßt keinen Raum für individuelle Freiheit und die Selbstbestimmung des Menschen.

Als Schlußfolgerung scheint mir die Aussage gerechtfertigt zu sein, daß Demokratie nicht durch eine Bewegung ins Leben gerufen werden kann, die einer derart totalitären Ideologie huldigt. Demokratisierung und die neue Ideologie des revolutionären, aus dem Untergrund kommenden fundamentalistischen Imam sind miteinander schlicht unvereinbar.[30] Wenn dieser Untergrund-Imam an die Macht gelangt, so wie dies in Iran und Sudan der Fall ist, dann werden bisherige Formen der orientalischen Despotie unter einem religiösen Deckmantel fortgesetzt. Fundamentalistische politische Herrschaft scheint sich im Übergang zum 21. Jahrhundert, d. h. im Zeitalter des Zusammenpralls der Zivilisationen auf einer globalen Ebene, als eine Variante des Totalitarismus zu entfalten. Wenn Fundamentalisten der Demokratie Lippenbekenntnisse leisten, dann ist dies nur ein taktisches Mittel zum Machtgewinn, um die *Hakimiyyat Allah*/Gottesherrschaft als ihre Regierungsform zu errichten. Diese Form der Herrschaft ist nur ein anderer Ausdruck für modernen Totalitarismus. In keiner der autoritativen islamischen Quellen läßt sich diese Formel finden; sie ist eine Schöpfung unserer Gegenwart, die ich im kommenden Kapitel in einem globalen Rahmen näher erläutern werde.

Kapitel 12
Ist der Imam ein Souverän? Die Hakimiyyat Allah/Idee der Gottesherrschaft

Zwischen dem Imam 'Adil/gerechten Imam und dem orientalischen Despoten

Der islamische Imam ist ein widerspruchsbeladener, zugleich beängstigender und zu bemitleidender Herrscher. Die Doktrin schreibt ihm vor, daß er ein *Imam 'Adil*/gerechter Imam sein müsse. Die politische Wirklichkeit, in der er lebt, und die Kultur, in der er wirkt, machen aus ihm jedoch einen orientalischen Despoten. Die Kluft zwischen beiden Bestimmungen hat zur Folge, daß dieser Imam fortwährend mit Revolte und Tod rechnen muß. Ein Imam verzichtet nicht freiwillig auf seine Macht; nur wenn er mit einem Säbel erschlagen wird (vgl. das Motto auf S. 21 f.), kann er durch einen anderen vielversprechenderen Imam abgelöst werden. Heute gibt es andere Mordmittel, z. B. die Maschinengewehre, mit denen Islambuli[1] den Imam Sadat in Ägypten im Oktober 1981 ins Jenseits befördert hat. Das ist eine beängstigende Kultur; die Trennung zwischen Religion und Politik während der ersten Hälfte des 20. Jahrhunderts hatte die Hoffnung geweckt, daß die Dinge sich ändern würden und der islamische Orient von demokratisch gewählten und auf legalem Wege – also ohne Mord – absetzbaren Politikern regiert würde. Aber diese Trennung wurde nur durch eine oberflächliche Säkularisierung untermauert, deren Säulen nach 1967 (arabische Niederlage im Sechs-Tage-Krieg) leicht hinweggefegt werden konnten.

In unserer Gegenwart erschallt der Ruf nach dem wahren Imam in der gesamten Welt des Islam, aber es gibt keinen einzigen Muslim, der der Bestimmung des *Imam al-'Adil*/gerechter Imam gewachsen wäre. Eine mögliche Revolte und Ermordung hält die herrschenden Imame in einem ständigen Angstzustand, der sie dazu treibt, jeden Gegner blindlings zu lynchen. Der Despot Saddam Hussein war während des Golfkriegs nur der öffentliche Buhmann des Westens. In Wahrheit ist er der Prototyp des *Imam al-Zalim*/ungerechten Imam; der Unterschied zwischen ihm und den anderen ist nur, daß er in das Blickfeld der westlichen Fernsehkameras geriet und sozusagen ein »westlicher Fernseh-Imam« (Fatema Mernissi) geworden ist.

Wie sind solche Zustände von Europa aus zu beurteilen? Im vergangenen Jahrhundert konnte Goethe in *Hermann und Dorothea* ironisch anmerken, daß Europäer sich leisten konnten, »wenn hinten, weit in der Türkei, die Völker aufeinanderschlagen ... froh nach Haus (zu gehen) ... Und segnet Fried und Friedenszeiten«. Im späten 20. Jahrhundert können sich Europäer solche Einstellungen nach Art der Binsenweisheit »andere Kulturen, andere Sitten« nicht mehr leisten.[2] Im Zeitalter der Zuwanderungen und der globalen Migration kommen Menschen aus der Imam-Kultur nach Europa und fordern im Namen der Multikulturalität für sich, daß ihre Weltanschauung von den einheimischen Europäern durch Anerkennung gewürdigt wird.

In unserem Zeitalter der Migration, die inzwischen die Form von Völkerwanderungen annimmt, dient die Beschäftigung mit Staats- und Gesellschaftsauffassungen der Muslime nicht mehr allein der komparativen Analyse unterschiedlicher politischer Systeme. In den großen Städten der westeuropäischen Industrieländer leben z. Zt. ca. 15 Millionen Muslime aus dem südlichen und östlichen Mittelmeerraum sowie aus Südasien. Demographen und Migrationsforscher prognostizieren die Verdreifachung dieser Zahl bis zum Jahr 2025. Die Migranten kommen aus anderen Zivilisationen und bringen unterschiedliche Auffassungen von Staat und Gesellschaft mit sich; im Namen einer einseitig definierten Toleranz gegenüber anderen Sitten fordern die zwar minoritären, aber gleichermaßen wortstarken und effizient organisierten Fundamentalisten unter ihnen die Aufnahme der Ordnungsvorstellungen des politischen Islam in europäische Verfassungen.[3] Doch diese »anderen Sitten« beziehen sich auf eine Kündigung des bestehenden Grundkonsenses über demokratische Herrschaft im Rahmen von Volkssouveränität; sie schließen konträre politische Konzepte mit ein, die nunmehr nicht allein für die Welt des Islam, sondern auch für Europa selbst Geltung beanspruchen.

Ein Beispiel: Der türkische Imam Hussein Konus siedelte im Rahmen der offenen Grenzen Europas von Deutschland nach Frankreich um. Die französische Regierung bekennt sich resolut zum republikanischen Laizismus, d. h. zur Trennung von Religion und Politik in einer säkularen Republik, die sich als Folgeordnung der Französischen Revolution versteht. Der damalige französische Innenminister Charles Pasqua hat die – von der französischen Regierung als »Terroristen« eingestufte und somit in Paris verbotene – Bewegung der algerischen Fundamentalisten »*Front Islamique du Salut*/FIS« davor gewarnt, »ihre Organisation dazu zu benutzen, auf unserem Staatsgebiet Auffangstellungen für integristische Gruppen einzurichten«.[4] Der aus Deutschland zugezogene türkische Imam reihte sich in diese Auseinandersetzung zwischen französischen Anhängern der Republik und den zugewanderten integristischen FIS-Algeriern ein. In seiner Autorität als islamischer Imam der französischen Moschee von Nantua westlich von Genf erklärte er dem *Figaro*:

> »Das Gesetz Allahs muß vor den französischen Gesetzen befolgt werden.«[5]

In dieser Aussage kommt der Konflikt zwischen der Idee demokratischer Herrschaft und einer religiösen Legitimationsideologie, die ich in diesem Kapitel vorstellen werde, zum Ausdruck.

Die zitierte Äußerung des Imam von Nantua dokumentiert das fundamentalistische Bekenntnis zum Glauben an die *Hakimiyyat Allah*/Gottesherrschaft. Nun ist Frankreich kein islamischer Staat, und die Franzosen können diese integristische Formel mit dem Argument von sich weisen, daß Allahs Gesetze nicht für ihr Land gelten. Doch erkennen muslimische Fundamentalisten keine Grenzen an, weil die

Schari'a nach ihrer Auffassung für den gesamten Globus gelte. Die Zivilisation des Islam ist mit dem Phänomen der völkerrechtlich gültigen staatlichen Grenze nicht vertraut; diese ist eine Schöpfung der Moderne, aus der der Nationalstaat sowie die Idee der auf Grenzen bezogenen Souveränität hervorgegangen sind.[6]

Die politische Idee der *Hakimiyyat Allah*/Gottesherrschaft hat eine doppelte Bedeutung: Für die Welt des Islam folgt aus ihr, daß der Imam kein Souverän ist, weil nur Allah der Souverän sein kann. Für Europa bedeutet sie, daß die an ihrer Weltanschauung festhaltenden Zuwanderer die demokratisch gewählten Politiker des »Gastlandes« nicht anerkennen dürfen; wie der zitierte Imam es ausdrückt: Für die Muslime gelten nur Allahs Gesetze. Nach diesen Gesetzen kann sich der Muslim in kein System einfügen, in dem der Imam nicht Muslim ist; daß Muslime eine Minderheit in Europa bilden, erschüttert diese Einstellung in keiner Weise. Die Ideologie von der »kulturellen Identität in einer multikulturellen Gesellschaft« leistet solcher Ablehnung der Integration in einer demokratischen Gesellschaft nur Vorschub.

Die Auseinandersetzung zwischen den in Frankreich lebenden algerischen Fundamentalisten und der französischen Regierung gilt in ihrer Bedeutung und Reichweite gleichermaßen für Europa und für die Welt des Islam. In diesem Zusammenhang stellt sich die Frage, warum Muslime, die sich während der ersten Hälfte dieses Jahrhunderts europäische Staatsauffassungen der Moderne angeeignet haben, nunmehr den Islam re-politisieren und die Formel *Hakimiyyat Allah*/Gottesherrschaft als Ausdruck für die globalen, auch für Europa gültigen Gesetze Allahs im Rahmen der gegen den Westen gerichteten Idee einer islamischen Weltordnung[7] entfalten. In diesem Kapitel verfolge ich drei Ziele: Zum einen unternehme ich den Versuch, auf die soeben gestellte Frage eine Antwort zu finden, zum anderen will ich die in Europa unbekannte Formel der *Hakimiyyat Allah* vorstellen. Im Hauptteil dieses Kapitels gehe ich drittens dazu über, den gesamten Gegenstand in einen globalhistorischen Kontext einzuordnen.

Die Formel »Gottesherrschaft« steht im krassen Widerspruch zum deutschen Grundgesetz und zu allen anderen europäischen Verfassungen. Das politische Ordnungsprinzip der Volkssouveränität und die *Hakimiyyat Allah* schließen einander aus; die Vertreter der multikulturellen Gesellschaft wären gut beraten, sich intellektuell mit dieser fundamentalistischen Doktrin zu befassen. Der zitierte Spruch des Imam Hussein Konus ist eine Aufforderung an die Europäer, die fundamentalistische Auffassung von Staat und Gesetz zu akzeptieren. Mittels einer Instrumentalisierung der einseitig gedeuteten europäischen Idee der Toleranz fordern die Fundamentalisten von den Europäern, diese Auffassung zu respektieren. Eine solche Anerkennung würde auf ein Nebeneinander von säkularem Grundgesetz und *Hakimiyyat Allah*/Gottesherrschaft als eine Spielart totalitärer Herrschaft im Rahmen einer multikulturellen Gesellschaft hinauslaufen.

Von der Verwestlichung zur Frontstellung gegen die Demokratie

Während der Expansion Europas wurde die europäische Kolonialherrschaft ideologisch als eine »*Mission Civilisatrice*« (zivilisatorische Botschaft) legitimiert. Gleichzeitig haben europäische Kolonisatoren den Kolonisierten die wichtigsten Errungenschaften westlicher Zivilisation der kulturellen Moderne, nämlich Demokratie, Volkssouveränität und individuelle Menschenrechte, vorenthalten. Es gehört zur Hegelschen »List der Vernunft«, daß nicht-europäische Kolonisierte im Prozeß der Dekolonisation[8] auf politische Ideen des westlichen Universalismus, seien sie die der Volkssouveränität oder die des intern und extern souveränen Nationalstaates, zurückgriffen, um ihren Aufstand gegen die europäische Kolonialherrschaft zu legitimieren. Die Ideen des islamischen Liberalismus und gleichsam des Reformismus des späten 19. und frühen 20. Jahrhunderts sowie des säkularen Nationalismus während der Entkolonialisierung gehören in diesen Rahmen.

In Kapitel 8 haben wir die oberflächliche Säkularisierung kennengelernt und erfahren, daß die Rückkehr zu den Wurzeln die Antwort auf die Krise des säkularen Nationalstaats ist. Das Scheitern der Verwestlichung führt zu dem Ruf nach einer Entwestlichung und somit zu einer Frontstellung gegen die Demokratie. Denn diese wird, wie wir aus dem Motto zu diesem Teil (vgl. S. 301) wissen, als ein »*Hall-mustawrad*/eine importierte Lösung« wahrgenommen. Die Folge ist das Erstarken der einheimischen Religionen und deren Politisierung in Asien und Afrika. Hierfür ist der Begriff des Fundamentalismus geprägt worden. Wohlgemerkt, Fundamentalismus gibt es auch im Westen, vor allem in den USA, wo sich dieser in einer puritanisch-protestantischen Variante ebenso gegen die Moderne richtet. Das ist aber nicht mein Thema, und es muß hier bei diesem Hinweis bleiben.

Lange vor den Hindu-Fundamentalisten[9] der *Bharatiya Janata Party* (BJP) haben die zeitgenössischen Muslime ihre Auffassung von der *Hakimiyyat Allah*/Gottesherrschaft als eine Alternative zur Demokratie entwickelt. Der Pakistani Abu al-A'la al-Maududi, der neben dem Ägypter Sayyid Qutb[10] die – weder im Koran noch in der Überlieferung des Propheten zu findende – fundamentalistische Formel von der *Hakimiyyat Allah* geprägt hat, definiert sie in seinem Pamphlet »Der Islam und die moderne Zivilisation« unzweideutig wie folgt:

> »Ich sage es Euch Muslimen in aller Offenheit, daß die säkulare Demokratie in jeder Hinsicht im Widerspruch zu Eurer Religion und zu Eurem Glauben steht ... Der Islam, an den Ihr glaubt und wonach Ihr Euch Muslime nennt, unterscheidet sich von diesem häßlichen System total ... Selbst in Bagatellangelegenheiten kann es keine Übereinstimmung zwischen Islam und Demokratie geben, weil sie einander diametral widersprechen. Dort, wo das politische System der Demokratie und des säkularen Nationalstaats dominiert, gibt es keinen Islam. Dort, wo der Islam vorherrscht, darf es jenes System nicht geben.«[11]

Maududi ist eine große Autorität des politischen Islam; sein zitiertes Glaubensbekenntnis bringt die Frontstellung der islamischen Zivilisation gegen die Demokratie zum Ausdruck. Wie in der Einführung zu diesem Teil ausgeführt, haben wir es hier mit dem von Huntington beschriebenen »Zusammenprall der Zivilisationen« als einer neuen Form des globalen Konflikts nach dem Ende des Kalten Krieges zu tun.

Lange bevor Huntington seine zitierte These veröffentlichte, haben Afrikaner und Asiaten im Zeitalter der »Revolte gegen den Westen«

(Hedley Bull[12]), im Schatten des Fundamentalismus, damit begonnen, ein Bewußtsein von der Einbettung ihrer lokalen Kulturen in überregionale Zivilisationen zu entfalten. Durch die Politisierung dieser Zivilisationen gewinnen sie dann einen weltpolitischen Status.[13] Die neue Bedeutung der Welt des Islam steht eng in diesem weltpolitischen und historischen Rahmen.

Während Muslime der Dekolonisationsära auf europäische Ideen zurückgriffen, um mit ihrer legitimatorischen Hilfe den Kolonialismus zu bekämpfen, speisen sich die zeitgenössischen Ideologien des Fundamentalismus aus nativistischen Quellen lokaler Kulturen, wenngleich sie unübersehbar, wenn auch ungewollt, den Stempel der kulturellen Moderne tragen. Auch die islamischen Fundamentalisten, welche die Historisierung des Islam ablehnen (für sie ist der Islam überhistorisch), können der Geschichte nicht entfliehen. Die antiwestliche politische Orientierung wird jedoch über die Kritik an der westlichen Hegemonie hinaus in eine Konfrontation einer Zivilisation gegen eine andere transformiert. Die Kontrastierung von Demokratie und *Hakimiyyat Allah* als einander grundsätzlich ausschließende Systeme ist ein Bestandteil dieses globalen Prozesses. Deshalb wird die Beschäftigung mit den Zivilisationen[14] in unserem Zeitalter des Übergangs zum 21. Jahrhundert zu einer unentbehrlichen weltpolitischen Aufgabe.

Hakimiyyat Allah/Gottesherrschaft – ein Totalitarismus?

Totalitarismus, Diktatur und Demokratie sind europäische, keine islamischen Begriffe, die teilweise noch nicht einmal verbal in nicht-westliche Sprachen übersetzt werden können. Im Arabischen, und ähnlich in anderen orientalischen Sprachen der Welt des Islam, heißen Demokratie und Diktatur *al-Demoqratiyya* und *al-Diktatur*, d. h. sie werden auch sprachlich übernommen und entsprechend indigenisiert, weil sie als Ausdruck nicht übersetzt werden können. Doch haben Vertreter des politischen Islam einen autochthonen Begriff für totalitäre Herrschaft gefunden, den sie als ihren eigenen hervorheben. Der zitierte al-Maududi wie auch sein Mitstreiter Qutb haben in ihren zahlreichen Katechismen, die in ihrer Bedeutung für den islamischen Fundamentalismus dem Rang des Kommunistischen Manifestes für die frühe Arbeiterbewegung und den späteren Kommunismus entsprechen, den Begriff des *al-Schumuliyya*, der nichts anderes als Totalitarismus bedeutet, geprägt.

Die angeführten geistigen Väter des islamischen Fundamentalismus sowie ihre heutigen, als Aktivisten des politischen Islam[15] tätigen Anhänger sind der Auffassung, daß der von ihnen politisch gedeutete Islam nicht nur ein religiöser Glaube ist; für sie ist der Islam umfassend/*schumuli*, d. h. er umfaßt quasi organisch alle Lebensbereiche, hierbei vor allem die Politik, und bietet Vorschriften für sie. Dementsprechend gäbe es im Islam – nach ihrer Auffassung – keine Trennung von Religion und Politik. Auf sie geht die neo-islamische Formel »*al-Islam Din wa Daula*/Entsprechung des Politischen und des Religiösen im Islam« zurück, die sich weder im Koran noch in den autoritativen islamischen, klassischen Quellen finden läßt. Säkulare Ansichten, die diese Trennung predigen, hätten westliche Kreuzzügler, die in der Neuzeit als Kolonisatoren aufgetreten seien, als einen Virus in die Welt des Islam gesetzt.[16] Heute gilt es – so wird argumentiert –, die Welt des Islam zu entwestlichen, d. h. »von den Kreuzzüglern zu befreien«. Als politische Plattform hierfür gilt die soeben zitierte Formel: Der Islam sei *Din wa Daula*/Religion und Staat. Konkret mündet diese Auffassung in das Konzept von der *Hakimiyyat Allah*/Gottesherrschaft; der Imam vertrete den Willen Allahs auf Erden und wache über die Einhaltung seiner Gesetze, d. h. über die *Schari'a,* er sei deshalb »der Schatten Allahs«.

Die politische Doktrin von der *Hakimiyyat Allah*/ Gottesherrschaft ist Ausdruck der islamischen Lösung; sie ist gegen Demokratie und Säkularität gerichtet, weil diese im Widerspruch zur *Schari'a*, dem Gesetz Allahs, stehen.

In diesem Sinne ist Volkssouveränität mit einem politisch interpretierten Islam[17] unvereinbar, weil sie unterstellt, daß Menschen über sich selbst herrschen können. Sayyid Qutbs Aufruf an die Muslime zum Kampf gegen die Volkssouveränität als eine »*Ta'til Hukm Allah*/Aussetzung der Herrschaft Gottes« (vgl. Anm. 15) gehört heute in der Welt des Islam – wie einst der Marxsche Aufruf »Proletarier aller Länder vereinigt Euch« im westlichen Europa – zu den Präambeln politischer Programme fundamentalistischer Bewegungen. Einer der Führer der Islamischen Heilsfront (FIS) in Algerien, Ali Ben-Hadj, prägte in diesem Kontext eine weitere Formel: *al-Demoqratiyya Kufr*/Demokratie ist Unglaube.[18]

Die sprachliche Artikulationsform und der Inhalt zeitgenössischen, leider vorwiegend fundamentalistisch geprägten Denkens im Islam sind nur äußerlich religiös. Wie der Name »politischer Islam« andeutet, geht es hierbei um politische, nicht um spirituelle Belange. Aus diesem Grunde widerspreche ich in meinem Buch »*Die fundamentalistische Herausforderung*« (vgl. Anm. 7) der Vorstellung, der religiöse Fundamentalismus sei eine Renaissance des Religiösen. Gegen diese Vorstellung argumentiere ich auf der Basis von Feldforschung in vielen islamischen Ländern sowie der Auswertung fundamentalistischer Schriften; diese Arbeit ist in meine Forschungstätigkeit im Fundamentalism Project der American Academy of Arts and Sciences[19] eingebettet. Mein Argument lautet, daß der Fundamentalist ein *homo politicus* und kein *homo religiosus* sei. Das gilt nicht nur für die muslimischen Fundamentalisten, sondern auch für ihre Counterparts im Hinduismus, Konfuzianismus, Buddhismus, in der Sikh-Religion, im Christentum und im Judentum. Gegen islamische Fundamentalisten kann man mit dem klassischen Sufi-Muslim Ibn Arabi argumentieren, daß der Islam als göttlicher Glaube *Mahabba*/Gottesliebe, also nicht – modern ausgedrückt – »politische Ideologie« ist.

Schon der Tatbestand, daß der Fokus des Denkens der Fundamentalisten auf politische Fragen der Herrschaft gerichtet ist, verrät die Eigenschaften politischer und nicht religiöser Menschen. Das zentrale Argument, daß der Islam allumfassend sei, sprich die Totalität des Lebens – also auch Staat und Gesellschaft – erfasse, richtet sich nicht etwa auf eine religiöse Weltanschauung; es will primär begründen, daß der Islam auch ein allumfassendes Herrschaftssystem sei. Das Attribut *Schumuli*/totalitär wird hier nicht kritisch, sondern gerade und offen als

Vorzug dieses Systems angeführt. In ihrem eigenen Selbstbewußtsein glauben die islamischen Fundamentalisten, sie würden mit dieser Bestimmung zum Ur-Islam zurückkehren. So sehr sie in ihrem Denken und Handeln den globalhistorischen Kontext ihres Agierens, den ich als Kontext von *World Time* charakterisiere, verdrängen, so sehr verrät ihre Sprache die Auseinandersetzung mit der Moderne als dessen Hintergrund. Weder die fundamentalistische Formel *Hakimiyyat Allah*, noch die *Schumuliyya* (Totalitätsbezogenheit) des Islam lassen sich in irgendeiner der autoritativen islamischen Quellen finden; sie sind neoislamisch.

Die Auseinandersetzung der Fundamentalisten mit der Demokratie, die sie als eine Verleugnung von *Hakimiyyat Allah* deuten, zur Kenntnis zu nehmen, ist heute nicht mehr allein eine Aufgabe für den Islamwissenschaftler. Sich damit zu befassen, heißt einerseits darstellen, daß der inhaltliche Gegenstand des Konflikts eher die bereits von Hedley Bull angesprochene politisch-kulturelle »Revolte gegen den Westen« ist als etwa eine religiöse Rückkehr zum Islam. In unserem Zeitalter ist die Beschäftigung mit dem Imam-Denken ein Gegenstand der Weltpolitik geworden. Zum anderen wird deutlich, daß islamische traditionelle Begriffe instrumentalisiert werden, um moderne Inhalte, hier Diktatur und totalitäre Herrschaft, im Sinne von gegen die Demokratie gerichteten Alternativen als Lösung hervorzuheben. Die islamischen Begriffe dienen als alte Schläuche, in die der neue Wein – der islamische Totalitarismus – gefüllt wird.

Unter den Bedingungen der Migration aus dem südlichen und östlichen Mittelmeerraum nach Europa gewinnt diese Problematik zunehmend eine innenpolitische Dimension. Der naive Glaube mancher Verfassungsreformer, im Rahmen von Multikulturalität durch Einführung von Kollektivrechten mehr Toleranz gewähren zu können, kann zu fatalen Folgen führen. Die Anerkennung des Imam-Gedankens in der Verfassungswirklichkeit schafft Vorbedingungen für den innereuropäischen Bürgerkrieg, wenn die Zahl der islamischen Gemeinde in Europa nach demographischen Schätzungen von Migrationsforschern gegen das Jahr 2025 die 40-Millionen-Grenze überschreitet. Fundamentalisten infiltrieren die islamische Gemeinde in Europa mit unterschiedlichem Erfolg und sorgen systematisch für Konfliktpotentiale. Die Integration der Muslime in Europa kann nur im Rahmen von individuellen, nicht kollektiven Rechten erfolgen. Letztere müssen in der Konsequenz zur Anerkennung von *Hakimiyyat Allah* als kulturell-ethnischer Eigenart der Migranten führen. Ein Euro-Islam der Individuen wäre hier die Alternative zum Ghetto-Islam der Kollektive.[20]

Die Verfemung der kulturellen Moderne als Rückkehr zur vorislamischen Djahiliyya

Zentral im fundamentalistischen Denken ist die Neubelebung des *Djahiliyya*-Begriffes. Im klassischen Sinne bezeichnet *Djahiliyya* im Islam die vorislamische Zeit.[21] Sprachlich bedeutet der Begriff Unwissen/Ignoranz. Die vorislamische Zeit wird von islamischen Historikern klassisch deshalb als *Djahiliyya* beschrieben, weil der Islam als vollständige Offenbarung die höchste Stufe des Wissens darstelle. Muslime glauben, der Islam beende – welthistorisch gesehen – die Geschichte der Unwissenheit, indem er das Wissen, d. h. die islamische Offenbarung übermittle; im Glauben, daß der Islam eine qualitativ neue Geschichte einleite, kommt eine manichäische Geschichtsdeutung und entsprechende Zweiteilung der Welt zum Ausdruck, die als Weltsicht der vulgärmarxistischen Zweiteilung von »bürgerlicher Gesellschaft« und »Sozialismus« stark ähnelt. Politisch endet die *Djahiliyya* mit der Errichtung der Herrschaft des »wahren Imam«.

In der Sprache des islamischen Fundamentalismus der Gegenwart wird die Moderne mit der plakativen Titulierung »*al-Djahiliyya al-Dschadida*/Neo-*Djahiliyya* als eine neue Form des Unglaubens« inkriminiert. Daß Nicht-Muslime für Muslime als *Dschahiliten*/Ignoranten gelten, ist wohl nicht neu. Neu daran ist jedoch die – z. B. von Qutb vertretene – Vorstellung, daß die westliche Zivilisation durch ihre Expansion die Neo-*Djahiliyya* weltweit verbreite, also auch in die Welt des Islam getragen habe. Somit werden Muslime selbst als *Dschahili-*

ten inkriminiert.[22] Erstaunlich ist, daß der – neben Qutb – einflußreiche Maududi zu seinen Lebzeiten hervorgehoben hat, daß die westliche Zivilisation der *Djahiliyya* ihre Ursprünge im »Götzentum der alten Griechen« habe. Fundamentalisten verdrängen die historische Tatsache, daß der Hellenismus zum klassischen Erbe des glorreichen Islam gehört. Muslime jener Epoche nannten ihren großen Philosophen al-Farabi »*al-Mu'allim al-thani*/den zweiten Lehrer« und behielten den Status des ersten Lehrers Aristoteles vor (vgl. Kap. 4).

Wenn in diesem Zusammenhang Christian Meiers Charakterisierung des griechischen Erbes als Begründung eines »*Könnens-Bewußtseins*«[23] vergegenwärtigt wird, dann müssen wir dem geistigen Vater des islamischen Fundamentalismus, Maududi, Recht geben, daß die Moderne auf vorislamische Zeiten zurückgreift. In der Idee des *Könnens-Bewußtseins* (eine Synthese von *Techne* und *Episteme*) rückt der Mensch durch die Entdeckung seiner praktischen und erkenntnismäßigen Fähigkeiten zum Zentrum der Welt auf. In seiner Verbindung von *Techne* und *Episteme* kann der Mensch die Welt verändern. Demokratie wäre – fundamentalistisch ausgedrückt – nur eine der »Auswüchse« des *Könnens-Bewußtseins*. Für Fundamentalisten ist das aber eine abzulehnende *Ta'til*, d. h. eine Aussetzung der Herrschaft Allahs und eine Anmaßung des Menschen gegenüber Gott. Das ist ein aus dem Mittelalter stammender Gedanke von Ibn Taimiyya (vgl. Kap. 5).

Fassen wir mit Jürgen Habermas das Projekt der kulturellen Moderne mit dem Begriff vom Subjektivitätsprinzip[24] zusammen, dann läßt sich schlußfolgern, daß *Hakimiyyat Allah* als ein politisches System, das die Selbstbestimmung des Menschen als Unglauben abweist, und Demokratie als ein Ausdruck eben dieses Subjektivitätsprinzips unvereinbare Gegensätze sind. In unserem Zeitalter des weltanschaulichen Kriegs der Zivilisationen (vgl. Anm. 13) erhebt sich die Frage nach der Gültigkeit universeller Normen und Werte wie Demokratie und individuelle Menschenrechte. Die selbstverständliche Annahme dieser Universalität als eine die Globalisierung begleitende Komponente läßt sich heute nicht mehr bestätigen. Der Fortschritt bei der strukturellen Globalisierung in Wirtschaft, Politik und Kommunikation wird *nicht* von einem ähnlich gelagerten Fortschritt bei der Universalisierung von Normen und Werten begleitet. Eine Verlagerung der Konfliktpotentiale von der Ökonomie und Ideologie in den Bereich der Werte und Normen unterschiedlicher Zivilisationen ist unübersehbar. Der Bedarf an einer universellen Ethik als Basis einer internationalen Moralität ist in unserem Zeitalter größer, als dies welthistorisch je der Fall gewesen ist.

Auf Europa bezogen lautet aber die vorläufige Schlußfolgerung: Wenn Demokratie und individuelle Menschenrechte im Zeitalter des Zusammenpralls der Zivilisationen nicht mehr unbeschadet Universalität beanspruchen können, dann muß die Minimalforderung lauten, ihre Geltung zumindest auf dem europäischen Kontinent zu bewahren und zu verteidigen.

Wenn Multikulturalität nicht Indifferenz bedeuten soll, dann müssen sich selbst die Anhänger dieser Zauberformel gegen den Anspruch des Imam von Nantua erheben, daß in Europa Allahs Gesetze vor den Gesetzen des Menschen Vorrang hätten, zu denen ja Demokratie und individuelle Menschenrechte unbedingt und in erster Linie gehören. In den *Gewerkschaftlichen Monatsheften* habe ich die Staats- und Gesellschaftsauffassung der islamischen Fundamentalisten in Europa als einen »ethnisch-religiösen Rechtsradikalismus« bezeichnet und für einen demokratischen Euro-Islam plädiert.[25]

Wolfgang G. Lerch hat in einem *FAZ*-Leitartikel mit Recht vor der »Hysterie ..., daß es zu einem neuen Sarazenensturm kommt«, gewarnt, und dennoch mit ebensoviel Berechtigung unterstrichen, »daß fundamentalistische Muslime versuchen, die westlichen Verfassungen auf spezifisch islamische Vorstellungen von Recht und Gesetz zu verpflichten«.[26] Diese Versuche gilt es abzuwehren, weil sie mit Demokratie nicht vereinbar sind.

Die totalitäre Formel der *Hakimiyyat Allah* steht nicht allein der Demokratisierung der Länder in der Welt des Islam im Wege; angesichts ihrer Verbreitung unter Teilen der islamischen Gemeinde in Europa könnte sie auch auf diesem Kontinent im Übergang zum 21. Jahrhundert zu einer Quelle des Unfriedens werden. Die Imam-Suche erweitert sich auf Europa. In einem europäischen Ghetto-Islam herrscht immer die Imam-Vorstellung. Bei einem Euro-Islam (vgl. Anm. 20) bilden Muslime dagegen einen Teil der zivilen Gesellschaft und sind individuelle demokratische Bürger im Sinne von *Citoyens*.

Rückblick, Schlußfolgerungen und Zukunftsperspektiven

Der Imam und die prophetische Tradition

Mit der Weitergabe der islamischen Offenbarung hatte der Prophet Mohammed nicht nur eine neue Religion verkündet. Der Islam war von Beginn an eine Ordnungsvorstellung, auf deren Basis eine neue Zivilisation[1] gegründet wurde. Die Identifikation der Gründungsphase dieser Zivilisation mit einer einzigen Person – mit der des Propheten[2] – und die Erhebung jener historischen Epoche zum absoluten Maßstab für alle darauf folgenden Entwicklungen hat zur Folge, daß im Islam die Person höher steht als die Institution. Nur wenige, analytisch denkende islamische Historiker – wie z. B. Abdulaziz al-Duri[3] – haben erkannt, daß Fehlentwicklungen in der islamischen Geschichte auf den Mangel an Institutionen zurückzuführen sind, die für ein effizientes politisches System erforderlich sind. Für die islamische Zivilisation stehen der Prophet Mohammed und die auf ihn folgenden Führer, die Imame, nicht aber ein institutionelles System.

Mit Ausnahme des hellenisierten islamischen Rationalismus des frühen Mittelalters – z. B. al-Farabis Suche nach der tugendhaften Ordnung (vgl. Kapitel 4) – zentrierte sich das politische Denken des Islam immer auf die Suche nach dem »wahren Imam«, *nicht aber nach der tugendhaften Institution*. Der Imam vollstreckt den Willen Allahs auf Erden und begründet seine Legitimität in der Fortsetzung der Tradition des Propheten. Wer aber kontrolliert ihn hierbei? Wer garantiert, daß er im Einklang mit den Vorschriften der islamischen Offenbarung handelt? Auf diese Fragen findet man im islamischen politischen Denken keine Antwort. Zwar kennt dieses Denken die Unterscheidung zwischen dem Imam als einem »*Sultan al-'Adil*/dem gerechten Herrscher« und dem Imam als einem »*Sultan al-Dja'ir*/dem ungerechten Herrscher«, bietet aber keine Möglichkeit der Auflösung des Spannungsverhältnisses zwischen beiden. Angesichts des Fehlens eines Widerstandsrechts im orthodoxen Islam müssen sich die Muslime damit trösten, daß Allah den ungerechten Imam im Jenseits bestrafen wird. Im schi'itischen Islam, besonders in seiner iranisch dominierten Spielart, etablierte sich im Gegensatz zu dieser arabisch-sunnitischen Tradition eine Tradition von Institutionen. Diese spiegelt sich u. a. in der Tatsache wider, daß Schi'iten einen institutionell-hierarchisch aufgebauten Klerus haben[4]; sunnitische *Ulema* bilden dagegen keinen Klerus und haben keine ausgeprägten Institutionen. Im Abbasiden-Reich haben es die iranischen Buyiden (945–1055) unter Anwendung der schi'itischen *Taqiyya* (Verheimlichung des Glaubens gegenüber der Außenwelt) geschafft, die Institution des Wesirs/Ministers am Hofe des sunnitischen Kalifen an sich zu reißen. Hierbei schufen sie eine administrative Gewalt im Kalifen-Reich; dennoch blieb die Herrschaft personifiziert: Islamische Geschichte ist eine Geschichte islamischer Herrscher als Imame der Muslime. Bis in unsere Zeit ist diese Personifizierung der Herrschaft unverändert ein Wesenszug der islamischen Zivilisation, der sie auf ihrer Suche nach einer Führung prägt. Daher heißt mein Buch »Der wahre Imam«. Dieser Titel entspricht der Suche nach persönlicher Rechts-Leitung als zentralem Inhalt der islamischen Geschichte.

Van Ess über den Früh-Islam: Die Quelle der Orthodoxie

Es wäre falsch, die islamische Tradition – trotz ihrer unveränderten Wesenszüge – als in ihrer Kontinuität ungebrochen darzustellen. Aus diesem Grunde möchte ich die monumentale Darstellung des religiösen Denkens im Früh-Islam durch den großen Islamwissenschaftler

Josef van Ess in seinem mehrbändigen Werk »*Theologie und Gesellschaft*« heranziehen, um Nuancen festzustellen. Der Prophet hat die auf der Basis göttlicher Offenbarung gepredigte islamische Weltgemeinde, die *Umma*, geleitet und war das Leitbild für alle Muslime – das wissen wir bereits. Obwohl die islamische Offenbarung dem Propheten keine Heiligkeit zuspricht und ihn als einen normalen, sterblichen Menschen bestimmt, war der Tod des Propheten für die zeitgenössischen Muslime ein Schock. Hierüber schreibt van Ess: »Von dem Wort war nur die Schrift geblieben, und das Charisma des Gottgesandten mußte in der Veralltäglichung aufgefangen werden.«[5]

Eine unmittelbare Folge der auf die Person des Propheten zugeschnittenen islamischen Führung war die Tatsache, daß nach seinem Tod viele zum Islam übergetretene Stämme ihren islamischen Glauben widerriefen. Der erste Imam im Islam, der Kalif/Nachfolger Abu Bakr, mußte einen zweijährigen Krieg, den *Riddah*-Krieg (632–634), führen, um gegenüber diesen abgefallenen Stämmen die Autorität der islamischen Zentralinstanz mit aller Gewalt wiederherzustellen. Hierzu schreibt van Ess: »Der Abfall der Beduinenstämme mußte ... zeigen, daß ihre Loyalität sich auf die Person bezog« (ebd.). Die Personifizierung der Herrschaft als auf den Imam zentrierter Ordnung bedingt, daß die Loyalität einer Person, nicht einer Institution entgegengebracht wird. Der Übertritt der arabischen Beduinen zum Islam war eine Unterwerfung unter Mohammeds Leitung; sein Tod bedeutete für sie das Ende des »Vertrags« und in der Folge davon ihren Abfall vom Islam, der durch einen neuen Imam gewaltsam wieder rückgängig gemacht werden mußte.

Trotz des Sieges über die abgefallenen Stämme im *Riddah*-Krieg (vgl. Kap. 1) wurde die Einheit der islamischen *Umma* nach dem Tod des Propheten nicht mehr dauerhaft erhalten; die Geschichte des Islam ist nicht nur eine der Expansion und der Verbreitung des neuen Glaubens durch den Djihad (vgl. Kap. 2), sie ist auch – und bis heute noch – eine Geschichte der innerislamischen Kriege – der erste *Fitna*-Krieg (im Jahr 656, vgl. Kap. 1) steht hierfür als ein Symbol. Dieser innere gewaltförmige Zwist hat die islamische Zivilisation in ihrer Entfaltung behindert. Der Zivilisationshistoriker Leslie Lipson führt diese innere Zerrissenheit der Muslime – verbunden mit innerislamischer Intoleranz (durch *Takfir*/Erklärung Andersdenkender zu Ungläubigen, und somit Freigabe zum Mord) und Gewaltförmigkeit – als Grund dafür an, warum es nicht die islamische, sondern eher die ostasiatischen Zivilisationen sein werden, die im kommenden Jahrhundert den im Inneren zerrütteten Westen in seiner Führungsrolle ablösen könnten.[6]

Die Personifizierung der Herrschaft, gepaart mit einem tribalen, also vorislamischen Kollektivbewußtsein, hat die islamische *Umma* daran gehindert, ein institutionelles Gebilde zu werden. Die tribale Zersplitterung der jungen islamischen *Umma* setzte – nach van Ess – schon im siebten Jahrhundert ein. Für jede, mehr oder weniger stammesmäßig definierte Gruppe der Muslime war »ein Gläubiger derjenige, der ihrer Gemeinde (an)gehört, jeder andere Muslim dagegen ein Ungläubiger«.[7] Das war die Geburtsstunde der innerislamischen Intoleranz, die in unserem Zeitalter durch den Fundamentalismus eine moderne Form erhält und zugleich ihre volle Blüte erreicht (vgl. Anm. 28 zu Kap. 11). Diesen frühislamischen stammesmäßigen Kollektivismus beschreibt van Ess folgendermaßen:

> »Man handelte und dachte im Kollektiv. Dabei verstand man dieses Kollektiv vorwiegend als die soziale Gruppe, der man gerade angehörte; der *Umma*-Begriff, der heute hochgeschätzt wird, spielte kaum eine Rolle ... Die Stämme hatten ihre eigene Moschee ... Man wollte nicht hinter jemandem das Gebet verrichten, mit dem man ... nicht übereinstimmte.«[8]

Ein Muslim betet bei der Ausübung seiner religiösen Pflichten hinter einem Imam und handelt politisch nach den Befehlen seines Imam. Der Prophet Mohammed war das Vorbild für einen gerechten und integren Imam aller Muslime, d.h. aller Stämme, die in ihrer Gesamtheit eine *Umma*/Weltgemeinde, d.h. ein Kollektiv bilden. Wenn nun nach dem Tod des Propheten jeder Stamm nicht nur seine eigene Moschee, sondern auch seinen eigenen Imam hat, wo bleibt dann die Einheit der *Umma*?

Das islamische Schisma in Sunna und Schi'a fand schon im ersten islamischen Jahrhundert, d. h. nach westlicher Zeitrechnung im siebenten Jahrhundert, statt. Diese Spaltung und die daraufhin im Verlauf der islamischen Expansion erfolgte, sowohl kulturelle als auch religiöse Binnendifferenzierung des Islam (d.h. die kulturellen Spielarten und die religiösen Sekten) haben die Lehre von der einheitlichen, von einem einzigen Imam geleiteten islamischen *Umma* zu einem reinen Ideal werden lassen. Dieses Ideal hatte historisch *nie* eine Entsprechung in der islamischen Wirklichkeit.

Zeitgenössische islamische Fundamentalisten verleugnen die historischen Tatsachen; sie glauben an die Einheit der heute »so hoch geschätzten islamischen *Umma*« (van Ess) und behaupten, allein die »westliche Verschwörung/*Mu'amara*« gegen den Islam habe diese Einheit zerstört. Es ist bedauerlich, daß es viele westliche Orientalisten gibt, die anstelle der Realität schulmäßig Texte studieren und deshalb zwischen den schriftlich fixierten Ansprüchen und der Realität nicht unterscheiden können; somit teilen sie indirekt die Schriftgläubigkeit islamischer Fundamentalisten, wenngleich sie dies mit einer anderen Motivation tun. So lesen wir in dem in Deutschland autoritativen islamwissenschaftlichen Geschichtswerk des Bochumer Islamkundlers Gerhard Endress: »Die von Industrialisierung, Arbeitsteilung und Mobilität bewirkten vielfältigen Wandlungen lassen eine umfassende Definition der islamischen Gesellschaft nicht mehr zu.«[9] Nicht die angesprochenen, vom Eindringen des Westens in die Welt des Islam ausgelösten Entwicklungen, sondern Tribalismus und religiöse Sektenbildung, und zwar in der frühislamischen Geschichte, haben jene umfassende Bestimmung der »islamischen *Umma*« unterlaufen und unterbunden.

Neben dem Fehlen institutioneller Einrichtungen im Islam gibt es noch ein weiteres Problem bei der Diskussion um die Imam-Leitung einer einheitlichen, also einzigen islamischen *Umma* (in der Realität des Islam jedoch: viele *Ummas*). Dieses Problem besteht darin, daß der Imam, obwohl letztendlich ein Mensch, doch unfehlbar ist. Nach dem islamischen Glauben war jedoch selbst der Prophet Mohammed als Mensch nicht unfehlbar. Wenn Mohammed bei seiner Verkündung des

Islam Fehler machte, dann hat ihn Allah jeweils durch eine Offenbarung korrigiert. So hat der Prophet z.B. nach der Schlacht von Badr im Jahre 624 Lösegelder akzeptiert; in der koranischen Offenbarung wird dieses Verhalten des Propheten kritisch als »Schuld« (Koran, 48/2) eingestuft. Aber »Gott wollte dir deine frühere und deine spätere Schuld vergeben, seine Gnade an dir vollenden und dich einen geraden Weg führen« (ebd.). Der Prophet war also nach dem Koran nicht unfehlbar. Weshalb sind dann die auf ihn folgenden Imame unfehlbar?

Die Imame, die auf den Propheten folgten, empfingen keine Offenbarung, weil die Prophetie einmalig war; wer korrigierte sie unter diesen Bedingungen? Josef van Ess beschreibt diesen Tatbestand und sagt, die Imame

> »erhalten ja keine Offenbarung mehr, können also nicht mehr von Gott öffentlich zurechtgewiesen werden, dennoch sollen sie Vorbilder sein und ex cathedra sprechen«.[10]

Im dritten Band seines Werkes beschreibt van Ess die historische Konsequenz dieser Eigenart islamischer Geschichte:

> »Der Herrscher kommt direkt hinter dem Propheten; er ist eben *Kalifat rasul Allah* (Nachfolger des Gottgesandten), oder gar *Kalifat Allah.*«[11]

Kalif bedeutet Nachfolger. Wenn arabische Kalifen im Hoch-Islam sich *»Kalifat Allah«* nannten, dann maßten sie sich damit göttliche Züge an, die die Religion des Islam keinem Menschen einräumt. Denn dieser Begriff bedeutet »Nachfolger Gottes«; der Herrscher war nun nicht mehr nur »Nachfolger des Propheten«, sondern sogar mehr, als der Prophet Mohammed je war: »Vertreter Gottes auf Erden«. Das war historisch der islamische, jedoch *nicht* mit der Offenbarung zu begründende Absolutismus in der Politik; seine Spuren sind bis heute im Kernbereich der islamischen Zivilisation zu erkennen. Bereits im späten islamischen Mittelalter wurde der als Sultan herrschende Imam als »Schatten Allahs/*Zhul Allah*«[12] von dem autoritativen Ibn Taimiyya (1263–1328) geheiligt (vgl. Kap. 5).

Ein Exkurs über die Vergegenwärtigung des islamischen Rationalismus

Die Geschichte des Islam hat ein besseres Gesicht, als die zitierte Heiligung des Sultans als Imam der Muslime vermuten läßt. Dieses andere Gesicht ist der islamische Rationalismus. Es ist wichtig, in diesem Zusammenhang auf die Kapitel 4 und 6 dieses Buches zurückzugreifen, in denen am Beispiel der Werke von Farabi und Ibn Khaldun gezeigt wurde, daß die Geschichte der islamischen Zivilisation Elemente dieses Rationalismus und seiner Aufklärung enthält. Der Streit zwischen rationalistischen Philosophen und Sakral-Juristen des islamischen Mittelalters wiederholte sich auch in diesem Jahrhundert – wenngleich unter völlig anderen Bedingungen. Averroës, der große islamische Philosoph und erkenntnistheoretisch der größte mittelalterliche muslimische Denker, steht hier im Mittelpunkt. Politisches Denken steht nicht im Zentrum des Werkes von Averroës, und das ist der einzige Grund, warum dieses Buch kein selbständiges Kapitel über diesen großen Muslim enthält.

Anke von Kügelgen hat in einer sehr bemerkenswerten Arbeit über »Averroës und die arabische Moderne« die Richtung des »arabischen Averroësismus« der 60er Jahre, noch vor dem Aufstieg des Fundamentalismus, als eine Bemühung um eine Synthese von Islam und Moderne untersucht. Anhänger des »arabischen Averroësismus« wissen, daß vieles im Werk von Averroës »als überholt gilt«. Doch knüpfen sie in seinem Werk »in erster Linie an Geisteshaltungen und Denkrichtungen an«[13], um die verschüttete Tradition des islamischen Rationalismus neu zu beleben. Dieser Rationalismus steht im krassen Widerspruch zur Tradition der Suche nach dem »wahren Imam«. In der Vergangenheit hat die islamische Orthodoxie diese Tradition gepflegt; der islamische Fundamentalismus in der Gegenwart tut dies auf seine moderne Art. Bei den arabischen Averroësisten wird Averroës »zum Symbol des Aufstiegs der europäischen Kultur. Als ein arabischer muslimischer Philosoph verbürgt er somit Modernität … islamischen Rationalismus«[14], schreibt von Kügelgen.

In seinem Besprechungsaufsatz des zitierten Werkes unterstreicht der Islam-Experte Wolfgang G. Lerch, daß die Averroëssche Denkrichtung sowie die aller »muslimisch-mittelalterlichen Denker und Aufklärer ... nicht immer einen guten Ruf« genießen. Das Werk von Averroës ist das beste Beispiel hierfür. Im Mittelalter »hatte man schon seine Schriften verbrannt«, und heute sind Averroës und die »hellenisierten Philosophen im Islam als kritische Rationalisten nicht gerade die Lieblingslektüre der Fundamentalisten von heute«, schreibt W.G. Lerch in seinem Artikel »Der offene Islam und seine Feinde«[15] unter Anspielung auf Karl R. Poppers »Die offene Gesellschaft und ihre Feinde«.

Der »offene Islam« des arabischen Averroëismus der 60er Jahre ist nur wenige Jahrzehnte später gegen Ende des 20. Jahrhunderts faktisch erloschen, ebenso wie schon einst im Mittelalter die hellenisierte Philosophie im Islam.

Im islamischen politischen Denken unserer Gegenwart rangiert die teils orthodoxe, teils fundamentalistische Suche nach dem wahren Imam als Hauptrichtung des zeitgenössischen Islam. Es gibt jedoch auch säkulare Inseln in der Welt des Islam, in der Türkei und in Indonesien, auf die ich noch eingehen werde.

Die Spannung zwischen prophetischem Ideal und historischer Realität

Aus der referierten Interpretation von Josef van Ess in seinem Lebenswerk über den Früh-Islam ist zu folgern, daß die islamische Religionsstiftung die Einbindung der anarchischen arabischen Beduinen in eine neue Ordnung und somit ihre Zivilisierung als Mitglieder einer *Umma*/Gemeinschaft, die von einem Imam nach islamischer Ethik rechtgeleitet werden, nicht in vollem Umfang verwirklichte.

Der Koran befiehlt den Muslimen:

> »Gehorcht Allah, dem Propheten und denen unter Euch, die zu befehlen haben« (Sure 4/59).

Letztere sind die Imame der Muslime, die der Prophet als »Hüter« preist, weil sie – nach der *Hadith*-Tradition – für ihre »Untertanen verantwortlich handeln«. Das ist das gute Ideal; die Realität entspricht den hohen Werten des Ideals nicht!

In der in diesem Buch enthaltenen Rekonstruktion der islamischen Geschichte habe ich gezeigt, daß das ethische Imam-Bild nicht immer den Realitäten entsprach. Um mit diesem Dilemma fertig zu werden, haben Muslime die bereits zitierte Unterscheidung zwischen dem gerechten *(al-Sultan al-'Adil)* und dem ungerechten Herrscher *(al-Sultan al-Dja'ir)* eingeführt. Dennoch wurde ein Widerstandsrecht gegenüber dem zu einem Sultan gewordenen Imam, der seine Macht mißbraucht, nicht zugelassen.[16] Auch der islamische Prophet hat in einer *Hadith*-Überlieferung zwischen den »besten« und den »schlimmsten Herrschern« unterschieden. Auf die Frage der Gläubigen: »O Gesandter Gottes, sollen wir uns ihnen (d.h. den schlimmsten Herrschern) nicht mit dem Schwert widersetzen?«, antwortete der islamische Prophet jedoch:

> »Nein, solange sie in eurer Mitte das Gebet verrichten. Wenn ihr von euren Herrschern etwas seht, was ihr verabscheut, dann sollt ihr ihr Tun verabscheuen, aber kündigt den Gehorsam nicht auf.«[17]

In dieser Tradition glaubten die Muslime, daß nur Allah den ungerechten Imam bestrafen kann, bis der Einbruch der Moderne in die Welt des Islam diesen Glauben durch die Rezeption der Idee der Volkssouveränität erschütterte.

Die Übernahme der europäischen Nationsidee (vgl. Kap. 8 und 9) hat den türkischen (Jungtürken) und den arabischen Gegnern des osmanischen Kalifats im frühen 20. Jahrhundert gleichermaßen als Legitimation dafür gedient, sich gegen den Sultan zu erheben. Die arabische Revolte von 1916 und die über die Jungtürken hinausgehende türkisch-kemalistische Revolte von 1919 waren Auflehnungen gegen den islamisch legitimierten osmanischen Sultan-Kalifen; beide Erhebungen waren nur erste Schritte zur Abschaffung des Kalifats (1924) und zur Erklärung der säkularen Republik in der Türkei. Kemal Pascha, genannt Atatürk (Vater der Türken), wurde zum Nationalhelden. Die arabischen Nationalisten suchten nach ihrem eigenen Helden *(al-Batal)*, wofür ihnen der Deutsche Bismarck (vgl. Kap. 8) als Vorbild galt. Der Nationalheld *(al-Batal)* war indes nur ein säkularer Ersatz für den religiösen Imam.

Der vorletzte arabische Held, Gamal Abdel Nasser, verlor seine *Batal*-Legitimation nach der niederschmetternden Niederlage im Sechs-Tage-Krieg 1967. Seitdem läßt sich politisch eine allmähliche Rückkehr zum politisch verstandenen Islam beobachten. Zwischen dem großen Helden Nasser und seinem Nachahmer Saddam Hussein gab es einen kleinen Helden, den ägyptischen Präsidenten Sadat, der nach seinem partiellen Sieg im Oktober-Krieg 1973 überall in Kairo Monumente von sich errichten ließ, auf denen jeweils *Batal-al-'Ubur* (Held des Überquerens) stand. Das Wort *al-'Ubur* bezog sich auf das Überqueren des Suez-Kanals zu Beginn des Oktober-Krieges.[18] In seinen Aufzeichnungen schrieb Anwar al-Sadat wiederholt: »Ich überquerte den Suez-Kanal«[19], obwohl er zu jener Zeit in Kairo war; die Armee war die Verkörperung des *Batal*/Helden, des Ersatz-Imams. Saddam Hussein hat dann im Golf-Krieg den Versuch unternommen, eine Synthese von arabischem Nationalismus und politischem Islam herzustellen, indem er sich als Imam der Muslime, der zum *Djihad* aufruft, und zugleich als *Batal*/Held der Araber, der ihre Größe im Kampf gegen die »Kreuzzügler aus dem Westen«[20] wiederherstellt, darstellte.

Jenseits der islamischen Imam-Tradition wird in unserer modernen Zeit seit Max Weber zwischen einer traditionellen und charismatischen Herrschaft auf der einen Seite und einer legalen Herrschaft auf der anderen Seite unterschieden.[21] Erstere ist personenbezogen und steht im Gegensatz zur legalen Herrschaft, die auf Institutionen basiert, in der der Herrscher ein Amtsinhaber ist und nicht mehr. Das Amt ist zeitlich limitiert und kann nur auf demokratischem Wege erworben und ebenso aberkannt werden. Hat diese Webersche Typologie eine Bedeutung für die islamische Zivilisation?

Die islamische Imam-Ordnungsvorstellung in der Spannung zwischen den Zivilisationen

In seiner vergleichenden Zivilisationsgeschichte hebt Leslie Lipson die bereits einleitend unterstrichene Tatsache hervor, das Erstaunlichste an der islamischen Zivilisation bestehe darin, daß sie von einer einzigen Person, dem Propheten Mohammed, gegründet worden sei.[22] Auch nach dem Ableben des Propheten behält diese Zivilisation durchwegs ihren personengebundenden Zug, indem sie stets auf die Person des Imam zentriert bleibt. Selbst nach der oberflächlichen Säkularisierung als Resultat der Konfrontation des Islam mit Europa wurde dieses Charakteristikum beibehalten; die Person des Imam wurde nur durch die des *Batal*/Helden ausgetauscht.

Moderne Staats- und Nationsbildung wird als ein Prozeß der Bildung von Institutionen[23] gedeutet. Doch blieb eine Institutionalisierung der Herrschaft bei der Einführung der Moderne in die Welt des Islam so bescheiden, daß keine Alternative zur Personifizierung der Macht aufkommen konnte. Im Anschluß an das frühe Werk von Huntington (vgl. Anm. 23) über Institutionenbildung habe ich politische Unterentwicklung als eine schwache Institutionalisierung[24] gedeutet. Es stellt sich nun die Frage, ob eine zivile Gesellschaft, also Institutionalisierung und Trennung von Staat und Gesellschaft als Inhalt der Demokratie, gebaut auf »gesatzten Regeln« (Max Weber über legale Herrschaft), in der Welt des Islam nicht möglich ist. Hat jede Zivilisation auch in der Bestimmung einer politischen Ordnung ihre Eigenart?

Nachdem der Schleier der Bipolarität zerrissen ist, d.h. nach dem Ende der Aufteilung der Welt in einen kommunistischen und einen westlichen Block, öffnet sich die Büchse der Pandora der Zivilisationen. Man erkennt, daß die Welt sich nicht künstlich nach Ideologien des Kommunismus und Kapitalismus teilen läßt; vielmehr bilden die Zivilisationen und die sich um sie gruppierenden lokalen Kulturen den Rahmen für die Identität der Menschen. In einer diesem Buch vorausgehenden Studie habe ich im einzelnen begründet, daß Zivilisationen unterschiedliche Auffassungen von Staat, Religion, Recht, Krieg/Frieden und Wissen haben.[25] In dieser Arbeit über den Imam als Führer des zum Ideal erhobenen Gebildes einer islamischen *Umma* habe ich gezeigt, daß Menschen in der islamischen Zivilisation eine spezifische, d.h. nur für sie gültige Auffassung von Amt und Herrschaft haben, die sich von der, die der Westen für selbstverständlich hält, unterscheidet.

Seit der Auflösung des Osmanischen Reiches (1924) und bis zur erneuten Politisierung des Islam seit der umfassenden arabischen Niederlage im Sechs-Tage-Krieg (1967) haben im Nahen Osten, dem Kerngebiet der islamischen Zivilisation, säkularistische, aus dem Westen übernommene Ideologien dominiert; sie beanspruchten nicht nur, zwischen Religion und Politik zu trennen, sondern, weit darüber hinaus, die westliche Moderne in diesen Teil der Welt einzuführen. Die Rückkehr des politischen Islam ist dagegen mit der Umkehrung dieses Anspruchs verbunden; nun soll die Welt des Islam von westlichen Einflüssen gereinigt werden. Dieser Trend läßt sich nicht allein in der Welt des Islam beobachten; auch andere nicht-westliche Zivilisationen schreiben die Parole von der »Entwestlichung«[26] groß auf ihre Fahnen. Die Forderung nach Entwestlichung der Welt geht einher mit einem Rückgang des westlichen Einflusses in Politik und Ökonomie auf internationaler Ebene. Die asiatischen Zivilisationen verbinden den wirtschaftlichen Durchbruch in Ost-Asien mit dem Anspruch darauf, die westliche Zivilisation abzulösen. In der Welt des Islam, gleich ob in ihren westasiatischen (d.h. nahöstlichen) oder afrikanischen Teilen, läßt sich zwar kein dem ostasiatischen Durchbruch vergleichbarer Erfolg feststellen. Eine Ausnahme ist das wirtschaftlich aufblühende und politisch stabile Südostasien (Indonesien und Malaysia) als Kulturzone der islamischen Zivilisation, die eher in die ostasiatische Entwicklung einzuordnen ist. Dennoch kann ein mit der Szene vertrauter Beobachter die Rhetorik von der Ablösung der westlichen Zivilisation durch den Islam in der Führung der Welt nicht überhören.

Man muß nicht unbedingt ein Kulturrelativist oder Postmodernist sein, d.h. praktisch ein den Werteverlust ideologisierender Beobachter, um den Prozeß der Entwestlichung der Welt im Verlauf des Zivilisationskonflikts als Tatsache anzuerkennen. Ein wenig Toleranz reicht aus, um zu akzeptieren, daß Muslime, Hindus, Konfuzianer und Buddhisten nunmehr nach ihren eigenen Werten und Normen leben und deshalb den westlichen Orientierungen abschwören wollen. Aus dieser Perspektive ist an der Entwestlichung der Welt des Islam grundsätzlich nichts auszusetzen, wenn sie nicht zur Entfremdung der Muslime gegenüber dem Rest der Welt führt. Jedoch befürchte ich, daß die Aufkündigung universell anerkannter Werte wie Demokratie und Menschenrechte eben doch eine Folge dieser Entwestlichung der Welt ist. Die kulturelle Moderne ist westlich, ebenso wie moderne Demokratie und Menschenrechte, die ihre wesentlichen Bestandteile bilden. Die Ostasiaten wie auch die Muslime wollen modern im technischen Sinne, nicht aber westlich im kulturellen Sinne sein.

Ganz gleich, wie man zu dieser Entwicklung nach dem Ende des Kalten Krieges steht, die Samuel Huntington als »*Clash of Civilizations*«[27] bezeichnet und für die ich den Begriff vom »weltanschaulichen Krieg der Zivilisationen« (vgl. Anm. 25) entwickelt habe, eine Frage bleibt für den Westen offen. Der Westen besteht aus einem okzidental-europäischen Kernbereich (Europa östlich von Polen und südöstlich von Wien gehört kulturell nicht dazu) und seinen Tochtergesellschaften in Nordamerika. Nordamerika galt immer als Einwanderungsgebiet, aber Migration erfolgte bis zum 20. Jahrhundert vorwiegend aus Europa selbst. Daraus folgt, daß die kulturelle Identität des neuen Kontinents *europäisch* bestimmt wird. Multikulturalisten in Amerika beanstanden sie nicht nur, sie gehen so weit, sie als »Rassismus« abzustempeln. Wird dieser Vorwurf auch im Europa des 21. Jahrhunderts erhoben werden, wenn der Multikulturalismus hier fortgeschritten ist und dann die kulturelle Identität Europas verleugnet wird?

Islam im Westen: Integration in die europäische Identität oder Multikulturalismus?

Unbestreitbar ist, daß die Migration, vor allem aus der Welt des Islam, Europa verändern wird. Im späten 20. Jahrhundert wird die europäische Expansion und Eroberung der Welt[28] in ihr Gegenteil verkehrt: Wir leben in einer Epoche der globalen Migration aus Asien und Afrika nach dem Westen. Im multikulturellen Amerika muß sich Samuel Huntington arge Beschimpfungen gefallen lassen, weil er die europäische Kultur als dominierenden Bestandteil der »Identität Amerikas« bezeichnet. Zu dieser Kultur gehört die säkulare Demokratie, die Max Weber legale Herrschaft nennt. Huntington fragt:

> »Sollte Amerika eine wahrhaft multikulturelle Gesellschaft – durchdrungen im Innern vom Zusammenprall der Zivilisationen – sein, kann Amerika dann als eine liberale Demokratie überleben?«[29]

Dieselbe Frage muß nun auch für Europa gestellt werden, für einen Kontinent, der – im Gegensatz zu Amerika – bisher nie als Einwanderungskontinent galt, aber heute im Rahmen der Globalisierung faktisch bereits ein solcher geworden ist. Eine wichtige Quelle der Zuwanderung bildet der südliche und östliche Mittelmeerraum, der der islamischen Zivilisation angehört. In Westeuropa leben zur Zeit mehr als 15 Millionen Muslime, deren Zahl im Jahr 2025 mehr als 40 Millionen betragen wird. Gilt für diese Muslime nach multikulturellem Verständnis die in diesem Buch beschriebene Imam-Tradition der islamischen Zivilisation, oder behält Europa seine Identität und fordert von den Migranten deren Annahme durch Anpassung und Anerkennung der in den europäischen Verfassungen enthaltenen Normen und Werte? Gehorchen die islamischen Migranten ihren Imamen – wie Führer des Ghetto-Islam fordern – oder fügen sie sich in die europäische Demokratie ein? Oder tritt die von Huntington für Amerika befürchtete Gefahr auch in Europa ein?

Frankreich, das Land der Aufklärung und der Französischen Revolution, ist beinahe das einzige europäische Land, das die Identität Europas engagiert vertritt.[30] Mit der Ablösung Deutschlands vom Vorsitz im Rat der Europäischen Union durch Frankreich am 1. Januar 1995 haben der damalige französische Außenminister Alain Juppé (nach der Wahl Chiracs zum Premier avanciert) und der deutsche Außenminister Klaus Kinkel das Bekenntnis ihrer Länder zu fünf Prinzipien in einer gemeinsamen Erklärung unterstrichen. Zu diesen fünf Schwerpunkten gehört die kulturelle Identität Europas:

> »Bei aller Weltoffenheit will Europa als Zentrum kultureller Kreativität nicht untergehen. Auch in diesem Bereich muß es dafür sorgen, daß es lebens- und handlungsfähig bleibt.«[31]

Jenseits der Zweideutigkeit der Diplomatie heißt dies, daß Europa zwar für die Migration offen ist, nicht aber für die Aufgabe seiner kulturellen Identität zugunsten der vorwiegend vormodernen Migrantenkulturen!

Zur Identität Europas gehört, daß der Herrscher ein demokratisch und auf Zeit gewählter Politiker, d. h. ein Amtsinhaber ist, der auf eine säkulare Verfassung verpflichtet ist. Können jene Muslime, die als Migranten nach Europa kommen, diese europäische Identität auch für sich akzeptieren und somit ihre Imam-Tradition aufgeben, oder werden sie einen Imam für ihre Gemeinde in Europa beanspruchen? Integrieren sich die muslimischen Migranten im Rahmen eines Euro-Islam, oder sondern sie sich in einem Ghetto-Islam ab? Diese Fragen korrespondieren mit der Perspektive, ob Europa den *Kommunitarismus* der Migranten (vgl. Anm. 20 zu Kapitel 12 oben) hinnimmt oder eine Zivilgesellschaft der individuellen *Citoyens* bleibt!

Der größere Rahmen zur Beantwortung dieser Fragen ist der moderne Nationalstaat im europäischen, d.h. französischen und angelsächsischen, nicht im deutschen Sinne, also als ein demokratisches Gemeinwesen, nicht als ethnisch-exklusive Gemeinschaft. In der okzidental-europäischen Tradition der kulturellen Moderne beruht der Nationalstaat auf einer konsensuellen, also nicht-ethnischen Gemeinschaft von Bürgern im Sinne von *Citoyen/Citizen*.[32] Deutschland behält dagegen auch nach seiner Verwestlichung nach 1945 die im Staatsangehörigkeitsgesetz von 1913 verankerte ethnische Bestimmung des Staatsbürgers und damit eine ethnische Definition der deutschen Nation bei. Die kulturelle Innovation des Verfassungspatriotismus, nach der ein eingewanderter Muslim problemlos auch ein deutscher Bürger im Sinne von Verfassungspatriot werden könnte, ist bis zum heutigen Tag bedauerlicherweise nur ein politisches Postulat.

Aber zurück zu meiner Ausgangsfrage, ob in Europa säkulare Demokratie und Menschenrechte auch für die muslimischen Migranten gelten müssen. Eine bejahende Antwort bedeutet, daß die Migranten ihre islamische Imam-Tradition entpolitisieren müßten, selbst wenn die Welt des Islam auch im Übergang zum 21. Jahrhundert ihre Suche nach dem wahren Imam fortsetzen sollte. Deutsche Muslime müßten mit ihrer Integration ohne multikulturelle Zweideutigkeiten europäische Bürger werden, könnten also *nicht* als Angehörige eines kommunitären islamischen Ghettos an der Peripherie bleiben. Sie wären vielmehr *Citoyens/Citizens* Europas. Besteht Hoffnung auf eine solche Entwicklung – und werden Europäer sie von Muslimen fordern –, oder werden wir den von Huntington beschworenen Zusammenprall der Zivilisationen, d.h. den Zusammenprall zwischen der Imam-Tradition und der säkularen Demokratie, nicht nur global, sondern auch mitten in Europa erleben?

Ein Konflikt zwischen einer zu einem religiösen Fundamentalismus führenden Politisierung des Islam und einer säkularen Bestimmung der Herrschaft läßt sich in den letzten Dekaden des 20. Jahrhunderts in fast allen islamischen Ländern beobachten; solche Zerreißproben werden im Rahmen der islamischen Migration auch auf Europa zukommen. Im Zeitalter der selbstzerstörerischen Moden wie der der *Political Correctness*[33] gilt es als inkorrekt zu sagen, daß die Migranten die Probleme ihrer Ursprungsländer – z.B. den Konflikt zwischen säkularer und Gottesordnung – in das Gastland mitbringen. Aus Besorgnis um die Demokratie muß hier aber in aller Offenheit, also ohne Tabus von dem Konflikt gesprochen werden.

Der Konflikt ist Ausdruck des Dilemmas, vor dem der Islam und die Muslime in der modernen Welt stehen, d.h. auch wenn sie als Migranten nach Europa kommen. Infolge des auch in Deutschland um sich greifenden Verständnisses von *Political Correctness* und der damit verbundenen Tabus scheint man über die angeführten Probleme in der Türkei freier sprechen zu können als hierzulande – das habe ich während meiner Gastprofessur in Ankara (Bilkent University) im Frühjahr 1995 wiederholt festgestellt. Der deutsche Türke Faruk Şen hat an einem vom deutschen Kultur-Institut in Ankara bereits zuvor – d.h. im Dezember 1994 – organisierten und von der damaligen Premierministerin Tansu Çiller in einem Grußtelegramm offiziell gutgeheißenen Symposium über »Fundamentalismus und Pluralismus« auch die Frage angesprochen, die der türkisch-zypriotische Politikwissenschaftler Özay Mehmet in einem bemerkenswerten Buch einleitend so formuliert: »Bin ich zuerst Muslim oder Bürger des Staates, in dem ich lebe?«[34] In seinem Referat (vgl. Anm. 35) führte Faruk Şen aus, daß das islamische Erwachen auch die türkische Gemeinde in Deutschland betrifft; die zweite Generation der in Deutschland geborenen Türken entwickelt nicht mehr ein türkisches, sondern ein islamisches Bewußtsein. Junge, in Deutschland lebende Türken wollen nicht nur ihre türkische Nationalsprache, sondern auch Arabisch, die Sprache des Islam, lernen, wie Faruk Şen beobachtet, der in diesem Zusammenhang eine Integrationspolitik fordert. Diese kann es den muslimischen Türken ermöglichen, eine Kombination von einem demokratisch interpretierten »offenen Islam« und einer Identität als deutscher Bürger anzustreben. Gelingt dies nicht, dann wäre der Weg frei für den Islamismus, den Faruk Şen so beschreibt:

> »Islamismus ist eine Form politischen Extremismus, sie muß hier in der Bundesrepublik intensiv beobachtet werden. Religiöse Organisationen, die sich in Deutschland gründen, müßten ihre Verfassungstreue nicht nur in Worten gegenüber den zuständigen Stellen, sondern auch in ihren Taten zum Ausdruck bringen.«[35]

Oft fallen manche naiv denkende deutsche protestantische Theologen, aber auch säkulare Gesinnungsethiker auf die Worte islamischer Fundamentalisten in Deutschland herein; sie erkennen somit den von Faruk Şen hervorgehobenen Unterschied zwischen »Worten« und »Taten« nicht. Ein wacher deutscher Journalist, Reymer Klüver, hat eine Recherche in der *Süddeutschen Zeitung* über »radikale Türken« in der Bundesrepublik veröffentlicht, in der er Interviews mit Fundamentalisten zitiert, in denen sie sich betont demokratisch geben. Klüver beschreibt in seinem Bericht, wie diese auf Frieden und Dialog zugeschnittenen Sprüche »als Antworten routiniert schnurren«.[36] Ein Vergleich dieser Zusicherungen mit Zeitungen des Diaspora-Islam desselben Kreises führt, wie Klüver schreibt, zu anderen Ergebnissen. »Das liest sich in der türkischsprachigen Zeitung ... anders« (ebd.). Solche Täuschungen werden bewußt betrieben; ein algerischer Fundamentalist nennt dies eine »göttliche Täuschung von Ungläubigen«.[37]

Auf die zentrale Frage mich konzentrierend, möchte ich mich hier nicht näher auf diese Details einlassen, sondern problemorientiert die Diskussion des bereits zitierten liberalen Muslims Özay Mehmet und seines Buches fortsetzen.

Dieser aufgeklärte Muslim denkt offen über das islamische Dilemma der Zugehörigkeit, das auch europäische Länder angeht, nach. In seinem zitierten Buch faßt Mehmet die Frage so zusammen: »Wie läßt sich der Universalismus des Islam mit der Moderne versöhnen, die sich in der nationalstaatlichen Realität verkörpert?«[38]

Das Dilemma des Islam: Die Suche nach einem Modell

In der jungen türkischen Geschichte hatte die kemalistische Revolution nach der Auflösung des islamischen Kalifats eine dezidierte Antwort auf die Frage nach der Bewältigung des islamischen Dilemmas. Die laizistische Orientierung bildete den Rahmen für das Modell des Kemalismus. Dieser ist, wie Özay Mehmet schreibt, »die säkularistische Antithese zum Islam, weil der Kemalismus der islamischen Theokratie jegliche identitätsstiftende Kraft abspricht«.[39] Seitdem gilt in der Türkei die moderne Nation als Identitätsrahmen. Diese Lösung sollten alle Muslime für ihre Staaten annehmen. Die Türkei schien nur im Hinblick der Trennung zwischen Religion und Politik ein Modell zu bieten. Nun ergibt sich aber das Problem, daß die auf die Nation bezogene identitätsstiftende Lösung als Alternative zum islamischen Universalismus von der Wiederkehr des politischen Islam in unserer Zeit in Frage gestellt wird. Der Muslim Özay Mehmet klärt seine Leser darüber auf: Das »Wiederbeleben des Islam drückt sich ... als ein religiöser Fundamentalismus aus, ... der universalistisch und daher expansiv ist« (ebd.). Die islamischen Fundamentalisten, zu denen auch die türkischen Gegner des kemalistischen Modells gehören, »ersehnen die Wiederherstellung des islamischen ›Goldenen Zeitalters‹«. Was das politisch konkret bedeutet, »ist nicht eindeutig zu erkennen«. Eindeutig ist aber, daß »das fundamentalistische Rezept ... ein theokratisches Modell ist« (ebd.).

In der Türkei gibt es legale Fundamentalisten wie die *Refah* (Wohlfahrts)-Partei, die aus Opportunität auf die Spielregeln der demokratischen Verfassung ihres Landes eingehen, sogar nach der Wahl vom Dezember 1995 die stärkste Fraktion im türkischen Parlament bilden und dennoch die Entwestlichung ihres Landes anstreben.[40] Die radikalen Fundamentalisten jedoch, die dazu nicht bereit sind, kommen als politische Asylbewerber in die Bundesrepublik und äußern sich, wie ihr inzwischen verstorbener Führer – der »Khomeini von Köln« – Çemaleddin Hocaoglu/Kaplan (in seinen in Köln in deutscher Sprache verbreiteten Flugschriften nannte er sich zu seinen Lebzeiten »Staatsoberhaupt und Kalifatsregent«), gegen die Synthese von »Demokratie und dem laizistischen System«. Vom deutschen Exil aus rufen die islamischen Fundamentalisten in ihren Flugschriften zum Kampf auf gegen »Verrat und die Untreue von Mustafa Kemal und allen Kemalisten ... Wir Muslime ... fordern unser Recht, wir fordern die Rückgabe unseres Landes« (Flugschrift). Die europäische Demokratie wird von den selbsternannten Exil-Imamen mißbraucht, um die demokratische Lösung für das islamische Dilemma, die Özay Mehmet »Synthese von Islam und Moderne« nennt, zu bekämpfen. Dieser Kampf richtet sich auch gegen die Integration der Muslime in Europa.

Fundamentalisten wollen nicht, daß islamische Migranten europäische Staatsbürger werden, die sich dann mit der jeweiligen demokratischen Ordnung identifizieren, nicht aber mit der islamischen universellen Umma. Islamische Fundamentalisten fordern von ihrem deutschen Exil aus die Wiederherstellung des Kalifats. Der Kalif ist der Imam der Muslime.

Unbestreitbar ist, daß sich die Probleme von Islam und Moderne auch auf politische und wirtschaftliche Fragen beziehen. Politisch ist die Loyalität gegenüber einem demokratischen Nationalstaat als Rahmen für die Identität der Muslime gefordert. Wirtschaftlich wird ein marktwirtschaftliches Modell für die Entwicklung islamischer Länder benötigt. Denn ohne die Bildung von Institutionen und ohne eine tragfähige, wirtschaftlichen Erfolg versprechende Entwicklungspolitik läßt sich der moderne Nationalstaat in der islamischen Zivilisation strukturell nicht verankern. Das islamische Südostasien, das ich im Frühjahr 1995 besuchte und wo ich das Vorwort zu diesem Buch schrieb und parallel dazu die Durchsicht einiger Teile dieses Buches vornahm, scheint mir nicht nur einen Beweis für diese Aussage über den Zusammenhang von Nationalstaat und Wirtschaft zu liefern, sondern sogar ein besseres Modell[41] hierfür als die Türkei zu bieten. Trotz ihrer Säkularität ist es der türkischen Republik *nicht* gelungen, ein Gemeinwesen zu errichten, in dem religiös (Sunniten und Alawiten) und ethnisch unterschiedliche Segmente der Gesellschaft friedlich miteinander leben. Dagegen ist es dem ebenso säkularen Indonesien im Rahmen der *Pancasila* (Fünf Prinzipien, die Pluralismus, Demokratie und Religionsfreiheit gewährleisten) gelungen, eine Bevölkerung, die fünf Religionen angehört und in dreihundert ethnisch unterschiedliche Kulturen gegliedert ist, auf eine relativ demokratische Art und Weise in einem Gemeinwesen zusammenzuhalten.[42] Die Tatsache, daß Indonesien – im Gegensatz zur Türkei – ein wirtschaftlich erfolgreiches Land ist, muß hier als gewichtiger Faktor angeführt werden. Nicht zu übersehen ist auch der flexible und somit tolerante Islam Indonesiens. Sieht man von den zahlenmäßig unbedeutenden fundamentalistischen Gruppen ab, dann trifft man in Indonesien nicht auf eine breite Suche nach dem »wahren Imam«, obwohl die indonesischen Muslime 85% der 193 Millionen umfassenden Bevölkerung – also die absolute Mehrheit – bilden. Der Religionsfriede erfordert, daß eine säkulare Ordnung vorherrscht. Indonesien ist ein säkularer Staat.

Jenseits der Problematik der Migration ist anzuerkennen, daß die Muslime für ihre *Umma* einen supranationalen Rahmen benötigen. Für den zitierten Özay Mehmet könnte das »eine moderne Form des alten Kalifats« sein. Mehmet empfindet es nicht als Widerspruch, für das Kalifat einzutreten und die laizistische Türkei im Rahmen der Organisation der islamischen Konferenz (52 Mitgliedstaaten) als Sitz hierfür vorzuschlagen. Er führt aus:

> »Die Türkei ... könnte die Gründung eines modernen Kalifats anregen, das der Einheit der islamischen Welt gewidmet ist. Das neue islamische Oberhaupt würde analog dem römisch-katholischen Papst auf Lebenszeit von einer Konferenz der führenden Ulema gewählt und von der Organisation der islamischen Konferenz (OIC) formal ernannt werden. Als Sitz des Kalifats würde sich Istanbul geradezu anbieten.«[43]

Auf ihrem Gipfel in Casablanca im Dezember 1994 haben die dort versammelten 52 islamischen Staatschefs ihrem Gastgeber, König Hassan II., der ein Scharif aus der Prophetenfamilie ist, Beifall gezollt, als er in seiner Begrüßungsrede islamische Solidarität gegen Fundamentalismus und Terrorismus forderte. Sollte der Vorschlag von Özay Mehmet für einen modernen OIC-Kalifen aufgegriffen werden, so könnten sich dann selbst die in Europa und Amerika als Exil-Imame wirkenden Fundamentalisten überflüssig vorkommen.

Die Muslime können das problematische Erbe ihrer Imam-Tradition nur in der Welt des Islam selbst bewältigen. Im Westen dürfte die Suche nach dem »wahren Imam« nicht zu einem europäischen Problem werden. Hierüber müßten Europäer Klarheit durch Zurückdrängen des Kommunitarismus[44] schaffen. In Europa gilt die kulturelle Identität des europäischen Kontinents, in die weder Imame noch *Djihad* passen. Der Amerikaner Steven Emerson hat in seinem TV-Film »*Djihad in America*«[45] – der in der islamischen Gemeinde in Amerika viel Ärger hervorgerufen hat – antiamerikanische Aktivitäten von Fundamentalisten der Islam-Diaspora in den USA dokumentiert. Auch in Europa steht diese Kraftprobe an. Multikulturelle Toleranz stärkt die Intoleranz der Neoabsolutisten, die die europäische Identität verleugnen.[46]

Gelingt es nicht, die islamischen Migranten als Bürger zu integrieren, und weigern diese sich, nicht-islamische Politiker europäischer Staaten als ihre Politiker zu akzeptieren, dann ist ein Aufblühen des vom türkischen Demokraten Faruk Şen beschriebenen Islamismus zu befürchten. Vom Ghetto in Europa würde die Suche nach dem wahren Imam um eine europäische Spielart vermehrt. Euro-Islam der muslimischen Bürger als europäische *Citoyens* ist die Alternative hierzu.[47] Demokratische Muslime können Verfassungspatrioten werden, die keinen Imam zu ihrer politischen Führung benötigen.

In der Welt des Islam selbst gelingt es nur jenen Muslimen, sich zu entwickeln und Anschluß an die Moderne zu finden, die sich von der politischen Tradition der Imam-Suche befreien – das ist den südostasiatischen Muslimen gelungen. Die Muslime des südlichen Mittelmeerraumes bleiben dagegen bei ihrer Suche nach dem wahren Imam – und so gehört die Zukunft bei ihnen den religiösen Eiferern, den Fundamentalisten, nicht jenen Muslimen, die durch die Vergegenwärtigung des großen Averroës einen neuzeitlichen Averroësismus ins Leben zu rufen versuchten – sie sind jedoch gescheitert, die Eiferer scheinen gesiegt zu haben.

Anhang

Anmerkungen

Vorbemerkung: Dieses Buch ist für ein allgemein interessiertes Publikum geschrieben und wendet sich an einen breiten Leserkreis. Dennoch will ich Fachstandards wahren, sie jedoch in einer allgemeinverständlichen Weise vermitteln. Zu den unternommenen Vereinfachungen gehören auch erhebliche Einschränkungen im Anmerkungsapparat. So wird u.a. eine Quelle möglichst nur einmal zitiert; Seitennachweise erfolgen – wenn nötig – im Text, wenn ein Quellenverweis, z. B. auf einen islamischen Denker, wiederholt wird.

Einleitung
Wer führt die islamische Umma? Die Autorität und Legitimität des Imam im islamischen politischen Denken

1 Zur islamischen Religionsstiftung als Gründung einer neuen Zivilisation vgl. die sich an den Zivilisationsforscher Norbert Elias anlehnenden Ausführungen von B. Tibi, *Die Krise des modernen Islams*, zweite erweiterte Neuauflage, Frankfurt a. M. 1991[3] (zuerst 1981), S. 38 ff., S. 80 ff.
2 Hamid Enayat, *Modern Islamic Political Thought*, Austin 1982, S. 3.
3 Fuad I. Khuri, *Imams and Emirs. State, Religion and Sects in Islam*, London 1990, S. 38 ff.
4 Vgl. das Kapitel über islamische Monarchien in B. Tibi, *Der Islam und das Problem der kulturellen Bewältigung sozialen Wandels*, Frankfurt a. M. 1985 (3. Auflage 1991), S. 204 ff., sowie ders., »A Typology of Arab Political Systems. Arab Monarchies Legitimized by Islam«, in: Samih Farsoun (Hg.), *Arab Society. Continuity and Change*, London 1985, S. 48–64.
5 Eine nähere Diskussion der Ideen ʻAbdelraziqs erfolgt in Kapitel 8 unten.
6 Mohammed Said al-Aschmawi, *al-Khilafah al-Islamiyya* (Das islamische Kalifat), Kairo 1990, bes. S. 13–27.

7 Hierzu ausführlich: B. Tibi, *Im Schatten Allahs. Der Islam und die Menschenrechte*, München 1994, bes. den vierten Teil über den Islam in Europa.

8 Johann Christoph Bürgel, *Allmacht und Mächtigkeit. Religion und Welt im Islam*, München 1991, bes. S. 64 ff.

9 Zur Illustration dieser Verbindung vgl. die Schrift von Mohammed Abulhalim Hamid, *Ma'an ala tariq al-da'wa. Scheikh al-Islam Ibn Taimiyya wa al-Imam al-schahid Hasan al-Banna* (Zusammen auf dem Weg der islamischen Mission. Scheich al-Islam Ibn Taimiyya und der Märtyrer-Imam Hasan al-Banna), Algier 1990 (dieses Pamphlet wurde auch in anderen islamischen Staaten mehrfach veröffentlicht).

10 W. Montgomery Watt, *Islamic Political Thought. The Basic Concepts*, Edinburgh 1968.

11 Zur Geschichte dieser religiös-politischen Kämpfe und ihrer doktrinären Grundlagen vgl. die beiden Bde. von W. M. Watt, *Der Islam I*, Stuttgart 1980, und *Der Islam II*, Stuttgart 1985.

12 Grundlegend hierüber Hicham Djaït, *La Grande Discorde. Religion et Politique dans l'Islam des Origines*, Paris 1989. Arabische Ausgabe: *al-Fitna*, Beirut 1992.

13 Vgl. Bernard Lewis, *The Emergence of Modern Turkey*, Oxford 1968^2, Kap. VIII, S. 239 ff. Vgl. auch Friedemann Büttner, *Die Krise der islamischen Ordnung*, Diss. Phil., München 1969 bzw. 1979, bes. das Kalifat-Kapitel S. 103 ff.

14 H. Enayat, *Modern Islamic Political Thought* (Anm. 2), S. 52 ff. und 111 ff.

15 Vgl. B. Tibi, *Die fundamentalistische Herausforderung. Der Islam und die Weltpolitik*, zweite Auflage, München 1993 (zuerst 1992), bes. Kap. IV, sowie das Kapitel 12 dieses Buches.

16 David Beetham, *The Legitimation of Power*, London 1991, S. 191ff.

17 Vgl. Abdulrahman A. Kurdi, *The Islamic State*, London 1984, sowie I. Ahmed, *The Concept of an Islamic State*, London 1987. Vgl. auch meine in Anm. 15 zitierte Arbeit.

18 Vgl. B. Tibi, *Islamischer Fundamentalismus, moderne Wissenschaft und Technologie*, zweite Auflage, Frankfurt a. M. 1993 (zuerst 1992), bes. Kap. II. Vgl. auch unten Anm. 35.

19 Fatema Mernissi, *Die Angst vor der Moderne*, Hamburg 1992, S. 35, auch S. 36-42.

20 Joseph Schacht, *An Introduction to Islamic Law*, Oxford 1979^5, S. 54.

21 Mehran Tamadonfar, *The Islamic Polity and Political Leadership*, Boulder/Col. 1989, S. 129, sowie Mohammed al-Djuweili, *al-Zai'im al-siyasi fi al-mikhyal al-Islami* (Der politische Führer in der islamischen Vorstellung/ Imagination), Tunis 1992, bes. S. 43 ff. über das Kalifat.

22 Moojan Momen, *An Introduction to Shi'i Islam*, New Haven 1985, S. 147.

23 Sayyid M. H. Tabataba'i, *Shi'ite Islam*, London 1975, S. 173.

24 Vgl. Hamid Enayat, »Iran: Khumeini's Concept of the ›Guardian of the Jurisconsult‹«, in: James M. Piscatori (Hg.), *Islam in the Political Process*, Cambridge 1983, S. 174 f.

25 Hierüber Shireen T. Hunter, *Iran and the World*, Bloomington 1990, S. 98 ff., 131 ff., sowie John Esposito (Hg.), *The Iranian Revolution. Its Global Impact*, Miami 1990, S. 83 ff. Die Grenzen dieses Einflusses wurden jedoch früh an-

gegeben von B. Tibi, »The Iranian Revolution and the Arabs«, in: *Arab Studies Quarterly*, Bd. 8 (1986), H. 1, S. 29–44.

26 Über Kawakibi vgl. Kapitel 8 unten.

27 Sabine Kebir, *Zwischen Traum und Alptraum. Algerische Erfahrungen 1977 bis 1992*, Düsseldorf 1993, S. 267 ff.

28 Michael Hudson, *Arab Politics. The Search for Legitimacy*, New Haven 1977, S. 167.

29 B. Tibi, Islam and Secularization. Religion and the Functional Differentiation of the Social System, in: *Archiv für Rechts- und Sozialphilosophie*, Bd. LXVI (1980), H. 2, S. 207–222. Diesen Aufsatz konnte ich noch im November 1979 in Kairo als Vorlesung vortragen und auch dort bei der Kairoer Ain Schams University veröffentlichen, in: Mourad Wahba (Hg.), *Islam and Civilization. Proceedings of the First International Islamic Philosophy Conference*, Kairo 1982, mein Kapitel: »Islam and Secularization«, S. 65–79. Die arabischsprachige Fassung erschien in: *Qadaya Arabiyya* (Beirut), Bd. 7 (1980), H. 3, S. 12 bis 22. Eine solche Handlung wäre heute in Ägypten ein reiner Selbstmordversuch.

30 Khalid Mohammed Khalid, *Min huna nabda'* (Von hier an beginnen wir neu), 10. Auflage, Kairo und Bagdad 1963, S. 184.

31 Kh. M. Khalid, *al-Daula fi al-Islam* (Der Staat im Islam), Kairo 1989[3].

32 Mohammed Dia' al-Rayyes, *al-Nazariyyat al-siyasiyya al-Islamiyya* (Die islamischen politischen Theorien), Kairo 1966[4] (zuerst 1955), S. 225–226.

33 Abdulhamid Mutawalli, *Mabadi'nizam al-hukm fi al-Islam* (Grundlagen des Herrschaftssystems im Islam), Alexandrien 1964, S. 548.

34 Mohammed Y. Musa, *Nizam al-hukm fi al-Islam* (Das politische System im Islam), Kairo 1962, S. 142–145.

35 Zu dieser Weltsicht B. Tibi, »The Worldview of Sunni Arab Fundamentalists«, in: Martin Marty/Scott Appleby (Hg.), *Fundamentalisms and Society*, Chicago 1993, S. 73–102, vgl. auch Anm. 18 oben.

36 Vgl. Richard Saage, *Politische Utopien der Neuzeit*, Darmstadt 1991, sowie ders., *Das Ende der Utopie?*, Frankfurt a. M. 1990.

37 Autoritativ zur Geschichte der islamischen Zivilisation Marshall G. S. Hodgson, *The Venture of Islam*, 3 Bde., Chicago 1977[2].

38 Vgl. B. Tibi, Authority and Legitimation, in: *The Oxford Encyclopedia of the Modern Islamic World*, 4 Bde., New York und Oxford 1995, hier Bd. 1, S. 155–160.

Erster Teil

Der Früh-Islam: Der Prophet führt die junge islamische Umma gegen die Stämme Arabiens

Einführung

1 Der Koran, arabischer Text, übersetzt unter Berücksichtigung der authentischen Übersetzungen von Rudi Paret (Stuttgart 1979) und von Adel Theodor Khoury (Gütersloh 1987). Die soziale Umwelt des Koran war die mekkanische Han-

delskultur, weshalb sich im Koran religiöse Sprache und Handelssprache miteinander vermischen, wie dies im Motto zum Ausdruck kommt.

2 Vgl. hierüber das Geschichtswerk von Fernand Braudel, *A History of Civilizations*, London 1994, darin über den Islam, S. 80 ff.

3 Vgl. hierüber den Bericht von Nicholas Pelham, »Islamic Extremists join Battle in Britain«, in: *Sunday Telegraph* vom 7. August 1994, S. 7 und dazu den Leitartikel der zitierten Zeitung: »The Enemies Within«, S. 27.

4 Vgl. B. Tibi, *Der religiöse Fundamentalismus im Übergang zum 21. Jahrhundert*, Meyers Forum Bd. 34, Mannheim 1995.

5 Über diese Phase autoritativ Albert Hourani, *Arabic Thought in the Liberal Age, 1798–1939*, Oxford 1962.

6 Faradj Fuda, *Hiwar haul al-'ilmaniyya* (Dialog über den Säkularismus), Marrakesch 1992.

7 Hierzu »Mord für den Gottesstaat«, in: B. Tibi, *Die Verschwörung. Das Trauma arabischer Politik*, 2. erweiterte Auflage, Hamburg 1994 (zuerst 1993), S. 375 ff. Vgl. auch den Bericht von Erich Wiedemann über den Terror der Islamisten in: *Der Spiegel* vom 11. Juli 1994/Heft 28, S. 112 ff.

Kapitel 1
Die Geschichte: Von den ungläubigen arabischen Stämmen zur islamischen Ordnung. Der Prophet und seine Kalifen/Nachfolger als Imame

1 Leslie Lipson, *The Ethical Crises of Civilization*, London 1993, S. 80.

2 W. Montgomery Watt, *Muhammad at Mecca*, Oxford 1953, S. 144 ff. Zur Deutung der Religionsstiftung selbst siehe B. Tibi, »Islam, Religionsstiftung und Psychoanalyse«, in: *Psyche. Zeitschrift für Psychoanalyse und ihre Anwendungen*, Bd. 33 (1979), S. 773–783.

3 W. M. Watt, *Muhammad at Medina*, Oxford 1956, S. 78 ff.

4 Vgl. hierüber mein Kapitel über die arabischen Stämme und den Islam, in: Philip Khoury und Joseph Kostiner (Hg.), *Tribes and State Formation in the Middle East*, Berkeley 1990, S. 127–152. Zur Umma als universelle Vereinigung der Muslime vgl. Ridwan al-Sayyid, *al-Umma wa al-djama'a, wa al-sulta* (Die Umma, die Klientel und die Herrschaft), Beirut 1984, bes. das Kapitel »Von den Stämmen zur Umma«, S. 17 ff.

5 Für die Einzelheiten Fred M. Donner, *The Early Islamic Conquests*, Princeton 1981, z. B. die Ansiedlung des eroberten Irak, S. 226 ff., 231 ff..

6 Hicham Djaït, *al-Fitna*, Beirut 1992, S. 49 (Orig. Franz. vgl. Anm. 13 unten).

7 Veröffentlicht in: *al-Scharq al-Ausat* vom 28. Juli 1993.

8 Marshall G. S. Hodgson, *The Venture of Islam*, 3 Bde., hierzu Bd. 1, *The Classical Age of Islam*, Chicago 1977[2], S. 212, darin zu den Eroberungen des Kalifen Umar S. 206 ff. Zum Kalifat vgl. das autoritative Werk von Sir Thomas Arnold, *The Caliphate*, Oxford 1924.

9 Fred M. Donner, *The Early Islamic Conquests* (Anm. 5), S. 82 ff.

10 Zu der Khomeini-Fetwa über Rushdie vgl. die Kapitel des zweiten Teils in B. Tibi, *Im Schatten Allahs. Der Islam und die Menschenrechte*, München 1994 (Bertelsmann-Clubausgabe: 1995, Serie Piper-Taschenbuchausgabe mit einem Anhang: 1996), S. 119 ff., dort eine Erläuterung der *Riddah*.

11 Vgl. hierüber den Abschnitt über Riddah/Apostasie in dem Textbuch des einstigen Scheich von al-Azhar, Imam Mahmud Schaltut, *al-Islam, 'Aqida wa Schari'a* (Der Islam als Dogma und als Recht), 10. Aufl., Kairo 1980, S. 280 ff.

12 Vgl. Adel al-Baradie, *Gottesrecht und Menschenrecht. Grundlagen der islamischen Strafrechtslehre*, Baden-Baden 1983.

13 Grundlegend zur *Großen Fitna* ist Hicham Djaït, *La Grande Discorde. Religion et Politique dans l' Islam des Origines*. Ich verwende hier die in Anm. 6 zitierte arabische Ausgabe.

14 H. Djaït, *al-Fitna*, ebd., S. 117.

15 Dieser klassische arabische Ausdruck für Widerstand: *Schaq 'asa al-ta'a* bedeutet »Den Stock des Gehorsams zerbrechen«: Der Zusammenhang zwischen »Stock/*Asa*« und Schafhirte/*al-Ra'i* ist deutlich, ein Widerstandsrecht läßt die sunnitische islamische Doktrin nicht zu.

16 *Djihad* nennen Fundamentalisten »Die vernachlässigte Pflicht«. Die diesen Titel (*al-farida al-gha'ibah*) tragende Denkschrift der Mörder Sadats ist zugänglich in der Übersetzung von Johannes G. Jansen, *The Neglected Duty. The Creed of Sadat's Assassin and Islamic Resurgence in the Middle East*, New York – London 1986. Vgl. auch N. Djanina, *Tanzim al-Djihad* (Die Organisation des Djihad), Kairo 1988.

17 Vgl. B. Tibi, *Im Schatten Allahs* ... (Anm. 10).

18 H. Djaït, *al-Fitna* (Anm. 6), S. 119.

19 General Hassan Sadiq, *Djuthur al-Fitna fi al-firaq al-Islamiyya minhu a 'hd al-rasul hatta iyhtiyal al-Sadat* (Die Wurzeln der Fitna in den islamischen Sekten. Von der Zeit des Propheten bis zur Ermordung Sadats), Kairo 1988.

20 M. G. S. Hodgson, *The Venture of Islam* (Anm. 8), S. 214.

21 Zu Aischa vgl. Leila Ahmed, *Women and Gender in Islam*, New Haven 1992, S. 49–57.

22 Maxime Rodinson, *Mohammed*, Luzern und Frankfurt a. M. 1975, S. 195, zur Geschichte dieses Vorfalls S. 192 ff.

23 Ich übersetze den Koran hier und in diesem ganzen Buch vorwiegend selbst, jedoch – im Sinne von Anm. 1 zur Einführung oben – nach Konsultierung der beiden autoritativen deutschen Übersetzungen von Paret (Stuttgart 1979) und Khoury (Gütersloh 1987) und unter Heranziehung ihrer Hilfe. Ich weiche von beiden Übersetzungen nur dann ab, wenn sie mir – als muttersprachlichem Araber – nicht den vollen Inhalt/Sinn wiederzugeben scheinen. In den folgenden Teilen werden die Koran-Zitate nur im Text nachgewiesen.

24 Djaït (Anm. 6), S. 141 ff.

25 Dazu B. Tibi, *Die Verschwörung*, Hamburg 1994², Kap. 8, S. 178 ff.: »Verschwörer gegen Verschwörer«.

26 Khalid Y. Blankinship, *The End of the Jihad State. The Reign of Hisham Ibn 'Abd al-Malik and the Collapse of the Umayyads*, Albany–New York 1994.

Kapitel 2
Die religiöse Doktrin: Der Imam führt den Djihad als Instrument der islamischen Mission/Da'wa in einer zweigeteilten Welt

1 Zum Arabischen als Sprache des Koran vgl. B. Tibi, *Der Islam und das Problem der kulturellen Bewältigung sozialen Wandels*, dritte Auflage, Frankfurt a. M. 1991 (zuerst 1985), Kapitel 6, S. 99 ff.

2 Vgl. hierzu den Bericht von Erich Wiedemann aus Algier, Die Wahl zwischen Koffer und Sarg. Über den Terror der Islamisten, in: *Der Spiegel*, H. 28 vom 11. 7. 1994, S. 112–115.

3 Abdulhalim Mahmud, *al-Djihad wa al-nasr* (Djihad und der Sieg), Kairo 1968.

4 Vgl. Dilip Hiro, *Holy Wars. The Rise of Islamic Fundamentalism*, New York 1989.

5 Vgl. das Sudan-Kapitel in B. Tibi, *Die Verschwörung*, Hamburg 1994[2], S. 191 ff. sowie den Bericht der *Frankfurter Allgemeine Zeitung*, »Grausamkeiten im Sudan«, *Frankfurter Allgemeine Zeitung* vom 4. August 1994.

6 Die Djihad-Deutung von al-Azhar als gewaltfreie Da'wa zum Islam ist enthalten in der zweibändigen Lehrschrift: *Bayan lil-nas mina al-Azhar al-scharif* (Deklaration an die Menschheit von der erhabenen al-Azhar), Bd. I, Kairo 1984, Djihad-Kapitel, S. 261 ff., und Bd. II, Kairo 1988, zum Krieg/Frieden, S. 368 ff. und dazu mein Kapitel in: Terry Nardin (Hg.), *The Ethics of War and Peace*, Princeton, N. J. 1996, S. 128–145.

7 Vgl. die klassische Studie von Majid Khadduri, *War and Peace in the Law of Islam*, Baltimore 1955 sowie B. Tibi, War and Peace in Islam, in Terry Nardin (zit. in Anm. 6).

8 Hierüber Adam Watson, *The Evolution of International Society*, London 1992, S. 112 ff., sowie das Kapitel »The Formation of the International Political Order«, in: Marshall G. S. Hodgson, *The Venture of Islam*, 3 Bde., Chicago 1977[2], hier Bd. 2, *The Expansion of Islam in the Medieval Period*, S. 12 ff.

9 Bernard Lewis, »Politics and War«, in: J. Schacht und C. E. Bosworth (Hg.) *The Legacy of Islam*, Oxford 1974[2], S. 156–209, hier S. 173 und 176 ff.

10 Abdullatif al-Husni, *al-Islam wa al-'alaqat al-duwaliyya* (Der Islam und die internationalen Beziehungen), Casablanca 1991, Vorwort.

11 Zum Studium des Koran vgl. Rudi Paret, *Mohammed und der Koran*, Stuttgart 1980[5] sowie die von W. M. Watt aktualisierte Einführung, *Bells's Introduction to the Qur'an*, Edinburgh 1970.

12 Vgl. hierüber B. Tibi, »The Simultaneity of the Unsimultaneous«, in: Philip Khoury/Joseph Kostiner (Hg.), *Tribes and State Formation in the Middle East*, Berkeley 1990, S. 127–152.

13 *Dhimmis* sind für den Islam jüdische und christliche Monotheisten, die einen zweiten Rang nach den Muslimen einnehmen, hierüber Adel Th. Khoury, *Toleranz im Islam*, München 1980, Kapitel 7, S. 138 ff.

14 Mohammed Schadid, *al-Djihad fi al-Islam* (*Djihad* im Islam), Kairo 1985[7], vgl. auch Anm. 3 oben.

15 Zu dieser neuen Deutung vgl. John Kelsay, *Islam and War*, Louisville, Kentucky, 1993, S. 77 ff. Zum Phänomen des Fundamentalismus vgl. B. Tibi, *Die fundamentalistische Herausforderung. Der Islam und die Weltpolitik*, zweite Auflage, München 1993 (zuerst 1992).

16 Vgl. Mohammed Mahmoud Taha, *The Second Message of Islam*, übers. aus dem Arabischen und hg. von Abdullahi A. An-Na'im, Syracuse 1987.

17 Dokumente hierüber bei B. Lewis (Hg.), *Islam*, 2 Bde., New York 1987, hier Bd. 1, S. 209 ff.

18 Hierüber Martin van Creveld, *Technology and War from 2000 B.C. to the Present*, New York 1989, Teil I.

19 Vgl. den Bericht in: *Neue Zürcher Zeitung* vom 9. Juli 1993, sowie B. Tibi, »Die Zerstörung des Religionsfriedens auf dem Balkan. Serbischer Ethno-Fundamentalismus«, in: *Universitas*, Bd. 49 (1994), H. 3, S. 205–215.

20 Im einzelnen vgl. Malcolm C. Lyons und D. E. P. Jackson, *Saladin. The Politics of the Holy War*, Cambridge/MA 1984[2].

21 *al-Furqan* ist die Sure 25 im Koran. Der koranische Ausdruck *Furqan* bedeutet »Die Unterscheidungsnorm« und ist hierbei ein Kriterium für die Zweiteilung der Welt in Gläubige und Ungläubige.

22 Hierüber die Flugschrift über al-Djihad von dem Begründer der Muslimbruderschaft, Hasan al-Banna, enthalten in seinen Schriften, *Madjmu'at Rasa'il al-Imam al-Schahid Hasan al-Banna* (Gesammelte Essays des Märtyrer-Imam Hasan al-Banna), Kairo 1990 (laut Impressum: *al-tab'a al-schar'iyya*/die legale Auflage), S. 271 ff.

23 Bassam Tibi, Ist der islamische Terrorismus ein Djihad? Zwischen der Friedenspolitik der al-Azhar und dem islamischen Fundamentalismus, in: *Frankfurter Allgemeine Zeitung* vom 6. März 1995, S. 8–9.

Kapitel 3

Die politischen Grundkonzepte im Übergang vom Früh-Islam zum Mittelalter: Zwischen Religio-Jurisprudenz (Fiqh) und hellenisierter Philosophie (Falsafa)

1 T. J. de Boer, *Geschichte der Philosophie im Islam*, Stuttgart 1901, S. 90 ff. und auch W. M. Watt/M. Marmura, *Der Islam II*, Stuttgart 1985, S. 33 ff.

2 Oliver Leaman, *An Introduction to Medieval Islamic Philosophy*, Cambridge 1985, S. 3–21.

3 Maxime Rodinson, *Mohammed*, Luzern und Frankfurt a. M. 1975, S. 279.

4 W. M. Watt, *Islamic Political Thought. The Basic Concepts*, Edinburgh 1968, S. 38 ff.

5 Sir Thomas W. Arnold, *The Caliphate*, Oxford 1924.

6 Hierzu S. H. M. Jafri, *The Origins and Early Development of Shi'a Islam*, London und Beirut 1979, und auch Moojan Momen, *An Introduction to Schi'i Islam*, New Haven 1985.

7 Hamid Enayat, *Modern Islamic Political Thought*, Austin 1982, S. 3.

8 Hierzu im einzelnen W. M. Watt, *Islamic Philosophy and Theology*, Neudruck, Edinburgh 1979, zur ersten Welle S. 37 ff., zur zweiten Welle S. 91 ff.

9 Adib Nassur, *Qabl Fawat al-Awan* (Bevor es zu spät ist), Beirut 1955, S. 100.

10 Zu den Kharidjiten vgl. Watt/Marmura, *Der Islam II* (Anm. 1), Kap. I.

11 Vgl. die ins Englische übersetzten Texte in dem Reader von Ralph Lerner und Muhsen Mahdi (Hg.), *Medieval Political Philosophy. A Sourcebook*, Ithaca/New York 1984[2], erster Teil.

12 Leslie Lipson, *The Ethical Crises of Civilization*, London 1993, S. 62 ff.

13 Maxime Rodinson, *Die Faszination des Islam*, München 1985, S. 48 f.

14 Mourad Wahba, »The Paradox of Averroës«, in: *Archiv für Rechts- und Sozialphilosophie*, Bd. 66 (1980), S. 257–260.

15 Ernst Bloch, *Avicenna und die aristotelische Linke*, Frankfurt a. M. 1963, S. 15.

16 Zu allen drei Monotheismen vgl. die entsprechenden Kapitel in: Arvind Sharma, *Our Religions. The Seven World Religions Introduced*, San Francisco 1993, zum Judentum S. 291 ff., zum Christentum S. 357 ff., zum Islam S. 425 ff.

17 Vgl. hierzu Fazlur Rahman, *Major Themes of the Qur'an*, Chicago und Minneapolis 1980.

18 Abu al-A'la al-Maududi in: M. M. Sharif (Hg.), *A History of Islamic Philosophy*, 2 Bde., Wiesbaden 1963 und 1966, hier Bd. 1, S. 195.

19 Vgl. Johan Bouman, *Gott und Mensch im Koran*, Darmstadt 1977, S. 30 f.

20 Über diese Problematik vgl. die Einleitung »Allah der Schöpfer. Der Mensch das Geschöpf« zu B. Tibi, *Im Schatten Allahs. Der Islam und die Menschenrechte*, München 1994, S. 19–58.

21 J. Bouman, *Gott und Mensch im Koran* (Anm. 19), S. 10 f. Vgl. auch J. C. Bürgel, *Allmacht und Mächtigkeit. Religion und Welt im Islam*, München 1991.

22 Vgl. das Schari'a-Kapitel in: B. Tibi, *Im Schatten Allahs* (Anm. 20), S. 194 ff.

23 Joseph Schacht, *An Introduction to Islamic Law*, Oxford 1979[5], S. 1.

24 Zu diesen islamischen Grundmustern vgl. das entsprechende Kapitel in: B. Tibi, *Der Islam und das Problem der kulturellen Bewältigung sozialen Wandels*, dritte Auflage, Frankfurt a. M. 1991 (zuerst 1985), S. 47 ff.

25 Neben der schon zitierten Mohammed-Biographie von Rodinson (Anm. 3) vgl. auch die Biographie von Karen Armstrong, *Mohammed. Religionsstifter und Staatsmann*, München 1993.

26 Vgl. das Kapitel »The Community and the State« in: Ann Lambton, *State and Government in Medieval Islam*, Oxford 1981, S. 13 ff.

27 So z. B. Hussein Fauzi al-Nadjar, *al-Islam wa al-Siyasa* (Der Islam und die Politik), Kairo 1977, S. 113 ff.

28 Zitiert nach der englischen Übersetzung des autoritativen Schi'a-Lehrbuches des schi'itischen Geistlichen Allama Sayyid Muhammad Husayn Tabataba'i, *Shi'ite Islam*, übers. von S. H. Nasr, London 1975, S. 211. Die Aufstellung der zwölf Imame ist auf S. 189 ff. Vgl. ferner Said Amir Arjomand, *The Shadow of God and the Hidden Imam*, Chicago 1984. Vgl. Anm. 6 oben.

29 Reinhard Bendix, *Könige oder Volk. Machtausübung und Herrschaftsmandat*, 2 Bde., Frankfurt a. M. 1980, hier Bd. 1, S. 61 und S. 73. Vgl. auch B. Tibi, *Der Islam und das Problem ...* (Anm. 24), S. 155 f.

30 J. Schacht, *An Introduction to Islamic Law* (Anm. 23), S. 57 ff.
31 A. Lambton, *State and Government in Medieval Islam* (Anm. 26), S. 12.
32 Vgl. W. M. Watt, *Islamic Political Thought* (Anm. 4).
33 Als Einführung siehe William Stoddart, *Sufism. The Mystical Doctrines and Methods of Islam*, Wellingborough 1976. Über den großen Sufi-Mystiker al-Rumi vgl. William C. Chittick, *The Sufi Path of Love*, Albany/New York 1983.
34 Vgl. Muhsen Mahdis Artikel »Islamic Theology and Philosophy« in: *Encyclopedia Britannica*, Bd. 9 (1974), S. 1012–1025. Vgl. auch die Beiträge in der Mahdi-Festschrift, hg. von Charles Butterworth, *The Political Aspects of Islamic Philosophy. Essays in Honor of Muhsen S. Mahdi*, Cambridge/MA 1992 (Harvard Middle Eastern Monographs).
35 Mohammed al-Ghazali, *Tahafut al-Falsafa* (Die Refutation der Philosophie), mehrfach neu gedruckt, englische Übersetzung von al-Kemali, *The Incoherence of Philosophers*, Lahore 1963[2]. Vgl. auch den Artikel von L. Binder über al-Ghazali in: M. M. Sharif (Hg.), *History of Islamic Philosophy* (Anm. 18), Bd. 1, S. 774–787.
36 Zu den Mu'taziliten vgl. Watt/Marmura, *Der Islam II* (Anm. 1), Kapitel 8.
37 Watt, ebd., S. 243.
38 B. Tibi, *Der Islam und das Problem ...* (Anm. 24).

Zweiter Teil

Das islamische Mittelalter: Zwischen islamischer Offenbarung (al-Wahi) und hellenisierter Vernunftsphilosophie (al-Aql)

Einführung

1 Abdulrahman Ibn Khaldun, *al-Muqaddima*, arabischer Text, Kairo *al-Tidjariyya*-Edition, ohne Datum. Nur bei diesen beiden Mottos verwende ich hier unter Berücksichtigung des arabischen Textes die deutsche Übersetzung von Matthias Pätzold, *Buch der Beispiele*, Leipzig 1992, S. 139, arabischer Text S. 190. Obwohl die Pätzold-Übersetzung nützlich ist, verwende ich im Ibn-Khaldun-Kapitel dieses Buches (Kap. 6) die klassische, jedoch leider gekürzte Übersetzung von Annemarie Schimmel; in der Schimmel-Übersetzung sind die Kapitel der *Muqaddima* über die »Arten der Wissenschaften« des 6. Buches, aus denen das zitierte Motto stammt, nicht enthalten.
2 Ebd., arabischer Text S. 429 ff., deutscher Text (Pätzold-Übers.) S. 242–252. Ich folge hier der Pätzold-Übersetzung nicht vollständig.
3 Bernard Lewis, Politics and War, in: J. Schacht/C. E. Bosworth (Hg.), *The Legacy of Islam*, Oxford 1974[2], S. 156–209, hier S. 165 ff.
4 Ann Lambton, *State and Government in Medieval Islam*, Oxford 1981.
5 Zur ersten und zweiten Welle der Hellenisierung im Islam vgl. W. M. Watt, *Islamic Philosophy and Theology*, Edinburgh 1962, S. 37 ff. und S. 91 ff.

6 Vgl. die Beiträge in der Mahdi-Festschrift, hg. von Charles Butterworth, *The Political Aspects of Islamic Philosophy. Essays in Honor of Muhsen S. Mahdi*, Cambridge/MA 1992 (Harvard Middle Eastern Monographs).

7 Hierzu George Makdisi, *The Rise of Colleges. Institutions of Learning in Islam and the West*, Edinburgh 1981 und auch B. Tibi, *Der Islam und das Problem der kulturellen Bewältigung sozialen Wandels*, dritte Auflage, Frankfurt a. M. 1991 (zuerst 1985), Kapitel 7, S. 131 ff.

8 Robert Wuthnow, *Meaning and Moral Order. Explorations in Cultural Analysis*, Berkeley 1987, S. 265 ff.

9 B. Tibi, *Islamischer Fundamentalismus, moderne Wissenschaft und Technologie*, zweite Auflage, Frankfurt a. M. 1993 (zuerst 1992), Kapitel 2.

10 Vgl. B. Tibi, Wissenschaft, Islam und westliches Denken, in: *LITTERAE. Zeitschrift der europäischen Akademie der Wissenschaften und Künste*, Bd. 4 (1994), H. 3/4, S. 4–17.

11 Leslie Lipson, *The Ethical Crises of Civilization*, London 1993, S. 62 ff. Vgl. auch Will Durant, *The Story of Civilization*, 11 Bde., New York 1981[2] (zuerst 1953), hier Bd. 5, *The Renaissance*. Auch Jacob Burckhardt würdigt die Einwirkung des Islam auf das Renaissance-Italien in: ders., *Kultur der Renaissance in Italien*, Stuttgart 1988[11], S. 359 ff. Im Rahmen einer in Buchform veröffentlichten Sendereihe des Bayerischen Rundfunks/BR II wurde die Wirkung des islamischen Rationalismus auf Europa gewürdigt. Vgl. B. Tibi, Fundamentalismus und Aufklärung, in: *Von der Moderne der Renaissance*, hg. von H. Glaser/R. Lindenmann, Cadolzburg 1996, S. 164–173.

Kapitel 4

Der vernunftbegabte Philosoph als Imam. Staat des Philosophen statt Staat der Krieger. al-Farabi als Begründer der politischen Philosophie im Islam

1 Vgl. Herbert A. Davidson, *Alfarabi, Avicenna, and Averroës on Intellect*, New York 1992, S. 44 ff.

2 Ian Richard Netton, *al-Farabi and His School*, London 1992, S. 1.

3 So in dem während des Golfkrieges geschriebenen Kapitel zu der erweiterten Neuauflage von B. Tibi, *Konfliktregion Naher Osten*, München 1991 (zuerst 1989), hier S. 215.

4 T. J. de Boer, *Geschichte der Philosophie im Islam* , Stuttgart 1901, S. 100 f., eigene Hervorhebung.

5 Ernst Bloch, *Avicenna und die Aristotelische Linke*, Frankfurt a. M. 1963, S. 15.

6 Muhsen Mahdi, Science, Philosophy and Religion in al-Farabi's Enumeration of the Sciences, in: J. E. Murdoch/E. D. Sylla (Hg.), *The Cultural Context of Medieval Learning*, Dordrecht u. a. 1975, S. 113.

7 al-Farabi, *Ihsa' al-'Ulum* (Die Klassifizierung der Wissenschaften), hg. von Othman Amin, Kairo 1949². Die beiden lateinischen Versionen dieses arabischen Textes sowie eine spanische Übersetzung sind enthalten in Gondalez Palencia, *al-Farabi: Catálogo de las ciencias*, Madrid 1953².

8 Muhsen Mahdi, Science, Philosophy and Religion in al-Farabi's Enumeration of the Sciences (Anm. 6), S. 137.

9 Sebastian de Grazia, *Macchiavelli in Hell*, Princeton, N. J. 1985, S. 194 ff.

10 Fauzi Najjar, al-Farabi on Political Science, in: *The Muslim World*, Bd. 48 (1958), H. 2, S. 94–103.

11 Muhsen Mahdi, al-Farabi, in: Leo Strauss/Joseph Cropsey (Hg.), *History of Political Philosophy*, Chicago 1972, vgl. auch die von Mahdi ins Englische übersetzten al-Farabi-Texte in: M. Mahdi/Ralph Lerner (Hg.), *Medieval Political Philosophy*, Ithaca/New York 1963.

12 W. M. Watt/M. Marmura, *Der Islam II*, Stuttgart 1985, S. 346. Vgl. auch Mahdis Farabi-Artikel in: Strauss/Cropsey (Hg.), *History of Political Philosophy* (Anm. 11).

13 al-Farabi, *Philosophy of Plato and Aristotle*, hg. von M. Mahdi, Ithaca/New York 1969².

14 al-Farabi, *Ara' ahl al-Madina al-Fadila*, hg. von Friedrich Dieterici, Leiden 1964² (zuerst 1895). Die Londoner und Oxforder Handschriften sind auch ins Deutsche übersetzt von F. Dieterici, *Der Musterstaat*, Leiden 1900. Die autoritative englische Übersetzung war das Lebenswerk von Richard Walzer, *al-Farabi on the Perfect State* (engl. u. arab. Text), Oxford 1985.

15 al-Farabi, *al-Siyasa al-Madaniyya*, hg. und ins Deutsche übers. von Paul Brönnle, *Die Staatsleitung von al-Farabi*, Leiden 1904. Engl. Übers. von F. Najjar, The Political Regime, in: Mahdi/Lerner (Hg.), *Medieval Political Philosophy* (Anm. 11), S. 31–57.

16 M. Marmura in: Watt/Marmura, *Der Islam II* (Anm. 12), S. 349.

17 al-Farabi, *al-Madina al-Fadila* (Anm. 14), arab. Text S. 34, dt. Übers. (Dieterici) S. 55. Im folgenden zitiere ich im Text aus der Dieterici-Übersetzung, weiche jedoch, wenn erforderlich, nach Berücksichtigung des arab. Originals von ihr ab.

18 Auszüge aus dieser Schrift in: Sa'id Zayid, *al-Farabi al-Mu'alim al-thani wa al-Faylasuf al-musiqi* (al-Farabi, der zweite Lehrer und der Musikphilosoph), Kairo 1962, gekürzte englische Übers. in Mahdi/Lerner (Hg.), *Medieval Political Philosophy* (Anm. 11).

19 M. Marmura in: Watt/Marmura, *Der Islam II* (Anm. 12), S. 351.

20 al-Farabi, *al-Madina al-Fadila* (Anm. 14), arab. Text S. 54 und dazu Mahdis Farabi-Artikel in: Strauss/Cropsey (Hg.), *History of Political Philosophy* (Anm. 11), S. 186.

21 Vgl. den Beitrag von Julia Annas, Platon, in: I. Fetscher/H. Münkler (Hg.), *Pipers Handbuch der politischen Ideen*, Bd. 1, München und Zürich 1988, S. 369–395, hier S. 380 ff.

22 Saghir Hasan al-Ma'sumi, al-Farabi, in: M. M. Sharif (Hg.), *A History of Islamic Philosophy*, 2 Bde., Wiesbaden 1963 und 1966, hier Bd. 1, S. 704–717, hierzu S. 717.

23 Hierzu B. Tibi, *Die fundamentalistische Herausforderung. Der Islam und die Weltpolitik*, zweite Auflage, München 1993 (zuerst 1992), Kapitel 3, S. 57 ff.
24 Mahdis Farabi-Artikel in: Strauss/Cropsey (Hg.), *History of Political Philosophy* (Anm. 11), S. 196.
25 T. J. de Boer, *Geschichte der Philosophie im Islam* (Anm. 4), S. 112.
26 M. Marmura in: Watt/Marmura, *Der Islam II* (Anm. 12), S. 355.
27 T. J. de Boer, *Geschichte der Philosophie im Islam* (Anm. 4), S. 112.
28 I. R. Netton, *al-Farabi and His School* (Anm. 2), S. 84 ff.
29 Robert Hammond, *The Philosophy of al-Farabi and its Influence on Medieval Thought*, New York 1947, S. 54.
30 M. Mahdi, Remarks on al-Farabi's Attainment of Happiness, in: George Hourani (Hg.), *Essays on Islamic Philosophy and Science*, SUNY-Albany/New York 1975, S. 47-66, hier S. 48.
31 Vgl. das Kapitel von Charles Butterworth, Die politischen Lehren von Avicenna und Averroës, in: I. Fetscher/H. Münkler (Hg.), *Pipers Handbuch der politischen Ideen*, Bd. 2, München 1993, S. 141–173, hier S. 155 f. Vgl. zu Avicenna auch das Kapitel von James Morris in der Mahdi-Festschrift, hg. von C. Butterworth, *The Political Aspects of Islamic Philosophy. Essays in Honor of Muhsen S. Mahdi*, Cambridge/MA 1992, S. 152 ff.
32 Vgl. C. Butterworth (Anm. 31) und das Averroës-Kapitel von Michael Blaustein in der Mahdi-Festschrift (Anm. 31), S. 262 ff.
33 Vgl. Herbert A. Davidson, *Al-Farabi, Avicenna and Averroës on Intellect* (wie Anm. 1 oben).

Kapitel 5

Die Rückkehr zum Schari'a-Imam: Die Orthodoxie von al-Mawardi und Ibn Taimiyya gegen die islamische Aufklärung

1 Sir Hamilton Gibb, al-Mawardi's Theory of the Caliphate, in: Ders., *Studies on the Civilization of Islam*, London 1962, S. 151 ff., hier S. 162.
2 Joseph Schacht, *An Introduction to Islamic Law*, Oxford 1964, S. 30f., 59 ff.
3 Sa'id Bensa'id, *Daulat al-Khilafa. Dirasa fi al-tafkir al-siyasi 'ind al-Mawardi* (Der Staat des Kalifats. Eine Studie über das politische Denken von al-Mawardi), Rabat o. J., S. 58.
4 Hierzu B. Tibi, *Die Verschwörung. Das Trauma arabischer Politik*, 2. erweiterte Auflage Hamburg 1994 (1. Aufl. 1993).
5 Im Jahre 1055 eroberten die Seldschuken unter Togril-Bek Bagdad und beendeten die Periode der Vorherrschaft der persischen Buyiden; Togril-Bek zwang den Abbasiden-Kalifen, ihm den Titel ›Sultan des Ostens und des Westens‹ zu verleihen. Ein Jahr später, 1056, wurde am Rande des Kalifen-Reiches im Westen die Dynastie der marokkanischen Almoraviden gegen die an der Peripherie praktisch machtlose Zentralinstanz von Bagdad gegründet. Zwei Jahre danach, 1058, verstarb Mawardi in Bagdad.

6 Diese Idee hebt Maxime Rodinson in seiner Biographie des Propheten hervor: *Mohammed*, Luzern 1975, und dazu B. Tibi, *Die Krise des modernen Islam*, 2. Auflage der erweiterten Neuauflage, Frankfurt a. M. 1991, S. 80 ff.

7 Vgl. J. J. Saunders, *A History of Medieval Islam*, London 1965, Kap. VI, bes. S. 96 ff.

8 Marshall G. S. Hodgson, *The Venture of Islam*, 3 Bde., Chicago 1977^{2}, Bd. 1, S. 291 ff.

9 al-Mawardi, *Kitab adab ad-dunya wa ad-din*, dt. Übers.: *Über die richtige Lebensart in praktischen und moralischen Dingen* (3 Teile), aus dem Arabischen von Oskar Rescher, in: O. Rescher, *Gesammelte Werke*, Bd. 3, Osnabrück 1984^{2}.

10 al-Mawardi, *Qawani al-wizara wa siyasat al-mulk* (Die Gesetze des Wesir-Amtes und die Politik der königlichen Herrschaft), arab. Text-Edition von Redwan al-Sayed (promoviert in Tübingen), Beirut 1979.

11 al-Mawardi, *Kitab al-Ahkam al-Sultaniyya* (Das Buch der Regeln der sultanischen Herrschaft), hg. von al-Na'sani-al-Halabi, Kairo 1909, franz. Übers. von Le Comte Ostrorog: *Traité de Droit Publique Musulman de El-Mawardi*, Léon 1901.

12 al-Mawardi, *Kitab adab ad-dunya...* (Anm. 9), arab. S. 25, dt. S. 32, weiter im Text zitiert.

13 George Makdisi, *The Rise of Colleges. Institutions for Learning in Islam and the West*, Edinburgh 1981, S. 75 f., vgl. auch das Kapitel über die Bildungsinstitutionen im Islam, in: B. Tibi, *Der Islam und das Problem der kulturellen Bewältigung sozialen Wandels*, Frankfurt a. M. 1985 (3. Aufl. 1991), S. 131 ff.

14 al-Mawardi, in seiner Schrift *Kitab al-Ahkam...* (Anm. 11), S. 3. Nachweise weiterhin im Text.

15 So die Mawardi-Deutung von Ann Lambton, *State and Government in Medieval Islam*, Oxford 1981, S. 85.

16 M. Q. Khan, Mawardi-Artikel, in: M. M. Sharif (Hg.), *A History of Muslim Philosophy*, 2 Bde., hier Bd. 1, Wiesbaden 1963, S. 83–102.

17 Gibb (wie Anm. 1), S. 162.

18 Lambton (wie Anm. 15), S. 95.

19 Reinhard Bendix, *Könige oder Volk*, 2 Bde., Frankfurt a. M. 1980, hier Bd. 1, S. 61.

20 'Ali 'Abdelraziq, *al-Islam wa Usul al-Hukm* (Der Islam und die Grundlagen der Herrschaft), Nachdruck Beirut 1966, S. 70.

21 Mohammed Said al-'Aschmawi, *al-Khilafa al-Islamiyya* (Das islamische Kalifat), Kairo 1990, bes. S. 98 ff.

22 Vgl. L. P. Harvey, *Islamic Spain*, Chicago 1992.

23 Hodgson (wie Anm. 8), Bd. 2, S. 317 ff.

24 Ibn Taimiyya hg. von M. I. al-Banna und M. A. Aschur, *al-Siyasa al-Schar'iyya fi Islah al-Ra'i wa al-Ra'iyya* (Die an der Schari'a orientierte Politik für die Leitung des Hirten und seiner Schafherde), Kairo 1971, S. 185. Es gibt eine andere, unter den Fundamentalisten verbreitete, von Dar al-Afaq/Beirut veröffentlichte neue Ausgabe dieser Schrift. Im Text wird jedoch die Kairoer Edition weiterhin zitiert. Eine umfangreiche Bibliographie der Arbeiten Ibn Taimiyyas ist in Victor E. Makari, *Ibn Taymiyyah's Ethics. The Social Factor*, Chico/CA 1983, S. 227–231, enthalten.

25 Die Mameluken waren ehemalige Sklaven, die als Soldaten für den Kalifen/Sultan kämpften; sie verselbständigten sich und stiegen in der Nachfolge der Aiyubiden zu den Herrschern Ägyptens (z. T. auch Syriens) auf. Ägypten wurde zuvor von den aus Tunis kommenden schi'itischen Fatimiden erobert. Die Fatimiden konnten dort von 969 bis 1171 als eine von Bagdad unabhängige Lokaldynastie herrschen und ein islamisches Gegenkalifat als Bedrohung für Bagdad proklamieren. Der berühmte Feldherr Saladin (al-Aiyubi) konnte die Fatimiden besiegen und im Jahre 1171 das abbasidische Kalifat in Ägypten wiederherstellen. Nachdem Saladin auch die Kreuzzügler bezwingen konnte, etablierten sich die Aiyubiden dann selbst als eine Lokaldynastie. Die Mameluken standen vor der Etablierung ihrer eigenen Herrschaft. Der Name Mameluk (arab. *Mamluk* = Besitz) verweist auf die Herkunft dieser Bezeichnung. Von 1250 an und auch nach dem Fall Bagdads herrschten in Ägypten die Mameluken, nachdem sie die Aiyubiden ablösten, als eine autonome Dynastie. Nach der Eroberung Ägyptens durch die Osmanen im Jahre 1517 reorganisierten sich die Mameluken als Lokaldynastie im Rahmen des Osmanischen, d. h. des dritten islamischen Weltreiches. Napoleon Bonaparte bezwang ihre Armee bei seiner Ägypten-Expedition 1798 und beendete ihre Herrschaft.

26 *Enzyklopädie des Islams*, Bd. 2, 1927.

27 Die französische Übersetzung von *al-Siyasa al-Schari'iyya* von Henri Laoust ist: *Le Traité de Droit Public d'Ibn Taimiyya*, Beirut 1948.

28 Zitiert nach Seragul Haques Artikel über Ibn Taimiyya, in: Sharif... (wie Anm. 16), Bd. 1, S. 796–819, hier S. 815.

29 Ebd., S. 797.

30 Clemens Wein, *Die islamische Glaubenslehre ('Aqida) des Ibn Taimiyya*, Diss. Phil., Bonn 1973.

31 Makari (wie Anm. 24), S. 123.

32 Ibn Taimiyya, *al-Siyasa* ... (wie Anm. 24), S. 186, franz. S. 173 f.

33 Michael Marmura, in: M. Marmura und W. M. Watt, *Der Islam II*, Stuttgart 1985, S. 475.

34 Makari (wie Anm. 24), S. 115 u. 117; vgl. das Kapitel über Arabisch als Sprache des Koran in: B. Tibi, *Der Islam* ... (Anm. 13), S. 99 ff.

35 Khalid Mohammed Khalid, *Muwatinun la ra'aya* (Bürger, keine Schafherde), Kairo 1960. Khalid starb jedoch in Kairo im März 1996 als ein Fundamentalist.

36 Vgl. das *Schari'a*-Kapitel in: B. Tibi, *Im Schatten Allahs. Der Islam und die Menschenrechte*, München 1994, Kapitel 7, S. 194–216.

37 Zu dieser Diskussion vgl. B. Tibi, Die Entwestlichung des Rechts. Das Hudud-Strafrecht der islamischen Schari'a und der Krieg der Zivilisationen, in: *Frankfurter Allgemeine Zeitung* vom 23. Juni 1995, S. 13–14.

38 Erwin Rosenthal, *Political Thought in Medieval Islam*, Cambridge 1958, S. 85, ausführlich über Ibn Taimiyya S. 51–61.

39 William C. Chittick, *The Sufi Path of Love*, Albany/N. Y. 1983, bes. S. 194 ff.

Kapitel 6

Die unabwendbare Wandlung des Kalifats in ein Königtum: Die politische und Sozialphilosophie Ibn Khalduns

1 Ernst Bloch, *Avicenna und die Aristotelische Linke*, Frankfurt a. M. 1963, S. 13.

2 Maxime Rodinson, *Islam und Kapitalismus*, mit einer Einleitung von Bassam Tibi, Frankfurt a. M. 1986[2], S. 56 ff.

3 Joseph Schacht, *An Introduction to Islamic Law*, Oxford 1979[5], S. 54.

4 Ernst Bloch, *Avicenna und die Aristotelische Linke* (Anmerkung 1), S. 16.

5 Ibn Chaldun (Khaldun), *Ausgewählte Abschnitte aus der Muqaddima*, aus dem Arabischen übersetzt von Annemarie Schimmel, Schriften zur Soziologie und Kulturphilosophie, hg. von Max Graf zu Solms, Tübingen 1951, S. 119.

6 Zur islamischen Zivilisation unter den Mongolen nach dem Fall Bagdads vgl. Marshall G. S. Hodgson, *The Venture of Islam. Conscience and History in a World Civilization*, 3 Bde., Chicago 1974, hier Bd. 2, S. 371 ff., 386 ff.

7 Michael Marmura (Autor von Kapitel IV und V) in: W. Montgomery Watt/Michael Marmura, *Der Islam II*, Stuttgart 1985, S. 373 f.

8 Abdallah Laroui, *The History of the Maghreb*, Princeton/N. J. 1977, Teil II, S. 107 ff.

9 Zu Averroës vgl. Dominique Urvoy, *Ibn Rushd (Averroës)*, London 1991.

10 Yves Lacoste, *Ibn Khaldun. Birth of History and the Past of the Third World*, London 1984, S. 198.

11 Hierzu B. Tibi, *Die Verschwörung. Das Trauma arabischer Politik*, 2. erweiterte Auflage, Hamburg 1994 (zuerst 1993), DTV-Ausgabe: München 1994.

12 Vgl. die Ibn Khaldun-Bibliographie von W. Fischel im Anhang zu der dreibändigen Ausgabe von: Ibn Khaldun, *al-Muqaddimah. An Introduction to History*, aus dem Arabischen übersetzt u. herausgegeben von Franz Rosenthal, New York 1958.

13 Majid Fakhry, *A History of Islamic Philosophy*, London 1983[2], S. 323.

14 Zu diesen vier Rechtsschulen B. Tibi, *Im Schatten Allahs. Der Islam und die Menschenrechte*, München 1994, S. 73–75.

15 C. Fleischer, Ibn Khaldunism in 16th Century Ottoman Letters, in: Bruce B. Lawrence, *Ibn Khaldun and Islamic Ideology*, Leiden 1984, S. 46–68.

16 Franz Rosenthal, »*Introduction*« zur englischen Übersetzung von Ibn Khaldun, *al-Muqaddimah. An Introduction to History* (Anm. 12), S. LXXXVII.

17 Arnold Toynbee, *A Study of History*, Bd. 3, London 1951[6], S. 322.

18 Zur Renaissance vgl. Will Durant, *The Renaissance*, New York 1981[2]. Bd. des Werkes: *The Story of Civilization.* Zu Ibn Khaldun als Zivilisationstheoretiker siehe Leslie Lipson, *The Ethical Crises of Civilization*, London 1993, S. 82 ff.

19 Ibn Khaldun, *al-Ta'rif fi Ibn Khaldun* (Autobiographie); Nachdruck, herausgegeben von M. al-Tandji, Kairo 1951, S. 228 f.

20 Ibn Khaldun, *Kitab al-'Ibar*, herausgegeben von al-Fasi/Ibn Idris, 2 Bde., Kairo 1936.

21 K. Ayad, *Die Geschichts- und Gesellschaftslehre Ibn Khalduns*, Stuttgart 1930, S. 64.

22 Zitiert nach der Einleitung von Annemarie Schimmel zu ihrer Edition von *Ibn Chaldun. Ausgewählte Abschnitte aus der Muqaddima* (zit. in Anm. 5 oben), hier S. XX.
23 F. Sqillace, *Die soziologischen Theorien*, Leipzig 1911.
24 P. A. Sorokin, *Social and Cultural Dynamics, Bd. 2: Fluctuation of Systems of Truth, Ethics and Law*, New York 1937, S. 155.
25 Arnold Toynbee, *A Study of History* (Anm. 17), S. 322.
26 Vgl. die ältere Arbeit von Peter von Sivers, *Khalifat, Königtum und Verfall. Die politische Theorie Ibn Khalduns*, München 1968, S. 139 (hervorgegangen aus einer von Voegelin betreuten Münchner Dissertation).
27 Vgl. den Philosophie-Abschnitt in Ibn Khaldun, *al-Muqaddima/Die Muqaddima*, arabische Ausgabe Kairo o. J., S. 514 ff., nicht enthalten in der Schimmel-Übersetzung, aber bei Pätzold (vgl. Anm. 1 zur Einführung von Teil II oben).
28 Muhsen Mahdi, *Ibn Khaldun's Philosophy of History*, London 1957.
29 Muhsen Mahdi in: M. M. Sharif (Hg.), *A History of Muslim Philosophy*, 2 Bde., Wiesbaden 1963 und 1966, hier Bd. 2, S. 888–904 (über Ibn Khaldun, den Philosophen) und S. 961–984 (über Ibn Khaldun, den politischen Denker).
30 Im folgenden zitiere ich Ibn Khaldun im Haupttext nach der deutschen Übersetzung von Annemarie Schimmel (Anm. 5) nach Berücksichtigung des arabischen Originals (Anm. 27).
31 T. J. de Boer, *Geschichte der Philosophie im Islam*, Stuttgart 1901, S. 177 ff.
32 Vgl. hierzu Barbara Freyer Stowasser, *Religion and Political Development: Some Comparative Ideas on Ibn Khaldun and Machiavelli*, Washington 1983, und zum *Virtù*-Begriff die ausgezeichnete Monographie von Herfried Münkler, *Machiavelli. Die Begründung des politischen Denkens der Neuzeit aus der Krise der Republik Florenz*, Frankfurt a. M. 1982, S. 313 ff.
33 K. Ayad, *Die Geschichts- und Gesellschaftslehre Ibn Halduns* (wie Anm. 21), S. 112.
34 Benedict Anderson, *Imagined Communities*, London 1991[2].
35 Sati' al-Husri, *Dirasat' an Muqaddimat Ibn Khaldun* (Studien über die Muqaddima des Ibn Khaldun), erw. Neuauflage Kairo und Bagdad 1961, und dazu die Deutung von B. Tibi, *Vom Gottesreich zum Nationalstaat. Islam und panarabischer Nationalismus*, Neuauflage Frankfurt a. M. 1991 (zuerst 1971, erweitert 1987), S. 127 ff.
36 Zitiert nach der Übersetzung von K. Ayad, *Die Geschichts- und Gesellschaftslehre Ibn Halduns* (Anm. 21), S. 109.
37 Alfred von Kremer, *Ibn Haldun und seine Kulturgeschichte der islamischen Reiche*. Sitzungsberichte der Akademie der Wissenschaften zu Wien, Wien 1878, S. 18.
38 P. A. Sorokin, *Social and Cultural Dynamics* (Anm. 24), S. 155.
39 Sati' al-Husri, *Dirasat 'an Muqaddimat Ibn Khaldun* (wie Anm. 35), S. 39.
40 'Ali Wardi, *Mantiq Ibn Haldun* (Die Logik des Ibn Khaldun), Kairo 1962, S. 14 f.
41 Alfred von Kremer, *Ibn Khaldun und seine Kulturgeschichte der islamischen Reiche* (Anm. 37), S. 10 f.

42 Erwin Rosenthal, *Ibn Khalduns Gedanken über den Staat*, München-Berlin 1932, S. 53. Siehe dazu auch Barbara Stowasser, *Religion and Political Development* (Anm. 32).

43 Rosenthal (Anm. 42), S. 72, zitiert eine russische Arbeit des Sowjet-Marxisten Lewine, in der Ibn Khaldun zu einem Vorläufer von Marx erhoben wird.

44 Joseph Spengler, Economic Thought of Islam: Ibn Khaldun, in: *Comparative Studies in Society and History*, Bd. VI (1964), S. 268–306, hier S. 293.

45 Erwin Rosenthal, *Ibn Khalduns Gedanken über den Staat* (Anm. 42), S. 13.

46 Vgl. ebd., S. 47.

47 Ebd., S. 43.

48 Zu dieser Diskussion, die von Samuel Huntington 1993 ausgelöst worden ist, vgl. Bassam Tibi, *Krieg der Zivilisationen*, Hamburg 1995.

Dritter Teil

Der Übergang vom Mittelalter zur Moderne. Verunsicherung über die Bestimmung des wahren Imam. Zwischen islamischem Reformismus, Djihad-Antikolonialismus und säkularem Nationalismus

Einführung

1 Rifa'a Rafi' al-Tahtawi, *Ein Muslim entdeckt Europa. Die Reise eines Ägypters im 19. Jahrhundert nach Paris*, übers. und hg. von Karl Stowasser, München 1989, S. 15, 21 f. und 29.

2 Djamal al-Din al-Afghani, *al-A'mal al-Kamila* (Gesamtwerk in einem Band), hg. Mohammed 'Imara, Kairo 1968, S. 448.

3 Sati' al-Husri, *Ara'wa ahadith fi al-qaumiyya al-'Arabiyya* (Ansichten und Reden über den arabischen Nationalismus), Beirut 1964[4], S. 134 f. und 141.

4 Zum Fall Bagdads und der post-abbasidischen Entwicklung vgl. Ira M. Lapidus, *A History of Islamic Societies*, Cambridge 1993[5], S. 126 ff.

5 Josef Matuz, *Das Osmanische Reich. Grundlinien seiner Geschichte, Darmstadt* 1990[2], S. 29 ff.

6 Lord Kinross, *The Ottoman Centures. The Rise and Fall of the Turkish Empire*, New York 1977.

7 Wolfgang Reinhard, *Geschichte der europäischen Expansion*, 4 Bde., hier Bd. 3, Stuttgart 1988, S. 147.

8 Sati' al-Husri, *Dirasat 'an Muqaddimat Ibn Khaldun*, erwt. Ausgabe Kairo und Bagdad 1961, und dazu B. Tibi, *Vom Gottesreich zum Nationalstaat. Islam und panarabischer Nationalismus*, Neuauflage Frankfurt a. M. 1991, hier S. 127 ff.

9 Geoffrey Parker, *The Military Revolution. Military Innovation and the Rise of the West 1500–1800*, Cambridge 1989[2] (dt. Übers. 1990).

10 B. Tibi, The Simultaneity of the Unsimultaneous: Old Tribes and Imposed Nation-States in the Middle East, in: Ph. Khoury u. J. Kostiner (Hg.), *Tribes and State Formation in the Middle East*, Berkeley 1990, S. 127–152.

11 Zur Unterscheidung von Moderne und Modernisierung im Anschluß an das Werk von Reinhard Bendix vgl. B. Tibi, *Der Islam und das Problem der kulturellen Bewältigung sozialen Wandels*, Frankfurt a. M. 1985 (dritte Aufl. 1991), S. 237 ff.

Kapitel 7
Die Zweideutigkeit: al-Tahtawi: Der Imam lernt von Europa. al-Afghani: Der Imam führt Djihad gegen Europa

1 Albert Hourani, *Arabic Thought in the Liberal Age, 1789–1939,* Oxford 1962.

2 Rifa'a Rafi' al-Tahtawi, *Ein Muslim entdeckt Europa. Die Reise eines Ägypters im 19. Jahrhundert nach Paris*, übersetzt, kommentiert und herausgegeben von Karl Stowasser, München 1988.

3 Leonard Binder, *Islamic Liberalism*, Chicago 1988.

4 B. Tibi, *Im Schatten Allahs. Der Islam und die Menschenrechte*, München 1994.

5 Said Amir Arjomand, *The Turban for the Crown. The Islamic Revolution in Iran*, New York 1988, S. 101 f. und 134 ff.

6 B. Tibi, *Die Verschwörung. Das Trauma arabischer Politik*, 2. erweiterte Auflage, Hamburg 1994 (zuerst 1993), Kapitel: »Mord für den Gottesstaat«, S. 375 ff. (dieses Kapitel ist nicht in der DTV-Taschenbuchausgabe von München 1994 enthalten), vgl. auch Anm. 16 unten.

7 Fred Halliday, »The Struggle for the Migrant Soul. Islam in Western Europe«, in: *Times Literary Supplement* vom 14.–20. April 1989, Nr. 489, S. 387–88.

8 Adel Khoury, *Toleranz im Islam*, München 1980, S. 149 ff.

9 David B. Ralston, *Importing the European Army. The Introduction of European Military Techniques and Institutions into the Extra-European World 1600–1914*, Chicago 1990.

10 Franz Borkenau, *Der Übergang vom feudalen zum bürgerlichen Weltbild*, Neudruck Darmstadt 1980.

11 B. Tibi, »Der Traum von der halben Moderne. Über das schiefe Verhältnis des Islams zu Europa und die Wurzeln des Fundamentalismus«, in: *Frankfurter Allgemeine Zeitung* vom 19. Februar 1991, (Feuilleton) S. 35, ausgearbeitet als Einleitung zu B. Tibi, *Islamischer Fundamentalismus, moderne Wissenschaft und Technologie*, STW Bd. 990, Frankfurt a. M. 1992.

12 Dieses Flugblatt ist vollständig erhalten in Ibrahim Abu-Lughod, *Arab Rediscovery of Europe. A Study in Cultural Encounters*, Princeton/N. J. 1963, S. 13 f.

13 Rifa'a Rafi' al-Tahtawi, *Takhlis al-ibriz ila talkhis Bariz* (deutsch: Die Läuterung des Goldes in der zusammenfassenden Darstellung von Paris), Neudruck Kairo und Beirut o. J., dt. Ausgabe übers. von Karl Stowasser (vgl. Anm. 2 oben); hier und im folgenden zitiere ich daraus direkt hinter den Zitaten im Text.

14 Jürgen Habermas, *Der philosophische Diskurs der Moderne*, Frankfurt a. M. 1985; in diesem Kontext in bezug auf den Islam vgl. den Essay »Islamischer Fundamentalismus als Antwort auf die doppelte Krise«, Anhang zur erweiterten Neuauflage von B. Tibi, *Die Krise des modernen Islam*, Frankfurt a. M. 1991[3], S. 202–279.

15 Nach *al-Scharq al-Ausat* vom 28. Juli 1993.

16 Meldung in der *Frankfurter Allgemeine Zeitung* vom 15. August 1994, vgl. dazu auch Anm. 6 oben.

17 Vgl. hierzu B. Tibi, *Im Schatten Allahs* (wie Anm. 4), Kap. 7 über die Schari'a.

18 Leslie Lipson, *The Ethical Crises of Civilization*, London 1993, S. 278 f.

19 Ali M. Djarischa und Muhammad Sh. al-Zaibaq, *Asalib al-ghazu al-fikri li al-'alam al-Islami* (Methoden der intellektuellen Invasion der islamischen Welt), Kairo 1978[2], S. 65.

20 al-Imam Mohammed Abduh, *al-Islam wa al-nasraniyya bain al-'ilm wa al-madaniyya* (Islam und Christentum zwischen Wissenschaft und Zivilisation), Neudruck Kairo 1983[2].

21 Rudolf Peters, *Islam and Colonialism. The Islamic Doctrine of Jihad in Modern History*, Den Haag 1979.

22 Nikki R. Keddie (Hg.), *An Islamic Response to Imperialism. Political and Religious Writings of al-Afghani*, mit einer neuen Einleitung zur Neuauflage: From Afghani to Khomeini, Berkeley 1983[2]. Keddie ist auch die Autorin der Biographie al-Afghanis, Berkeley 1972.

23 Wie im Motto, Nachweis Einführung (Anm. 2), im folgenden im Text zitiert.

24 Nikki R. Keddi, (wie in Anm. 22), S. 59.

25 Ebd., neues Vorwort S. XXIf., vgl. auch Hani Srour, *Die Staats- und Gesellschaftstheorie bei al-Afghani*, Freiburg 1977.

26 Mohammed 'Imara, *Muslimun Thuwwar* (Revolutionäre Muslime), neu bearbeitete Auflage Beirut 1979[2], S. 143 ff.

27 Abdallah Laroui, *The Crisis of the Arab Intellectual. Traditionalism or Historicism*, Berkeley 1976. Laroui ist auch Autor von *L'Idéologie Arabe Contemporaine*, Paris 1967.

28 Clifford Geertz, *Dichte Beschreibung*, Frankfurt a. M. 1983, S. 44 f., und dazu B. Tibi, *Der Islam und das Problem der kulturellen Bewältigung sozialen Wandels*, Frankfurt a.M. 1991[3] (zuerst 1985), S. 20 ff.

29 Ein vollständiger Überblick hierüber in dem Literaturbericht von B. Tibi, Orient und Okzident. Feindschaft oder interkulturelle Kommunikation. Anmerkungen zur Orientalismus-Debatte, in: *Neue Politische Literatur*, Bd. 29 (1984), H. 3, S. 267–286.

30 Edward Said, *Orientalism*, London 1978, dt. *Orientalismus*, Frankfurt a. M. 1981, S. 291. Die Debatte erschien z. T. in: *New York Review of Books* (die Beiträge von B. Lewis in der Ausgabe vom 24. Juni 1982 und von Said in der Ausgabe vom 12. August 1982). Vgl. auch B. Tibi, Orient und Okzident, zit. in Anm. 29.

31 Wolfgang Schluchter (Hg.), *Max Webers Sicht des Islam*, Frankfurt a. M. 1987 und dazu die Kritik von B. Tibi, Gibt es einen Homo Islamicus, in: *Frankfurter Allgemeine Zeitung* vom 20. Sept. 1988, S. 30.

32 Sadiq Djalal-al-Azm, *Dhihniyyat al-Tahrim* (Die Mentalität des Tabus), London 1992, S. 17–85. Von al-Azm liegt in deutscher Sprache vor: *Unbehagen in der Moderne. Aufklärung im Islam*, Frankfurt a. M. 1993.

33 Mohammed Abid al-Djabiri, *Takwin al-'aql al-Arabi* (Die Beschaffenheit des arabischen Geistes), Beirut 1984.

Kapitel 8

Die oberflächliche Säkularisierung: Das Pendeln zwischen dem »arabischen Bismarck« und dem islamischen Imam

1 Zu dieser Problematik und seiner arabisch-deutschen Dimension ausführlich B. Tibi, *Vom Gottesreich zum Nationalstaat. Islam und panarabischer Nationalismus*, zweite Auflage der erweiterten Ausgabe Frankfurt a. M. 1991[3], S. 15 ff., 103 ff., 116 ff.

2 Vgl. das Sonderheft der Beiruter Zeitschrift *Qadaya Arabiyya*, hg. von Anis Sayigh, *Abdul Nasser wa ma ba'd?* (Nasser und was danach?), Beirut 1980. Zum Nasserismus vgl. B. Tibi, *Militär und Sozialismus in der Dritten Welt*, Frankfurt a. M. 1973, Teil III über Ägypten, S. 196 ff.

3 William Cleveland, *The Making of an Arab Nationalist. Ottomanism and Arabism in the Life and Thought of Sati' al-Husri*, Princeton/N. J. 1971; ferner zu Husri vgl. Tibi (wie Anm. 1), Kapitel 3 und 4.

4 Sati' al-Husri, *Ma hiya al-qaumiyya* (Was ist Nationalismus?), Beirut 1963[2], S. 47.

5 Hierzu B. Tibi, *Die Verschwörung. Das Trauma arabischer Politik*, Hamburg 1994[2], zur Revolte von 1916 und der Sykes-Picot-Verschwörung S. 19 ff.

6 Husri, *Ma hiya* ... (Anm. 4), S. 123 ff., und dazu B. Tibi (Anm. 1), S. 137 ff.

7 Husri, ebd., S. 51 ff.

8 Zu Husris Biographie vgl. die in Anm. 3 zitierten Arbeiten. In B. Tibi (Anm. 1) werden die 21 Werke von Husri auf S. 274 f. aufgelistet.

9 Sati' al-Husri, *al-Bilad al-Arabiyya wa al-daula al-Othmaniyya* (Die arabischen Länder und der osmanische Staat), Beirut 1965[3].

10 Ebd., S. 47 ff.

11 Sati' al-Husri, *Yaum Maysalun* (Der Tag von Maysalun), Neuauflage Beirut o. J. (erste Aufl. 1947), engl. Übers.: *The Day of Maysalun. A Page from the Modern History of the Arabs*, Washington 1966.

12 Hierzu im einzelnen B. Tibi (Anm. 1), S. 82 ff.

13 Sati' al-Husri, *Muhadarat fi nuschu' al-fikra al-qaumiyya* (Vorlesungen über die Entstehung der Nationsidee), Beirut 1964[5].

14 Zu den amerikanischen Missionen vgl. Abdul Latif Tibawi, *American Interests in Syria 1800–1901*, London 1966, zu den russisch-orthodoxen Missionen Derek Hopwood, *The Russian Presence in Syria and Palestine 1843–1914*, London 1969.

15 Vgl. das Kapitel von Şükrü Hanioğlu, in: *The Origins of Arab Nationalism*, hg. u. a. von Raschid Khalidi, New York 1991, S. 31–49.

16 Husri, *Muhadarat* (Anm. 13), S. 239 ff.
17 Anwar Chejne, Pan-Islamism and the Caliphat Controversy, in: *The Islamic Literature* (1955), S. 679–697.
18 Djamal al-Din al-Afghani, *al-A'mal al-kamilah* (Die vollständigen Schriften), hg. von Mohammed Imara, Kairo 1968, S. 303.
19 Nikki R. Keddie (Hg.), *An Islamic Response to Imperialism. Political and Religious Writings of al-Afghani*, Berkeley 1983 (erweitert um den Essay »From Afghani to Khomeini«), hier S. 97.
20 Husri, *Ma Hiya* ... (Anm. 4), S. 223.
21 Sylvia Haim, Islam and the Theory of Arab Nationalism, in: *Die Welt des Islam*, Bd. 4 (1955), H. 2/3, S. 124–149, hier S. 130.
22 Vgl. die leider nur im Manuskript zugängliche Dissertation von Sylvia Haim, *The Ideas of a Precursor. 'Abd al-Rahman al-Kawakibi (1849–1902)*, Phil. Diss. Thesis, Edinburgh 1953.
23 Kawakibi, *Umm al-Qura*, Nachdruck Aleppo 1959, teilweise in deutscher Übersetzung in der Diss. von G. Roth, *Kawakibi, ein arabischer Nationalist*, Diss. phil., Berlin 1942, S. 87–110.
24 Kawakibi, *Tabai' al-istibdad*, Neudruck Aleppo 1957, dt. Übersetzung teilweise in: G. Roth (Anm. 23), S. 20–86. Zu Kawakibi vgl. auch die Diss. von Ch. Kessler, *'Abdulrahman al-Kawakibis Reform des Islam*, Diss. Phil., Berlin 1956, sowie Norbert Tapiero, *Les idées réformistes de' al-Kawakibi*, Paris 1956.
25 Sylvia Haim, Blunt and Kawakibi, in: *Oriente Moderne*, Bd. 35 (1955), S. 132 bis 148, hier S. 136.
26 Husri, *Ara' wa ahadith fi al-qaumiyya al-arabiyya* (Ansichten und Gespräche über den arabischen Nationalismus), Beirut 1964[4], S. 160.
27 Yehoshua Porath, *In Search of Arab Unity. 1930–1945*, London 1986, und dazu meine Rezension in: *International Journal of Middle East Studies*, Bd. 20 (1988), H. 3, S. 389–390.
28 Joseph Croittoru, Scheitern an der Intoleranz. Ein Erwachen, das keines war: der arabische Nationalismus, in: *Frankfurter Allgemeine Zeitung* vom 10. August 1994 (Seite: Geisteswissenschaften), präsentiert dem Leser ein schiefes Bild von diesem Gegenstand.
29 'Ali 'Abdelraziq, *al-Islam wa Usul al-hukm* (Der Islam und die Grundlagen der Herrschaft), Neudruck Beirut 1966, S. 76 f.
30 Das islamische Wort *Fetwa* (d. h. islamisch-autoritatives Rechtsgutachten) wird seit der Rushdie-Affäre falsch mit »Todesurteil« ins Deutsche übersetzt (vgl. das Kap. über diese Fetwa in B. Tibi, *Im Schatten Allahs. Der Islam und die Menschenrechte*, München 1994, Kap. 4, S. 124 ff.). Zu der al-Azhar-Fetwa gegen Abdelraziq vgl. L. Bercher, De la brochure intitulée sentence des grands Uléma (d'al-Azhar) sure le livre: L'Islam et les bases du pouvoir, in: *Revue des Etudes Islamiques*, Bd. 9 (1935), S. 75–86.
31 Abdelraziq (Anm. 29), S. 70.
32 Husri, *Ma hiya* ... (Anm. 4), S. 252.
33 Diese Ansicht vertritt z. B. F. Ansprenger, *Die Auflösung der Kolonialreiche*, München 1966, S. 133.
34 Zu diesem Krieg und seinen Folgen vgl. B. Tibi, *Konfliktregion Naher Osten*, München 1989, S. 82 ff., 103 ff. (erweiterte Auflage 1991[2]).

35 B. Tibi, *Islamischer Fundamentalismus, moderne Wissenschaft und Technologie*, Frankfurt a. M. 1993², bes. die Einleitung über die »halbe Moderne«.

36 Josef H. Ludin, Zwischen Allmacht und Hilflosigkeit. Über okzidentales und orientalisches Denken, in: *Merkur*, Bd. 48 (1994) H. 5, S. 404–412, hier S. 404.

37 B. Tibi, Politik der Vernunft. Jenseits von Kulturrelativismus und Neoabsolutismus, in: *Universitas*, Bd. 51 (1996), H. 3, S. 201–210.

38 B. Tibi, *Krieg der Zivilisationen*, Hamburg 1995.

Kapitel 9

Von der islamischen Umma zur säkularen Nation und zurück: Zwischen islamischem Universalismus und säkularem Nationalismus im Zeitalter der globalen Unordnung

1 Zum Islam als Modell für die Realität im Anschluß an die religionsanthropologische Bestimmung von Clifford Geertz vgl. B. Tibi, *Der Islam und das Problem der kulturellen Bewältigung sozialen Wandels*, Frankfurt a. M. 1985 (dritte Auflage 1991), Kap. 1, S. 20 ff.

2 Hierüber stets autoritativ Marshall G. S. Hodgson, *The Venture of Islam*, 3 Bde., Chicago 1977², Bd. 1: *The Classical Age of Islam*, S. 280 ff.

3 Zu diesem historischen Rahmen im einzelnen B. Tibi, *Vom Gottesreich zum Nationalstaat. Islam und panarabischer Nationalismus*, erweiterte Neuauflage Frankfurt a. M. 1991.

4 Zu dieser Thematik die Beiträge in: Dietrich Schlegel (Hg.), *Der neue Nationalismus. Ursachen, Chancen, Gefahren*, Schwalbach/Ts. 1994.

5 Hierzu B. Tibi, *Die fundamentalistische Herausforderung. Der Islam und die Weltpolitik*, München 1992, hier Kapitel III, S. 57 ff.

6 Mark Juergensmeyer, *The New Cold War? Religious Nationalism Confronts the Secular State*, Berkeley und Los Angeles 1993, zum Islam S. 45 ff.

7 Hierzu Maxime Rodinson, *Islam und Kapitalismus*, Neuauflage mit einer umfangreichen Einleitung zu den europäischen Islam-Studien von Bassam Tibi, Frankfurt a. M. 1986.

8 Die Geschichte der internationalen Gesellschaft als Produkt der europäischen Expansion wird am besten beschrieben in den Bänden von Hedley Bull und Adam Watson (Hg.), *The Expansion of International Society*, Oxford 1988³ und Adam Watson, *The Evolution of International Society*, London 1992.

9 Sehr informativ sind die Beiträge (bes. der Literaturbericht von Elie Challala) in Tawfic Farah (Hg.), *Pan-Arabism and Arab Nationalism. The Continuing Debate*, Boulder/Col. 1987.

10 Autoritativ ist das Werk von Anthony Giddens, *The Nation-State and Violence*, Berkeley 1987.

11 Im einzelnen E. J. Hobsbawm, *Nations and Nationalism since 1780*, Cambridge 1991³.

12 So Maxime Rodinson in seiner Mohammed-Biographie, *Mohammed*, Luzern und Frankfurt a. M. 1975, S. 79.

13 Ausführlich mit Einzelheiten Bernard Lewis, *The Emergence of Modern Turkey*, Neuauflage Oxford 1979.

14 Zur These von der Defensivkultur als Bezugsrahmen der Deutung des modernen Islam vgl. B. Tibi, *Die Krise des modernen Islams. Eine vorindustrielle Kultur im technisch-wissenschaftlichen Zeitalter*, erweiterte Neuauflage 1991.

15 Zu dem Einfluß der deutschen Romantik (bes. Herder u. Fichte) auf die Entstehung des säkularen arabischen Nationalismus vgl. B. Tibi, *Vom Gottesreich zum Nationalstaat* (wie in Anm. 3), Kap. III, bes. S. 116 ff.

16 Hierzu im einzelnen B. Tibi, *Die Verschwörung. Das Trauma arabischer Politik*, Hamburg 1993, das 5. Kapitel über Fundamentalismus und Nationalstaat.

17 Leonard Binder, *The Ideological Revolution in the Middle East*, New York 1964, S. 131.

18 Zur iranischen Revolution vgl. die soziologische Studie von Said Amir Arjomand, *The Turban for the Crown. The Islamic Revolution in Iran*, New York 1988; zu ihrem Einfluß auf die Araber vgl. B. Tibi, The Iranian Revolution and the Arabs, in: *Arab Studies Quarterly*, Bd. 8 (1986), H. 1, S. 29–44.

19 Dieser Artikel ist in der Beiruter Zeitschrift *al-Fikr al-Arabi al-Mu'asir* (Juni 1980), S. 12–15, enthalten, Zitat auf S. 13.

20 Samuel P. Huntington, The Clash of Civilizations?, in: *Foreign Affairs*, Bd. 72 (1993), H. 3, S. 22–49. Vgl. auch B. Tibi, *Krieg der Zivilisationen*, Hamburg 1995.

21 Die Krise des Nationalstaates in nicht-westlichen Gesellschaften beschränkt sich nicht auf die islamische Welt, vgl. Mathew Horsman and Andrew Marshall, *After the Nation-State. Citizens, Tribalism and the New World Disorder*, London 1994.

Vierter Teil

Die islamische Gegenwart: Die Krise. Der Imam agiert im Untergrund und präsentiert die islamische Lösung. Ein islamischer Weg der Demokratisierung?

Einführung

1 Yusuf al-Qaradawi, *Hatmiyyat al-Hall al-Islami* (Die Notwendigkeit der islamischen Lösung), 3 Bde., hier Bd. 1: *al-Hulul al-Mustaurada wa kaifa djanat ala-unmatuna* (Die importierten Lösungen und was sie an unserer Umma verbrochen haben), Neuauflage Beirut 1980, S. 6.

2 Sayyid Qutb, *al-Salam al-'alami wa al-Islam* (Der Weltfriede und der Islam), »legale« 10. Auflage Kairo 1992, S. 169–172, (zahlreiche illegale Aufl.).

3 B. Tibi, *Der Islam und das Problem der kulturellen Bewältigung sozialen Wandels*, dritte Auflage Frankfurt a. M. 1991 (zuerst 1985), Kap. 8, bes. S. 157 f.

4 Salah Abdulfattah al-Khalidi, *Sayyid Qutb al-Schahid al-Hay* (Qutb, der lebende Märtyrer), Amman 1985².

5 Vgl. *Madjmu'at Rasa'il al-Imam al-Schahid Hasan al-Banna* (Gesammelte Abhandlungen des Märtyrer-Imams Hasan al-Banna), »legale« Neuauflage Kairo 1990. Die Djihad-Abhandlung ist auf S. 271 ff. enthalten.

6 So der al-Banna-Biograph Rif'at al-Sa'id, *Hasan al-Banna, Mata? Kaif? wa Limadha?* (Hasan al-Banna, Wann? Wie? Und warum?), Kairo 1977, S. 123 ff.

7 Vgl. das Kapitel über Marokko und Saudi-Arabien in B. Tibi, *Der Islam* ... (wie Anm. 3 oben), Kap. 11, S. 204 ff.

8 Ali Ben-Hadj, *Fasl al-kalam fi muwadjahat zhilm al-hukkam* (Die klare Rede über den Widerstand gegen die Unterdrückung der Herrscher), ohne Ort, ohne Jahrgang, die DM-Preisangabe mit dem Impressum der Front Islamique du Salut/FIS (al-Djabha al-Islamiyya li al-Inqadh) verrät den deutschen Standort der Anhänger des in Algerien inhaftierten radikalen Untergrund-Imam. Egmont Koch hat in seiner *ZDF*-Sendung »Allahs Agenten am Rhein« (26. Okt. 1994, 22:10) wichtige Informationen über die Aktivitäten algerischer Fundamentalisten in Deutschland geliefert.

9 B. Tibi, *Im Schatten Allahs. Der Islam und die Menschenrechte*, München 1994. Die zitierte These dieses Buches ist in meinem *Spiegel*-Essay: Wie Feuer und Wasser, *Der Spiegel* vom 12. September 1994, enthalten.

10 Vgl. die saudisch finanzierte, in Kairo käuflich zu erwerbende Propaganda-Schrift von Mohammed Djalal Kischk, *al-Saudiyyun wa al-Hall al-Islami* (Die Saudis und die islamische Lösung), Kairo 1984⁴.

11 Samuel P. Huntington, *The Third Wave. Democratization in the Late Twentieth Century*, Norman/Oklahoma und London 1991.

12 Zu dieser Diskussion vgl. Bassam Tibi, *Die Verschwörung. Das Trauma arabischer Politik*, zweite Auflage Hamburg 1994, (zuerst 1993), S. 209 ff.

13 Vgl. Samuel P. Huntington, The Clash of Civilizations?, in: *Foreign Affairs*, Bd. 72 (1993), H. 3, S. 22–49, und dazu Bassam Tibi, Gehäuse der Hörigkeit, zu den Thesen Samuel Huntingtons, in: *Frankfurter Allgemeine Zeitung* vom 10. November 1993 (Geisteswissenschaften), S. N5. Vgl. auch B. Tibi, *Krieg der Zivilisationen*, Hamburg 1995, S. 40 ff.

14 B. Tibi, *Das Mittelmeer als Grenze oder als Brücke Europas zur Welt des Islams?*, Stuttgart 1994 (hg. von der Robert-Bosch-Stiftung, hervorgegangen aus dem Bosch-Stiftungsvortrag vom 1. Juni 1994).

15 B. Tibi, Politik der Vernunft. Jenseits von Kulturrelativismus und Neoabsolutismus, in: *Universitas*, Bd. 51 (1996), H. 3, S. 201–210.

16 So z. B. John Esposito, *The Islamic Threat. Myth or Reality?*, New York 1992. Vgl. in diesem Kontext Bassam Tibi, Das Spiel mit dem Feuer, in: *Frankfurter Allgemeine Zeitung* vom 5. August 1993.

17 B. Tibi, Démocratie et démocratisation en Islam, in: *Revue Internationale de Politique Comparée*, Bd. 2 (1995), H. 2, S. 285–299.

Kapitel 10
Schura – eine Beratung des islamischen Imam? Ein islamischer Weg zur Demokratie oder ein Ersatz für sie?

1 Hamid Enayat, *Modern Islamic Political Thought*, Austin 1982, S. 125 ff.

2 Christian Meier, *Die Entstehung des Politischen bei den Griechen*, Frankfurt a. M. 1989[2], S. 247 ff.; s. auch S. 435 ff.

3 Für einen Bezug des »Könnens-Bewußtseins«-Begriffes bei der Analyse der islamischen Weltsicht unserer Gegenwart vgl. B. Tibi, *Die Krise des modernen Islams*, 2. Auflage der erweiterterten Ausgabe, Frankfurt a. M. 1991, Abschnitt »Islamische kosmologische Ethik versus Könnens-Bewußtsein«, S. 220–231.

4 Abdulaziz al-Duri, »Demokratie in der politischen Philosophie des Islam« (im Orig. auf Arabisch), in: Centre for Arab Unity Studies (Hg.), *al-Demoqratiyya wa huquq al-insan fi al-watan al-'Arabi* (Demokratie und Menschenrechte im arabischen Vaterland), Beirut 1983, S. 191–212, hier S. 212.

5 Hasan Hanafi, »Die historischen Wurzeln der Krise von Freiheit und Demokratie in unserem gegenwärtigen Bewußtsein« (im Orig. auf Arabisch), in: *al-Demoqratiyya...* (Anm. 4), S. 175–189, hier S. 175 f. und S. 189.

6 Zu Hanafi im einzelnen B. Tibi, *Islamischer Fundamentalismus, moderne Wissenschaft und Technologie*, Frankfurt a. M. 1993[2], S. 78 f., 118 ff.

7 So der Bericht der großen arabischen Zeitung *al-Scharq al-Ausat* vom 21. August 1993 auf dem Titelblatt. In derselben Ausgabe befinden sich der vollständige Text des königlichen Dekrets und die Namen der vom König persönlich ausgewählten und ernannten, d. h. nicht vom Volk gewählten Mitglieder.

8 Zu Saudi-Arabien vgl. die gute Standard-Einführung von Helen Lackner, *A House Built on Sand. Saudi Arabia*, London 1978, sowie die lesenswerte Beschreibung der Saudis durch Sandra Mackey, *The Saudis. Inside the Desert Kingdom*, New York 1990.

9 William Rugh, The Emergence of a New Middle Class in Saudi Arabia, in: *The Middle East Journal*, Bd. 27 (1973), H. 1, S. 7–20, vgl. auch das Kapitel über Saudi-Arabien als islamisch legitimierte Monarchie in B. Tibi, *Der Islam und das Problem der kulturellen Bewältigung sozialen Wandels*, Frankfurt a. M. 1985 (3. Auflage 1991), S. 204 ff.

10 Vgl. Samuel P. Huntington, Die politische Modernisierung traditioneller Monarchien, in: Dirk Berg-Schlosser (Hg.), *Die politischen Probleme der Dritten Welt*, Hamburg 1972, S. 203 ff. (Übersetzung aus Huntingtons Buch: *Political Order in Changing Societies*, New Haven 1968). Mit Bezug auf Saudi-Arabien vgl. B. Tibi, Das Königsdilemma, in: *Frankfurter Allgemeine Zeitung* vom 17. Dezember 1993, S. 14.

11 John P. Entelis, Oil Wealth and the Prospects of Democratization. The Case of Saudi Arabia, in: N. A. Sherbiny/M. A. Tessler (Hg.), *Arab Oil, Impact on Arab Countries and Global Implications*, New York 1976, S. 77–111.

12 So in dem umfangreichen Werk von Mustafa Abu-Zaid Fahmi, *Fan al-hukm fi al-Islam* (Regierungskunst im Islam), Kairo 1981, S. 197 ff.

13 M. 'Imara, *al-Sahwa al-Islamiyya wa al-tahaddi al-hadari* (Das islamische Erwachen und die zivilisatorische Herausforderung), Kairo 1991, S. 30 ff., 47 ff.
14 Eric Hobsbawm/T. Ranger (Hg.), *The Invention of Tradition*, Cambridge 1983.
15 Zit. nach Ahmida Aiyaschi, *al-Islamiyyun al-djazairiyyun bain al-sulta wa al-rasas* (Die algerischen Islamisten zwischen der Staatsgewalt und den Gewehrkugeln), Algier 1991, S. 57 f.
16 Vgl. den klassischen Artikel über die Wahhabiten von Richard Hartmann, Die Wahhabiten, in: *Zeitschrift der deutschen morgenländischen Gesellschaft*, Bd. 78 (1924), S. 176–213; vgl. auch die neue Abhandlung von Aziz al-Azmeh, Wahhabite Polity, in der Festschrift für M. A. Shaban: *Arabia and the Gulf*, hg. von I. R. Netton, London 1986, S. 75–90.
17 B. Tibi, *Die fundamentalistische Herausforderung*, München 1993²; ders., *Der religiöse Fundamentalismus im Übergang zum 21. Jahrhundert*, Mannheim 1995.
18 Fahmi (wie in Anm. 12) und Mohammed Salim al-'Awwa, *Fi al-nizam al-siyasi li al-daula al-Islamiyya* (Über das Regierungssystem des islamischen Staates), Kairo 1983⁶, dazu das *Schura*-Kapitel, S. 191–213.
19 Fouad al-Farsy, *Saudi Arabia*, London 1978, S. 69.
20 Zum *Nizam Islami*/Islamischen System vgl. B. Tibi, *Die fundamentalistische Herausforderung* (Anm. 17), Kap. V, S. 155 ff.
21 Fahmi (wie in Anm. 12), S. 201.
22 Hussein Fauzi al-Nadjar, *al-Islam wa al-Siyasa* (Islam und Politik), Kairo 1977.
23 B. Tibi, Wer ist der Souverän?, in: *Frankfurter Allgemeine Zeitung* vom 20. April 1994, S. 13.
24 Zu Qutb und Maududi vgl. die informative Arbeit von Youssef M. Choueiri, *Islamic Fundamentalism*, Boston 1990, S. 120 ff.
25 Fahmi (Anm. 12), S. 212; vgl. auch Kap. 12 des vorliegenden Buches.
26 Vgl. das *Schari'a*-Kapitel in B. Tibi, *Im Schatten Allahs*, München 1994, Kap. 7, S. 194 ff.
27 Vgl. hierüber meinen ganzseitigen Artikel auf der Kulturseite des *St. Galler Tagblatts:* In der »Kulturellen Wüste«. Zur Intellektuellenjagd in der Welt des Islam, vom 12. August 1994.
28 Vgl. Niels Barfoed/A. Jerichow (Hg.), im Auftrag von Danish PEN, *Bridging the Cultural Gap – A European-Arab-Muslim Conference*, Louisiana, Dänemark 1995, darin auf S. 80–91 meinen Beitrag.

Kapitel 11

Islamischer Fundamentalismus und Demokratie – ein Widerspruch?

1 Diesen Begriff entnehme ich Karl A. Wittfogel, *Die orientalische Despotie*, Köln 1962. Diese These ist ausgearbeitet in dem Iran-Kapitel in B. Tibi, *Der Islam und das Problem der kulturellen Bewältigung sozialen Wandels*, Frankfurt a. M. 1985 (3. Auflage 1991), S. 187 ff., und ist auch ausgeführt in Kapitel 2 u. 3 in B. Tibi, *Die Verschwörung. Das Trauma arabischer Politik*, Hamburg 1993, S. 71 ff., 93 ff.

2 Samuel P. Huntington, The Clash of Civilizations?, in: *Foreign Affairs*, Bd. 72 (1993), H. 3, S. 22–49, und B. Tibi, *Krieg der Zivilisationen*, Hamburg 1995.

3 Martin Marty/Scott Appleby (Hg.), *Fundamentalisms Observed*, Chicago 1991, vgl. auch hierzu die FAZ-Rez., Anm. 8 unten. In deutscher Sprache liegt nun von Marty/Appleby vor: *Herausforderung Fundamentalismus*, Frankfurt/M. 1996.

4 Hierzu im einzelnen B. Tibi, *Islamischer Fundamentalismus, moderne Wissenschaft und Technologie*, Frankfurt a. M. 1993[2], sowie das Kap. von B. Tibi, in: Fundamentalisms and Society, hg. v. M. Marty und S. Appleby, Chicago 1993, S. 73–102.

5 Islamische Fundamentalisten konstruieren »imagined communities«. Zu diesem Gegenstand autoritativ und allgemein Benedict Anderson, *Imagined Communities*, London 1991[2]; ethnisch-religiöse Nationalisten gehören auch zu dieser politischen Kategorie, vgl. Mark Juergensmeyer, *The New Cold War? Religious Nationalism Confronts the Secular State*, Berkeley 1993.

6 Bruce Lawrence, *Defenders of God. The Fundamentalist Revolt Against the Modern Age*, San Francisco 1989, und Dilip Hiro, *Holy Wars. The Rise of Islamic Fundamentalism*, New York 1989.

7 Daniel Patrick Moynihan, *Pandaemonium. Ethnicity in International Politics*, New York 1993, und dazu B. Tibi, Gefährliches Wir-Gefühl. Ethnizität als Quelle des Unfriedens, in: *Frankfurter Allgemeine Zeitung* vom 19. August 1993, S. 29.

8 Vgl. Anm. 3 und dazu B. Tibi, Moderner Totalitarismus im alten Gewand, in: *Frankfurter Allgemeine Zeitung* vom 28. Oktober 1992, S. 10. Ferner: B. Tibi, Fundamentalismus und Totalitarismus, in: Richard Saage (Hg.), *Das Scheitern diktatorischer Legitimationsmuster und die Zukunftsfähigkeit der Demokratie*, Berlin 1995, S. 305–318.

9 Samuel P. Huntington, *The Third Wave. Democratization in the Late Twentieth Century*, Norman/Oklahoma und London 1991, S. 13.

10 Zu dieser Wahrnehmung des Nationalstaats als einer westlichen Verschwörung s. B. Tibi, *Die Verschwörung* (wie Anm. 1), Kapitel 5.

11 Zu dem Konzept des »islamischen *Nizam*« mit Original-Quellenangaben s. B. Tibi, *Die fundamentalistische Herausforderung*, München 1993[2], S. 142 ff. Vgl. auch Anm. 1 zur Einführung dieses Teils.

12 Vgl. das Kapitel über den Nationalstaat in meinem in Anm. 11 zitierten Buch, S. 100 ff.

13 Hierüber ausführlich Adam Watson, *The Evolution of International Society*, London 1992, sowie Kapitel I in B. Tibi, *Krieg der Zivilisationen* (wie Anm. 2).

14 Vgl. Hedley Bull, The Revolt against the West, in: H. Bull/A. Watson (Hg.), *The Expansion of International Society*, Oxford 1988[3], S. 217 ff.; vgl. auch B. Tibi, *Krieg der Zivilisationen* (Anm. 13).

15 Die Präsentationen und Diskussionen auf diesem gesamtarabischen Kongreß auf Zypern (es wurde untersagt, daß er in einer arabischen Stadt stattfindet) sind in dem 928 Seiten umfassenden Band: *Azmat al-Demoqratiyya fi al-Watan al-Arabi*/Krise der Demokratie in der arabischen Welt, hg. vom Centre for Arab Unity Studies, Beirut 1984, abgedruckt. Mein Beitrag auf S. 73–87.

16 John L. Esposito, *The Islamic Threat. Myth or Reality*?, New York 1992, S. 186.

17 Zu dieser Fetwa vgl. B. Tibi, *Im Schatten Allahs. Der Islam und die Menschenrechte*, München 1994, S. 175 ff., vgl. dort auch Kap. 7 über die *Schari'a*, S. 194 ff. Der Aufrufer zum Mord, Imam Ghazali, verstarb im März 1996 im hohen Alter. Allah möge ihm seine Missetat verzeihen. Sehr befremdlich ist, daß dieser Mordaufrufer sich unter den Autoren von Hans Küng (Hg.), *Ja zum Weltethos*, München 1995, S. 240–247, befindet. Gehört es zum Religionsdialog des Weltethos, mit Mördern zu sprechen?

18 Huntington, *The Third Wave* (wie Anm. 9), S. 59.

19 Maxime Rodinson, *Islam und Kapitalismus*, mit einer Einleitung von B. Tibi, Frankfurt a. M. 1986, hier S. 77.

20 Vgl. hierzu Rif'at Sayyid Ahmed (Hg.), *Rasa'il Djuhaiman al-'Utaibi Qaid al-Muqtahimin lil Masdjid al-Haram bi Mekka* (Die Briefe des Djuhaiman al-'Taibi, des Führers der Invasoren der heiligen Moschee in Mekka), zweite Auflage Kairo 1988.

21 Wolfgang G. Lerch, Stadt der toten Dichter. Die Fundamentalisten von Sivas, in: *Frankfurter Allgemeine Zeitung* vom 6. Juli 1993.

22 Vgl. die bemerkenswerten und mutigen Äußerungen von Flora Lewis, die ich in der deutschsprachigen Presse vermißt habe: In Algeria and Elsewhere, a War on Liberal Thought, in: *International Herald Tribune* (IHT) vom 20. August 1993, und ihren Artikel: Wake Up to this Dirty War on Arab Intellectuals, in: *IHT* vom 9. September 1993.

23 B. Tibi, *Militär und Sozialismus in der Dritten Welt*, Frankfurt a. M. 1973, darin bes. das Kapitel über das algerische Militärregime auf S. 163 ff.

24 Zu den syrischen Fundamentalisten vgl. Umar F. Abd-Allah, *The Islamic Struggle in Syria*, Berkeley 1983; zu Ägypten Barry Rubin, *Islamic Fundamentalism in Egyptian Politics*, London 1990.

25 Hierzu die Arbeit des Algeriers Ahmida Ayaschi, *Al-Islamiyun al djhazairiyun bain al-sultan wa al-rasas* (Die algerischen Islamisten zwischen Staatsgewalt und Gewehrkugeln), Algier 1991, S. 57 ff.

26 Vgl. das Kapitel über die irakische Opposition in B. Tibi, *Die Verschwörung* (wie Anm. 1), S. 253 ff.

27 Für den westlichen Leser eignen sich die Ausführungen hierüber in Youssef M. Choueiri, *Islamic Fundamentalism*, Boston 1990, S. 93 ff.

28 So Nasr Hamid Abu-Zaid, *al-Tafkir fi zaman al-Takfir* (Das Denken im Zeitalter der Erklärung zum Ungläubigen), Kairo 1995. Abu-Zaid ist selbst Opfer der *Takfir*.

29 Das ist Choueiris Resümee über Qutb und Maududi, S. 110.

30 Die in diesem Kapitel enthaltene Interpretation ist demokratietheoretisch dadurch autoritativ geworden, daß sie in die von der *Congressional Quarterly*, Washington, veröffentlichte *Encyclopedia of Democracy*, 4 Bde., übernommen worden ist. Vgl. B. Tibi, Fundamentalism, in Bd. II dieser Enzyklopädie, Washington 1995, S. 507–509.

Kapitel 12

Ist der Imam ein Souverän? Die Hakimiyyat Allah/Idee der Gottesherrschaft

1 Über Islambuli, den Mörder von Präsident Sadat, als einen neuen Typ von Untergrund-Imam vgl. Rif'at Sayyid Ahmed, *al-Islambuli. Ru'yat djadida li tanzim al-Djihad* (Islambuli. Eine neue Sicht über die Organisation des Djihad), Kairo 1988. Vgl. auch die Arbeit von Johannes Jansen, *The Neglected Duty. The Creed of Sadats Assassins and Islamic Resurgence in the Middle East*, New York 1986 (darin auch eine Übersetzung eines wichtigen Dokuments der Mörder).

2 Das ist der Titel von Kapitel 6 in B. Tibi, *Im Schatten Allahs. Der Islam und die Menschenrechte*, München 1994, S. 158 ff.

3 Hierüber meine in Anm. 2 zitierte Arbeit, Teil IV, S. 277–335.

4 Charles Pasqua, zit. nach dem Bericht von Thankmar von Münchhausen, Schwierige Kontrolle über die Fundamentalisten in Frankreich, in: *Frankfurter Allgemeine Zeitung* vom 10. November 1993.

5 Zit. nach Thankmar von Münchhausen, Die Razzia der französischen Polizei hat die Islamisten aufgestört, in: *Frankfurter Allgemeine Zeitung* vom 13. November 1993, sowie: Razzien gegen die Islamisten in Frankreich, in: *Neue Zürcher Zeitung*/NZZ vom 11. November 1993, auch: Ermittlungen gegen Islamisten, in: *NZZ* vom 12. November 1993.

6 Zum modernen Begriff der Grenze vgl. Anthony Giddens, *The Nation-State and Violence*, Berkeley 1987, S. 49 f., 79 ff., 120 f. Zur vormodernen islamischen Schari'a vgl. das entsprechende Kapitel in: B. Tibi, *Im Schatten Allahs* (wie in Anm. 2), S. 194 ff.

7 Zu diesem Konzept der *Hakimiyyat Allah*/Gottesherrschaft vgl. Muhammed Dharif, *al-Islam al-siyasi fi al-watan al-'Arabi* (Der politische Islam in der arabischen Welt), Rabat 1992, S. 94 ff., zum Konzept einer islamisch dominierten Weltordnung vgl. B. Tibi, *Die fundamentalistische Herausforderung. Der Islam und die Weltpolitik*, München 1993[2], darin Kapitel III.

8 B. Tibi, Politische Ideen in der Dritten Welt während der Dekolonisation, in: I. Fetscher/H. Münkler (Hg.), *Pipers Handbuch der politischen Ideen*, Bd. 5, München 1987, S. 361–402.

9 Zum Hindu-Fundamentalismus vgl. das Kapitel von Daniel Gold, in: Martin Marty/Scott Appleby (Hg.), *Fundamentalisms Observed*, Chicago 1991, S. 531 ff., sowie das Indien-Kapitel in: B. Tibi, *Der religiöse Fundamentalismus*, Mannheim 1995, S. 97 ff.

10 Zu Maududi und Qutb vgl. Youssef M. Choueiri, *Islamic Fundamentalism*, Boston 1990, S. 93 ff.

11 Abu al-A'la al-Maududi, *al-Islam wa al-madaniyya al-haditha* (Der Islam und die moderne Zivilisation), Kairo-Ausgabe 1978, S. 41 f.

12 Hedley Bull, The Revolt against the West, in: H. Bull/A. Watson (Hg.), *The Expansion of International Society*, Oxford 1988[3], S. 217–228.

13 Vgl. B. Tibi, *Krieg der Zivilisationen*, Hamburg 1995.

14 In diesem Kontext werden die von Huntington zitierten Bände von Arnold Toynbee, *A Study of History*, neu gelesen. Auf einem neueren Stand und umfassender ist die elfbändige Geschichte *The Story of Civilization* von Will und Ariel Durant, Neudruck, New York 1963 ff. Vgl. auch Fernand Braudel, *A History of Civilizations*, London und New York 1994. Beide Werke beschäftigen sich ausführlich mit dem Islam.

15 Vgl. die in Anm. 11 zitierte Schrift Maududis. Einflußreicher sind die zahlreichen Schriften des Ägypters Sayyid Qutb (hingerichtet 1966), von denen ich hier nur die wichtigsten drei Katechismen anführe: *al-Islam wa muschikilat al-hadara* (Der Islam und das Problem der Zivilisation), Kairo 1988[8], worin er den Islam von der modernen Zivilisation abgrenzt; ders., *Nahwa mudjtama' Islami* (Für eine islamische Gesellschaft), Kairo 1988[8], worin er unter islamischer Gesellschaft Weltgesellschaft versteht, und schließlich der meistverbreitete Katechismus von Qutb, *Ma'alim fi al-tariq* (Wegzeichen), Kairo 1989[13]. Diese Schrift ist das »Manifest« des islamischen Erwachens unserer Gegenwart, dennoch im Westen kaum bekannt.

16 Zur Kreuzzugsproblematik und ihrem Bezug zur Gegenwart Karen Armstrong, Holy War. *The Crusades and their Impact on Today's World*, New York 1991. Während des Golfkrieges wurde der Mythos von der »Verschwörung der Kreuzzügler« massiv neu belebt, vgl. B. Tibi, *Die Verschwörung. Das Trauma arabischer Politik*, zweite Auflage Hamburg 1994, hierzu Teil Vier, S. 273 ff.

17 Vgl. Hala Mustafa, *al-Islam al-siyasi fi Misr* (Der politische Islam in Ägypten), al-Ahram Center for Political and Strategic Studies, Kairo 1992. Eine wichtige Sekundärquelle ist Emmanuel Sivan, *Radical Islam*, New Haven 1985, in der der Autor auf S. 174 die Auffassung vertritt, die Stimmen eines säkular-aufgeklärten Islam »are heard from exiles and émigrés – in Paris, Lyon, Göttingen, London and Washington« (Arkoun, Ben-Djaloun, Merad, Tibi and Barakat), aber nicht in der Welt des Islam selbst.

18 Hierzu Ahmida Ayaschi, *al-Islamiyyun al-djaza'iriyyun* (Die algerischen Islamisten), Algier 1991, S. 57 f. und Ahmed Rouadjia, *Les frères et la mosquée. Enquête sur le mouvement islamiste en Algérie*, Algier 1991.

19 Vgl. Martin Marty und Scott Appleby (Hg.), The Fundamentalism Project, 5 Bde., Chicago 1991–1995, bes. in Bd. II: *Fundamentalisms and Society*, Chicago 1993, Kap. 4: B. Tibi, The Worldview of Sunni Arab Fundamentalists, S. 73–102. Vgl. meinen Artikel über dieses Projekt in der FAZ vom 28. Februar 1996, S. N6 (Geisteswissenschaften).

20 Das Konzept vom Euro-Islam ist ausgearbeitet in B. Tibi, *Im Schatten Allahs* (wie in Anm. 2). Vor der Alternative des Ghetto-Islam wird gewarnt in B. Tibis Kapitel in Ulrich Wank (Hg.), *Der neue und alte Rechtsradikalismus*, München 1993, S. 139 ff., hierzu S. 154 ff. In einem Projekt über Islam und Hinduismus in Westeuropa (Universität Leiden/Holland) habe ich das Modell Indien untersucht, wo die Muslime (130 Mio.) Minderheitsrechte haben, zu denen die zivilrechtliche Praxis der *Schari'a* gehört. Das ist kein Modell für Europa; vgl. B. Tibi, Islam, Hinduism and Limited Secularity in India. A Model for European-Muslim Relations in the Age of Migration?, in: W. A. Shadid/P. S. van Koningsveld (Hg.), *Muslims in the Margin*, Kampen/Holland 1996, S. 130–144.

21 Marshall G. S. Hodgson, *The Venture of Islam. Conscience and History in a World Civilization*, 3 Bde., hierzu Bd. 1, Chicago 1977, S. 174 zur Djahiliyya.

22 Sayyid Qutb, *Ma'alim fi al-Tariq* (Anm. 15 oben), S. 10. In Qutbs Fußstapfen der zeitgenössische Fundamentalist Mohammed 'Imara, *al-Sahwa al-Islamiyya wa al-tahaddi al-hadari* (Das islamische Erwachen und die zivilisatorische Herausforderung), Kairo 1991, hierzu S. 90 ff., 98 ff.

23 Christian Meier, *Die Entstehung des Politischen bei den Griechen*, Frankfurt a. M. 1983[2], S. 435 ff. Zur Übertragung des Konzepts des »Könnens-Bewußtseins« auf die Moderne und ihres Konflikts mit dem Fundamentalismus vgl. B. Tibi, *Islamischer Fundamentalismus, moderne Wissenschaft und Technologie*, zweite Auflage Frankfurt a. M. 1993.

24 Jürgen Habermas, *Der philosophische Diskurs der Moderne*, Frankfurt a. M. 1985, S. 9–33.

25 Vgl. das August-Heft der *Gewerkschaftlichen Monatshefte* 8/1993 unter dem Oberthema »Deutschland nach Solingen«, dort mein Aufsatz: Deutsche Ausländerfeindlichkeit und ethnisch-religiöser Rechtsradikalismus der Ausländer, S. 493-502. Vgl. auch die Angaben in Anm. 20 oben.

26 Wolfgang G. Lerch, Bosniens Muslime und ihre Brüder, in: *Frankfurter Allgemeine Zeitung* vom 11. Juni 1993.

Rückblick, Schlußfolgerungen und Zukunftsperspektiven

1 Autoritativ hierüber bleibt das Werk von Marshall G. S. Hodgson, *The Venture of Islam. Conscience and History in a World Civilization*, 3 Bde., Chicago 1974, 1977[2].

2 Die beste Biographie des Propheten ist die von Maxime Rodinson, *Mohammed*, Luzern und Frankfurt 1975. Die klassische islamische Biographie des Propheten stammt von Ibn Ishaq und liegt in einer neuen deutschen Übersetzung vor: Ibn Ishâq, *Das Leben des Propheten*, Edition Erdmann, Tübingen und Basel 1986[2].

3 Abdulaziz al-Duri, Kapitel 8 in dem Band des Institute for Arab Unity Studies, *al-Demoqratiyya wa huquq al-insan* (Demokratie und Menschenrechte), Beirut 1983, S. 191 ff.

4 Moojan Momen, *An Introduction to Shi'i Islam*, New Haven 1985, S. 184 ff.

5 Josef van Ess, *Theologie und Gesellschaft im 2. und 3. Jahrhundert Hidschra. Eine Geschichte des religiösen Denkens im frühen Islam*, Bd. 1, Berlin 1991, S. 4 (ich verwende hier die ersten drei des auf sechs Bände geplanten Werkes).

6 Leslie Lipson, *The Ethical Crises of Civilization. Moral Meltdown or Advance?*, London 1993, S. 278 f.

7 van Ess (wie Anm. 5), Bd. 1, S. 17.

8 Ebenda.

9 Gerhard Endress, *Einführung in die islamische Geschichte*, München 1982, S. 121.

10 van Ess, Bd. 1, S. 377.

11 Ebenda, Bd. 3, S. 55.

12 Zu dieser Tradition B. Tibi, *Im Schatten Allahs. Der Islam und die Menschenrechte*, München 1994 (Bertelsmann Club-Ausgabe Rhedda-Wiedenbrück 1995). SP-Taschenbuch-Ausgabe mit einem neuen Anhang: 1996.

13 Anke von Kügelgen, *Averroës und die arabische Moderne. Ansätze zu einer Neugründung des Rationalismus im Islam*, Leiden 1994, S. 411.

14 Ebenda, S. 414.

15 Wolfgang G. Lerch, Der offene Islam und seine Feinde, in: *Frankfurter Allgemeine Zeitung* vom 4. Mai 1995.

16 Fritz Steppat, Der Muslim und die Obrigkeit, in: *Zeitschrift für Politik*, Bd. 12 (1965), H. 4, S. 319–332.

17 *So sprach der Prophet. Worte aus der islamischen Überlieferung*, ausgewählt und übersetzt von A. Theodor Khoury, Gütersloh 1988, S. 277.

18 Zu den Juni-1967- und Oktober-1973-Kriegen vgl. B. Tibi, *Conflict and War in the Middle East*, London und New York 1993, Kapitel 3 und 6.

19 Anwar al-Sadat, *Unterwegs zur Gerechtigkeit. Auf der Suche nach Identität. Die Geschichte meines Lebens*, Wien und Zürich 1978.

20 Zum Thema Kreuzzüge und westliche Nahostpolitik vgl. B. Tibi, *Die Verschwörung. Das Trauma arabischer Politik*, Hamburg 1994^{2} (dtv München 1994), Teil 4, S. 273 ff.

21 Max Weber, Die drei reinen Typen der legitimen Herrschaft, in: Ders., *Soziologie-Weltgeschichtliche Analysen-Politik*, ausgewählt und hg. von J. Winckelmann, Stuttgart 1964, S. 151 ff. Darüber, ob Konzepte der westlichen Sozialwissenschaft auch für den Islam gelten vgl. das Kapitel über »Wissen« in B. Tibi, *Krieg der Zivilisationen. Religion und Politik zwischen Vernunft und Fundamentalismus*, Hamburg 1995, Kap. 5, S. 243 ff.

22 Lipson (wie in Anm. 6), S. 80.

23 Samuel P. Huntington, *Political Order in Changing Societies*, New Haven 1968.

24 B. Tibi, Schwache Institutionalisierung als politische Dimension der Unterentwicklung, in: *Verfassung und Recht in Übersee*, Bd. 13 (1980), H. 1, S. 3–26.

25 Die fünf Gegenstände bilden jeweils die fünf Kapitel meines in Anm. 21 zitierten Buches *Krieg der Zivilisationen*. Vgl. auch Anm. 27 unten, sowie B. Tibi, Strukturelle Globalisierung und kulturelle Fragmentierung. Dialog zwischen den Zivilisationen, in: *Internationale Politik* (Neue Folge von: *Europa-Archiv*), Bd. 51 (1996), H. 1, S. 29–36.

26 B. Tibi, Die Entwestlichung des Rechts und der Krieg der Zivilisationen, in: *Frankfurter Allgemeine Zeitung* vom 23. Juni 1995, S. 13–14.

27 S. P. Huntington, The Clash of Civilizations?, in: *Foreign Affairs*, Bd. 72 (1993), H. 3, S. 22–49.

28 Wolfgang Reinhard, *Geschichte der europäischen Expansion*, 4 Bde., Stuttgart 1983–1990.

29 S. P. Huntington, If not Civilizations, What?, in: *Foreign Affairs*, Bd. 72 (1993), H. 5, S. 2–10. Vgl. auch B. Tibi, Im Banne des Multikulturalismus, in: *Frankfurter Allgemeine Zeitung* vom 11. Januar 1994, S. 8.

30 Vgl. den Abschnitt »Von Frankreich lernen« in B. Tibi, *Im Schatten Allahs* (Anm. 12), S. 303 ff.

31 Gemeinsame Erklärung in schwieriger Zeit. Deutschland und Frankreich bleiben Motor der europäischen Integration, in: *Frankfurter Allgemeine Zeitung* vom 12. Januar 1995, S. 3.
32 Vgl. das Kapitel über Citizenship in der besten Studie über den Nationalstaat von Anthony Giddens, *The Nation – State and Violence*, Berkeley 1987, S. 198 ff.
33 Michael Behrens und Robert von Rimscha, *Politische Korrektheit in Deutschland. Eine Gefahr für die Demokratie*, Bonn 1995. Vgl. auch B. Tibi, Lukrative Belästigung. Der Kollaps der multikulturellen Politik in Amerika, in: *Frankfurter Allgemeine Zeitung* vom 29. August 1995, Feuilleton, S. 29.
34 Özay Mehmet, *Fundamentalismus und Nationalstaat. Der Islam und die Moderne*, Hamburg 1994, S. 17.
35 Faruk Şen, Islamischer Fundamentalismus unter der türkischen Wohnbevölkerung in Europa, *Paper präsentiert auf dem Symposium »Fundamentalismus und Pluralismus«*, Goethe-Institut Ankara, 9.–10. Dezember 1994, 14 Seiten, hier S. 13 des Manuskripts.
36 Reymer Klüver, Fundamentalisten auf dem Vormarsch. Radikale Türken in der Bundesrepublik, in: *Süddeutsche Zeitung* vom 28. April 1995, S. 3.
37 Belege bei E. Sivan, Eavesdropping on Radical Islam, in: *Middle East Quarterly*, März-Heft 1995, S. 13–24.
38 Özay Mehmet (wie Anm. 34), S. 7.
39 Ebenda, S. 26.
40 B. Tibi, Instrumente der Entwestlichung. Die fundamentalistische Unterwanderung der Türkei, in: *Frankfurter Allgemeine Zeitung* vom 30. Dezember 1994, S. 8. Vgl. auch das Türkei-Kapitel in B. Tibi, *Der religiöse Fundamentalismus*, Mannheim 1995, S. 107 ff.
41 Vgl. den ausführlichen Bericht über diesen Aufenthalt: B. Tibi, Vom Werden eines neuen muslimischen Zentrums in Südostasien. Indonesien als Modell für die islamische Zivilisation im Übergang zum 21. Jahrhundert, in: *Frankfurter Allgemeine Zeitung* vom 27. Oktober 1995, S. 10–11.
42 Über den indonesischen Islam vgl. den wertvollen und ausführlichen Länderartikel von Fred van der Mehden in: John Esposito (Hg.), *The Oxford Encyclopedia of the Modern Islamic World*, 4 Bde., New York 1995, hier Bd. 2, S. 196–203.
43 Ö. Mehmet (wie Anm. 34).
44 Diese Kommunitarismus-Problematik wird in bezug auf Europa am Beispiel der Stellung der muslimischen Minderheit in Indien mit der Fragestellung diskutiert »A Model for Europe in the Age of Migration?« in meinem Kapitel zu der Studie: *Muslims in the Margin. Political Responses to the Presence of Islam in Western Europe,* hg. von W.A.R. Shadid und P.S. van Koningsveld, Kampen/Niederlande 1996, S. 130–144. Vgl. Anm. 20 zu Kap. 12.
45 Khalid Duran, Krieg der Filme. Islamischer Fundamentalismus und Political Correctness, in: *Frankfurter Allgemeine Zeitung* vom 6. Januar 1995, S. 9.
46 Vgl. B. Tibi, Politik der Vernunft, Jenseits von Kulturrelativismus und Neoabsolutismus, in *Universitas*, Bd. 51 (1996), H. 3, S. 201–210.
47 Zur Kontrastierung von Euro-Islam der Citoyens und Ghetto-Islam des Kommunitarismus vgl. Kapitel 12 in B. Tibi, *Im Schatten Allahs* (Anm. 12).

Bibliographie

1. Bücher in westlichen Sprachen

Abd-Allah, Umar F., *The Islamic Struggle in Syria*, Berkeley 1983.

Abu-Lughod, Ibrahim, *Arab Rediscovery of Europe. A Study in Cultural Encounters*, Princeton/N. J. 1963.

Ahmed, I., *The Concept of an Islamic State*, London 1987.

Ahmed, Leila, *Women and Gender in Islam*, New Haven 1992.

Anderson, Benedict, *Imagined Communities*, London 1991².

Ansprenger, F., *Die Auflösung der Kolonialreiche*, München 1966.

Arjomand, Said Amir, *The Shadow of God and the Hidden Imam*, Chicago 1984.

– *The Turban for the Crown. The Islamic Revolution in Iran*, New York 1988.

Armstrong, Karen, *Holy War. The Crusades and their Impact on Today's World*, New York 1991.

– *Mohammed. Religionsstifter und Staatsmann*, München 1993.

Arnold, Thomas, *The Caliphate*, Oxford 1924.

Ayad, K., *Die Geschichts- und Gesellschaftslehre Ibn Halduns*, Stuttgart 1930.

al-Azm, Sadiq Djalal, *Unbehagen in der Moderne. Aufklärung im Islam*, Frankfurt a. M. 1993.

al-Baradie, Adel, *Gottesrecht und Menschenrecht. Grundlagen der islamischen Strafrechtslehre*, Baden-Baden 1983.

Beetham, David, *The Legitimation of Power*, London 1991.

Behrens, Michael/von Rimscha, Robert, *Politische Korrektheit in Deutschland. Eine Gefahr für die Demokratie*, Bonn 1995.

Bendix, Reinhard, *Könige oder Volk. Machtausübung und Herrschaftsmandat*, 2 Bde., Frankfurt a.M. 1980.

Binder, Leonard, *The Ideological Revolution in the Middle East*, New York 1964.

– *Islamic Liberalism*, Chicago 1988.

Blankinship, Khalid Y., *The End of the Jihad State. The Reign of Hisham Ibn 'Abd al-Malik and the Collapse of the Umayyads*, Albany/New York 1994.

Bloch, Ernst, *Avicenna und die Aristotelische Linke*, Frankfurt a. M. 1963.

de Boer, T. J., *Geschichte der Philosophie im Islam*, Stuttgart 1901.

Borkenau, Franz, *Der Übergang vom feudalen zum bürgerlichen Weltbild*, Neudruck Darmstadt 1980 (zuerst 1934).

Bouman, Johan, *Gott und Mensch im Koran*, Darmstadt 1977.

Braudel, Fernand, *A History of Civilizations*, London 1994.

Bürgel, Johann Christoph, *Allmacht und Mächtigkeit. Religion und Welt im Islam*, München 1991.

Büttner, Friedemann, *Die Krise der islamischen Ordnung*, Diss. Phil., München 1969 bzw. 1979.
Bull, H./Watson, A. (Hg.), *The Expansion of International Society*, Oxford 1988[3].
Burckhardt, Jacob, *Kultur der Renaissance in Italien*, Stuttgart 1988[11].
Butterworth, Charles (Hg.), *The Political Aspects of Islamic Philosophy. Essays in Honor of Muhsen S. Mahdi*, Cambridge/MA 1992.
Chittick, William C., *The Sufi Path of Love*, Albany/N. Y. 1983.
Choueiri, Youssef M., *Islamic Fundamentalism*, Boston 1990.
Cleveland, William, *The Making of an Arab Nationalist. Ottomanism and Arabism in the Life and Thought of Sati' al-Husri*, Princeton/N. J. 1971.
van Creveld, Martin, *Technology and War from 2000 B.C. to the Present*, New York 1989.
Davidson, Herbert A., *Alfarabi, Avicenna, and Averroës on Intellect*, New York 1992.
Djaït, Hicham, *La Grande Discorde. Religion et Politique dans l'Islam des Origines*, Paris 1989.
Donner, Fred M., *The Early Islamic Conquests*, Princeton 1981.
Durant, W./Durant, A., *The Story of Civilization*, 11 Bde., New York 1981[2] (zuerst 1953).
Durant, Will, *The Renaissance*, Bd. 5 von *The Story of Civilizations,* 11 Bde., New York 1981[2].
Enayat, Hamid, *Modern Islamic Political Thought*, Austin 1982.
Endress, Gerhard, *Einführung in die islamische Geschichte,* München 1982.
Esposito, John (Hg.), *The Iranian Revolution. Its Global Impact*, Miami 1990.
– *The Islamic Threat. Myth or Reality?* New York 1992.
van Ess, Josef, *Theologie und Gesellschaft im 2. und 3. Jahrhundert Hidschra. Eine Geschichte des religiösen Denkens im frühen Islam*, Bd. 1, Berlin 1991.
Fakhry, Majid, *A History of Islamic Philosophy*, London 1983[2].
al-Farabi, *Der Musterstaat*, dt. Übers. v. *al-Madina al-Fadila*, übers. v. Friedrich Dieterici, Leiden 1900.
– *Die Staatsleitung von al-Farabi*, dt. Übers. v. *al-Siyasa al-Madaniyya*, übers. v. Paul Brönnle, Leiden 1904.
– *Catálogo de las ciencias*, span. Übers. v. *Ihsa'al-'Ulum/Die Klassifikation der Wissenschaften*, übers. v. Gonzalez Palencia, Madrid 1953[2].
– *Philosophy of Plato and Aristotle*, hg. v. M. Mahdi, Ithaca/New York 1969[2].
– *al-Farabi on the Perfect State* (engl. u. arab. Text v. *al-Madina al-Fadila*), übers. v. Richard Walzer, Oxford 1985.
Farah, Tawfic, *Pan-Arabism and Arab Nationalism. The Continuing Debate*, Boulder/Col. 1987.
al-Farsy, Fouad, *Saudi Arabia*, London 1978.
Geertz, Clifford, *Dichte Beschreibung*, Frankfurt a. M. 1983.
al-Ghazali, Mohammed, *The Incoherence of Philosophers*, übers. v. al-Kemali, Lahore 1963[2].
Gibb, Sir Hamilton, *Studies on the Civilization of Islam*, London 1962.
Giddens, Anthony, *The Nation-State and Violence*, Berkeley 1987.
de Grazia, Sebastian, *Machiavelli in Hell*, Princeton/N. J. 1985.

Habermas, Jürgen, *Der philosophische Diskurs der Moderne*, Frankfurt a. M. 1985.
Haim, Sylvia, *The Ideas of a Precursor. 'Abd al-Rahman al-Kawakibi (1849–1902)*, Phil. Diss. Thesis, Edinburgh 1953.
Hammond, Robert, *The Philosophy of al-Farabi and its Influence on Medieval Thought*, New York 1947.
Hartmann, Richard, *Die Religion des Islam. Eine Einführung*, Darmstadt 1992 (zuerst 1944).
Harvey, L. P., *Islamic Spain*, Chicago 1992.
Hiro, Dilip, *Holy Wars. The Rise of Islamic Fundamentalism*, New York 1989.
Hobsbawm, E. J./Ranger, T. (Hg.), *The Invention of Tradition*, Cambridge 1983.
Hobsbawm, E. J., *Nations and Nationalism since 1780*, Cambridge 1991^3.
Hodgson, Marshall G. S., *The Venture of Islam*, 3 Bde., Chicago 1977^2.
Hopwood, Derek, *The Russian Presence in Syria and Palestine 1843–1914*, London 1969.
Horsman, Mathew/Marshall, Andrew, *After the Nation-State. Citizens, Tribalism and the New World Disorder*, London 1994.
Hourani, Albert, *Arabic Thought in the Liberal Age, 1798–1939*, Oxford 1962.
Hudson, Michael, *Arab Politics. The Search for Legitimacy*, New Haven 1977.
Hunter, Shireen T., *Iran and the World*, Bloomington 1990.
Huntington, Samuel P., *Political Order in Changing Societies*, New Haven 1968.
– *The Third Wave. Democratization in the Late Twentieth Century*, Norman (Okl.)/London 1991.
al-Husri, Sati', *The Day of Maysalun. A Page from the Modern History of the Arabs*, Washington 1966.
Ibn Ishaq, *Das Leben des Propheten*, Tübingen/Basel 1986^2.
Ibn Khaldun, *Ausgewählte Abschnitte aus der Muqaddima*, aus dem Arab. von Annemarie Schimmel, Tübingen 1951.
– *al-Muqaddima*. An Introduction to History, engl. Übers. v. Franz Rosenthal, New York 1958.
– *Buch der Beispiele*, dt. Übers. v. *al-Muqaddima*, übers. v. Matthias Pätzold, Leipzig 1992.
Ibn Taymiyya, *Le Traité de Droit Publique d'Ibn Taimiyya*, franz. Übers. v. *al-Siyasa al-Schari'yya*, übers. v. Henri Laoust, Beirut 1948.
Jafri, S. H. M., *The Origins and Early Development of Shi'i Islam*, London/ Beirut 1979.
Jansen, Johannes J., *The Neglected Duty. The Creed of Sadat's Assassin and Islamic Resurgence in the Middle East*, New York/London 1986.
Juergensmeyer, Mark, *The New Cold War? Religious Nationalism Confronts the Secular State*, Berkeley/Los Angeles 1993.
Kebir, Sabine, *Zwischen Traum und Alptraum. Algerische Erfahrungen 1977–1992*, Düsseldorf 1993.
Keddie, Nikki R., *Sayyid Jamal Ad-Din »al-Afghani«: A Political Biography*, Berkeley 1972.
– (Hg.), *An Islamic Response to Imperialism. Political and religious Writings of al-Afghani*, Berkeley 1983^2.
Kelsay, John, *Islam and War*, Louisville/Ky. 1993.

Kessler, Ch., *'Abdulrahman al-Kawakibis Reform des Islam*, Diss. Phil., Berlin 1942 (unveröffentlichtes Manuskript).
Khadduri, Majid, *War and Peace in the Law of Islam*, Baltimore 1955.
Khalidi, Rashid u. a. (Hg.), *The Origins of Arab Nationalism*, New York 1991.
Khoury, Adel Th., *Toleranz im Islam*, München 1980.
– *So sprach der Prophet. Worte aus der islamischen Überlieferung*, Gütersloh 1988.
Khuri, Fuad I., *Imams and Emirs. State, Religion and Sects in Islam*, London 1990.
Kinross, Lord, *The Ottoman Centres. The Rise and Fall of the Turkish Empire*, New York 1977.
Der Koran, übersetzt von Rudi Paret, Stuttgart 1979.
– übers. v. Adel Th. Khoury, Gütersloh 1987.
von Kremer, Alfred, *Ibn Haldun und seine Kulturgeschichte der islamischen Reiche*, Wien 1878.
von Kügelgen, Anke, *Averroës und die arabische Moderne. Ansätze zu einer Neugründung des Rationalismus im Islam*, Leiden 1994.
Kurdi, Abdulrahman A., *The Islamic State*, London 1984.
Lackner, Helen, *A House Built on Sand. Saudi Arabia*, London 1978.
Lacoste, Yves, *Ibn Khaldun. Birth of History and the Past of the Third World*, London 1984.
Lambton, Ann, *State and Government in Medieval Islam*, Oxford 1981.
Lapidus, Ira M., *A History of Islamic Societies*, Cambridge 1993[5].
Laroui, Abdallah, *L'Idéologie Arabe Contemporaine*, Paris 1967.
– *The Crisis of the Arab Intellectual. Traditionalism or Historicism*, Berkeley 1976.
– *The History of the Maghreb*, Princeton/N. J. 1977.
Lawrence, Bruce, *Defenders of God. The Fundamentalist Revolt Against the Modern Age*, San Francisco 1989.
Leaman, Oliver, *An Introduction to Medieval Islamic Philosophy*, Cambridge 1985.
Lerner, R./Mahdi, M. (Hg.), *Medieval Political Philosophy. A Sourcebook*, Ithaca/N.Y. 1984[2].
Lewis, Bernard, *The Emergence of Modern Turkey*, Oxford 1968[2].
– (Hg.), *Islam*, 2 Bde., New York 1987.
Lipson, Leslie, *The Ethical Crises of Civilization*, London 1993.
Lyons, M. C./Jackson, D., *Saladin. The Politics of the Holy War*, Cambridge/MA 1984[2].
Mackey, Sandra, *The Saudis. Inside the Desert Kingdom*, New York 1990.
Mahdi, Muhsen, *Ibn Khaldun's Philosophy of History*, London 1957.
Makari, Victor E., *Ibn Taymiyyah's Ethics. The Social Factor*, Chico/Ca. 1983.
Makdisi, George, *The Rise of Colleges. Institutions of Learning in Islam and the West*, Edinburgh 1981.
Marty, Martin/Appleby, Scott (Hg.), *Fundamentalisms Observed*, Chicago 1991, Bd. 1 der 5 Bde. umfassenden Reihe des Fundamentalism Project, Chicago 1991–1995.
Matuz, Josef, *Das Osmanische Reich. Grundlinien seiner Geschichte,* Darmstadt 1990[2].

al-Mawardi, *Musulman de El-Mawardi*, franz. Übers. v. *Kitab al-Ahkam al-Sultaniyya*/Das Buch der Regeln der sultanischen Herrschaft, übers. v. Le Comte Ostrorog, Léon 1901.
– *Über die richtige Lebensart in praktischen und moralischen Dingen*, (3 Teile) dt. Übers. v. *Kitab adab ad-dunya wa ad-din*, übers. v. Oskar Rescher, in: O. Rescher, *Gesammelte Werke*, Bd. 3., Osnabrück 1984[2].
Mehmet, Özay, *Fundamentalismus und Nationalstaat. Der Islam und die Moderne*, Hamburg 1994.
Meier, Chr., *Die Entstehung des Politischen bei den Griechen*, Frankfurt a. M. 1989[2].
Mernissi, Fatema, *Die Angst vor der Moderne. Frauen und Männer zwischen Islam und Demokratie*, Hamburg 1992.
Momen, Moojan, *An Introduction to Shi'i Islam*, New Haven 1985.
Moynihan, Daniel P., *Pandaemonium. Ethnicity in International Politics*, New York 1993.
Münkler, Herfried, *Machiavelli. Die Begründung des politischen Denkens der Neuzeit aus der Krise der Republik Florenz*, Frankfurt a. M. 1982.
Nardin, Terry (Hg.), *The Ethics of War and Peace*, Princeton/N.J. 1996.
Netton, Ian Richard, *al-Farabi and His School*, London 1992.
Paret, Rudi, *Mohammed und der Koran*, Stuttgart 1980[5].
Parker, Geoffrey, *The Military Revolution. Military Innovation and the Rise of the West 1500–1800*, Cambridge 1989[2] (dt.: *Die militärische Revolution*, Frankfurt a. M. 1990).
Peters, Rudolf, *Islam and Colonialism. The Islamic Doctrine of Jihad in Modern History*, Den Haag 1979.
Porath, Yehoshua, *In Search of Arab Unity. 1930–1945*, London 1986.
Rahman, F., *Major Themes of the Qur'an*, Chicago/Minneapolis 1980.
Ralston, David B., *Importing the European Army. The Introduction of European Military Techniques and Institutions into the Extra-European World 1600–1914*, Chicago 1990.
Reinhard, Wolfgang, *Geschichte der europäischen Expansion*, 4 Bde., Stuttgart 1983–1990.
Rodinson, Maxime, *Mohammed*, Luzern/Frankfurt a. M. 1975.
– *Die Faszination des Islam*, München 1985.
– *Islam und Kapitalismus*, mit einer Einleitung von B. Tibi, Frankfurt a. M. 1986[2].
Rosenthal, Erwin, *Ibn Khalduns Gedanken über den Staat*, München/Berlin 1932.
Rosenthal, Erwin, *Political Thought in Medieval Islam*, Cambridge 1958.
Roth, G., *Kawakibi, ein arabischer Nationalist*, Diss. Phil., Berlin 1942 (unveröffentlichtes Manuskript).
Rouadjia, Ahmed, *Les frères et la mosquée. Enquête sur le mouvement islamiste en Algérie*, Algier 1991.
Rubin, Barry, *Islamic Fundamentalism in Egyptian Politics*, London 1990.
Saage, Richard, *Das Ende der Utopie?*, Frankfurt a. M. 1990.
– *Politische Utopien der Neuzeit*, Darmstadt 1991.
al-Sadat, Anwar, *Unterwegs zur Gerechtigkeit. Auf der Suche nach Identität. Die Geschichte meines Lebens*, Wien/Zürich 1978.
Said, Edward, *Orientalism*, London 1978 (dt.: *Orientalismus*, Frankfurt a. M. 1981).

Saunders, J. J., *A History of Medieval Islam*, London 1965.
Schacht, Joseph, *An Introduction to Islamic Law*, Oxford 1979[5].
Schlegel, Dietrich (Hg.), *Der neue Nationalismus. Ursachen, Chancen, Gefahren*, Schwalbach/Ts. 1994.
Schluchter, Wolfgang (Hg.), *Max Webers Sicht des Islams*, Frankfurt a. M. 1987.
Sharif, M. M. (Hg.), *A History of Islamic Philosophy*, 2 Bde., Wiesbaden 1963 und 1966.
Sharma, Arvind, *Our Religions. The Seven World Religions Introduced*, San Francisco 1993.
Sivan, Emmanuel, *Radical Islam*, New Haven 1985.
von Sivers, Peter, *Khalifat, Königtum und Verfall. Die politische Theorie Ibn Khalduns*, München 1968.
Srour, Hani, *Die Staats- und Gesellschaftstheorie bei al-Afghani*, Freiburg 1977.
Stoddart, William, *Sufism. The Mystical Doctrines and Methods of Islam*, Wellingborough 1976.
Stowasser, Barbara Freyer, *Religion and Political Development: Some Comparative Ideas on Ibn Khaldun and Machiavelli*, Washington 1983.
Tabataba'i, Sayyid M. H., *Shi'ite Islam*, London 1975.
Taha, Mohammed M., *The Second Message of Islam*, übers. u. hg. v. Abdullahi A. An-Na'im, Syracuse/N. Y. 1987.
al-Tahtawi, Rifa'a Rafi', *Ein Muslim entdeckt Europa. Die Reise eines Ägypters im 19. Jahrhundert nach Paris*, übers. und hg. von Karl Stowasser, München 1989.
Tamadonfar, Mehran, *The Islamic Polity and Political Leadership*, Boulder/Col. 1989.
Tapiero, Norbert, *Les idées réformistes d' al-Kawakibi*, Paris 1956.
Tibawi, Abdul Latif, *American Interests in Syria 1800–1901*, London 1966.
Tibi, Bassam, *Militär und Sozialismus in der Dritten Welt*, Frankfurt a. M. 1973.
– *Vom Gottesreich zum Nationalstaat. Islam und panarabischer Nationalismus*, Neuauflage Frankfurt a. M. 1991 (zuerst 1971, erweitert 1987).
– *Die Krise des modernen Islams. Eine vorindustrielle Kultur im technisch-wissenschaftlichen Zeitalter*, 2. erw. Neuauflage, Frankfurt a. M. 1991[3] (zuerst München 1981).
– *Der Islam und das Problem der kulturellen Bewältigung sozialen Wandels*, Neuauflage Frankfurt a. M. 1991 (zuerst 1985).
– *Konfliktregion Naher Osten*, 2. erw. Aufl. München 1991 (zuerst 1989).
– *Die fundamentalistische Herausforderung. Der Islam und die Weltpolitik*, 2. Aufl. München 1993 (zuerst 1992).
– *Conflict and War in the Middle East 1967–1991*, London/New York 1993.
– *Islamischer Fundamentalismus, moderne Wissenschaft und Technologie*, 2. Aufl. Frankfurt a. M. 1993 (zuerst 1992).
– *Die Verschwörung. Das Trauma arabischer Politik*, 2. erweiterte Aufl. Hamburg 1994 (zuerst 1993, dtv-Ausgabe München 1994).
– *Im Schatten Allahs. Der Islam und die Menschenrechte*, München 1994.
– *Das Mittelmeer als Grenze oder als Brücke Europas zur Welt des Islams?*, Stuttgart 1994 (hg. v. d. Robert Bosch Stiftung).
– *Krieg der Zivilisationen. Politik und Religion zwischen Vernunft und Fundamentalismus*, Hamburg 1995.

– *Der religiöse Fundamentalismus im Übergang zum 21. Jahrhundert,* Meyers Forum, Bd. 34, Mannheim 1995.
Toynbee, Arnold, *A Study of History*, Bd. 3, London 1951[6].
Urvoy, Dominique, *Ibn Rushd (Averroës)*, London 1991.
Wahba, Mourad (Hg.), *Islam and Civilization. Proceedings of the First International Islamic Philosophy Conference*, Kairo 1982.
Watson, Adam, *The Evolution of International Society*, London 1992.
Watt, W. M./Welch, A. T., *Der Islam I*, Stuttgart 1980.
– /Marmura, M., *Der Islam II*, Stuttgart 1985.
Watt, W. Montgomery (Hg.), *Bell's Introduction to the Qur'an*, Edinburgh 1970.
– *Muhammad at Mecca*, Oxford 1953.
– *Muhammad at Medina*, Oxford 1956.
– *Islamic Political Thought. The Basic Concepts*, Edinburgh 1968.
– *Islamic Philosophy and Theology*, Neudruck, Edinburgh 1979.
Weber, Max, *Soziologie – Weltgeschichtliche Analysen – Politik*, ausgew. u. hg. v. J. Winckelmann, Stuttgart 1964.
Wein, Clemens, *Die islamische Glaubenslehre ('Aqida) des Ibn Taimiyya*, Diss. Phil. Bonn 1973.
Wittfogel, Karl A., *Die orientalische Despotie*, Köln 1962.
Wuthnow, Robert, *Meaning and Moral Order. Explorations in Cultural Analysis*, Berkeley 1987.

2. *Aufsätze und Kapitel in westlichen Sprachen*

Annas, Julia, Platon, in: I. Fetscher/H. Münkler (Hg.), *Pipers Handbuch der politischen Ideen*, Bd. 1, München/Zürich 1988, S. 369–395.
al-Azmeh, Aziz, Wahhabite Polity, in: I. R. Netton (Hg.), *Arabia and the Gulf*, London 1986, S. 75–90.
Bercher, L., De la brochure intitulée sentence des grands Uléma (d'al-Azhar) sur le livre: L'Islam et les bases du pouvoir, in: *Revue des Etudes Islamiques*, Bd. 9 (1935), S. 75–86.
Bull, Hedley, The Revolt against the West, in: H. Bull/A. Watson (Hg.), *The Expansion of International Society*, Oxford 1988[3], S. 217–228.
Butterworth, Charles, Die politischen Lehren von Avicenna und Averroës, in: I. Fetscher/H. Münkler (Hg.), *Pipers Handbuch der politischen Ideen*, Bd. 2, München/Zürich 1993, S. 141–173.
Chejne, Anwar, Pan-Islamism and the Caliphat Controversy, in: *The Islamic Literature* (1955), S. 679–697.
Enayat, Hamid, Iran: Khumeini's Concept of the ›Guardian of the Jurisconsult‹, in: James M. Piscatori (Hg.), *Islam in the Political Process*, Cambridge 1983, S. 160–180.
Entelis, John P., Oil Wealth and the Prospects of Democratization. The Case of Saudi Arabia, in: N. A. Sherbiny/M. A. Tessler (Hg.), *Arab Oil, Impact on Arab Countries and Global Implications*, New York 1976, S. 77–111.

Fleischer, C., Ibn Khaldunism in 16th Century Ottoman Letters, in: Bruce B. Lawrence, *Ibn Khaldun and Islamic Ideology*, Leiden 1984, S. 46–68.

Haim, Sylvia, Islam and the Theory of Arab Nationalism, in: *Die Welt des Islam*, Bd. 4 (1955), H. 2/3, S. 124–149.

– Blunt and Kawakibi, in: *Oriente Moderne*, Bd. 35 (1955), S.132–148.

Halliday, Fred, The Struggle for the Migrant Soul. Islam in Western Europe, in: *Times Literary Supplement*, Nr. 489 (1989), S. 387 f.

Hartmann, Richard, Die Wahhabiten, in: *Zeitschrift der deutschen morgenländischen Gesellschaft*, Bd. 78 (1924), S. 176–213.

Huntington, Samuel P., The Clash of Civilizations?, in: *Foreign Affairs*, Bd. 72 (1993), H. 3, S. 22–49.

– If not Civilizations, What?, in: *Foreign Affairs*, Bd. 72 (1993), H. 5, S. 2–10.

Lewis, Bernard, Politics and War, in: J. Schacht/C. E. Bosworth (Hg.), *The Legacy of Islam*, Oxford 1974², S. 156–209.

Ludin, Josef H., Zwischen Allmacht und Hilflosigkeit. Über okzidentales und orientalisches Denken, in: *Merkur*, Bd. 48 (1994), H. 5, S. 404–412.

Mahdi, Muhsen, al-Farabi, in: Leo Strauss/Joseph Cropsey (Hg.), *History of Political Philosophy*, Chicago 1972, S. 182–202.

– Islamic Theology and Philosophy, in: *Encyclopaedia Britannica*, Bd. 9 (1974), S. 1012–1025.

– Remarks on al-Farabi's Attainment of Happiness, in: G. Hourani (Hg.), *Essays on Islamic Philosophy and Science*, Albany/N.Y. 1975, S. 47–66.

– Science, Philosophy and Religion in al-Farabi's Enumeration of the Sciences, in: J. E. Murdoch/E. D. Sylla (Hg.), *The Cultural Context of Medieval Learning*, Dordrecht u. a. 1975.

al-Ma'sumi, Saghir Hasan, al-Farabi, in: M. M. Sharif (Hg.), *A History of Islamic Philosophy*, 2 Bde., Wiesbaden 1963 und 1966, Bd. 1, S. 704–717.

von der Mehden, Fred, Indonesia, in: John Esposito (Hg.), *The Oxford Encyclopedia of the Modern Islamic World*, 4 Bde., New York 1995, hier Bd. 2, S. 196–203.

Sivan, E., Eavesdropping on Radical Islam, in: *Middle Eastern Quarterly*, (1995) März-Heft, S. 13–24.

Spengler, Joseph, Economic Thought of Islam: Ibn Khaldun, in: *Comparative Studies in Society and History*, Bd. VI (1964), S.268–306.

Steppat, Fritz, Der Muslim und die Obrigkeit, in: *Zeitschrift für Politik*, Bd. 12 (1965), H. 4, S. 319–332.

Tibi, Bassam, Islam, Religionsstiftung und Psychoanalyse, in: *Psyche*, Bd. 33 (1979), S. 773–783.

– Islam and Secularization. Religion and the Functional Differentiation of the Social System, in: *Archiv für Rechts- und Sozialphilosophie*, Bd. LXVI (1980), H. 2, S. 207–222.

– Schwache Institutionalisierung als politische Dimension der Unterentwicklung, in: *Verfassung und Recht in Übersee*, Bd. 13 (1980), H. 1, S. 3–26.

– Orient und Okzident. Feindschaft oder interkulturelle Kommunikation. Anmerkungen zur Orientalismus-Debatte, in: *Neue Politische Literatur*, Bd. 29 (1984), H. 3, S. 267–286.

– A Typology of Arab Political Systems. Arab Monarchies Legitimized by Islam, in: Samih Farsoun (Hg.), *Arab Society. Continuity and Change*, London 1985, S. 48–64.
– The Iranian Revolution and the Arabs, in: *Arab Studies Quarterly*, Bd. 8 (1986), H. 1, S. 29–44.
– Politische Ideen in der Dritten Welt während der Dekolonisation, in: I. Fetscher/ H. Münkler (Hg.), *Pipers Handbuch der politischen Ideen*, Bd. 5, München/ Zürich 1987, S. 361–402.
– The Simultaneity of the Unsimultaneous: Old Tribes and Imposed Nation-States in the Middle East, in: P. Khoury/J. Kostiner (Hg.), *Tribes and State Formation in the Middle East*, Berkeley 1990, S. 127–152.
– The Worldview of Sunni Arab Fundamentalists, in: M. Marty/S. Appleby (Hg.), *Fundamentalisms and Society*, Chicago 1993, S. 73–102, Bd. 3 des Fundamentalism Project.
– Politisches Denken im mittelalterlichen Islam zwischen Philosophie (Falsafa) und Religio-Jurisprudenz (fiqh), in: I. Fetscher/H. Münkler (Hg.), *Pipers Handbuch der politischen Ideen*, Bd. 2, München/Zürich 1993, S. 87–140.
– Wissenschaft, Islam und westliches Denken, in: *LITTERAE. Zeitschrift der Wissenschaften und Künste,* Bd. 4 (1994), H. 3/4, S. 4–17.
– Die Zerstörung des Religionsfriedens auf dem Balkan. Serbischer Ethno-Fundamentalismus, in: *Universitas*, Bd. 49 (1994), H. 3, S. 205–215.
– Authority and Legitimation, in: *Oxford Encyclopedia of the Modern Islamic World*, 4 Bde., New York/Oxford 1995, hier Bd. 1, S. 155–160.
– Ist der islamische Terrorismus ein Djihad? Zwischen der Friedenspolitik der al-Azhar und dem islamischen Fundamentalismus, in: *Frankfurter Allgemeine Zeitung* vom 6. März 1995, S. 8–9.
– Die Entwestlichung des Rechts. Das Hudud-Strafrecht der islamischen Schari'a und der Krieg der Zivilisationen, in: *Frankfurter Allgemeine Zeitung* vom 23. Juni 1995, S. 13–14.
– Islam, Hinduism and the Limited Secularity in India. A Model for Muslim-European Relations in the Age of Migration?, in: W. A. R. Shadid/P. S. van Koningsveld (Hg.), *Muslims in the Margin. Political Responses to the Presence of Islam in Western Europe,* Kampen 1996, S. 130–144.
Wahba, Mourad, The Paradox of Averroës, in: *Archiv für Rechts- und Sozialphilosophie*, Bd. 66 (1980), S. 257–260.

3. Arabische Primärquellen

a) Islamisches Mittelalter

al-Farabi, *Ara' ahl al-Madina al-Fadila*, hg. von Friedrich Dieterici, Leiden 1964[2] (zuerst 1895).
– *Ihsa' al-'Ulum* (Die Klassifikation der Wissenschaften), hg. von Othman Amin, Kairo 1949[2].
al-Ghazali, Mohammed, *Tahafut al-Falsafa* (Die Refutation der Philosophie), viele Ausgaben.

Ibn Khaldun, Abdulrahman, *al-Muqaddima*, arabischer Text, Kairo al-Tidjariyya-Edition, ohne Jahr.
– *Kitab al-'Ibar*, herausgegeben von al-Fasi/Ibn Idris, 2 Bde., Kairo 1936.
– Engl. Übers. von al-Muqaddima hrg. und eingl. von Franz Rosenthal, New York 1958.
– *al-Ta'rif fi Ibn Khaldun* (Autobiographie); Nachdruck, herausgegeben von M. al-Tandji, Kairo 1951.
al-Mawardi, *Kitab al-Ahkam al-Sultaniyya* (Das Buch der Regeln der sultanischen Herrschaft), hg. al-Na'sani-al-Halabi, Kairo 1909.
– *Qawanin al-wizara wa siyasat al-mulk* (Die Gesetze des Wesir-Amtes und die Politik der königlichen Herrschaft), arab. Text-Edition v. Redwan al-Sayed, Beirut 1979.
Ibn Taimiyya, *al-Siyasa al-Schar'iyya fi Islah al-Ra'i wa al-Ra'iyya* (Die an der Schari'a orientierte Politik für die Leitung des Hirten und seiner Schafherde), hg. v. M. I. al-Banna u. M. A. Aschur, Kairo 1971.

b) Islamische Neuzeit

'Abdelraziq, 'Ali, *al-Islam wa Usul al-Hukm* (Der Islam und die Grundlagen der Herrschaft), Nachdruck Beirut 1966.
'Abduh, Mohammed, *al-Islam wa al-nasraniyya bain al-'ilm wa al-madaniyya* (Islam und Christentum zwischen Wissenschaft und Zivilisation), Neudruck Kairo 1983^2.
al-Afghani, Djamal al-Din, *al-A'mal al-Kamila* (Gesamtwerk in einem Band), hg. Mohammed 'Imara, Kairo 1968.
Ahmed, Rif'at Sayyid, *al-Islambuli. Ru'yat djadida li tanzim al-Djihad* (Islambuli. Eine neue Sicht über die Organisation des Djihad), Kairo 1988.
– (Hg.), *Rasa'il Djuhaiman al-'Utaibi Qaid al-Muqtahimin lil Masdjid al-Haram bi Mekka* (Die Briefe des Djuhaiman al-'Utaibi, des Führers der Invasoren der heiligen Moschee in Mekka), Kairo 1988^2.
Aiyaschi, Ahmida, *al-Islamiyyun al-djazairiyyun bain al-sulta wa al-rasas* (Die algerischen Islamisten zwischen der Staatsgewalt und den Gewehrkugeln), Algier 1991.
al-'Aschmawi, Mohammed Said, *al-Khilafah al-Islamiyya* (Das islamische Kalifat), Kairo 1990.
al-'Awwa, Mohammed Salim, *Fi al-nizam al-siyasi li al-daula al-Islamiyya* (Über das Regierungssystem des islamischen Staates), Kairo 1983^6.
al-Azhar (Hg.), *Bayan lil-nas mina al-Azhar al-scharif* (Deklaration an die Menschheit von der erhabenen al-Azhar), Bd. 1 Kairo 1984, Bd. 2 Kairo 1988.
al-'Azm, Sadiq Djalal, *Dhihniyyat al-Tahrim* (Die Mentalität des Tabus), London 1992.
al-Banna, Hasan, *Madjmu'at Rasa'il al-Imam al-Schahid Hasan al-Banna* (Gesammelte Essays des Märtyrer-Imam Hasan al-Banna), Kairo 1990.
Ben-Hadj, Ali, *Fasl al-kalam fi muwadjahat zhilm al-hukkam* (Die klare Rede über den Widerstand gegen die Unterdrückung der Herrscher), o. O., o. J.

Bensa'id, Sa'id, *Daulat al-Khilafa. Dirasa fi al-tafkir al-siyasi 'ind al-Mawardi* (Der Staat des Kalifats. Eine Studie über das politische Denken von al-Mawardi), Rabat o. J.

Centre for Arab Unity Studies (Hg.), *al-Demoqratiyya wa huquq al-insan fi al-watan al-'Arabi* (Demokratie und Menschenrechte im arabischen Vaterland), Beirut 1983.

Dharif, Muhammed, *al-Islam al-siyasi fi al-watan al-'Arabi* (Der politische Islam in der arabischen Welt), Rabat 1992.

al-Djabiri, Mohammed Abd, *Takwin al-'aql al-Arabi* (Die Beschaffenheit des arabischen Geistes), Beirut 1984.

Djaït, Hicham, *al-Fitna*, Beirut 1992.

Djanina, N., *Tanzim al-Djihad* (Die Organisation des Djihad), Kairo 1988.

Djarischa, Ali M./al-Zaibaq, Muhammad Sh., *Asalib al-ghazu al-fikri li al-'alam al-Islami* (Methoden der intellektuellen Invasion der islamischen Welt), Kairo 1978².

al-Djuweili, Mohammed, *al-Za'im al-siyasi fi al-mikhyal al-Islami* (Der politische Führer in der islamischen Imagination), Tunis 1992.

Fahmi, Mustafa Abu-Zaid, *Fan al-hukm fi al-Islam* (Regierungskunst im Islam), Kairo 1981.

Fuda, Faradj, *Hiwar haul al-'ilmaniyya* (Dialog über den Säkularismus), Marrakesch 1992.

Hamid, Mohammed A., *Ma'an 'ala tariq al-da'wa. Scheikh al- Islam Ibn Taimiyya wa al-Imam al-schahid Hasan al-Banna* (Zusammen auf dem Weg der islamischen Mission. Scheich al-Islam Ibn Taimiyya und der Märtyrer-Imam Hasan al-Banna), Algier 1990.

al-Husni, Abdullatif, *al-Islam wa al-'alaqat al-duwaliyya* (Der Islam und die internationalen Beziehungen), Casablanca 1991.

al-Husri, Sati', *Yaum Maysalun* (Der Tag von Maysalun), Neuauflage Beirut o. J. (1. Aufl. 1947).

– *Dirasat' an Muqaddimat Ibn Khaldun* (Studien über die Muqaddima des Ibn Khaldun), erw. Neuauflage Kairo/Bagdad 1961.

– *Ma hiya al-qaumiyya* (Was ist Nationalismus?), Beirut 1963².

– *Ara' wa ahadith fi al-qaumiyya al-'Arabiyya* (Ansichten und Reden über den arabischen Nationalismus), Beirut 1964⁴.

– *Muhadarat fi nuschu' al-fikra al-qaumiyya* (Vorlesungen über die Entstehung der Nationsidee), Beirut 1964⁵.

– *al-Bilad al-Arabiyya wa al-daula al-Othmaniyya* (Die arabischen Länder und der osmanische Staat), Beirut 1965³.

'Imara, Mohammed, *Muslimun Thuwwar* (Revolutionäre Muslime), neu bearbeitete Auflage Beirut 1979².

– *al-Sahwa al-Islamiyya wa al-tahaddi al-hadari* (Das islamische Erwachen und die zivilisatorische Herausforderung), Kairo 1991.

al-Kawakibi, 'Abd al-Rahman, *Taba'i' al-istibdad*, Neudruck Aleppo 1957.

– *Umm al-Qura*, Nachdruck Aleppo 1959.

Khalid, Khalid Mohammed, *Muwatinun la ra'aya* (Bürger, keine Schafherde), Kairo 1960.

– *Min huna nabda'* (Von hier an beginnen wir neu), Kairo/Bagdad 1963[10].
– *al-Daula fi al-Islam* (Der Staat im Islam), Kairo 1989[3].
al-Khalidi, Salah Abdulfattah, *Sayyid Qutb al-Schahid al-Hay* (Qutb, der lebende Märtyrer), Amman 1985[2].
Kischk, Mohammed Djalal, *al-Saudiyyun wa al-Hall al-Islami* (Die Saudis und die islamische Lösung), Kairo 1984[4].
Mahmud, Abdulhalim, *al-Djihad wa al-nasr* (Djihad und der Sieg), Kairo 1968.
al-Maududi, Abu al-A'la, *al-Islam wa al-madaniyya al-haditha* (Der Islam und die moderne Zivilisation), Kairo 1978.
Musa, Mohammed Y., *Nizam al-hukm fi al-Islam* (Das politische System im Islam), Kairo 1962.
Mustafa, Hala, *al-Islam al-siyasi fi Misr* (Der politische Islam in Ägypten), Kairo 1992.
Mutawalli, Abdulhamid, *Mabadi'nizam al-hukm fi al-Islam* (Grundlagen des islamischen Herrschaftssystems im Islam), Alexandrien 1964.
al-Nadjar, Hussein Fauzi, *al-Islam wa al-Siyasa* (Der Islam und die Politik), Kairo 1977.
Nassur, Adib, *Qabl Fawat al-Awan* (Bevor es zu spät ist), Beirut 1955.
al-Qaradawi, Yusuf, *Hatmiyyat al-Hall al-Islami* (Die Notwendigkeit der islamischen Lösung), 3 Bde., Bd. I u. Bd. II.: Beirut 1974, Bd.III.: Kairo 1989.
Qutb, Sayyid, *al-Islam wa muschikilat al-hadara* (Der Islam und das Problem der Zivilisation), Kairo 1988[8].
– *Nahwa mugatama' Islami* (Für eine islamische Gesellschaft), Kairo 1988[8].
– *Ma'alim fi al-tariq* (Wegzeichen), Kairo 1989[13].
– *al-Salam al-'alami wa al-Islam* (Der Weltfriede und der Islam), »legale« 10. Auflage Kairo 1992.
al-Rayyes, Mohammed Dia', *al-Nazariyyat al-siyasiyya al-Islamiyya* (Die islamischen politischen Theorien), Kairo 1966[4].
Sadiq, Hassan, *Djuthur al-Fitna fi al-firaq al-Islamiyya minhu a'hd al-rasul hatta iyhtiyal al-Sadat* (Die Wurzeln der Fitna in den islamischen Sekten. Von der Zeit des Propheten bis zur Ermordung Sadats), Kairo 1988.
al-Sa'id, Rif'at, *Hasan al-Banna, Mata? Kaif? wa Limadha?* (Hasan al-Banna, wann? wie? und warum?), Kairo 1977.
Sayigh, Anis (Hg.), *Abdul Nasser wa ma ba'd?* (Nasser und was danach?), Beirut 1980.
al-Sayyid, Ridwan, *al-Umma wa al-djama'a, wa al-sulta* (Die Umma, die Klientel und die Herrschaft), Beirut 1984.
Schadid, Mohammed, *al-Djihad fi al-Islam* (Djihad im Islam), Kairo 1985[7].
Schaltut, Mahmud, *al-Islam, 'Aqida wa Schari'a* (Der Islam als Dogma und als Recht), Kairo 1980[10].
al-Tahtawi, Rifa'a Rafi', *Takhlis al-ibriz ila talkhis Bariz* (Die Läuterung des Goldes in der zusammenfassenden Darstellung von Paris), Neudruck Kairo/Beirut o. J.
Wardi, 'Ali, *Mantiq Ibn Khaldun* (Die Logik des Ibn Khaldun), Kairo 1962.
Zayid, Sa'id, *al-Farabi al-Mu'alim al-thani wa al-Faylasuf al-musiqi* (al-Farabi, der zweite Lehrer und der Musikphilosoph), Kairo 1962.

Über den Autor

Bei einem Buch mit dem Thema »Islam« ist es, angesichts der gegenwärtigen Diskussionen, wichtig für den Leser, daß er weiß, wer schreibt und vor welchem biographischen Hintergrund die vorliegende Darstellung entstanden ist.

Bassam Tibi wurde am 4. 4. 1944 in Damaskus als Nachkomme der dortigen arabisch-islamischen Honoratioren-Familie *Banu al-Tibi* geboren. Aus dieser Familie sind für mehrere Jahrhunderte wichtige Gelehrte und Kadis der Stadt Damaskus hervorgegangen. Das autoritative Geschichtswerk der Stadt Damaskus von Mohammed Adib Taquiuiddin al-Husni von 1928 enthält in seinem Abschnitt »die berühmtesten Damaszener Familien« folgenden, in blumenreich orientalischer Sprache geschriebenen Abschnitt:

> »Zu den im Hinblick auf Gelehrsamkeit und Tugend berühmtesten Familien Damaskus' gehören die *Banu al-Tibi.* Wie wir in diesem Werk schon ausgeführt haben, befinden sich unter ihnen die prominentesten Gelehrten (*Maschahir ridjal al-a'lam*); sie sind die Zierde ihres jeweiligen Zeitalters und der Jahre, ebenso wie sie der Mond der Nächte und die Sonne der Tage sind. Alleine durch die Erwähnung ihres Namens schmücken sich die Historiker, und mit ihren literarischen Werken wetteifern die Aspiratoren. Die Männer des Hauses al-Tibi haben sich in allen Wissenszweigen hervorgetan, insbesondere in *'Ilm al-fara'id* (Pflichtenlehre der islamischen *Schari'a*). In dieser Lehre waren und sind sie bis zum heutigen Tag die Besten aller Besten (*Khair min khiyar*). Unter ihnen befindet sich der große *Fara'id*-Gelehrte Scheich Salim Efendi, der als Rechtsgelehrter der Stadtverwaltung wirkte. Er ist der Vater Ahmed Efendis, der zu den großen Damaszener Literaten gehörte ebenso wie Ali Afendis, dem Kadi von Damaskus. Die berühmtesten der Banu al-Tibi werden in allen prominenten biographischen

Werken angeführt.« [Mohammed Adib al-Taquiuiddin al-Husni, *Kitab Muntakhabat al-Tawarikh li-Dimaschq*, Damaskus 1928, S. 877].

Nach seiner gemischt muslimischen und weltlichen Schulerziehung in Damaskus erlangte Bassam Tibi dort 1962 das französische Baccalaureat und wurde anschließend von seinen Eltern zum Studium nach Deutschland entsandt. Unruhen in Syrien und die Enteignung des Familienunternehmens zwangen ihn, seine Ausbildung zu unterbrechen und als Postfacharbeiter bei der Frankfurter Post seinen Lebensunterhalt zu verdienen. Das war die Wende in seinem Leben, die ihn – in Verbindung mit dem Studium in Frankfurt bei Adorno, Horkheimer und Fetscher – offener machte für das Gedankengut der Frankfurter Schule. Seitdem leitet das Prinzip der Reflexivität, d. h. daß alles reflexiv gesehen werden, also der kritischen Vernunft unterworfen werden kann, sein Denken. Von solcher Reflexivität werden die eigene Zivilisation und Religion nicht ausgenommen. Im Gegensatz zu seinen Vorfahren, die *Schari'a*-Gelehrte waren, wird er auf diese Weise zu einem weltlichen Denker.

Mit einer Frankfurter Dissertation über »*Nationalismus in der Dritten Welt*« (erschienen 1971) und einer Habilitationsschrift über »*Militär und Sozialismus in der Dritten Welt*« (erschienen 1973, aber formell als Habilitations-Schrift erst 1981 an der Universität Hamburg angenommen), reihte sich Tibi seinerzeit führend in die deutsche Dritte-Welt-Forschung ein, von deren Romantik (*tiers-mondisme*) er sich löst. Das ist in seiner 1973 abgeschlossenen, aber erst 1979 erschienenen Aufsatzsammlung »*Internationale Politik und Entwicklungsländer-Forschung*« dokumentiert. Sein Erstling »*Die arabische Linke*« (1969) gehörte zur Literatur der Frankfurter 1968-Linken, ebenso wie seine Aufsätze und zahlreichen Rezensionen in der Berliner Zeitschrift *Das Argument*. Das von ihm zusammen mit Volker Brandes 1975 herausgegebene »*Handbuch der Unterentwicklung*« gehört zu den Standardwerken der 70er Jahre.

Nach einer Assistenten- und Dozententätigkeit an der Frankfurter Universität (1970–73) wurde Bassam Tibi im Sommer 1973 nach Göttingen berufen. Lange vor der iranischen Revolution fand Bassam Tibi seinen Weg zurück zum Islam, allerdings ohne die von der *Frankfurter Schule* erlernte Reflexivität und die mit ihr verbundene Kritikfähigkeit aufzugeben. Sein erstes dem Islam gewidmetes Buch »*Die Krise des modernen Islams*« schloß er 1980 ab (erschienen 1981). Es wurde seitdem in mehrere Sprachen übersetzt. Das Londoner *Times Literary Supplement* befand, daß dieses Buch eine »stimulierende und produktive Synthese des Faches Internationale Beziehungen mit dem Gedankengut der Frankfurter Schule und mit der Zivilisationstheorie von Norbert Elias« darstelle. Das Washingtoner *Middle East Journal* urteilte: »Das ist die wichtigste Publikation über den modernen Islam, die im vergangenen Jahrzehnt im Westen erschienen ist.«

Auf dieses Werk folgten in den 80er Jahren »*Der Islam und das Problem der kulturellen Bewältigung sozialen Wandels*« (1985, dritte Auflage 1991) und »*Vom Gottesreich zum Nationalstaat*« (1987, zweite Auflage 1991). Seither gehört Bassam Tibi zu den Begründern einer neuen Wissenschaft, die er »Islamologie«, d. h. sozialwissenschaftliche Islam-Studien, nennt.

Von 1988 bis 1992 trat Bassam Tibi parallel zu seiner Tätigkeit an der Harvard University dem Fundamentalism Project der American Academy of Arts and Sciences bei und wirkte als Ko-Autor von Bd. II »*Fundamentalisms and Society*« (Chicago University Press 1993). Aus dieser Tätigkeit gingen 1992 seine beiden Fundamentalismus-Bände »*Die fundamentalistische Herausforderung*« und »*Islamischer Fundamentalismus, moderne Wissenschaft und Technologie*« hervor (Neuauflagen 1993) sowie seine spätere Monographie »*Der religiöse Fundamentalismus*« (1995).

In der Auseinandersetzung mit dem Fundamentalismus hat Tibi seit 1992 mehrere Bücher geschrieben, die den akademischen Elfenbeinturm verlassen haben: »*Die Verschwörung*« (1993), »*Im Schatten Allahs*« (1994), »*Krieg der Zivilisationen*« (1995).

Für seine Verdienste »zu einem besseren Verständnis des Islam in Deutschland und zu einer Vermittlung zwischen den Kulturen« verlieh ihm Bundespräsident Roman Herzog am 5. Oktober 1995 den Verdienstorden der Bundesrepublik Deutschland (Erste Klasse).

Personenregister

Pressestimmen
zu »Der wahre Imam« von Bassam Tibi

»Bassam Tibi, ein überzeugter Anhänger seiner Religion und gleichzeitig aufklärerischer Kritiker, nimmt den Islam unter die Lupe … *Der wahre Imam* wird den Fundamentalisten wenig gefallen … Diese Geschichte der politischen Ideen im arabischen Orient ist sein Hauptwerk … Die gesamte Geschichte des Politischen im Islam kreist um die Suche nach dem wahren Imam … Tibi sieht in der Befreiung von dieser politischen Tradition eine Möglichkeit, daß die Muslime Anschluß an die moderne Welt finden.«
Wolfgang G. Lerch in: *Frankfurter Allgemeine Zeitung* vom 5. November 1996

»Ein Buch, das sachverständig bei der Einordnung hilft … Bassam Tibi ist in der islamischen Kultur wie im abendländischen Denken zu Hause … Der Titel *Der wahre Imam* bringt ein Problem auf den Punkt, das die Welt der Muslime bis heute umtreibt: Die Legitimität islamischer Herrschaft.«
Dieter J. Opitz in: *Berliner Morgenpost* vom 3. November 1996

»Die Frage nach dem wahren Imam bildet den Schlüssel zum politischen Verständnis des Islam … Kenntnisreich und souverän vermittelt Tibi wieder wichtige Erkenntnisse im besten aufklärerischen Sinne.«
Tagesspiegel/Berlin vom 9. September 1996

»Die gesamte politische Geschichte des Islam … kreist um die Suche nach einem *wahren Imam*. Tibis Buch bietet eine Rekonstruktion dieser Suche vom siebten Jahrhundert bis heute … Die Darstellung ist kompetent, breit angelegt und setzt legitime Schwerpunkte. Tibi wiederholt am richtigen Ort das Wichtige, schlägt gelegentlich wieder Brücken und hilft mit Hintergrundwissen nach.«
Helmut Reifeld in: *Rheinischer Merkur* vom 14. Februar 1997

»Spannend schildert Bassam Tibi die vielfältigen Konflikte in der Frühgeschichte der islamischen Zivilisation und zeigt auf, wie innerislamische Reformbestrebungen im Laufe der Jahrhunderte immer wieder von der Orthodoxie und den herrschenden Imamen unterdrückt worden sind. Der Leser wird mit einer Reihe von islamischen Denkern vertraut gemacht ... Wer sich für die Ideengeschichte des Islam und das Weltbild der Muslime interessiert, wird die 443 Seiten mit Gewinn lesen.«
Reiner Sollich in: *Deutsche Welle* vom 27. November 1996

»In seiner Studie *Der wahre Imam* erklärt Tibi, warum er so skeptisch ist: einmal mit einer beeindruckenden Tour de force durch die internationale Geschichte des Islam, zum anderen mit einer auf intimer Kenntnis beruhenden Analyse der Entwicklungen in zeitgenössischen Muslim-Staaten ... Der Imam, das war freilich unter den Muslimen immer schon heiß umstritten ... Ebenso kritisch wie fair warnt Tibi davor, alle dem Westen ablehnend gegenüberstehenden Muslime schlicht als Fundamentalisten abzutun.«
Christian Feldmann in: *Börsenblatt* vom 18. März 1997

»Eine ebenso überzeugende wie umfassende Studie ... Bassam Tibi zeichnet die Geschichte des Islam nach ... Was er dabei an den Tag fördert ist geeignet, die gängigsten Klischees über die islamische Welt aus dem Weg zu räumen ... Anders als manche Islam-Experten ortet er in den Schriften der Fundamentalisten keine religiöse Renaissance sondern ... radikale Politisierung des Islam.«
Conradin Wolf in: *Neue Luzerner Zeitung* vom 4. Oktober 1996

»Bassam Tibi ist mit seinem Buch *Der wahre Imam* ein neuer wesentlicher Beitrag zum Verständnis des Islam gelungen.«
Franz Borkenhagen in: *DS-Sonntagsblatt*/Hamburg vom 6. Dezember 1996

»Bassam Tibis Geschichte und Deutung des Islam verdient in zweierlei Hinsicht Aufmerksamkeit ... Tibi ist durch seine Verwurzelung und durch Erziehung im islamischen Glauben besonders berufen, das Verbindende zwischen Christentum und Islam aufzuzeigen und für einen Brückenbau zwischen den Kulturen nutzbar zu machen. Zum anderen gelingt es Bassam Tibi, die geräumige Vielseitigkeit im Glaubensgebäude ›Haus des Islam‹ deutlich werden zu lassen ... Bassam Tibi gibt eine abgewogene, kenntnisreiche Beurteilung.«
Joachim Tzschaschel in: *Europäische Sicherheit / Zeitschrift der Clausewitz-Gesellschaft* Heft 4/1997

»Viele reden über den Islam, insbesondere über den islamischen Fundamentalismus, die wenigsten allerdings wissen, worüber sie sprechen. Bassam Tibi, der sich als überzeugter Anhänger der islamischen Religion, aber ebenso als überzeugter Aufklärer versteht ... gibt Auskunft zu diesen Themen und einen spannenden Abriß über die Geschichte des Islam ... in einer allgemein verständlichen Schreibweise.«
Hildesheimer Allgemeine Zeitung vom 19. Februar 1997